소송실무자료

2025년 최신판

민사·행정·조정 작성사례집

(대여금·주택·상가임대차·명도·저작권·임금·환경)

편저 : 법률연구회

법률정보센터

목 차

제1편 민사조정 절차

제1장 조 정 시 절 차

제1절 민사조정 사건의 흐름

제2절 조정절차 진행 시 유의사항

1. **조정기일 전 준비** ·· 2

    가. 기록검토 및 조정안 구상 ·· 2
    나. 당사자의 출석확보 ·· 2
    다. 조정절차의 대리인 ·· 2
    라. 조정회부 이후 제출된 준비서면, 청구취지변경신청서, 반소장 등의 처리 ········ 3
    마. 조정참가 ·· 3

2. **조정기일의 진행** ·· 3

    가. 총설 ·· 3
    나. 시작과 인사 ·· 4
    다. 당사자의 진술 및 의견 청취/ 사실관계 확인 ·· 4
    라. 요구사항 파악 및 해결방안 모색 ·· 5
    마. 조정안 작성 ·· 5
    바. 절차종결선언 ·· 6
       (1) 조정이 성립된 경우 ·· 6
       (2) 조정(합의)이 불성립된 경우 ·· 6

3. **조정이 끝난 후의 조치** ·· 6

가. 조정이 성립된 경우 ··· 6
나. 조정이 불성립된 경우 ··· 7
다. 조정을 갈음하는 결정을 하는 경우 ·· 7
라. 당사자가 불출석한 경우 ·· 7

제3절 조정조항 작성 시 유의사항

1. 일반사항 ·· 7

2. 개별사항 ·· 8

제2장 조정절차에서의 조사

제1절 조정절차에서의 사실조사

1. 조정사건의 종류와 사실관계 확인의 필요성 ·· 9

가. 조정사건의 종류 ··· 9
  (1) 조정신청사건 ·· 9
    (가) 당사자의 신청에 의한 조정사건 ·· 9
    (나) 지급명령 후 조정 이행 신청사건 ·· 9
    (다) 조정담당판사, 상임 조정위원 또는 조정위원회가 조정을 한다 ············· 10
    (라) 사건부호: '머'[사건별 부호문자의 부여에 관한 예규 ······························ 10
  (2) 조정회부사건 ··· 12
    (가) 소 제기 후 수소법원이 조정에 회부한 사건 ··· 12
나. 사실관계 확인의 필요성 ·· 12
  (1) 조정절차에서 사실관계 확인의 필요성 ·· 12
  (2) 사실관계 확인이 필요한 사건 유형 ·· 12
  (3) 조정신청사건이나 조기 조정회부사건 ··· 13
    (가) 조정신청사건이나 조기 조정회부사건 ·· 13

다. 소송절차에서의 사실인정 ··· 13

2. 사실관계 확인의 방법 ··· 13

　가. 사실관계 확인 방법 ··· 13
　나. 조정절차와 소송절차의 준별 ··· 13
　　(1) 조정신청사건과 소송절차의 중지 ·· 14
　　　(가) 조정신청이 있는 사건에 관하여 소송이 계속됨으로써 조정절차와
　　　　　소송절차가 병행하게 된 경우 ·· 14
　다. 민사조정법상의 증거조사 ··· 14
　　(1) 사실관계 확인 방법 ··· 14
　　(2) 사실관계 확인 권한 ··· 14
　라. 민사조정규칙 ··· 15
　　(1) 민사소송에 준한 증거조사 ··· 15
　　(2) 민사 및 가사조정의 사무처리에 관한 예규 ······························ 15
　　(3) 개정 조문 ··· 16
　　　(가) 민사조정법 ··· 16
　　　　① 증거조사 삭제 ··· 16
　　　　② 진술 원용 금지 확대 ·· 16
　　　　③ 조문 ··· 16
　　　(나) 민사조정규칙 및 예규 ··· 17

제2절　조정절차에서의 사실조사

1. 증거조사의 허부 ··· 18

　가. 민사소송법 및 비송사건절차법의 준용 ······································· 18
　　(1) 민사소송법의 준용 ··· 18
　　　(가) 민사소송법 일부 규정의 준용 ·· 18
　　　(나) 「당사자능력과 소송능력」에 관한 규정 ····························· 18
　　　(다) 화해의 권고, 조서의 작성, 기록의 열람 제한에 관한 규정 ···· 19
　　　(라) 「기일과 기간」에 관한 규정 ·· 20
　　(2) 비송사건절차법의 준용 ··· 20
　나. 민사소송법에 근거한 증거조사의 허부 ······································· 20
　다. 비송사건절차법에 근거한 증거조사의 허부 - 부정 ····················· 21

2. 사실조사 방법 ··· 21

    가. 사실조사의 범위 및 절차 ··· 21
        (1) 법적 근거가 있는 경우 ··· 21
    나. 사실조사의 주체 - 조정기관 ··· 22
        (1) 조정기관 ··· 22
        (2) 조정담당판사 ·· 22
        (3) 상임 조정위원, 수소법원 등, 조정위원회 ······································· 22
    다. 가능한 사실조사 방법 ·· 23
        (1) 서류 조사 ·· 23
            (가) 관련 규정 ··· 23
        (2) 당사자 및 참고인으로부터의 진술 및 의견 청취 ···························· 23
            (가) 관련 규정 ··· 23
        (3) 전문가 조정위원에 의한 사실조사(간이감정) ·································· 24
            (가) 간이감정 ··· 24
                ① 감정촉탁 ··· 24
                ② 전문심리위원의 설명·의견 기재 서면 제출 ····················· 24
            (나) 관련 규정 ··· 24
        (4) 전문가 조정위원으로부터의 의견 청취 ·· 26
            (가) 전문심리위원과 유사 ·· 26
            (나) 관련 규정 ··· 26
        (5) 토지·건물의 현장 확인 ··· 26
            (가) 토지·건물의 현장 확인 ··· 26
            (나) 관련 규정 ··· 26
        (6) 사실조회 ··· 27
            (가) 관련 규정 ··· 27

3. 사실조사 방법 및 그 대안 ··· 27

    가. 사실조사를 벗어난 방법 ·· 27
        (1) 강제력 사용, 의무 부과 ··· 27
        (2) 서류 조사를 위한 문서제출명령 ·· 28
            (가) 문서제출명령 ·· 28
        (3) 서류 조사를 위한 문서송부촉탁 ·· 29
            (가) 문서송부촉탁 ·· 29
        (4) 감정 ·· 30
            (가) 감정촉탁 ··· 30

[판례 1] 손해배상등 ··· 30
[서식 1] 감정촉탁서 ·· 32
[서식 2] 신체감정촉탁서 ·· 33
   (5) 금융거래정보·과세정보 제출명령, 통신사실확인자료 제공요청 ············ 34
    (가) 금융거래정보 제출명령 ··· 34
   (6) 과세정보 제출명령 ·· 35
   (7) 통신사실확인자료 제공요청 ·· 35
   (8) 증거보전 신청 ·· 36
  나. 당사자·대리인에 대한 안내 등 ·· 36
   (1) 조서의 작성 ··· 36
   (2) 허가 결정 ·· 37
[서식 3] 법원 외 조정사무수행 허가결정 ·· 37
[서식 4] 지정결정(외부연계) ·· 38
[서식 5] 조정사무수행일통지서 ··· 39
   (3) 간이감정보고서의 내용 ·· 40

4. 조정위원으로부터의 의견 청취 ·· 42

  가. 관련 규정 ·· 42

5. 사실조사 비용과 그 예납 ·· 42

  가. 조정위원 수당 ·· 42
   (1) 비용 지급의 근거(관련 규정) ·· 42

제3장 사건 유형별 조정기법

제1절 대여금 사건

1. 공통 기재례 ··· 43

  가. 확인조항 ·· 43

나. 변제방법과 지급방법 ·· 43
　　　　(1) 일시지급으로서 지급방법을 정하지 아니하는 경우 ····················· 43
　　　　(2) 일시지급으로서 지급방법을 정하는 경우 ······································ 43
　　　　(3) 분할지급으로서 가산금 조항이 없는 경우 ··································· 43
　　　　(4) 분할지급으로서 일부 회차 금액이 다른 경우 ······························· 43
　　다. 해태약관 ··· 44
　　　　(1) 일시지급의 경우 ·· 44
　　　　(2) 분할지급의 경우 ·· 44
　　라. 면제조항 ··· 44
　　마. 권리포기조항(공통) ·· 44
　　바. 포괄적 청산조항(공통) ·· 44
　　　　(1) 당해 사건에 관하여만 청산조항을 두는 경우 ······························· 44
　　　　(2) 모든 사건에 관하여 청산조항을 두는 경우 ··································· 45
　　사. 비용부담조항(공통) ·· 45
　　아. 관련사건처리조항(공통) ·· 45
　　자. 조정참가인이 연대보증한 경우 ··· 46

제2절　손해배상사건 및 관련 채무부존재확인사건

**1. 금전지급조항: 확인조항, 변제방법과 지급방법, 해태약관, 면제조항은
대여금 사건과 동일** ·· 46

　　가. 조정내용을 제3자에게 공개하지 않기로 한 경우 ······························· 46
　　나. 조정 성립 시까지의 경위를 조정조항에 포함하는 경우: 조정조항이
　　　　아닌 조정기일조서에만 기재하는 것이 바람직 ··································· 46
　　다. 도의조항 : 조정조항이 아닌 조정기일조서에만 기재하는 것이 바람직 ········· 47
　　라. 청산조항+ 장래의 후유증에 관한 청구권 유보조항 ···························· 47
　　마. 채무부존재확인사건이 본소로 제기되어 원고가 피고에게 일부 금원을 지급하기로
　　　　합의된 경우: 확인조항을 1항에 기재한 후 금전지급조항을 2항에 기재함 ········· 47

2. 손해배상청구사건의 조정조항 ··· 47

3. 확인조항 ·· 48

　　① 1회 차용한 경우 ·· 48

② 2회 차용한 경우 ··· 48
③ 3회 이상 차용한 경우 ·· 49
가. 변제방법과 지급방법 ··· 49
① 일시지급으로서 지급방법을 정하지 아니하는 경우 ··· 49
② 일시지급으로서 지급방법을 정하는 경우 ·· 49
③ 분할지급으로서 가산금 조항이 없는 경우 ·· 49
④ 분할지급으로서 가산금조항과 최종회분 금액을 특히 정한 경우 ···················· 49
나. 해태약관 ·· 50
① 일시지급의 경우 ·· 50
② 분할지급의 경우 ·· 50
다. 면제조항 ·· 50
라. 이해관계인이 참가하여 연대보증한 경우 ·· 50

제3절 건설관계 사건

1. 사건의 유형과 특성 ··· 51

가. 건설관계사건의 유형 ·· 51
나. 조정조항의 유형 ··· 51
　(1) 전형적인 예 ··· 51
　　(가) 금전청산형 ··· 51
　　　① 원고가 수급인, 피고가 도급인인 공사대금청구사건에서 공사하자의
　　　　 주장이 피고에 의하여 제기된 경우 ··· 52
　　(나) 하자보수형 ··· 52
　　　① 원고가 일정한 보수공사를 하기로 합의하여 조정을 성립시키는 경우 ········· 52
　　(다) 대물변제형 ··· 53
　　(라) 별개공사를 도급주기로 하는 형 ··· 53
　　(마) 청산조항의 예 ··· 54
　　(바) 공사대금 사건 ··· 54
　　　① 상계조항에 의한 경우 ··· 54
　　　② 공사를 하는 경우 ·· 54
　　　③ 상계조항 ··· 55
　　　④ 공사를 하는 경우 ·· 55

제4절 건물철거 및 퇴거청구 사건

1. 사건의 유형과 특성 ··· 56
  가. 사건의 유형 ·· 56
  나. 조정안의 유형 ·· 57
    (1) 건물철거·토지인도사건의 조정조항 ·· 57
      (가) 확인·유예조항 ·· 57
      (나) 토지인도조항 ·· 57
      (다) 미지급 차임처리조항 ··· 57
      (라) 차임 상당 부당이득금 처리조항 ·· 58
      (마) 해태약관 ··· 58
      (바) 보증금반환조항 ·· 58
      (사) 건물멸실등기조항 ··· 58
        1) 확인·유예조항 ·· 59
          ① 해제의 태양이 합의해지인 경우 ·· 59
          ② 해제의 태양이 차임 미지급 해지인 경우 ························· 59
        2) 토지·건물인도조항 ·· 59
          ① 단순인도형 ·· 59
          ② 보증금과 상환이행의 경우 ··· 59
        3) 미지급 차임처리조항 ··· 59
          ① 면제하는 경우 ··· 59
          ② 지급하기로 약정한 경우 ·· 60
        4) 차임 상당 부당이득금 처리조항 ··· 60
          ① 면제하는 경우 ··· 60
          ② 지급하기로 약정한 경우 ·· 60
          ③ 해태약관 ··· 60
        5) 보증금반환조항 ··· 60
          ① 선이행의 경우 ··· 60
          ② 동시이행의 경우 ··· 60
        6) 토지인도사건 - 건물멸실등기조항 ······································ 61
    (2) 건물명도사건의 조정조항 ·· 61
      (가) 확인·유예조항 ·· 61
      (나) 명도조항 ·· 61

  (다) 미지급차임처리조항 ·· 61
  (라) 차임 상당 부당이득금 처리조항 ··· 62
  (마) 해태약관 ·· 62
  (바) 보증금반환조항 ·· 62
  (사) 건물인도 사건 남은 건물 포기조항 ··· 62

2. 통행권확인사건의 조정조항 ·· 63

 ① 기존의 통행권을 확인하는 경우 ·· 63
 ② 통행권을 새로이 설정하는 경우 ·· 64

제5절 경계확정 사건

1. 경계확정사건의 조정조항 ·· 64

2. 가처분 사건에서의 유의사항 ·· 64

제6절 근로관계 사건

1. 사건의 유형 ·· 65

 가. 해고 사건 ·· 65
 나. 전직·전적 사건 ·· 65
 다. 임금·퇴직금 사건 ·· 66
 라. 손해배상 사건 ·· 66
 마. 노동조합 사건 ·· 66
 바. 노동가처분 사건 ·· 66

2. 조정의 진행방법 ·· 66

 가. 조정의 시기 ·· 66

3. 조정안의 유형 ·· 67

 가. 해고 사건 ·· 67

[조정안의 예시] 해고철회 후 복직 ···································· 67
[조정안의 예시] 퇴직 후 재고용 형식으로 복직 ···················· 68
[조정안의 예시] 해고철회 후 퇴직 ···································· 68
나. 전직(轉職)·전적(轉籍) 사건 ··· 69
(1) 사용자가 전직·전적처분을 철회하는 방안 ······················· 69
[조정안의 예시] 전직명령 철회 ···································· 69
(2) 근로자가 전직·전적처분에 따르는 방안 ························· 70
[조정안의 예시] 전직처분의 경우 ································ 70
[조정안의 예시] 전적처분의 경우 ································ 70
다. 임금·퇴직금 사건 ··· 71
(1) 임금·퇴직금 사건에서 조정사례로 상정할 수 있는 몇 가지 경우를 들어보기로 한다. ·· 71
[조정안의 예시] ··· 71
라. 노동조합 사건 ·· 71
[조정안의 예시] 잠정적 경우 ·· 71
[조정안의 예시] 단체교섭응낙에 관한 경우 ···················· 72

제7절 자동차사고 및 산업재해 관계 사건

1. 사건의 유형과 특성 ·· 73

가. 사건의 개념 ··· 73
나. 자동차사건 등의 유형 ·· 73

2. 조정의 진행방법 ··· 73

가. 조정시기 ·· 73

제8절 의료관계 사건

1. 사건의 유형과 특성 ·· 74

가. 의료소송의 개념 ··· 74
나. 의료소송의 경우 ··· 74
다. 조정조항의 유형 ··· 74
　　(1) 의사측이 책임이 인정되는 일반적인 경우 ·· 74
　　(2) 의사측이 책임이 인정되고 도의조항까지 둔 경우 ································ 74
　　(3) 의사측의 책임이 인정되지 않으나 환자측에 위로금을 주기로 하되,
　　　　원고가 피고의 명예를 훼손하지 않는다는 도의적 조항을 둔 경우 ······· 75

제9절 환경 및 근린생활관계 사건

1. 사건의 유형과 특성 ··· 75

가. 환경분쟁의 유형 ··· 75
나. 각 분쟁유형에 따른 고려사항 ··· 75
　　(1) 공사금지등 방해배제 (및 방해예방) 청구 사건 ···································· 75
　　　　(가) 유지청구소송에 있어서 피고의 공사계속을 인정하는 예 ············· 76
　　　　(나) 건축공사의 일부를 금지하는 예 ··· 76
다. 부수적 조항의 예 ··· 76
　　(1) 조망의 방해 ··· 77
　　　　(가) 조망방해를 피해자가 용인하는 예 ··· 77
　　　　(나) 건물건축계획을 변경하는 예 ·· 77
　　　　(다) 건물건축계획을 전면적으로 중지하는 예 ····································· 78
　　(2) 소음, 진동 등 ·· 78
　　　　(가) 소음 등의 발생원(發生源)인 공장의 이전을 합의하고 그 사이의
　　　　　　대책으로서 피해자 주택의 방음공사를 시공하는 것을 합의한 예 ········ 78
　　　　(나) 구체적인 방지조치를 합의한 예 ··· 79
　　　　(다) 추상적 (부)작위의무를 합의한 예 ··· 79
　　　　　　① 손해배상금의 지급과 함께 추상적인 작위의무를 합의한 예 ······ 79
　　　　　　② 구체적인 방지조치도 함께 합의한 예 ······································· 79
　　　　(라) 과거의 피해만 문제된 예 ·· 80
　　　　　　① 건물의 보수공사와 함께 합의금(또는 해결금)의 지급을 합의한 예 ······· 80
　　　　　　② 장래의 환경피해 방지대책에 대하여 추상적인 합의를 하는 예 ······· 80

2. 수질오염 등 ··· 80

가. 장래의 수질오염의 방지에 관하여 합의하는 예 ·· 80
　나. 과거의 손해를 배상하는 예 ··· 81
　　(1) 가해사업자가 복수인 경우에 분할책임을 인정하는 예 ······································ 81
　　(2) 오염방지대책도 강구한 예 ··· 81
　　(3) 토양오염을 야기하고 있는 예 ·· 81

3. 기타 환경 피해 ··· 82

　가. 환경피해 방지대책을 강구하는 예 ·· 82
　나. 추상적인 부작위의무를 합의하는 예 ·· 82
　다. 악취 ··· 83
　　(1) 방지장치의 설치를 합의하는 예 ··· 83
　　(2) 사업소의 이전을 합의하고, 그 사이의 악취대책을 합의하는 예 ···························· 83
　라. 광해(光害) ··· 84

제10절 지적재산권관계 사건

1. 사건의 유형과 특성 ·· 84

　가. 지적재산권소송의 개념 ·· 84

2. 조정조항의 유형 ··· 84

　가. 제조금지 등의 합의가 있는 때 ·· 84
　나. 통상실시권의 합의가 있는 때 ·· 85
　다. 특허권불행사의 합의가 있는 경우 ·· 85
　라. 특허권이전의 합의가 있는 경우 ··· 86
　마. 가처분신청에 대하여 잠정적으로 화해, 조정하는 경우 ··· 86
　바. 저작인접권에 기한 컴팩트디스크 폐기청구 소송에서 복제 및 판매
　　　허락의 합의를 하는 경우 ·· 86
　사. 상표권침해사건에서 피고 표장의 변경 및 그 과도조치에 대한 합의가 있는 경우 ··· 87

제11절 공유관계 사건

1. 사건의 유형과 특성 ····· 88

가. 사건의 유형 ····· 88
나. 공유물분할의 방법 ····· 88
  (1) 구체적인 분할방법 ····· 88
    (가) 현물분할 ····· 88
    (나) 가격배상의 방법 ····· 88
다. 대금분할 ····· 88
  (1). 공유물분할사건 ····· 88
    (가) 고려할 요소 ····· 88
    (나) 현물분할 ····· 89
      ① 단독소유로 분할하는 경우 ····· 89
      ② 공동소유로 분할하는 경우 ····· 89
    (다) 부분적 가액보상에 의한 현물분할 ····· 89
    (라) 전면적 가액보상에 의한 현물분할 ····· 90
      ① 동시이행의 경우 ····· 90
      ② 조건부 이행의 경우 ····· 90
    (마) 대금분할(경매에 의한 대금분할) ····· 90

제12절 종중관계 사건

1. 사건의 유형과 특성 ····· 90

2. 조정조항의 유형 ····· 91

가. 공유형 ····· 91
나. 명의신탁에 대한 대가 보상형 ····· 91
다. 계쟁 부동산 처분시의 제한 설정형 ····· 91
라. 묘소 관리 비용 등 지급형 ····· 91
마. 묘소 관리 비용 등 지급 예약형 ····· 92
바. 명의신탁의 대가 보상 예약형(소유권을 종중에 이전하는 형) ····· 92

14 목 차

　사. 명의신탁의 대가 보상 예약형(가등기만을 경료하는 형) ·················· 92
　아. 계쟁 부동산 상의 건축물 축조권 부여형 ······································ 93
　자. 계쟁 부동산 경작권 부여형 ··· 93
　차. 계쟁 목적물을 제3의 목적에 사용하는 형 ·································· 94
　카. 소유권과 명의의 분리형(소유권을 종중으로 넘길 때) ················· 94
　타. 소유권과 명의의 분리형(등기명의인의 소유권을 인정할 때) ······ 94
　파. 도의조항의 예 ··· 94
　하. 청산조항의 예 ··· 95
　거. 제3자의 권리 포기 조항 ·· 95

제13절 언론관계 사건

1. 사건의 유형과 특성 ··· 95

2. 조정조항의 유형 ·· 95

　가. 일반형 ··· 95
　나. 정정보도를 하기로 하는 경우 ··· 95
　다. 도의조항을 두는 경우 ·· 96
　라. 구체적 사례 ·· 96
　　(1) 정정보도 없이 위자료와 도의조항만을 두는 경우 ················· 96
　　(2) 정정보도(인쇄매체)와 함께 간접강제 조항을 둔 경우 ············ 96
　　(3) 정정보도(방송매체)만 하는 경우 ··· 97

제14절 사해행위취소 사건

1. 고려할 요소 ·· 97

제15절 면책확인 사건

제16절 작위, 부작위를 목적으로 하는 사건

1. 작위를 목적으로 하는 경우 ··· 98

2. 부작위를 목적으로 하는 경우 ··· 99

제17절 청구이의 사건

1. 집행관계소송 ·· 99

2. 소를 취하하는 경우 ·· 100

3. 나머지 청구를 포기하는 경우 ··· 100

4. 청구이의사건에서 원고가 공탁한 금액만을 변제받기로 하면서 피고가
   전부명령을 취하하기로 한 경우 ··· 101

   가. 전부명령이 확정되면 피전부채권이 이전하고, 집행채권이 소멸된 후에는
       전부명령 신청을 취하할 수 없으므로, 원고를 피전부채권의 권리자로 두기
       위한 대비조항 필요 ·· 101

제18절 제3자이의 사건 ·· 102

제19절 배당이의 사건 ·· 102

제20절 기타

1. 금전지급이 동시이행관계에 있을 때 이행지체시기에 관한 기재례 ············· 102

    가. 피고가 동시이행으로 조정금을 지급하기로 하였는데 원고로부터 이행제공을
       받았음에도 불구하고 피고가 조정금을 지급하지 아니할 것에 대비하여
       지연손해금 지급에 관하여 약정을 하는 경우 ·· 102

2. 금전지급의무 중 일부는 동시이행으로 나머지는 동시이행이 아닌 내용으로 조정을 한 경우 ·········· 103

    가. 미지급 매매대금 중 일부는 소유권이전등기 경료와 동시에 지급하되 잔금은
       목적부동산에 기입된 압류등기를 말소한 후에 지급하기로 하는 경우 ·············· 103

3. 이행지체시 위약금을 별도로 지급하기로 한 경우 ·········· 104

    가. 공탁금회수청구권의 양도로 조정금을 지급하기로 하는 경우 ·············· 104

4. 해방공탁금을 회수한 금원으로 조정금을 지급하기로 하는 경우 ·········· 104

5. 면책적 채무인수를 하기로 한 경우 ·········· 105

    가. 채권자의 동의나 승낙을 얻지 못하여 이행인수의 효력밖에 없는 상태가
       되는 경우를 대비해야 한다. ·· 105

6. 채권양도를 하기로 한 경우 ·········· 105

    가. 전세권을 양도하면서 임대인에 대한 임대차보증금반환채권을 양도하는 경우 ········ 105
    나. 부부 공동 거주지였던 임차주택에 관하여 계약명의자인 일방이 재산분할로
       상대방에게 임대차보증금반환채권을 양도하는 경우 ·· 106

7. 조정금 중 일부를 추심명령에 따라 추심한 돈으로 충당하기로 한 경우 ·········· 106

8. 항소심에서 조정금 중 일부를 제1심 판결의 가집행금 지급으로 갈음하기로 한 경우 ·········· 107

제2편　주택임대차 실무

제1장　주택임대차보호법

▌제1절　주택임대차보호법

1. 주택임대차보호법의 의미 ·· 108

　　[판례　1] 전세금반환 ·· 109

▌제2절　주택임대차보호법의 보호대상

1. 자연인 ·· 111

2. 외국인 및 재외동포 ··· 111

　가. 예외사항 ··· 111

　　[판례　1] 부당이득금 ·· 112

3. 법인 ··· 114

　　[판례　2] 부당이득금반환 ·· 114

　가. 예외사항 ··· 116

▌제3절　주택임대차보호법의 적용범위

1. 주거용 건물 판단기준 ·· 118

　　[판례　1] 건물명도 ·· 118

2. 일부를 주거 외의 목적으로 사용 경우 ··· 119

    [판례 2] 택지초과소유부담금부과처분취소 ··· 120
    [판례 3] 건물명도 ··· 121

3. 미등기 무허가 건물의 경우 ··· 122

    [판례 4] 배당이의 ··· 122
    [판례 5] 배당이의 ··· 125
    [판례 6] 손해배상(기) ··· 127

제4절 주택임대차보호법 상 임대인 권리·의무

1. 임대인 권리 ··· 130

    가. 임대료 지급의 청구 ··· 130
    나. 임대료 증액의 청구 ··· 130
    다. 임대한 주택의 반환 청구 ··· 131
    라. 그 밖에 임대한 주택의 보전에 필요한 행위 ··· 131

2. 임대인 의무 ··· 131

    가. 임대한 주택을 정상적으로 사용하도록 지원할 의무 ··· 131
        [판례 1] 계약해지로인한임대차보증금반환·임대차보증금반환 ··· 132
        [판례 2] 보증금등,건물명도등 ··· 132
    나. 임대 보증금 반환의무 ··· 133
        [판례 3] 전부금 ··· 133
        [판례 4] 가옥명도 ··· 135

제5절 주택임대차보호법 상 임차인 권리·의무

1. 임차인 권리 ··· 137

가. 임대한 주택을 사용·수익할 권리 ·· 137
　　　　[판례　1] 건물명도등·손해배상(기) ·· 137
　　　　[판례　2] 보증금등,건물명도등 ·· 139
　　　　[판례　3] 보증금등,건물명도등 ·· 140
　　나. 임대차의 존속기간 2년 ·· 143
　　다. 차임감액청구권 ·· 144

2. 임차인 의무 ··· 145

　　가. 차임지급의무 ·· 145
　　나. 주택 임차에 따른 의무 ·· 145
　　다. 임차한 주택을 반환할 의무 및 원상회복 의무 ···················· 146
　　　　[판례　4] 손해배상(기) ·· 146

제6절　주택임대차 분쟁조정 제도

1. 주택임대차 분쟁조정제도 ·· 150

2. 조정절차 ·· 151

　　가. 조정신청 ·· 152
　　나. 조정 대상 ·· 152
　　다. 조정신청 각하사유 ·· 153
　　라. 조정의 개시 ·· 154
　　마. 조사 등 ·· 155
　　바. 처리기간 ·· 155
　　사. 신청 수수료 ·· 156

3. 조정 성립 및 효력 ··· 156

　　가. 조정의 성립 ·· 156
　　나. 조정의 효력 ·· 156
　　다. 알아두면 좋은 임대차 분쟁예방 조치 ···································· 157
　　　질의 1.　대리인과 계약을 체결하는 경우 ···································· 157

질의 2.	계약서 없이 이루어진 구두 약정의 효력 ··· 157
질의 3.	대항력의 발생시기와 관련된 문제 ··· 157
질의 4.	전대차계약시 유의점(집 주인이 아닌 임차인이 세를 놓는 경우의 문제) ············ 157
질의 5.	공동소유자 중 1인과의 임대차계약 체결시 ·· 158
질의 6.	기타 ··· 158

제2장 주택 임대차분쟁 조정 사례

제1절 차임 또는 보증금의 증감에 관한 분쟁

[사례 1] 보증금 및 월차임의 증액 청구 ·· 159

제2절 임대차 기간에 관한 분쟁

[사례 1] 재계약 또는 기간연장의 합의인지의 여부 ·· 160

제3절 보증금 또는 주택의 반환에 관한 분쟁

[사례 1] 미반환된 보증금의 지급 시기 ·· 161
[사례 2] 계약갱신 거절에 따른 주택의 반환 ① ·· 162
[사례 3] 계약갱신 거절에 따른 주택의 반환 ② ·· 163
[사례 4] 계약갱신 거절에 따른 주택의 반환 ③ ·· 164
[사례 5] 2기 차임연체(1호)에 따른 갱신거절 사례 ·· 166
[사례 6] 임대인의 실제 거주(8호) 갱신거절이 인정된 사례 1 ····························· 167
[사례 7] 임대인의 실제 거주(8호) 갱신거절이 인정된 사례 2 ····························· 169

[사례 8] 임대인 직계비속의 실제 거주(8호) 갱신거절이 인정된 사례 ·················· 170
[사례 9] 임대인의 실제 거주(8호) 갱신거절이 부정된 사례 1 ·························· 171
[사례 10] 임대인의 실제 거주(8호) 갱신거절이 부정된 사례 2 ·························· 173
[사례 11] 임대인의 실제 거주(8호) 갱신거절이 부정된 사례 3 ·························· 174
[사례 12] 실제 거주(8호) 갱신거절 후 제3자에 임대하여 손해배상한 사례 1 ······ 176
[사례 13] 실제 거주(8호) 갱신거절 후 제3자에 임대하여 손해배상한 사례 2 ······ 178
[사례 14] 실제 거주(8호) 갱신거절 후 제3자에 임대하여 손해배상한 사례 3 ······ 179
[사례 15] 실제 거주(8호) 갱신거절 후 제3자에 매도하여 손해배상한 사례 ········ 181

제4절 계약해지 여부 및 주택의 반환

[사례 1] 계약해지 여부 및 주택의 반환 ··· 183

제5절 보증금 · 주택의 반환에 관한 분쟁

1. 관련법령 ··· 184

2. 조정절차 ··· 185

3. 보증금 반환에 관한 조정사례 ·· 185

　가. 임대인이 계약만료일 보증금을 반환할 수 없어 보증금 반환일자를 연기하고
　　　그 기간 동안 임차인의 계속 거주를 인정한 사례 ··· 185
　나. 임대인이 합의해지 후 퇴거한 임차인에게 보증금을 일부 미반환하여 미반환
　　　보증금에 대해 분할상환 및 지연이자를 지급하도록 한 사례 ································· 185
　다. 누수 등 주택하자에 대한 유지·수선의무는 임대인의 의무임을 확인하여
　　　임대차계약 종료 후 보증금을 전액 반환하도록 한 사례 ·· 186
　라. 벽지, 바닥재 파손 등에 대한 업체 견적 결과 임차인의 과실이 일부 있음을
　　　감안하여 해당 견적비용을 제외한 미반환 보증금을 반환하도록 한 사례 ············· 186
　마. 입주시 제공 물품과 임대차 계약 종료 시 반환 물품이 달라 임차인이 원상회복
　　　비용을 일부 부담하고 미반환 보증금 및 장기수선충당금을 임대인이 반환한 사례 ···· 186
　바. 바닥마루의 파손을 통상의 감가상각으로 보고 임차인에게 원상회복 의무

없음을 확인 하고 임대인에게 미반환 보증금을 반환하도록 한 사례 ·················· 187

[사례 1] 보증금반환의무 및 동시이행관계 ·· 187
[사례 2] 보증금반환의무 및 원상회복의무의 성부 및 범위 ·································· 188
[사례 3] 원상회복 비용을 명목으로 보증금 일부만 반환한 경우 ························ 190
[사례 4] 하자로 인한 계약해지에 따른 보증금의 반환 ·· 192
[사례 5] 마룻바닥 등의 훼손에 관한 임대인의 수선의무 ······································ 195
[사례 6] 보증금의 반환 및 수도요금의 공제 ·· 197
[사례 7] 임대차계약의 합의해지 시점 및 보증금의 법적성질 ······························ 198

제6절 전월세상한제 관련 분쟁

1. 관련법령 ··· 200

2. 조정절차 ··· 200

[사례 1] 임대료 증액에 관한 사례 ··· 200
[사례 2] 차임의 보증금 전환과 임대료 증액에 관한 사례 ···································· 202

제7절 임대차 계약기간 관련 분쟁

1. 관련법령 ··· 204

2. 조정절차 ··· 204

[사례 1] 임대차 계약기간에 관한 사례 ··· 205
[사례 2] 갱신된 임대차 계약기간에 관한 사례 ·· 206
[사례 3] 임대차 계약기간 중 중도해지에 관한 사례 ·· 207

제8절 임대차 계약상 의무

1. 관련법령 ·· 209

2. 임대차계약상 의무에 관한 조정사례 ··· 209

　가. 임차인이 보증금의 존재를 이유로 차임을 지급하지 않아 관련 판례를 들어
　　　차임 지급이 의무임을 설명하고 이에 임차인이 연체 차임을 지급한 사례 ············· 209
　나. 임차인이 보일러 수리비용을 지출한 것에 대해 이는 임대인이 부담할 비용임을
　　　확인하고 임차인이 지급할 월차임에서 상계한 사례 ·· 209
　다. 임차인이 보일러가 고장이 났음을 고지하고 곧바로 수리한 행위는 정당하며
　　　해당 보일러 수리비용은 임대인이 부담할 성질의 것임을 확인한 사례 ················· 210
　라. 건물 구조상의 문제로 임차목적물에 발생한 곰팡이에 대해 임대인의 제거의무를
　　　확인 하고 이에 대해 임대인이 제거 조치를 이행한 사례 ···································· 210
　마. 녹물 하자에 대해 임대인이 수리의사를 밝혔음에도 임차인이 일방적으로
　　　계약해지. 퇴거한 것은 부당하다 판단해 미납차임을 일부 지급하도록 한 사례 ······ 210
　바. 도어락 파손은 임차인의 행위에 의한 것이므로 이를 보증금에서 공제한 것은
　　　정당하고 장기 수선충당금은 주택 소유자가 부담할 성질의 것이므로 임대인이
　　　임차인에게 반환하여야 함을 확인한 사례 ··· 211

제9절 유치·수선의무에 관한 분쟁

[사례 1] 보일러 동파에 관한 임대인의 수선의무 ··· 211
[사례 2] 세탁기 배관 동파에 관한 임대인의 수선의무 ··· 213
[사례 3] 도어락 수리비용 등의 부담 주체 ··· 215

제10절 계약 이행 및 내용의 해석에 관한 분쟁

[사례 1] 계약 체결 조건의 불이행을 원인으로 한 금전반환청구 ·························· 216

제11절 계약 갱신 및 종료에 관한 분쟁

[사례 1] 계약갱신요구 및 거절의 적법 여부 ··· 218
[사례 2] 계약 갱신 요구에 대한 거절의 정당성 ··· 219
[사례 3] 정당한 계약갱신 거절 사유의 존부 ··· 221
[사례 4] 계약갱신 거절사유 존부 및 손해배상의 예정 ① ··· 222
[사례 5] 계약갱신 거절사유 존부 및 손해배상의 예정 ② ··· 225
[사례 6] 주임법 부칙 제2조제2항 관련 계약갱신 여부 확인 ··· 226
[사례 7] 묵시적 갱신 또는 합의에 의한 갱신인지의 여부 ··· 228
[사례 8] 계약갱신요구권 행사의 상대방 및 그 효력 ··· 229
[사례 9] 합의해지 성부 및 계약해지 여부 ··· 231

제12절 계약의 불이행 등에 따른 손해배상청구에 관한 분쟁

[사례 1] 허위 갱신거절에 대한 손해배상 ① ··· 233
[사례 2] 허위 갱신거절에 대한 손해배상 ② ··· 235
[사례 3] 허위 갱신거절에 대한 손해배상 ③ ··· 236
[사례 4] 실거주를 이유로 갱신거절 후 제3자에게 매도 ··· 237
[사례 5] 임대차계약 파기에 따른 손해배상금 ··· 239
[사례 6] 원상회복의무 불이행에 따른 손해배상 ··· 240

제13절 중개사 보수 등에 관한 분쟁

[사례 1] 기존 임차인의 중개보수지급의무 ··· 241
[사례 2] 임대차를 계속하기 어려운 중대한 사유(9호)가 부정된 사례 ··· 242

제14절 임대차 분쟁 기타 조정사례

1. 외국인에게도 주택임대차보호법이 적용됨을 확인하고, 임대차 계약기간이
   종료하였더라도 보증금 반환 전까지는 임대차계약이 존속하며 주택의 매수인은
   임대차계약을 승계하여 보증금을 반환할 책임이 있음을 확인한 사례 ·················· 244

제15절 주택임대차 조정 관련서식

[서식 1] 대표자선정서 ·· 245
[서식 2] 대표자 (해임서·변경서) ·· 246
[서식 3] 주택임대차분쟁조정신청서 ·· 248
[서식 4] 위임장 ·· 251
[서식 5] (제척·기피) 신청서 ·· 252
[서식 6] 조정대리허가신청과 위임장 ·· 253
[서식 7] 조정서 송달증명원 ·· 254
[서식 8] 조정신청 취하서 ··· 255
[서식 9] 주택임대차 표준 계약서 ··· 256
[서식 10] 계약갱신 거절통지서 ·· 260

제3장 상가건물 임대차분쟁조정사례

제1절 상가건물 조정절차

1. 조정 신청 ·· 261

> 질의 1. 서울시 상가건물 임대차분쟁조정은 어떤 제도인가요? ·················· 261
>
> 질의 2. 서울시 상가건물임대차 분쟁조정위원회는 다른 조정기관과 어떤 차이점이 있나요? ······· 262
>
> 질의 3. 조정 신청은 임차인만 신청 가능한가요? ································· 262
>
> 질의 4. 조정 신청은 방문만 가능한가요? ··· 262
>
> 질의 5. 조정 신청 시 어떤 서류가 필요한가요? ··································· 262
>
> 질의 6. 조정 신청 시 수수료가 발생하나요? ····································· 263
>
> 질의 7. 소송을 제기해도 조정 신청이 가능한가요? ······························· 263

2. 조정 진행 ·· 263

> 질의 1. 상대방(피신청인) 의사와 무관하게 조정이 진행될 수 있나요? ············ 263
>
> 질의 2. 조정이 진행될 경우 서울시에 무조건 방문해야 하나요? ·················· 264
>
> 질의 3. 조정위원은 어떤 분들로 구성이 되나요? ································· 264
>
> 질의 4. 조정 진행 시 상대방(피신청인)의 협조가 필요한가요? ···················· 264
>
> 질의 5. 조정신청 시 조정이 바로 진행되나요? ··································· 264
>
> 질의 6. 조정 처리기간은 얼마나 걸리나요? ····································· 265

3. 조정 효력 ··· 265

> **질의 1.** 조정은 법원과 같이 판결을 해주나요? ·· 265

> **질의 1.** 조정이 성립하면 어떤 결과물을 주나요? ···································· 265

> **질의 1.** 조정 성립 시 소송을 제기 안해도 강제 집행이 가능한가요? ········· 265

> **질의 1.** 강제 집행은 서울시에서 신청하는 건가요? ·································· 266

제2절 차임 또는 보증금의 증감에 관한 분쟁

[사례 1] 차임 또는 보증금 증액 ·· 266
[사례 2] 계약갱신요구와 보증금의 증액 ·· 267

제3절 보증금 또는 주택의 반환에 관한 분쟁

[사례 1] 사정변경에 따른 계약해지 가부 ·· 269
[사례 2] 계약 종료 여부 및 갱신거절의 정당성 ·· 271
[사례 3] 보증금 등 반환의무의 발생 ·· 273
[사례 4] 보증금반환의무 및 원상회복의무의 성부 및 범위 ························ 274

제4절 권리금에 관한 분쟁

[사례 1] 임대인의 권리금 회수 방해로 인한 손해배상청구 ······················· 276

제5절 계약 이행 및 내용의 해석에 관한 분쟁

[사례 1] 재계약 성립 관련 당사자 사이 의사합치의 부존재 ·· 279

제6절 계약 갱신 및 종료에 관한 분쟁

[사례 1] 계약의 묵시적 갱신 여부 ·· 281
[사례 2] 사정변경을 이유로 한 계약해지 가부 ·· 283
[사례 3] 계약갱신요구권 행사기간 및 기산점 ·· 284

제7절 상가건물임대차 조정 관련서식

[서식 1] 대표자 선정서 ·· 286
[서식 2] 대표자 (해임서·변경서) ·· 287
[서식 3] 상가건물임대차분쟁조정신청서 ·· 289
[서식 4] 위임장 ·· 292
[서식 5] (제척·기피) 신청서 ·· 293
[서식 6] 조정대리허가신청과 위임장 ·· 294
[서식 7] 조정서 송달증명원 ·· 295
[서식 8] 조정신청 취하서 ·· 296

제4장 관련 판례

1. 임차인의 계약갱신 요구에 대하여 매수인이 실거주를 사유로 거절할
   수 있는지 여부 (소극) ·· 297

2. 임대차계약 종료 합의 및 계약갱신 거절이 유효한지의 여부 (소극) ······················ 299

3. 양수인이 소유권이전등기를 마치기 전 임차인이 갱신요구권을 행사한 경우,
   이를 실거주 목적으로 거절할 수 있는지 여부 (적극) ·· 303

4-1. 개정법 시행 전 매매계약을 한 매수인이 세입자의 갱신요구를 거절할
　　 수 있는지의 여부 (적극) ·· 308

4-2. 개정법 시행 전 매매계약을 한 매수인이 세입자의 갱신요구를 거절할
　　 수 있는지의 여부 (소극) ·· 312

제3편　행정소송

제1장　행정소송에서의 조정

제1절　행정소송에서의 조정, 화해의 방식

1. 개요 ··· 318

2. 사실상 조정·화해 방식의 내용 ··· 318

　　가. 일반적인 형태 ··· 318

제2절　사건유형별 조정기법

1. 공통사항 ··· 319

2. 조정권고안 예시 ··· 320

제3절　노동사건과 조정기법

1. 조정권고안 예시 ··· 321

| 제4절 운전면허 정지·취소 사건과 조정기법 ·· 322

| 제5절 영업정지 내지 영업허가 취소 등의 사건과 조정기법 ················· 323

| 제6절 조세사건과 조정기법 ·· 324

| 제7절 토지수용사건과 조정기법 ··· 324

| 제8절 공유물분할사건의 조정조항 ··· 325

| 제9절 작위·부작위를 목적으로 하는 사건의 조정조항 ······················· 326

제2장 조정분야별 법조문 및 조정위원회

| 제1절 건설·부동산 분야

1. 건설업 및 건설 용역업에 관한 분쟁 (건설분쟁 조정위원회) ··························· 327
2. 건설산업기본법상의 분쟁을 제외한 건축 등과 관련된 분쟁
   (건축분쟁 조정위원회) ·· 328
3. 담보 책임 및 하자 보수 관련 분쟁 (하자심사·분쟁 조정위원회) ···················· 328
4. 입주자대표회의의 구성·운영, 층간소음 등 공동주택의 관리 등에 관한
   분쟁 (공동주택관리 분쟁조정 위원회) ··· 329
5. 임대사업자와 임차인대표회의 간의 임대주택의 관리 등에 관한 분쟁
   (임대주택분쟁 조정위원회) ·· 329

6. 주택임대차와 관련된 분쟁 (주택임대차분쟁 조정위원회) ················· 330

7. 상가임대차와 관련된 분쟁 (상가건물임대차분쟁 조정위원회) ············· 331

8. 집합건물의 소유 및 관리에 관한 법률이 적용되는 건물과 관련된 분쟁
   (집합건물분쟁 조정위원회) ·· 331

9. 시장정비 사업 등 상권의 활성화 사업과 관련된 이해관계자 간의 분쟁
   (시장분쟁 조정위원회) ··· 332

10. 정비사업의 시행으로 인하여 발생한 분쟁 (도시분쟁 조정위원회) ········ 332

제2절 교통 분야

1. 공제금 지급 분쟁 등 공제조합과 자동차 사고 피해자 간 분쟁
   (공제분쟁 조정위원회) ··· 333

2. 자동차보험 진료수가에 관한 분쟁 (자동차보험 진료수기 분쟁심의회) ····· 333

제3절 환경 분야

1. 환경피해, 환경시설의 설치 또는 관리와 관련된 분쟁 (환경분쟁 조정위원회) ········ 334

2. 원자력 손해의 배상에 관한 분쟁 (원자력손해배상 심의회) ·················· 334

제4절 거래·계약 분야

1. 가맹사업에 관한 분쟁 (가맹사업 거래분쟁 조정협의회) ······················ 334

2. 정부조달계약 과정에서 계약담당공무원 등의 행위에 대한 이의신청의 재심
   (국제계약분쟁 조정위원회) ·· 335

3. 불공정 거래행위 금지를 위반한 혐의가 있는 행위와 관련된 분쟁
   (공정거래분쟁 조정협의회) ·· 335

4. 대규모 유통업자와 납품업자 등 사이의 분쟁
   (대규모 유통업거래 분쟁조정협의회) ·· 336

5. 민간투자사업에 관한 분쟁 (민간투자분쟁 조정위원회) ····················· 337

6. 소비자, 사업자 간 발생 분쟁 (소비자분쟁 조정위원회) ···················· 338

7. 등록 대규모 점포와 인근 지역 도·소매업자 간 영업 활동에 관한 분쟁
   (유통분쟁 조정위원회) ··· 338

8. 전자문서 및 전자거래에 관한 분쟁 (전자문서·전자거래분쟁 조정위원회) ······ 339

9. 일정 규모 이상의 입찰에 의한 계약 과정에서의 이의신청에 대한 재심(再審)
   (건설하도급분쟁 조정협의회) ·· 340

10. 원사업자와 수급 사업자 간의 건설 하도급 거래의 분쟁
    (제조하도급분쟁 조정위원회) ··· 340

11. 금융기관, 금융수요자 기타 이해관계인 간 발생한 금융 관련 분쟁
    (금융분쟁 조정위원회) ·· 341

제5절 금융 분야

1. 대부업자 등과 거래 상대방 간의 분쟁 (대부업분쟁 조정위원회) ················ 342

2. 우체국보험, 이해관계인 간 발생하는 보험모집 및 보험계약과 관련된 분쟁
   (우체국보험분쟁 조정위원회) ·· 342

3. 거래소 시장 등에서의 매매 관련 분쟁 (시장감사위원회) ···························· 343

4. 반도체 집적회로의 배치 설계권, 전용이용권 및 통상이용권 등에 관한 분쟁
   (배치설계 심의조정위원회) ·· 344

제6절 지식재산 분야

1. 산업재산권(특허권, 실용신안권, 디자인권, 상표권)과 관련된 분쟁
   (산업재산권분쟁 조정위원회) ·· 345

2. 산업기술의 유출에 관한 분쟁 (산업기술분쟁 조정위원회) ····························· 346

3. 저작권에 관한 분쟁 (한국저작권위원회) ·· 346

4. 중소기업 기술의 보호와 관련된 분쟁 (중소기업 기술분쟁조정·중재위원회) ········ 347

5. 콘텐츠 사업자 간, 사업자·이용자 간, 이용자 간 콘텐츠 거래 또는
   이용에 관한 분쟁 (콘텐츠분쟁 조정위원회) ·· 347

제7절 정보·통신 분야

1. 공공기관의 공공 데이터 제공 거부 및 제공 중단에 관한 분쟁
   (공공데이터제공 분쟁조정위원회) ·· 348

2. 개인정보에 관한 분쟁 (개인정보분쟁 조정위원회) ··· 349

3. 인터넷 주소의 등록과 사용에 관한 분쟁 (인터넷주소분쟁 조정위원회) ············ 350

4. 전기통신사업자·이용자 간 분쟁 (통신분쟁 조정위원회) ································· 351

5. 정보보호제품 및 정보보호서비스의 개발·이용 등에 관한 분쟁
   (정보보호산업분쟁 조정위원회) ·· 352

6. 정보통신망 정보 중 사생활 침해, 명예훼손 등 타인 권리 침해 정보
   관련 분쟁 (명예훼손 분쟁조정부) ·· 353

제8절 언론·방송 분야

1. 방송사업자, 중계 유선방송 사업자 등 상호간에 발생한 방송에 관한 분쟁
   (방송분쟁 조정위원회) ·· 353
2. 언론, 인터넷 뉴스, 인터넷 멀티미디어 방송의 보도 또는 매개로 인한 분쟁
   (언론중재위원회) ·· 355
3. 환지에 따른 민원이나 이해관계자 간 분쟁 (환지심의위원회) ························· 356

제9절 농업·어업 분야

1. 어업에 관한 손실 보상 분쟁 등 (수산조정위원회) ·· 356
2. 품종보호권 침해 분쟁 (농림종자위원회, 수산종자위원회) ································ 357

제10절 교육 분야

1. 학교폭력 피해학생, 가해학생 간 분쟁 (학교폭력대책 자치위원회) ·················· 358

제11절 의료 분야

1. 보건의료인의 진단·치료·처방 등으로 인한 생명·신체 등 피해에 관한
   의료사고 분쟁 (의료분쟁 조정위원회) ·· 358

제12절 기 타

1. 4·16세월호참사와 관련하여 배상 및 보상 등에 관한 사항
   (4·16세월호참사 배상 및 보상심의위원회) ·· 359

2. 관련자와 그 유족에 대한 사실 심사와 그 밖의 보상 등의 심의·결정
   (5·18민주화운동 관련자보상심의위원회) ······································· 359

3. 공익신고자 보호조치와 손해배상 (국민권익위원회) ································ 359

4. 인권 침해나 차별 행위 관련 분쟁 (국가인권위원회 조정위원회) ················· 360

5. 기간제·단시간 근로자 대한 차별 처우 (노동위원회) ······························· 360

6. 전기 사업과 관련된 분쟁 (전기위원회) ·· 361

7. 하천수 사용에 관한 분쟁 (국가수자원 관리위원회) ································· 361

제1편 민사조정 절차

제1장 조정 시 절차

제1절 민사조정 사건의 흐름

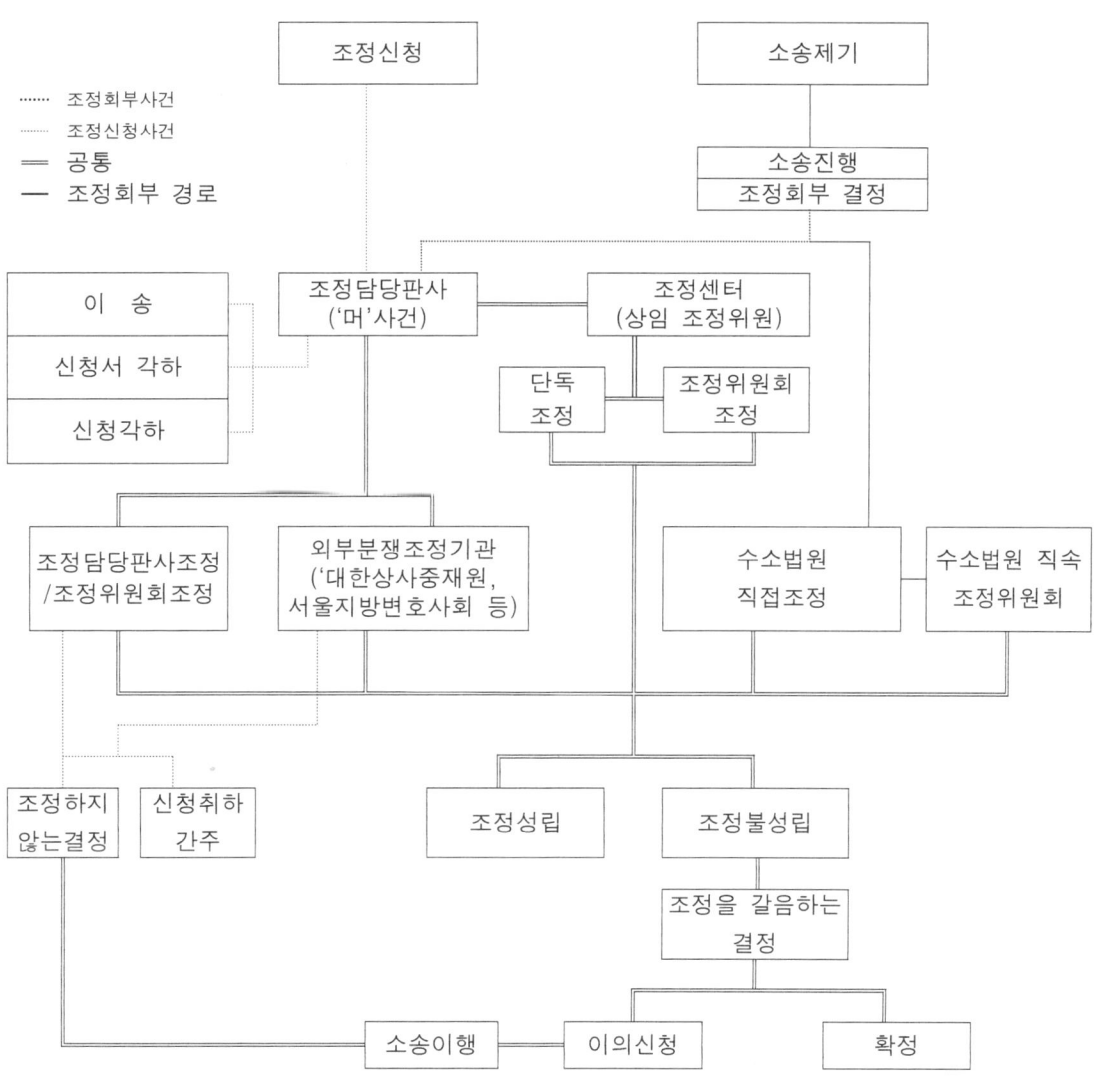

제2절 조정절차 진행 시 유의사항

1. 조정기일 전 준비

가. 기록검토 및 조정안 구상

(1) 기록을 검토하여 사건의 개요, 당사자들의 주장, 주요 증거의 내용 등을 정확히 파악하고, 관련 판례나 논문 등을 검토하여 당사자들의 주장. 제출 증거의 문제점 등을 정확히 파악한 다음, 조정안을 구상한 상태에서 조정에 임하는 것이 바람직
(2) 조정안은 탄력적으로 다양하게 구상하고, 각 조정안에 대한 설득력 있는 근거도 구상
(3) 당사자들의 주장, 주요 증거, 조정안 등을 간략히 적은 요약서를 작성하면 절차를 진행하는 데 도움이 됨(특히 기록을 꼼꼼히 보지 않으면 알 수 없는 내용, 예를 들어 당사자가 탄원서에 적은 특수한 사정, 가족의 이름 등을 메모하였다가 필요할 때 안다는 표시를 하면 절차에 대한 신뢰가 높아지는 경향)

나. 당사자의 출석확보

(1) 변론기일을 지정하기 전에 조정에 회부된 조기조정 사건은 당사자들이 조정기일 지정에 관하여 협의할 기회가 없어 조정기일에 불출석하는 경우가 있으므로 실무관을 통해 양 당사자들에게 전화로 조정기일을 고지하면 출석확보에 도움이 된다.
(2) 조정기일통지서를 보낼 때, 대리인이 선임된 경우 당사자 본인도 함께 출석하도록 독려하는 내용을 포함시키는 것이 바람직

다. 조정절차의 대리인

(1) 대법원 재판예규는 '합의사건도 조정에 회부된 경우에는 변호사가 아닌 자도 조정담 당판사의 허가를 받아 대리인이 될 수 있다'고 규정[민사조정절차에 관련된 여러 의문점에 대한 검토의견[재판예규 제871-53호 민사조정절차에 관련된 여러 의문점에 대한 검토의견(이하 '재민 95-1'이라 함) 2. (1)]
(2) 변호사 아닌 자에 대한 소송절차에서의 대리허가 역시 조정절차에서 대리허가로 유효하고, 소송절차에서 대리인으로 허가한 자에 대하여도 조정회부 후에 조정담당판사가 대리허가를 취소할 수 있다[재민 95-1.2, (2)]
(#) 조정절차에서 판사의 허가를 얻어 대리인이 된 자는 소송으로 이행되거나 복귀한 경우에 대리인의 자격이 상실된다[재민 95-1. 2, (3)]

라. 조정회부 이후 제출된 준비서면, 청구취지변경신청서, 반소장 등의 처리

(1) 수소법원이 사건을 조정에 회부하면 소송절차는 중지되므로(민사조정규칙 제4조 제2항), 당사자가 제출한 위와 같은 서면은 조정절차를 위하여 제출한 것으로 처리되어야 한다[재민 95-1. 3].
(2) 위와 같은 서면이 제출되면 그에 기초하여 조정을 진행하면 되는 것이고 반드시 조정기일에 진출시켜야 하는 것은 아님. 다만, 조정절차에서 이를 진술시킨 경우에도 민사조정법 제23조는 조정절차에서의 진술을 민사소송에서 원용하지 못한다고 규정하고 있으므로 소송복귀 후 수소법원에서 다시 진술시켜야 한다[재민95-1, 3].

마. 조정참가

(1) 제3자가 조정참가를 하기 위해서는 원칙적으로 법원에 조정참가신청서를 제출하거나 구술로 조정참가의사를 밝히는 것이 필요하다(민사조정법 16조 1항).
(2) 임의참가신청에 대하여는 신청을 하는 자가 이해관계인이라 할 수 있는지 여부 등을 직권조사하여 참가의 허부 결정(인적사항을 주민등록증 등을 통해 정확히 파악) 재판부의 판단에 따라 이해관계인을 강제로 조정에 참가시키는 경우(민사조정법 16조 2항) 별도로 결정서를 작성하여 송달하거나 임의출석 시 조서에 기재한다.
(3) 조정참가인에 대하여도 조정을 갈음하는 결정을 할 수 있고 조정참가인에 대한 결정이 있는 경우 조청참가인은 이의신청을 할 수 있음. 조청참가인까지도 포함한 조정을 갈음하는 결정에 대하여 조정참가인만 이의신청을 한 경우 결정된 사항이 가분적인 것이라면 이의신청한 부분만 실효되지만, 분리 확정을 허용할 경우 형평에 반하는 결과가 초래되는 경우에는 전부 실효된다(2006다57872)

2. 조정기일의 진행

가. 총설

(1) 장소: 조정실, 판사실, 심문실 또는 분쟁에 관련된 현장 기타 적당한 장소에서 조정을 할 수 있다.
(2) 복장: 법복을 착용하지 않을 수 있다.
(3) 공개: 조정절차는 공개하지 아니할 수 있고(비공개결정을 선고하거나 조서에 비공개 사유를 기재할 필요가 없으나, 조정기일조서에는 공개 여부 기재해야 함), 다만 이 경우에도 적당하다고 인정하는 자에게 방청 허가 가능
(4) 법원사무관등의 참여: 조정기일에는 법원사무관등을 참여시키지 않을 수 있으나 조정기일

나. 시작과 인사

(1) 재판부 등의 소개: 조정위원회 조정의 경우 조정위원을 소개한 후 조정위원의 전문성과 공정성, 경험과 경륜 등을 언급하여 신뢰감을 형성하는 것이 바람직. 당사자들과 눈을 맞추며 인사하고, 당사자들의 의견을 최대한 들어주기 위해 전문가를 동원하고 최대한 시간을 할애할 생각으로 절차를 마련하였다는 설명을 하는 것도 효과적

> 안녕하십니까. 저는 서울중앙지방법원 민사 제2부 수명법관 ○○○판사입니다. 지금부터 서울중앙지방법원 2020가합1000호 소유권이전등기 사건의 조정절차를 시작하겠습니다. 조정절차는 법원이 여러분들의 의견을 충분히 들어주기 위해 마련한 절차입니다. 이 절차를 통하여 충분히 의견을 나누고 합리적인 해결책을 찾으시길 바랍니다.

(2) 출석확인
(3) 조정절차의 의미 설명

> 이 사건의 내용을 가장 잘 알고 있고 가장 좋은 해결책을 찾아낼 수 있는 사람은 그 누구도 아닌 바로 원고와 피고 본인입니다. 원고와 피고가 가장 합리적인 해결책을 찾고 그동안 쌓였던 오해를 풀 수 있도록 하기 위해 조정절차에 회부하였습니다. 조정은 소송(재판)에 비해 신속하고 저렴하게, 자율적이고 종국적으로 분쟁을 해결할 수 있는 장점이 있습니다. 또한, 소송의 경우 일도양단적 판단만 가능하나 조정의 경우 다양하고 융통성 있는 결론을 내릴 수 있습니다. 다만, 조정절차에서 최종 결정권자는 바로 원고와 피고 본인이며, 당사자들이 원하지 않으면 조정이 성립될 수 없고, 재판부는 조정을 강권하지 않는다는 점을 유념해 주셨으면 합니다.

(4) 조정절차 진행의 순서와 원칙 설명

> 조정절차는 원고와 피고의 진술을 차례대로 듣고, 각자 원하는 조정안에 관해서 의견을 나누어 합리적인 해결방안을 모색한 후 합의가 이루어지면 조정안을 작성하고 마무리하는 순서로 진행될 예정입니다. 원칙적으로 원고와 피고가 함께 있는 자리에서 조정절차를 진행할 예정이나 필요한 경우 한쪽 당사자가 퇴실한 상태에서 조정에 관한 의견을 진술하는 시간을 가질 수도 있습니다. 원고와 피고 모두에게 동등하게 진술기회를 부여할 예정이니 상대방의 진술이 끝날 때까지 기다리시고, 상대방을 비난하는 말은 자제하여 주시기 바랍니다.

다. 당사자의 진술 및 의견 청취/ 사실관계 확인

(1) 당사자의 입장을 서로 번갈아 가며 진술하도록 함으로써 분쟁원인(이해관계의 차이)을 파악하고, 서로 상대방의 주장을 듣도록 함(수명법관은 무리한 진술이 있을 경우, 그 근거를

물어보고, 진술이 반복되는 경우 제지하는 등으로 지휘할 필요성이 있음)
(2) 조정절차 내에서 사실조사 및 증거조사절차를 진행할 수 있으나(자세한 사항은 「조정재판실무편람」 55면 이하 참조), 통상 불명확한 사실관계를 확인하는 정도에 머무르는 경우가 많다.

라. 요구사항 파악 및 해결방안 모색

(1) 당사자로 하여금 각자 해결방안을 제시하고 협의하도록 하고, 재판부의 조정안 제시는 자제할 필요가 있음(재판부가 예단을 가졌다고 오해할 수 있음)

> 그렇다면 어떻게 이 사건을 해결하면 좋을지 합의안을 한번 내보시죠. 원고부터 말씀해 주십시오.

(2) 대석방식과 개별방식의 적절한 활용
　(가) 대석방식이란 양 당사자가 함께 있는 자리에서 조정을 진행하는 것을 의미하고, 개별방식이란 한쪽 당사자가 퇴실한 상태에서 진행하는 것을 의미한다.
　(나) 솔직한 요구사항 제시가 어렵거나 상대방 앞에서는 말 못하는 소송의 진정한 목적이 무엇인지 등을 듣고자 하는 경우에는 개별방식이 효과적이다.
　(다) 양 당사자에게 개별방식을 취하는 이유 등을 설명한 후 시행하고, 시간을 공평하게 할애하도록 하며, 당사자가 녹음기 등이 들어 있는 가방을 조정실에 놓고 나감으로써 녹음을 시도하는 사례가 있으므로 소지품을 모두 가지고 나가도록 해야 한다.
　(라) 개별방식을 통하여 일방이 제시한 협상안을 상대방에게 전할 때에는 판사 자신의 생각인 것처럼 묻는 것도 고려해 볼 수 있다.

> 이런 방식으로 합의를 하시는 것은 어떻습니까?

마. 조정안 작성

(1) 가급적 서면으로 조정조항을 작성하여 말미에 당사자의 서명, 날인을 받음: 조정실에 조정조항 양식을 비치하여 즉석에서 조정조항을 작성하기도 한다.
　☞ [덧붙임] 조정의견서」 참조
(2) 조정성립의 의미 설명

> 이로써 모든 분쟁은 종결되었습니다. 이후 수일 내에 지금 서명, 날인한 조정조항을 기초로 작성한 정식의 조정조서를 보내드릴 텐데 그것은 판결과 동일한 효력이 있습니다.

바. 절차종결선언

(1) 조정이 성립된 경우

> 이렇게 원만하게 합의가 성립되어 다행입니다. 오늘로써 분쟁은 종결되니 이제 마음 편히 댁으로 돌아가셔서 각자의 생업에 종사하시면 됩니다. 오늘 조정이 된 것에는 (여기 계신 조정위원님들의 도움이 크셨고, 무엇보다) 준비서면 등을 통해 (저와 조정위원들이) 이 사건의 진상을 파악할 수 있도록 도와주신 변호사님의 공로가 크셨습니다. 다시 한 번 변호사님께 감사드립니다. 끝으로 조정과정에서 본의 아니게 결례한 점이 있으면 널리 이해해 주셨으면 합니다. 그럼 이것으로 조정절차를 모두 마치겠습니다. 고생 많으셨습니다.

(2) 조정(합의)이 불성립된 경우

> 모두들 오랜 시간 합리적인 조정안을 도출하기 위해 애쓰셨는데 조정이 성립되지 않아서 안타깝습니다. 오늘 이루어진 논의를 토대로 조정을 갈음하는 결정을 할 수도 있는데 그럴 경우 법률전문가의 도움을 받아 유·불리를 심사숙고한 다음 이의신청 여부를 결정해 주십시오 결정문을 송달받은 후 2주 이내에 이의신청을 하지 않으면 조정을 갈음하는 결정이 확정됩니다. 재판기일은 이의신청 여부를 보아 추후 알려드리겠습니다. 그럼 이것으로 조정절차를 모두 마치겠습니다. 고생 많으셨습니다.

☞ 조정기법에 관해서는 법원행정처, 「조정실무」, 제3편; 법원행정처, 「법정진행매뉴얼」, 74~ 80면; 이철규, 분쟁의 원인과 그 해소를 통한 조정" 참조

3. 조정이 끝난 후의 조치

① 재판장에게 조정경과 보고: 조정의 진행결과를 간단한 메모 형태로 정리하여 보고(당사자들이 강조하는 주장, 특이사항 등)함으로써 심리절차에 참고할 수 있도록 한다.
② 법원사무관등에게 조정경과 설명: 당사자의 출석 여부, 조정 성립 여부, 다음 기일 등을 설명(민사조정법 제38조 제1항, 민소법 제152조 제3항) 결재요청한 '조정기일조서' 전자결재

가. 조정이 성립된 경우

(1) 법원사무관등에게 조정조항을 설명하여 '조정조서'를 작성하도록 한 후 전자결재
(2) 실무관으로 하여금 '서면으로 작성한 조정조항 원본'을 기록에 편철하도록 한다(전자사건의 경우 스캔하여 전자기록에 등록하고 원본은 실무관에게 별도 보관 지시)

나. 조정이 불성립된 경우

(1) 조정을 갈음하는 결정을 하지 않는 경우에는 변론기일을 정하고 실무관으로 하여금 양 당사자에게 기일을 고지하도록 한다
(2) 조정기일조서에 '조정불성립'이라고 기재

다. 조정을 갈음하는 결정을 하는 경우

(1) 조정기일조서에 '합의불성립'이라고 기재
   (가) 합의불성립의 경우에는 조정을 갈음하는 결정을 할 여지가 남아 있으므로(민사조정법 27조 1호, 30조) 조정불성립과 합의불성립은 구별된다.
(2) 법관통합재판지원시스템 CV507 명령/결정 및 명령결정문작성관리시스템에서 생성 명령/결정종류: (89)조정을갈음하는 결정을 선택하여 결정문 작성하고 전자결재 요청
(3) 조정을 갈음하는 결정이 송달불능된 경우 상대방에게 주소보정을 명하여 특별송달을 하고, 그럼에도 송달불능이 되었다면 조정을 갈음하는 결정을 취소하고(법관통합재판지원시스템 CV507 명령/결정 및 명령결정문작성관리시스템에서 생성 ⇒ 명령/결정종류: (91)조정을 갈음하는 결정취소] 조정불성립으로 사건 종결(민사조정규칙 15조의2 4항)
   cf. 화해권고결정이 송달불능된 경우에는 판결이 선고되면 그 화해권고결정은 당연히 효력을 상실하므로 결정을 취소할 필요 없음(민소법 232조 2항)

나. 당사자가 불출석한 경우

(1) 불출석한 당사자에게 연락하여 출석하지 아니한 이유 등을 물어보고 ① 조정기일 속행, 조정불성립으로 처리 후 소송절차 복귀, ③ 조정을 갈음하는 결정 여부 결정
(2) 일방만 출석한 경우에는 상대방과 개인적으로 접촉한 사실이 있는지, 출석하지 아니한 이유를 아는지 등을 물어보고, 만약 사실상 합의가 된 경우에는 그 합의된 내용으로 조정을 갈음하는 결정을 할 수도 있다.

제3절 조정조항 작성 시 유의사항

1. 일반사항

가. 합의내용이 사실상 법률상 실현 가능하고, 해석상 의문의 여지가 없어야 하며, 집행불능

이 되지 않도록 명확하게 특정되어야 한다.
나. 합의내용이 적법하고(강행규정에 위배되지 않고), 사회적 타당성 및 상당성을 가져야 한다(공서양속에 반하지 않고, 사회통념에 비추어 상당성을 갖추어야 함)
다. 당사자가 자유롭게 처분할 수 있는 권리를 대상으로 하여야 한다
라. 논리적 순서에 따라, ① 조정의 대상이 되는 권리·의무의 존재 또는 부존재를 확인하는 확인조항과 권리·의무의 발생·변경·소멸 등을 정하는 형성조항, ② 법률효과로서의 이행조항과 이행조항을 불이행한 경우의 이행확보조항, ③ 청산조항, 비용부담조항 순서로 기재한다.

2. 개별사항

가. 이행조항은 합의의 당사자, 이행목적물의 특정, 이행의 시기, 방법 등이 명확히 기재되어야 한다.
나. 조정조항이 판결의 주문과 같은 역할을 하므로 조정조항 자체만으로 집행대상이 명시되도록 기재하여야 한다(조정조항에 「이 사건 차용금」 또는 「이 사건 부동산」 등으로 표시하는 것 자제. 다만 한 번 언급한 계약 내지 부동산에 관하여는 결정사항의 선행 조항에서 '이 사건 계약' 내지 '이 사건 부동산' 등으로 약칭하고 후행 조항부터는 이를 인용할 수 있음).
다. 당사자의 일방 혹은 쌍방이 복수인 때에는 상호 권리·의무의 범위(각, 공동, 연대, 합동 등)를 명확히 기재하여야 함
라. 급부의무 불이행의 경우를 예상하여, 금전지급에 관하여는 기한의 이익 상실, 지연손해금 지급, 물건의 인도에 관하여는 지연손해금 또는 인도불능의 경우의 대상(代償)으로서 금전의 지급, 부작위의무에 관하여는 그 의무 위반에 대한 약정 손해금의 지급 등의 합의를 하는 경우가 많은바, 그 구체적인 내용을 명확히 기재하여야 함
마. 피고가 동시이행의 항변을 하면서 그에 관한 집행권원을 원하는 경우에는 원고의 청구에 관한 조항 다음에 피고의 집행권원을 위한 조항을 포함시키는 것이 바람직함

1. 피고는 원고로부터 1,000만 원을 지급받음과 동시에 원고에게 별지 목록 기재 부동산을 인도한다.
2. 원고는 피고로부터 별지 목록 기재 부동산을 인도받음과 동시에 피고에게 1,000만 원을 지급한다.

바. 권리관계의 발생·변경·소멸을 정하는 형성조항의 경우 그 대상이 되는 권리관계를 구체적으로 특정하고 명확히 기재하여야 한다.
   (1) "원고와 피고 사이에 별지 목록 기재 부동산에 관한 임대차계약(임대차보증금 1억 원, 임대차기간 2010. 1. 1.부터 2011. 12. 31.까지)상 월 차임을 2011. 6. 1.부터 월 200만 원으로 변경한다"는 형성조항만으로는 직접 강제집행을 할 수 없음. 따라서 이러한 경우에는 "피고는 원고에게 2011. 6. 1.부터 2011. 12. 31.까지 매월 말일에 월 200만 원씩을 각 지급한다"라고 하여야 한다.

사. 조정을 갈음하는 결정의 분리 확정을 둘러싸고 법률관계가 복잡해질 가능성이 있는 당사자가 다수인 사건(예를 들어 배당이의사건)에서는 결정의 분리 확정을 불허하는 취지의 조항을 추가할 수 있다.

> 피고 중 1인이라도 이의할 경우 이 결정 전체를 무효로 한다[확정되지 않는 것으로 하여 소송으로 이행하기로 한다].

☞ 조정조항 작성 시 유의사항에 관해서는 「조정재판실무편람」 93면 이하 참조

제2장   조정절차에서의 조사

제1절   조정절차에서의 사실조사

1. 조정사건의 종류와 사실관계 확인의 필요성

가. 조정사건의 종류

(1) 조정신청사건

(가) 당사자의 신청에 의한 조정사건(민사조정법 제5조)

[민사조정법]

> 제5조 (신청 방식) ① 조정의 신청은 서면(書面)이나 구술(口述)로 할 수 있다.
> ② 구술로 신청할 때에는 법원서기관, 법원사무관, 법원주사 또는 법원주사보(이하 "법원사무관등"이라 한다)의 앞에서 진술하여야 한다.
> ③ 제2항의 경우에 법원사무관등은 조정신청조서(調停申請調書)를 작성하고 이에 기명날인하여야 한다.
> ④ 조정신청을 할 때에는 대법원규칙으로 정하는 바에 따라 수수료를 내야 한다. [전문개정 2010. 3. 31.]

(나) 지급명령 후 조정 이행 신청사건(민사조정법 제5조의2) 포함

[민사조정법]

> **제5조의2 (독촉절차의 조정으로의 이행)** ① 「민사소송법」 제469조제2항에 따라 채무자가 적법한 이의신청을 하여 같은 법 제473조제1항에 따라 지급명령을 발령한 법원이 인지의 보정을 명한 경우 채권자는 인지를 보정하는 대신 해당 기간 이내에 조정으로의 이행을 신청할 수 있다.
> ② 제1항의 이행신청이 부적법하다고 인정하는 때에는 위 법원은 결정으로 이를 각하하여야 한다. 이 결정에 대하여는 즉시항고(卽時抗告)를 할 수 있다.
> ③ 채권자가 제1항에 따라 적법한 이행신청을 한 경우에는 「민사소송법」 제472조제2항에도 불구하고 지급명령을 신청한 때에 이의신청된 청구목적의 값에 관하여 조정이 신청된 것으로 본다.
> [본조신설 2012. 1. 17.]

(다) 조정담당판사, 상임 조정위원 또는 조정위원회가 조정을 함(민사조정법 제7조 제1, 2항)

[민사조정법]

> **제7조 (조정기관)** ① 조정사건은 조정담당판사가 처리한다.
> ② 조정담당판사는 스스로 조정을 하거나, 상임(常任)으로 이 법에 따른 조정에 관한 사무를 처리하는 조정위원(이하 "상임 조정위원"이라 한다) 또는 조정위원회로 하여금 조정을 하게 할 수 있다. 다만, 당사자의 신청이 있을 때에는 조정위원회로 하여금 조정을 하게 하여야 한다.

(라) 사건부호: '머'[사건별 부호문자의 부여에 관한 예규(재일 2003-1) 제2조 제1항, 별표]

> **사건별 부호문자의 부여에 관한 예규(재일 2003-1)**
>
> 개정 2022. 5. 26. [재판예규 제1812호, 시행 2022. 7. 29.]
> 개정 2022.05.26 재판예규 제1812호
>
> **제2조 (사건부호의 부여)** ① 사건별 사건부호는 [별표]와 같다.

[별표]

민사1심합의사건	가합	파산합의사건	하합
민사1심단독사건	가단	파산단독사건	하단
민사소액사건	가소	파산채권 조사확정사건	하확
민사항소사건	나	면책사건	하면
민사상고사건	다	기타 파산·면책 관련 신청사건	하기
민사항고사건	라	개인회생사건	개회
민사재항고사건	마	개인회생채권 조사확정사건	개확
민사특별항고사건	그	기타 개인회생 관련 신청사건	개기
민사준항고사건	바	국제도산 승인사건	국승
민사조정사건	머	국제도산 지원사건	국지

화해사건	자	과태료사건	과
독촉사건	차	선박,유류등책임제한사건	책
전자독촉사건	차전		
민사공조사건	러	증인감치사건	정가
민사가압류,가처분등 합의사건	카합	채무자감치사건	정명
민사가압류,가처분등 단독사건	카단	증인·채무자감치항고사건	정라
		증인·채무자감치재항고사건	정마
공시최고사건	카공		
담보취소등사건	카담	형사1심합의사건	고합
재산명시등사건	카명	형사1심단독사건	고단
채무불이행자명부등재사건	카불		
재산조회사건	카조	약식정재청구1심단독사건	고정
소송구조등사건	카구	약식사건	고약
		전자약식사건	고약전
소송비용액확정결정신청사건	카확	형사항소사건	노
확정된 소송기록에 대한 열람신청사건	카열	형사상고사건	도
임차권등기명령등사건	카임		
강제집행정지사건	카정		
판결(결정)경정사건	카경		
제소명령사건	카소		
기타민사신청사건	카기	형사항고사건	로
부동산등경매사건	타경	형사재항고사건	모
채권등집행사건	타채	비상상고사건	오
채권배당사건	타배		
부동산인도명령사건	타인		
기타집행사건	타기	형사준항고사건	보
비송합의사건	비합	형사보상청구사건	코
비송단독사건	비단	즉결심판사건	조
회생합의사건	회합	형사공조사건	토
회생단독사건	회단	체포·구속적부심사건	초적
간이회생합의사건	간회합		
간이회생단독사건	간회단		
회생채권·회생담보권 조사확정사건	회확	보석사건	초보
기타 회생 관련 신청사건	회기	재정신청사건, 재정신청 비용지급신청사건	초재

(2) 조정회부사건

(가) 소 제기 후 수소법원이 조정에 회부한 사건(민사조정법 제6조)

조정담당판사가 처리하는 사건(민사조정법 제7조 제1항)과 수소법원이 스스로 처리하는 사건(민사조정법 제7조 제3항)이 있다
- 조정담당판사가 처리하는 사건은 조정담당판사, 상임 조정위원 또는 조정위원회가 조정을 한다(민사조정법 제7조 제2항)

[민사조정법]

> **제6조 (조정 회부)** 수소법원(受訴法院)은 필요하다고 인정하면 항소심(抗訴審) 판결 선고 전까지 소송이 계속(係屬) 중인 사건을 결정으로 조정에 회부(回附)할 수 있다. [전문개정 2010. 3. 31.]
>
> **제7조 (조정기관)** ① 조정사건은 조정담당판사가 처리한다.
> ② 조정담당판사는 스스로 조정을 하거나, 상임(常任)으로 이 법에 따른 조정에 관한 사무를 처리하는 조정위원(이하 "상임 조정위원"이라 한다) 또는 조정위원회로 하여금 조정을 하게 할 수 있다. 다만, 당사자의 신청이 있을 때에는 조정위원회로 하여금 조정을 하게 하여야 한다.
> ③ 제6조에 따라 수소법원이 조정에 회부한 사건으로서 수소법원이 스스로 조정하는 것이 적절하다고 인정한 사건은 제1항 및 제2항에도 불구하고 스스로 처리할 수 있다.

나. 사실관계 확인의 필요성

(1) 조정절차에서 사실관계 확인의 필요성

(가) 조정이 성립되기 위해서는 다툼의 대상에 대해 대략의 협상안을 마련한 후 협상을 통해 쌍방이 수긍할 수 있는 조정안으로 수렴해 가는 과정이 필요하다.
(나) 이러한 협상안 또는 조정안을 제시·마련하기 위해서는 조정절차에서도 어느 정도 사실관계를 확인할 필요가 있다.

(2) 사실관계 확인이 필요한 사건 유형

(가) 다음과 같은 유형의 사건은 사실관계 확인이 필요한 경우
① 부동산 인도 관련 사건(인도 청구, 유익비 청구, 권리금 청구 사건 등)
② 토지 경계 분쟁 사건
③ 공유부동산 분할 사건
④ 건축 관련 사건(공사대금 청구, 건축하자 보수비용 청구 사건 등)
⑤ 손해배상 사건(교통사고, 산업재해, 화재 사건 등)

⑥ 일조·통풍·소음·진동 등을 원인으로 한 환경 및 근린 생활 분쟁 사건

(3) 조정신청사건이나 조기 조정회부사건

(가) 조정신청사건이나 조기 조정회부사건

수소법원이 소장, 답변서와 해당 서증 정도만 제출받은 상태에서 제1회 변론기일 없이 조정절차에 회부한 사건을 의미한다.

다. 소송절차에서의 사실인정

[형사소송법]

> 제310조 (불이익한 자백의 증거능력) 피고인의 자백이 그 피고인에게 불이익한 유일의 증거인 때에는 이를 유죄의 증거로 하지 못한다.

[민사소송법]

> 제150조 (자백간주) ① 당사자가 변론에서 상대방이 주장하는 사실을 명백히 다투지 아니한 때에는 그 사실을 자백한 것으로 본다. 다만, 변론 전체의 취지로 보아 그 사실에 대하여 다툰 것으로 인정되는 경우에는 그러하지 아니하다.
> 제288조 (불요증사실) 법원에서 당사자가 자백한 사실과 현저한 사실은 증명을 필요로 하지 아니한다. 다만, 진실에 어긋나는 자백은 그것이 착오로 말미암은 것임을 증명한 때에는 취소할 수 있다.

2. 사실관계 확인의 방법

가. 사실관계 확인 방법

(1) 아래에서 보듯이 구 민사조정법은 조정절차에서의 사실관계 확인 방법으로 ① 진술 청취, ② 사실조사, ③ 증거조사를 규정하고 있었다.
(2) 사실조사란
   예 : 참고인 또는 당사자 본인으로부터의 진술 및 의견청취, 서류의 조사, 토지·건물의 현장 확인, 전문가로부터의 의견청취
(3) 증거란 "사실을 확정하기 위한 자료"를 의미한다.

나. 조정절차와 소송절차의 준별

[민사조정법]

> **제39조 (「비송사건절차법」의 준용)** 조정에 관하여는 이 법에 특별한 규정이 있는 경우를 제외하고는 그 성질에 반하지 아니하는 범위에서 「비송사건절차법」 제1편(제15조는 제외한다)을 준용한다

(1) 조정신청사건과 소송절차의 중지

(가) 조정신청이 있는 사건에 관하여 소송이 계속됨으로써 조정절차와 소송절차가 병행하게 된 경우

[민사조정규칙]

> **제4조 (소송절차와의 관계)** ① 조정의 신청이 있는 사건에 관하여 소송이 계속된 때에는, 수소법원은 결정으로 조정이 종료될 때까지 소송절차를 중지할 수 있다.
> ② 법 제6조의 규정에 의하여 소송사건이 조정에 회부된 때에는 그 절차가 종료될 때까지 소송절차는 중지된다.
> ⑥ 제1항의 결정에 대하여는 불복하지 못한다.

다. 민사조정법상의 증거조사

(1) 사실관계 확인 방법

사실관계 확인 방법으로 ① 당사자나 이해관계인으로부터의 진술 청취, ② 사실조사, ③ 증거조사를 규정하고 있다.

(2) 사실관계 확인 권한

조정기관(제7조 제4, 5항, 제40조 제1호)

[민사조정법]

> **제7조 (조정기관)** ① 조정사건은 조정담당판사가 처리한다.
> ② 조정담당판사는 스스로 조정을 하거나, 상임으로 이 법에 따른 조정에 관한 사무를 처리하는 조정위원(이하 "상임 조정위원"이라 한다) 또는 조정위원회로 하여금 조정을 하게 할 수 있다. 다만, 당사자의 신청이 있을 때에는 조정위원회로 하여금 조정을 하게 하여야 한다.
> ③ 제6조에 따라 수소법원이 조정에 회부한 사건으로서 수소법원이 스스로 조정하는 것이 적절하다고 인정한 사건은 제1항 및 제2항에도 불구하고 스스로 처리할 수 있다.
> ④ 제2항 본문 및 제3항에 따라 조정을 하는 상임 조정위원과 수소법원은 조정담당판사와 동일한 권한을 가진다.

⑤ 제3항의 경우에 수소법원은 수명법관이나 수탁판사로 하여금 조정을 담당하게 할 수 있다. 이 경우 수명법관이나 수탁판사는 조정담당판사와 동일한 권한을 가진다.
⑥ 조정담당판사가 제2항에 따라 스스로 조정을 하거나 조정위원회로 하여금 조정을 하게 하는 경우 조정담당판사나 조정장(調停長)은 조정위원으로 하여금 분쟁해결방안을 도출하기 위하여 사건관계인의 의견을 들어 합의안을 도출하거나 그 밖에 조정사건의 처리를 위하여 필요한 사무를 수행하게 할 수 있다. <신설 2020. 2. 4.>

제40조 (조정위원회 및 조정장의 권한) 조정위원회가 조정을 하는 경우 조정위원회와 조정장은 다음 각 호의 구분에 따른 조정담당판사의 권한을 가진다. <개정 2020. 2. 4.>
1. 조정위원회: 제16조, 제17조제1항, 제18조제3항, 제19조제1항, 제21조제1항, 제22조, 제25조제1항, 제26조제1항, 제27조, 제30조 및 제32조에 규정된 조정담당판사의 권한
2. 조정장: 제13조제1항·제2항, 제20조, 제24조, 제34조제2항 및 제42조에 규정된 조정담당판사의 권한

라. 민사조정규칙

(1) 민사소송에 준한 증거조사

[민사조정규칙]

제8조 (사실조사등) ① 조정담당판사 또는 조정위원회는 사실의 조사를 지방법원 판사에게 촉탁할 수 있다. <개정 2020. 3. 30.>
② 조정위원회는 조정장에게 사실의 조사를 하게 할 수 있다. <개정 2020. 3. 30.>
③ 조정담당판사 또는 조정위원회는 상당하다고 인정하는 때에는, 소속법원의 조정위원에게 사실의 조사를 하게 할 수 있다.
④ 삭제 <2020. 3. 30.>
[제목개정 2020. 3. 30.]

제13조 (비용의 예납등) ① 사실조사, 소환, 고지 기타 조정절차비용의 예납에 관하여는 민사소송법 제116조 및 민사소송규칙 제19조, 제20조의 규정을 준용한다. <개정 2002. 6. 28., 2020. 3. 30.>
② 법 및 이 규칙에 의하여 당사자등이 예납할 절차비용의 범위와 액에 관하여는 민사소송비용법 및 민사소송비용규칙을 준용한다.

(2) 민사 및 가사조정의 사무처리에 관한 예규(재민 2001-8)

[민사 및 가사조정의 사무처리에 관한 예규(재민 2001-8)]

제47조 (사건의 처리) ① 상임 조정위원은 특별한 사정이 없는 한 조정신청서 접수일 또는 조정회부 사건의 소송기록 접수일로부터 3개월 안에 당해 사건을 처리하여야 한다.
② 상임 조정위원은 조정사건을 처리할 때 당사자나 이해관계인의 진술청취와 사실조사를 충실하게 하여야 한다.

[민사조정절차에 관련된 여러 의문점에 대한 검토의견(재민 95-1) 7.]

민사조정절차에 관련된 여러 의문점에 대한 검토의견(재민 95-1)
　　7. 조정절차에서 증거조사를 하였다가 후에 소송절차로 이행 또는 복귀된 경우 조정절차에서 한 증거조사결과를 원용할 수 있는지 여부 및 조정절차에서 서증조사를 할 경우 서증번호를 어떻게 붙일 것인지의 여부

　　규칙 제8조는 "증거조사에 관하여는 민사소송의 예에 의한다"고 규정하고 있다.
　　그러나, 조정절차와 소송절차는 준별되므로 조정절차에서 민사소송의 예에 의하여 증거조사가 되었다고 할지라도 소송절차에서 증거조사된 것과 마찬가지로 취급하거나 이를 원용할 수는 없다고 할 것이며, 소송으로 이행 또는 복귀된 경우 소송절차에서 조정절차에서의 증인신문조서등을 증거로 제출하는 등 새로운 증거조사절차를 거쳐야 이를 증거로 할 수 있을 것이라고 보아야29) 할 것임. 따라서 조정이 소송으로 이행 또는 복귀되는 경우를 예상해 보면 서증의 경우 서증번호를 붙이는데 혼선이 있을 수 있으므로 조정절차에서는 서증이 제출되더라도 증거조사절차를 거칠 것이 아니라 사실조사의 참고자료30)로 보아 그대로 기록에 편철해 두는 것이 편리할 것이고, 증거조사절차를 거치더라도 서증번호는 붙이지 아니함이 좋을 것이다.

(3) 개정 조문

(가) 민사조정법

① 증거조사 삭제

[민사조정법]

제22조 (진술청취와 사실조사) 조정담당판사는 조정에 관하여 당사자나 이해관계인의 진술을 듣고 필요하다고 인정하면 적당한 방법으로 사실조사를 할 수 있다. <개정 2020. 2. 4.> [전문개정 2010. 3. 31.] [제목개정 2020. 2. 4.]

② 진술 원용 금지 확대

[민사조정법]

제23조 (진술의 원용 제한) 조정절차에서의 의견과 진술은 민사소송(해당 조정에 대한 준재심은 제외한다)에서 원용(援用)하지 못한다. <개정 2020. 2. 4.> [전문개정 2010. 3. 31.]

③ 조문

민사조정법
제22조 (진술청취와 사실조사) 조정담당판사는 조정에 관하여 당사자나 이해관계인의 진술을 듣고 필요하다고 인정하면 적당한 방법으로 **사실조사**를 할 수 있다
제23조 (진술의 원용 제한) 조정절차에서의 <u>의견과</u> 진술은 민사소송(해당 조정에 대한 준재심은 제외한다)에서 원용하지 못한다.
제43조 (위임규정) 이 법에서 규정한 사항 외에 조정절차에서의 의견청취, 사실조사, 절차비용의 예납, 독촉절차와의 관계, 소송절차와의 관계, 집행절차와의 관계, 그 밖에 조정에 필요한 사항은 대법원규칙으로 정한다.

(나) 민사조정규칙 및 예규

민사조정규칙과 「민사 및 가사조정의 사무처리에 관한 예규(재민 2001-8)」

[민사조정규칙]

민사조정규칙
제8조 (사실조사등) ① 조정담당판사 또는 조정위원회는 사실의 조사를 지방법원 판사에게 촉탁할 수 있다. ② 조정위원회는 조정장에게 사실의 조사를 하게 할 수 있다. ③ 조정담당판사 또는 조정위원회는 상당하다고 인정하는 때에는, 소속법원의 조정위원에게 사실의 조사를 하게 할 수 있다. ④ 삭제
제13조 (비용의 예납등) ① 사실조사, 소환, 고지 기타 조정절차비용의 예납에 관하여는 민사소송법 제116조 및 민사소송규칙 제19조, 제20조의 규정을 준용한다. ② 법 및 이 규칙에 의하여 당사자등이 예납할 절차비용의 범위와 액에 관하여는 민사소송비용법 및 민사소송비용규칙을 준용한다

[민사 및 가사조정의 사무처리에 관한 예규(재민 2001-8)]

민사 및 가사조정의 사무처리에 관한 예규(재민 2001-8)
제47조 (사건의 처리) ① 상임 조정위원은 특별한 사정이 없는 한 조정신청서 접수일 또는 조정회부사건의 소송기록 접수일로부터 3개월 안에 당해 사건을 처리하여야 한다. ② 상임 조정위원은 조정사건을 처리할 때 당사자나 이해관계인의 진술 청취, 사실조사를 충실하게 하여야 한다.

제2절 조정절차에서의 사실조사

1. 증거조사의 허부

가. 민사소송법 및 비송사건절차법의 준용

(1) 민사소송법의 준용

(가) 민사소송법 일부 규정의 준용

[민사조정법]

> 제38조 (「민사소송법」의 준용) ① 조정에 관하여는 「민사소송법」 제51조, 제52조, 제55조부터 제60조까지(제58조 제1항 후단은 제외한다), 제62조, 제62조의2, 제63조제1항, 제64조, 제145조, 제152조제2항·제3항 및 제163조를 준용한다.
> ② 이 법에 따른 기일, 기간 및 서류의 송달에 관하여는 「민사소송법」을 준용한다. 다만, 「민사소송법」 제185조제2항, 제187조, 제194조부터 제196조까지의 규정은 제28조에 따라 작성된 조서를 송달하는 경우를 제외하고는 준용하지 아니한다.

(나) 「당사자능력과 소송능력」에 관한 규정

[민사소송법]

> 제51조 (당사자능력·소송능력 등에 대한 원칙) 당사자능력(當事者能力), 소송능력(訴訟能力), 소송무능력자(訴訟無能力者)의 법정대리와 소송행위에 필요한 권한의 수여는 이 법에 특별한 규정이 없으면 민법, 그 밖의 법률에 따른다.
>
> 제52조 (법인이 아닌 사단 등의 당사자능력) 법인이 아닌 사단이나 재단은 대표자 또는 관리인이 있는 경우에는 그 사단이나 재단의 이름으로 당사자가 될 수 있다.
>
> 제55조 (제한능력자의 소송능력) ① 미성년자 또는 피성년후견인은 법정대리인에 의해서만 소송행위를 할 수 있다. 다만, 다음 각 호의 경우에는 그러하지 아니하다.
>   1. 미성년자가 독립하여 법률행위를 할 수 있는 경우
>   2. 피성년후견인이 「민법」 제10조제2항에 따라 취소할 수 없는 법률행위를 할 수 있는 경우
> ② 피한정후견인은 한정후견인의 동의가 필요한 행위에 관하여는 대리권 있는 한정후견인에 의해서만 소송행위를 할 수 있다. [전문개정 2016. 2. 3.]

(다) 화해의 권고, 조서의 작성, 기록의 열람 제한에 관한 규정

[민사소송법]

제145조 (화해의 권고) ① 법원은 소송의 정도와 관계없이 화해를 권고하거나, 수명법관 또는 수탁판사로 하여금 권고하게 할 수 있다.
② 제1항의 경우에 법원·수명법관 또는 수탁판사는 당사자 본인이나 그 법정대리인의 출석을 명할 수 있다.

제152조 (변론조서의 작성) ① 법원사무관등은 변론기일에 참여하여 기일마다 조서를 작성하여야 한다. 다만, 변론을 녹음하거나 속기하는 경우 그 밖에 이에 준하는 특별한 사정이 있는 경우에는 법원사무관등을 참여시키지 아니하고 변론기일을 열 수 있다.
② 재판장은 필요하다고 인정하는 경우 법원사무관등을 참여시키지 아니하고 변론기일 및 변론준비기일 외의 기일을 열 수 있다.
③ 제1항 단서 및 제2항의 경우에는 법원사무관등은 그 기일이 끝난 뒤에 재판장의 설명에 따라 조서를 작성하고, 그 취지를 덧붙여 적어야 한다.

제163조 (비밀보호를 위한 열람 등의 제한) ① 다음 각호 가운데 어느 하나에 해당한다는 소명이 있는 경우에는 법원은 당사자의 신청에 따라 결정으로 소송기록중 비밀이 적혀 있는 부분의 열람·복사, 재판서·조서중 비밀이 적혀 있는 부분의 정본·등본·초본의 교부(이하 "비밀 기재부분의 열람 등"이라 한다)를 신청할 수 있는 자를 당사자로 한정할 수 있다.
  1. 소송기록 중에 당사자의 사생활에 관한 중대한 비밀이 적혀 있고, 제3자에게 비밀 기재부분의 열람 등을 허용하면 당사자의 사회생활에 지장이 클 우려가 있는 때
  2. 소송기록중에 당사자가 가지는 영업비밀(부정경쟁방지및영업비밀보호에관한법률 제2조제2호에 규정된 영업비밀을 말한다)이 적혀 있는 때
② 제1항의 신청이 있는 경우에는 그 신청에 관한 재판이 확정될 때까지 제3자는 비밀 기재부분의 열람 등을 신청할 수 없다.
③ 소송기록을 보관하고 있는 법원은 이해관계를 소명한 제3자의 신청에 따라 제1항 각호의 사유가 존재하지 아니하거나 소멸되었음을 이유로 제1항의 결정을 취소할 수 있다.
④ 제1항의 신청을 기각한 결정 또는 제3항의 신청에 관한 결정에 대하여는 즉시항고를 할 수 있다.
⑤ 제3항의 취소결정은 확정되어야 효력을 가진다.

[민사소송법]

제163조 (비밀보호를 위한 열람 등의 제한) ① 다음 각호 가운데 어느 하나에 해당한다는 소명이 있는 경우에는 법원은 당사자의 신청에 따라 결정으로 소송기록중 비밀이 적혀 있는 부분의 열람·복사, 재판서·조서중 비밀이 적혀 있는 부분의 정본·등본·초본의 교부(이하 "비밀 기재부분의 열람 등"이라 한다)를 신청할 수 있는 자를 당사자로 한정할 수 있다.
  1. 소송기록 중에 당사자의 사생활에 관한 중대한 비밀이 적혀 있고, 제3자에게 비밀 기재부분의 열람 등을 허용하면 당사자의 사회생활에 지장이 클 우려가 있는 때
  2. 소송기록중에 당사자가 가지는 영업비밀(부정경쟁방지및영업비밀보호에관한법률 제2조제2호에 규정된 영업비밀을 말한다)이 적혀 있는 때

② 소송관계인의 생명 또는 신체에 대한 위해의 우려가 있다는 소명이 있는 경우에는 법원은 해당 소송관계인의 신청에 따라 결정으로 소송기록의 열람·복사·송달에 앞서 주소 등 대법원규칙으로 정하는 개인정보로서 해당 소송관계인이 지정하는 부분(이하 "개인정보 기재부분"이라 한다)이 제3자(당사자를 포함한다. 이하 제3항·제4항 중 이 항과 관련된 부분에서 같다)에게 공개되지 아니하도록 보호조치를 할 수 있다. <신설 2023. 7. 11.>
③ 제1항 또는 제2항의 신청이 있는 경우에는 그 신청에 관한 재판이 확정될 때까지 제3자는 개인정보 기재부분 또는 비밀 기재부분의 열람 등을 신청할 수 없다. <개정 2023. 7. 11.>
④ 소송기록을 보관하고 있는 법원은 이해관계를 소명한 제3자의 신청에 따라 제1항 또는 제2항의 사유가 존재하지 아니하거나 소멸되었음을 이유로 제1항 또는 제2항의 결정을 취소할 수 있다. <개정 2023. 7. 11.>
⑤ 제1항 또는 제2항의 신청을 기각한 결정 또는 제4항의 신청에 관한 결정에 대하여는 즉시항고를 할 수 있다. <개정 2023. 7. 11.>
⑥ 제4항의 취소결정은 확정되어야 효력을 가진다. <개정 2023. 7. 11.>
[시행일: 2025. 7. 12.] 제163조

(라) 「기일과 기간」에 관한 규정

[민사소송법]

제165조 (기일의 지정과 변경) ① 기일은 직권으로 또는 당사자의 신청에 따라 재판장이 지정한다. 다만, 수명법관 또는 수탁판사가 신문하거나 심문하는 기일은 그 수명법관 또는 수탁판사가 지정한다.
② 첫 변론기일 또는 첫 변론준비기일을 바꾸는 것은 현저한 사유가 없는 경우라도 당사자들이 합의하면 이를 허가한다.

제173조 (소송행위의 추후보완) ① 당사자가 책임질 수 없는 사유로 말미암아 불변기간을 지킬 수 없었던 경우에는 그 사유가 없어진 날부터 2주 이내에 게을리 한 소송행위를 보완할 수 있다. 다만, 그 사유가 없어질 당시 외국에 있던 당사자에 대하여는 이 기간을 30일로 한다.
② 제1항의 기간에 대하여는 제172조의 규정을 적용하지 아니한다.

(2) 비송사건절차법의 준용

[민사조정법]

제39조 (「비송사건절차법」의 준용) 조정에 관하여는 이 법에 특별한 규정이 있는 경우를 제외하고는 그 성질에 반하지 아니하는 범위에서 「비송사건절차법」 제1편(제15조는 제외한다)을 준용한다.

나. 민사소송법에 근거한 증거조사의 허부

[민사조정법]

제38조 (「민사소송법」의 준용) ① 조정에 관하여는 「민사소송법」 제51조, 제52조, 제55조부터 제

> 60조까지(제58조제1항 후단은 제외한다), 제62조, 제62조의2, 제63조제1항, 제64조, 제145조, 제152조제2항·제3항 및 제163조를 준용한다. <개정 2016. 2. 3., 2020. 2. 4.>
> ② 이 법에 따른 기일, 기간 및 서류의 송달에 관하여는 「민사소송법」을 준용한다. 다만, 「민사소송법」 제185조제2항, 제187조, 제194조부터 제196조까지의 규정은 제28조에 따라 작성된 조서를 송달하는 경우를 제외하고는 준용하지 아니한다. [전문개정 2010. 3. 31.]

증거조사절차는 ① 증거의 신청, ② 증거의 채부 결정, ③ 증거조사의 실시, ④ 증거조사의 결과에 의한 심증형성 과정을 포함한다.

다. 비송사건절차법에 근거한 증거조사의 허부 - 부정

[비송사건절차법]
> 제10조 (「민사소송법」의 준용) 사건에 관하여는 기일, 기간, 소명 방법, 인증과 감정에 관한 「민사소송법」의 규정을 준용한다
>
> 제11조 (직권에 의한 탐지 및 증거조사) 법원은 직권으로 사실의 탐지와 필요하다고 인정하는 증거의 조사를 하여야 한다

2. 사실조사 방법

가. 사실조사의 범위 및 절차

[민사조정법]
> 제22조 (진술청취와 사실조사) 조정담당판사는 조정에 관하여 당사자나 이해관계인의 진술을 듣고 필요하다고 인정하면 적당한 방법으로 사실조사를 할 수 있다

(1) 법적 근거가 있는 경우

[민사조정규칙]
> 제6조 (당사자의 출석의무와 대리인등) ① 법 제15조제1항의 규정에 의한 통지를 받은 당사자는 기일에 본인이 출석하여야 한다. 그러나 특별한 사정이 있는 경우에는 대리인을 출석시키거나 보조인을 동반할 수 있다.

나. 사실조사의 주체 - 조정기관

(1) 조정기관

[민사조정법]

> 제7조 (조정기관) ① 조정사건은 조정담당판사가 처리한다.
> ② 조정담당판사는 스스로 조정을 하거나, 상임(常任)으로 이 법에 따른 조정에 관한 사무를 처리하는 조정위원(이하 "상임 조정위원"이라 한다) 또는 조정위원회로 하여금 조정을 하게 할 수 있다. 다만, 당사자의 신청이 있을 때에는 조정위원회로 하여금 조정을 하게 하여야 한다.
> ③ 제6조에 따라 수소법원이 조정에 회부한 사건으로서 수소법원이 스스로 조정하는 것이 적절하다고 인정한 사건은 제1항 및 제2항에도 불구하고 스스로 처리할 수 있다.
> ④ 제2항 본문 및 제3항에 따라 조정을 하는 상임 조정위원과 수소법원은 조정담당판사와 동일한 권한을 가진다.
> ⑤ 제3항의 경우에 수소법원은 수명법관(受命法官)이나 수탁판사(受託判事)로 하여금 조정을 담당하게 할 수 있다. 이 경우 수명법관이나 수탁판사는 조정담당판사와 동일한 권한을 가진다.
> ⑥ 조정담당판사가 제2항에 따라 스스로 조정을 하거나 조정위원회로 하여금 조정을 하게 하는 경우 조정담당판사나 조정장(調停長)은 조정위원으로 하여금 분쟁해결방안을 도출하기 위하여 사건관계인의 의견을 들어 합의안을 도출하거나 그 밖에 조정사건의 처리를 위하여 필요한 사무를 수행하게 할 수 있다. <신설 2020. 2. 4.> [전문개정 2010. 3. 31.]

(2) 조정담당판사

[민사조정법]

> 제22조 (진술청취와 사실조사) 조정담당판사는 조정에 관하여 당사자나 이해관계인의 진술을 듣고 필요하다고 인정하면 적당한 방법으로 사실조사를 할 수 있다

(3) 상임 조정위원, 수소법원 등, 조정위원회

[민사조정법]

> 제7조 (조정기관) ① 조정사건은 조정담당판사가 처리한다.
> ② 조정담당판사는 스스로 조정을 하거나, 상임으로 이 법에 따른 조정에 관한 사무를 처리하는 조정위원(이하 "상임 조정위원"이라 한다) 또는 조정위원회로 하여금 조정을 하게 할 수 있다. 다만, 당사자의 신청이 있을 때에는 조정위원회로 하여금 조정을 하게 하여야 한다.
> ③ 제6조에 따라 수소법원이 조정에 회부한 사건으로서 수소법원이 스스로 조정하는 것이 적절하다고 인정한 사건은 제1항 및 제2항에도 불구하고 스스로 처리할 수 있다.
> ④ 제2항 본문 및 제3항에 따라 조정을 하는 상임 조정위원과 수소법원은 조정담당판사와 동일한 권한을 가진다.

⑤ 제3항의 경우에 수소법원은 수명법관이나 수탁판사로 하여금 조정을 담당하게 할 수 있다. 이 경우 수명법관이나 수탁판사는 조정담당판사와 동일한 권한을 가진다.
⑥ (생략)

제40조 (조정위원회 및 조정장의 권한) 조정위원회가 조정을 하는 경우 조정위원회와 조정장은 다음 각 호의 구분에 따른 조정담당판사의 권한을 가진다.
1. 조정위원회: 제16조, 제17조제1항, 제18조제3항, 제19조제1항, 제21조 제1항, 제22조, 제25조제1항, 제26조제1항, 제27조, 제30조 및 제32조에 규정된 조정담당판사의 권한
2. 조정장: 제13조제1항·제2항, 제20조, 제24조, 제34조제2항 및 제42조에 규정된 조정담당판사의 권한

[민사조정규칙]

제18조 (조정위원회 및 조정장의 권한) ① 조정위원회가 조정을 하는 경우에는 제4조제5항, 제5조제1항·제2항, 제9조, 제11조, 제15조의2제1항 및 제4항의 규정에 의한 조정담당판사의 권한은 조정위원회에, 제2조의2제1항·제2항, 제4조제4항, 제6조제2항·제3항, 제12조의2제1항 및 제16조제1항의 규정에 의한 조정담당판사의 권한은 조정장에 각 속한다.
② 조정위원회의 명령, 결정, 처분서등에는 조정위원회를 대표하여 조정장이 기명날인한다.

다. 가능한 사실조사 방법

(1) 서류 조사

(가) 관련 규정

[민사조정법]

제22조 (진술청취와 사실조사) 조정담당판사는 조정에 관하여 당사자나 이해관계인의 진술을 듣고 필요하다고 인정하면 적당한 방법으로 사실조사를 할 수 있다. <개정 2020. 2. 4.> [전문개정 2010. 3. 31.] [제목개정 2020. 2. 4.]

(2) 당사자 및 참고인으로부터의 진술 및 의견 청취

(가) 관련 규정

[민사조정법]

제22조 (진술청취와 사실조사) 조정담당판사는 조정에 관하여 당사자나 이해관계인의 진술을 듣고 필요하다고 인정하면 적당한 방법으로 사실조사를 할 수 있다. <개정 2020. 2. 4.> [전문개정 2010. 3. 31.] [제목개정 2020. 2. 4.]

(3) 전문가 조정위원에 의한 사실조사(간이감정)

(가) 간이감정

① 감정촉탁

[민사소송법]

> 제341조 (감정의 촉탁) ① 법원이 필요하다고 인정하는 경우에는 공공기관·학교, 그 밖에 상당한 설비가 있는 단체 또는 외국의 공공기관에 감정을 촉탁할 수 있다. 이 경우에는 선서에 관한 규정을 적용하지 아니한다.
> ② 제1항의 경우에 법원은 필요하다고 인정하면 공공기관·학교, 그 밖의 단체 또는 외국 공공기관이 지정한 사람으로 하여금 감정서를 설명하게 할 수 있다.
> ③ 제2항의 경우에는 제339조의3을 준용한다. <신설 2016. 3. 29.>

② 전문심리위원의 설명·의견 기재 서면 제출

[민사소송법]

> 제164조의2 (전문심리위원의 참여) ① 법원은 소송관계를 분명하게 하거나 소송절차(증거조사·화해 등을 포함한다. 이하 이 절에서 같다)를 원활하게 진행하기 위하여 직권 또는 당사자의 신청에 따른 결정으로 제164조의4제1항에 따라 전문심리위원을 지정하여 소송절차에 참여하게 할 수 있다.
> ② 전문심리위원은 전문적인 지식을 필요로 하는 소송절차에서 설명 또는 의견을 기재한 서면을 제출하거나 기일에 출석하여 설명이나 의견을 진술할 수 있다. 다만, 재판의 합의에는 참여할 수 없다.
> ③ 전문심리위원은 기일에 재판장의 허가를 받아 당사자, 증인 또는 감정인 등 소송관계인에게 직접 질문할 수 있다.
> ④ 법원은 제2항에 따라 전문심리위원이 제출한 서면이나 전문심리위원의 설명 또는 의견의 진술에 관하여 당사자에게 구술 또는 서면에 의한 의견진술의 기회를 주어야 한다.
> [본조신설 2007. 7. 13.]

(나) 관련 규정

[민사조정법]

> 제7조 (조정기관) ⑥ 조정담당판사가 제2항에 따라 스스로 조정을 하거나 조정위원회로 하여금 조정을 하게 하는 경우 조정담당판사나 조정장(調停長)은 조정위원으로 하여금 분쟁해결방안을 도출하기 위하여 사건관계인의 의견을 들어 합의안을 도출하거나 그 밖에 조정사건의 처리를 위하여 필요한 사무를 수행하게 할 수 있다. <신설 2020. 2. 4.> [전문개정 2010. 3. 31.]
> 제10조 (조정위원) ③ 제1항에 따른 조정위원은 다음 각 호의 사무를 수행한다. <개정 2020. 2. 4.>

2. 조정담당판사 또는 조정장의 촉탁(囑託)을 받아 제7조제6항에서 정한 사무를 수행하는 일

제22조 (진술청취와 사실조사) 조정담당판사는 조정에 관하여 당사자나 이해관계인의 진술을 듣고 필요하다고 인정하면 적당한 방법으로 사실조사를 할 수 있다. <개정 2020. 2. 4.>
[전문개정 2010. 3. 31.] [제목개정 2020. 2. 4.]

[비송사건절차법]

제12조 (촉탁할 수 있는 사항) 사실 탐지, 소환, 고지(告知), 재판의 집행에 관한 행위는 촉탁할 수 있다. [전문개정 2013. 5. 28.]

[민사조정규칙]

제8조 (사실조사등) ③ 조정담당판사 또는 조정위원회는 상당하다고 인정하는 때에는, 소속법원의 조정위원에게 사실의 조사를 하게 할 수 있다.

[민사 및 가사조정의 사무처리에 관한 예규(재민 2001-8)]

민사 및 가사조정의 사무처리에 관한 예규(재민 2001-8)
개정 2022. 3. 24. [재판예규 제1803호, 시행 2022. 3. 24.]

제7조 (조정위원회의 구성 및 운영) ③ 조정장은 전문분야 사건에 관하여 그 분야의 전문가 조정위원을 조정위원회 구성원으로 지정하기 어려운 사정이 있는 경우 상당한 때에는 민사조정규칙(이하 "규칙"이라 한다) 제8조 제3항, 제12조의 규정에 의하여 전문가 조정위원에게 사실조사를 시키거나 그 의견을 청취할 수 있다.

제16조 (조정위원에 의한 사실조사) ① 조정담당판사 또는 조정위원회는 규칙 제8조 제3항의 규정에 의하여 건축사, 의사 등 전문가 조정위원에게 사실의 조사를 하게 한 경우에 간이한 형식의 사실조사보고서의 제출을 요구할 수 있다. 이 때 사실조사를 위하여 필요한 경우에는 당사자에게 미리 관련 서류(예: 건축관련 분쟁의 경우 공사계약서, 설계도, 시방서, 현장사진 등, 자동차사고로 인한 손해배상청구사건의 경우 진단서, 진료기록 등)를 제출하게 하여 조정위원으로 하여금 참고하게 할 수 있다.
② 제1항의 경우 조정위원에게 지급할 사실조사비용은 사건 당 30만 원을 최고한도로 한다. 다만, 조정담당판사 또는 조정위원회가 상당하다고 인정하는 때에는 이를 증액할 수 있다.
③ 제1항의 경우 조정담당판사 또는 조정위원회는 조정위원에게 지급할 사실조사비용을 당사자 쌍방이 균분하여 예납할 것을 명하여야 한다. 다만, 사정에 따라 예납할 금액의 비율을 다르게 정하거나 사실조사를 신청한 당사자 일방에게 전액을 예납할 것을 명할 수 있다.

(4) 전문가 조정위원으로부터의 의견 청취

(가) 전문심리위원과 유사

[민사소송법]

> **제164조의2 (전문심리위원의 참여)** ② 전문심리위원은 전문적인 지식을 필요로 하는 소송절차에서 설명 또는 의견을 기재한 서면을 제출하거나 기일에 출석하여 설명이나 의견을 진술할 수 있다. 다만, 재판의 합의에는 참여할 수 없다.

(나) 관련 규정

[민사조정법]

> **제22조 (진술청취와 사실조사)** 조정담당판사는 조정에 관하여 당사자나 이해관계인의 진술을 듣고 필요하다고 인정하면 적당한 방법으로 사실조사를 할 수 있다. <개정 2020. 2. 4.>
> [전문개정 2010. 3. 31.] [제목개정 2020. 2. 4.]

[민사조정규칙]

> **제12조 (전문적인 지식, 경험에 관한 의견의 청취)** ① 조정담당판사 또는 조정위원회는 필요하다고 인정하는 때에는, 소속법원의 조정위원으로부터 전문적인 지식, 경험에 기한 의견을 청취할 수 있다. <개정 2021. 10. 29.>
> ② 조정담당판사는 상당하다고 인정하는 때에는 당사자의 의견을 들어 소속법원의 조정위원으로 하여금 비디오 등 중계장치에 의한 중계시설을 통하거나 인터넷 화상장치를 이용하여 제1항의 의견을 진술하게 할 수 있다. <신설 2021. 10. 29.>

(5) 토지·건물의 현장 확인

(가) 토지·건물의 현장 확인

예: 육안으로 확인 가능한 신체 손상 확인, 물건의 하자 여부 확인

(나) 관련 규정

[민사조정법]

> **제22조 (진술청취와 사실조사)** 조정담당판사는 조정에 관하여 당사자나 이해관계인의 진술을 듣고 필요하다고 인정하면 적당한 방법으로 사실조사를 할 수 있다. <개정 2020. 2. 4.> [전문개정 2010. 3. 31.] [제목개정 2020. 2. 4.]

(6) 사실조회

민사소송법에는 '조사의 촉탁'이라는 제목으로 규정되어 있다(민사소송법 제294조)

(가) 관련 규정

[민사조정법]

> **제22조 (진술청취와 사실조사)** 조정담당판사는 조정에 관하여 당사자나 이해관계인의 진술을 듣고 필요하다고 인정하면 적당한 방법으로 사실조사를 할 수 있다. <개정 2020. 2. 4.> [전문개정 2010. 3. 31.] [제목개정 2020. 2. 4.]

[비송사건절차법]

> **제12조 (촉탁할 수 있는 사항)** 사실 탐지, 소환, 고지(告知), 재판의 집행에 관한 행위는 촉탁할 수 있다. [전문개정 2013. 5. 28.]

[민사조정규칙]

> **제11조 (조사의 촉탁)** 조정담당판사는 필요한 조사를 공무소 기타 적당하다고 인정하는 자에게 촉탁할 수 있다

3. 사실조사 방법 및 그 대안

가. 사실조사를 벗어난 방법

(1) 강제력 사용, 의무 부과

(가) 아래에서 보는 사실관계 확인 방법들은 강제력을 사용하거나 의무를 부과함에도 그에 대한 법적 근거가 없는 경우들이다.

(나) 적당한 방법으로 사실조사를 하면 되고 원칙적으로 사실조사 방법에는 제한이 없으므로, 만약 강제력을 사용하지 않고 의무를 부과하지 않는 방식으로 운영한다면 아래의 방법들을 이용하는 것도 가능하다.
예를 들어 ① 문서송부촉탁과 관련하여, 당사자의 요청에 대상 기관이 임의로 응하여 직접 조정기관으로 문서를 송부해 주는 방식, ② 감정과 관련하여, 감정 비용 등에 대해 협의가 이루어진 전문가를 당사자가 섭외하여 그 전문가가 임의로 감정을 하는 방식 등은 사실조사 방법으로 가능하다.

그러나 위와 같은 운영은 전형적인 문서송부촉탁이나 감정(감정촉탁)과는 다른 형태라고 할 것이고, 이를 '문서송부촉탁'이나 '감정(감정촉탁)'이라고 칭하는 것은 혼동의 여지가 있어 바람직하지 않을 수 있다.

(2) 서류 조사를 위한 문서제출명령

(가) 문서제출명령

[민사소송법]

> 제343조 (서증신청의 방식) 당사자가 서증(書證)을 신청하고자 하는 때에는 문서를 제출하는 방식 또는 문서를 가진 사람에게 그것을 제출하도록 명할 것을 신청하는 방식으로 한다.
>
> 제347조 (제출신청의 허가여부에 대한 재판) ① 법원은 문서제출신청에 정당한 이유가 있다고 인정한 때에는 결정으로 문서를 가진 사람에게 그 제출을 명할 수 있다.
> ② 문서제출의 신청이 문서의 일부에 대하여만 이유 있다고 인정한 때에는 그 부분만의 제출을 명하여야 한다.
> ③ 제3자에 대하여 문서의 제출을 명하는 경우에는 제3자 또는 그가 지정하는 자를 심문하여야 한다.
> ④ 법원은 문서가 제344조에 해당하는지를 판단하기 위하여 필요하다고 인정하는 때에는 문서를 가지고 있는 사람에게 그 문서를 제시하도록 명할 수 있다. 이 경우 법원은 그 문서를 다른 사람이 보도록 하여서는 안된다.

[증권관련 집단소송법]

> 제32조 (문서제출 명령 등) ① 법원은 필요하다고 인정할 때에는 소송과 관련 있는 문서를 가지고 있는 자에게 그 문서의 제출을 명하거나 송부를 촉탁할 수 있다.

[공공기관의 정보공개에 관한 법률]

> 제4조 (적용 범위) ③ 국가안전보장에 관련되는 정보 및 보안 업무를 관장하는 기관에서 국가안전보장과 관련된 정보의 분석을 목적으로 수집하거나 작성한 정보에 대해서는 이 법을 적용하지 아니한다. 다만, 제8조제1항에 따른 정보목록의 작성·비치 및 공개에 대해서는 그러하지 아니한다.
>
> 제9조 (비공개 대상 정보) ① 공공기관이 보유·관리하는 정보는 공개 대상이 된다. 다만, 다음 각 호의 어느 하나에 해당하는 정보는 공개하지 아니할 수 있다. <개정 2020. 12. 22.>
> 　1. 다른 법률 또는 법률에서 위임한 명령(국회규칙·대법원규칙·헌법재판소규칙·중앙선거관리위원회규칙·대통령령 및 조례로 한정한다)에 따라 비밀이나 비공개 사항으로 규정된 정보
> 　2. 국가안전보장·국방·통일·외교관계 등에 관한 사항으로서 공개될 경우 국가의 중대한 이익을 현저히 해칠 우려가 있다고 인정되는 정보
> 　3. 공개될 경우 국민의 생명·신체 및 재산의 보호에 현저한 지장을 초래할 우려가 있다고 인정

되는 정보
4. 진행 중인 재판에 관련된 정보와 범죄의 예방, 수사, 공소의 제기 및 유지, 형의 집행, 교정(矯正), 보안처분에 관한 사항으로서 공개될 경우 그 직무수행을 현저히 곤란하게 하거나 형사피고인의 공정한 재판을 받을 권리를 침해한다고 인정할 만한 상당한 이유가 있는 정보
5. 감사・감독・검사・시험・규제・입찰계약・기술개발・인사관리에 관한 사항이나 의사결정 과정 또는 내부검토 과정에 있는 사항 등으로서 공개될 경우 업무의 공정한 수행이나 연구・개발에 현저한 지장을 초래한다고 인정할 만한 상당한 이유가 있는 정보. 다만, 의사결정 과정 또는 내부검토 과정을 이유로 비공개할 경우에는 제13조제5항에 따라 통지를 할 때 의사결정 과정 또는 내부검토 과정의 단계 및 종료 예정일을 함께 안내하여야 하며, 의사결정 과정 및 내부검토 과정이 종료되면 제10조에 따른 청구인에게 이를 통지하여야 한다.
6. 해당 정보에 포함되어 있는 성명・주민등록번호 등 「개인정보 보호법」 제2조제1호에 따른 개인정보로서 공개될 경우 사생활의 비밀 또는 자유를 침해할 우려가 있다고 인정되는 정보. 다만, 다음 각 목에 열거한 사항은 제외한다.
   가. 법령에서 정하는 바에 따라 열람할 수 있는 정보
   나. 공공기관이 공표를 목적으로 작성하거나 취득한 정보로서 사생활의 비밀 또는 자유를 부당하게 침해하지 아니하는 정보
   다. 공공기관이 작성하거나 취득한 정보로서 공개하는 것이 공익이나 개인의 권리 구제를 위하여 필요하다고 인정되는 정보
   라. 직무를 수행한 공무원의 성명・직위
   마. 공개하는 것이 공익을 위하여 필요한 경우로서 법령에 따라 국가 또는 지방자치단체가 업무의 일부를 위탁 또는 위촉한 개인의 성명・직업
7. 법인・단체 또는 개인(이하 "법인등"이라 한다)의 경영상・영업상 비밀에 관한 사항으로서 공개될 경우 법인등의 정당한 이익을 현저히 해칠 우려가 있다고 인정되는 정보. 다만, 다음 각 목에 열거한 정보는 제외한다.
   가. 사업활동에 의하여 발생하는 위해(危害)로부터 사람의 생명・신체 또는 건강을 보호하기 위하여 공개할 필요가 있는 정보
   나. 위법・부당한 사업활동으로부터 국민의 재산 또는 생활을 보호하기 위하여 공개할 필요가 있는 정보
8. 공개될 경우 부동산 투기, 매점매석 등으로 특정인에게 이익 또는 불이익을 줄 우려가 있다고 인정되는 정보

(3) 서류 조사를 위한 문서송부촉탁

(가) 문서송부촉탁

[민사소송법]

제352조 (문서송부의 촉탁) 서증의 신청은 제343조의 규정에 불구하고 문서를 가지고 있는 사람에게 그 문서를 보내도록 촉탁할 것을 신청함으로써도 할 수 있다. 다만, 당사자가 법령에 의하여 문서의 정본 또는 등본을 청구할 수 있는 경우에는 그러하지 아니하다.

[민사소송법]

제352조의2 (협력의무) ① 제352조에 따라 법원으로부터 문서의 송부를 촉탁받은 사람 또는 제297조에 따른 증거조사의 대상인 문서를 가지고 있는 사람은 정당한 사유가 없는 한 이에 협력하여야 한다.
② 문서의 송부를 촉탁받은 사람이 그 문서를 보관하고 있지 아니하거나 그 밖에 송부촉탁에 따를 수 없는 사정이 있는 때에는 법원에 그 사유를 통지하여야 한다. [본조신설 2007. 5. 17.]

(4) 감정

(가) 감정촉탁

민사소송법 제341조 제1항

제341조(감정의 촉탁) ①법원이 필요하다고 인정하는 경우에는 공공기관·학교, 그 밖에 상당한 설비가 있는 단체 또는 외국의 공공기관에 감정을 촉탁할 수 있다. 이 경우에는 선서에 관한 규정을 적용하지 아니한다.

[판례 1] 손해배상등 (대법원 1982. 8. 24. 선고 82다카317 판결)

【판시사항】

가. 자유심증주의의 한계
나. 감정촉탁에 있어서 감정선정규정이 적용되지 않는 이유
다. 선서하지 아니한 감정인에 의한 감정결과의 증거능력 유무(소극)

【판결요지】

가. 민사소송법 제187조가 선언하고 있는 자유심증주의는 형식적, 법률적인 증거규칙으로부터의 해방을 뜻할 뿐 법관의 자의적인 판단을 인용한다는 것이 아니므로 적법한 증거조사절차를 거친 증거능력있는 적법한 증거에 의하여 사회정의와 형평의 이념에 입각하여 논리와 경험의 법칙에 따라 사실주장의 진실여부를 판측하여야 할 것이며 사실인정이 사실심의 전권에 속한다 하더라도 이같은 제약에서 벗어날 수 없다.
나. 민사소송법 제314조는 공무소나 학교 등 전문적 연구시설을 갖춘 권위있는 기관에 대한 촉탁인 까닭에 감정인 선서에 관한 규정을 적용하지 않는다고 규정하고 있는 것이므로 동 조에 의한 감정이라면 위와 같은 권위있는 기관에 의하여 그 공정성과 진실성 및 그 전문성이 담보되어 있어야 한다.
다. 선서하지 아니한 감정인에 의한 신체감정결과는 증거능력이 없다.

【참조조문】

민사소송법 제187조, 제314조, 제306조

【전 문】

【원고, 상고인】 승도경 소송대리인 변호사 최재덕
【피고, 피상고인】 아세아교통주식회사 소송대리인 변호사 문영길
【원심판결】 서울고등법원 1982.1.27. 선고 81나3168 판결

【주 문】

원심판결을 파기하여, 사건을 서울고등법원에 환송한다.

【이 유】

상고이유를 본다.

원심판결 이유기재에 의하면 원심은, 원심의 신체감정촉탁 결과에 의하여 원고는 이건 사고로 인하여 간기능이 저하되어 도시나 농촌 일용노동자로서의 노동능력이 약 45%가 감소된 사실과 원고는 이 건 사고 이후 바로 우측 간엽절제 수술을 시행하고 상당한 시일이 경과됨으로써 그 증상이 고정되어 특정한 장기 투약이 불필요하고 합병증 발생여부나 그 정도도 불확실하다는 사실 등을 인정하고 이에 반하는 제1심의 신체감정촉탁 결과를 배척하고 있다.

민사소송법 제187조가 선언하고 있는 자유심증주의는 증거의 증거력을 법정하지 아니하고 오로지 법관의 자유로운 판단에 맡기는 것을 말하기는 하나 이는 형식적, 법률적인 증거규칙으로부터의 해방을 뜻할 뿐 법관의 자의적인 판단을 용인한다는 것이 아니므로 적법한 증거조사 절차를 거친 증거능력있는 적법한 증거에 의하여 사회정의와 형평의 이념에 입각하여 논리와 경험의 법칙에 따라 사실주장의 진실여부를 판단하여야 할 것이며 비록 사실의 인정이 사실심의 전권에 속한다고 하더라도 역시 이와 같은 제약에서 벗어날 수 없는 것이다.

그런데 원심은 제1심의 서울대학교 의과대학 부속병원장에의 신체감정촉탁에 의한 동 병원소속 교수 김예흠의 감정결과를 배척하고 원심의 감정인 서울시 마포구 성산동 47의 16 주정화의 감정결과에 의하여 위 진단과 같은 사실을 확정하였는바 민사소송법 제314조는 공무소, 학교 기타 상당한 설비있는 단체 또는 외국공무소 등 자연인 아닌 기관에 대하여 감정을 촉탁할 수 있도록 하고 이는 공무소나 학교 등 전문적 연구시설을 갖춘 권위있는 기관에 대한 촉탁인 까닭에 감정인 선서에 관한 규정을 적용하지 않는다고 규정하고 있는 것이므로 이 민사소송법 제314조에 의한 감정이라면 위와 같은 권위있는 기관에 의하여 그 공정성과 진실성 및 그 전문성이 담보 되어야 할 것인데 원심의 신체감정촉탁에 의하여 감정서를 제출한 위 주정화의 이름으로 된 감정결과가 이 요건을 갖추지 아니하였음은 그 기재 자체에 의하여서도 명백하고 한편 고도로 전문지식을 가진 사람의 감정이라고 하더라도 위와 같은 요건을 갖추지아니한 자연인의 감정이라면 민사소송법이 정하는 절차에 따라 선서를 하여야할 것임에도 불구하고 위 주정화가 감정인으로서 선서를 한 흔적을 일건기록상 찾아볼 수 없는 이 사건에 있어서 원심의 용의신체감정결과는 그 신빙성은 물론 적법한 증거능력 조차없다고 할 것임에도 불구하고 원심이 위와 같이 제1심의 서울대학교 의과대학 부속병원의 신체감정촉탁결과를 배척하고 그 결과내용에 있어서도 전 후 모순이 엿보이고 경험상 의문이 있는 신빙성과 증거능력이 없는 위 주정화의 감정결과를 취신하였음은 필경 민사소송법 제187조와 제314조의 법리를 오해하고 채증법칙에 위반하여 사실을 오인한 잘못을 저질러 원심판결에는 현저하게 정의와 형평에 반하는 법률위반의 위법이 있다고 하지 않을 수 없다. 논지는 그 이유가 있다.

그러므로 원심판결을 파기하고, 원심으로 하여금 다시 심리판단케 하기 위하여 사건을 서울고등법원에 환송하기로 관여법관의 일치한 의견으로 주문과 같이 판결한다.

대법관   이일규(재판장) 이성렬 전상석 이회창

[서식 1] 감정촉탁서(A1782)

○ ○ 법 원
감 정 촉 탁 서

귀하

사   건   20   가

원   고

피   고

 위 사건의 심리에 필요하여 별지 사항에 대한 감정을 촉탁하오니 그 결과를   20 . . . 까지 서면으로 회보하여 주시기 바랍니다.

감정촉탁 사항: 별지와 같음.

※ 1. 다음 재판기일은 20 . . .로 지정되어 있습니다.
  2. 감정결과회보서 등에 당원의 사건번호(20 가   )를 기재하여 주시기 바랍니다.

20 . . .

판   사   ㊞

[서식 2] 신체감정촉탁서(A1783)

○ ○ 법원
신체 감정 촉탁서

수신　　　　　　　　병원장

제목　**신체감정촉탁**

　이 법원 20 가단 1000   사건에 관한 아래 사람의 신체 감정에 대하여 별지 기재와 같이 귀 병원 소속 의사를 지정하여 촉탁하오니 그 감정결과를 20 . . . 까지 서면으로 제출하여 주시기 바랍니다.
(사본 2부를 첨부할 것)

아　　래

1. 감정 대상자 :
2. 감정사항 : 별지와 같음
3. 첨부서류 : 감정대상자를 치료한 병원의 진료기록(진단서, 응급실 기록, X-RAY ·MRI·CT등
　　　　　　 방사선필름 및 판독지, 치료소견서등) 사본 1부.
4. 신청인 연락처 :
5. 상대방 연락처 :

20 . . .

판　　사

◇ 주 의 사 항 ◇

1. 주민등록증, 운전면허증 등으로 감정 대상자를 확인하여 주십시오.
2. 감정촉탁회보에는 반드시 병원장의 기명날인을 하여 주십시오.
3. 감정과목이 복수인 경우에는 주증상을 감정한 주감정의가 다른 과목의 감정평가까지 취합하여 감정의 중복·누락 여부등을 검토한 후에 감정서를 작성하여 주십시오.
4. 감정서를 작성함에 있어 판단자료로 삼은 검사결과지.판독지 등을 첨부하시고, 법원으로부터 송부받은 자료의 참고 여부 및 자체 시행한 각종 검사의 검사결과 등 감정에 기초된 내용을 자세하고도 명확하게 기재하여 주십시오
5. 불확실한 표현은 가급적 피하고, 감정사항의 각 항목별로 기재하여 주십시오.
*6. 감정일시가 정하여지면 신청인 및 상대방에게 알려 주어야 합니다.

*7. 신체감정료로 금   원이 예납되어 있음을 알려드리오니 이중으로 당사자로부터 직접 수납하지 않기를 바랍니다.
*8. 신체감정료와 별도로 발생한 입원비·진찰비·검사비 등의 비용을 당사자로부터 직접 납부받은 경우 해당 상세내역서를 감정서와 함께 제출하시기 바랍니다.

별지

감정대상자 정보

성명
주민등록번호
주소
연락할곳
선정한 감정의사 명단

감 정 과 목		감 정 의 사	비 고
주과목			
보조과목			

※ 문의사항 연락처   ○ ○ 법원 민사○단독 법원사무관
　　　전화　　　　02-1111-2222
　　　팩스　　　　　　　　　　　e-mail

(5) 금융거래정보·과세정보 제출명령, 통신사실확인자료 제공요청

(가) 금융거래정보 제출명령

[금융실명거래 및 비밀보장에 관한 법률]

제4조 (금융거래의 비밀보장) ① 금융회사등에 종사하는 자는 명의인(신탁의 경우에는 위탁자 또는 수익자를 말한다)의 서면상의 요구나 동의를 받지 아니하고는 그 금융거래의 내용에 대한 정보 또는 자료(이하 "거래정보등"이라 한다)를 타인에게 제공하거나 누설하여서는 아니 되며, 누구든지 금융회사등에 종사하는 자에게 거래정보등의 제공을 요구하여서는 아니 된다. 다만, 다음 각 호의 어느 하나에 해당하는 경우로서 그 사용 목적에 필요한 최소한의 범위에서 거래정보등을 제공하거나 그 제공을 요구하는 경우에는 그러하지 아니하다.
　　1. 법원의 제출명령 또는 법관이 발부한 영장에 따른 거래정보등의 제공

2. 내지 8. (생략)
  ② 내지 ⑥ (생략)

(6) 과세정보 제출명령

[국세기본법]

제81조의13 (비밀 유지) ① 세무공무원은 납세자가 세법에서 정한 납세의무를 이행하기 위하여 제출한 자료나 국세의 부과·징수를 위하여 업무상 취득한 자료 등(이하 "과세정보"라 한다)을 타인에게 제공 또는 누설하거나 목적 외의 용도로 사용해서는 아니 된다. 다만, 다음 각 호의 어느 하나에 해당하는 경우에는 그 사용 목적에 맞는 범위에서 납세자의 과세정보를 제공할 수 있다.
   1., 2. (생략)
   3. 법원의 제출명령 또는 법관이 발부한 영장에 의하여 과세정보를 요구하는 경우
   4. 내지 9. (생략)
  ② 내지 ⑥ (생략)

[지방세기본법]

제86조 (비밀유지) ① 세무공무원은 납세자가 이 법 또는 지방세관계법에서 정한 납세의무를 이행하기 위하여 제출한 자료나 지방세의 부과 또는 징수를 목적으로 업무상 취득한 자료 등(이하 "과세정보"라 한다)을 다른 사람에게 제공 또는 누설하거나 목적 외의 용도로 사용해서는 아니 된다. 다만, 다음 각 호의 어느 하나에 해당하는 경우에는 그 사용 목적에 맞는 범위에서 납세자의 과세정보를 제공할 수 있다.
   1., 2. (생략)
   3. 법원의 제출명령 또는 법관이 발부한 영장에 의하여 과세정보를 요구하는 경우
   4. 내지 9. (생략)
  ② 내지 ⑤ (생략)

(7) 통신사실확인자료 제공요청

[통신비밀보호법]

제3조 (통신 및 대화비밀의 보호) ① 누구든지 이 법과 형사소송법 또는 군사법원법의 규정에 의하지 아니하고는 우편물의 검열·전기통신의 감청 또는 통신사실확인자료의 제공을 하거나 공개되지 아니한 타인간의 대화를 녹음 또는 청취하지 못한다. 다만, 다음 각호의 경우에는 당해 법률이 정하는 바에 의한다.
   1. 내지 5. (생략)
  ②, ③ (생략)

제13조의2 (법원에의 통신사실확인자료제공) 법원은 재판상 필요한 경우에는 민사소송법 제294조 또는 형사소송법 제272조의 규정에 의하여 전기통신사업자에게 통신사실확인자료제공을 요청할 수 있다.

(8) 증거보전 신청

[민사소송법]

> **제375조 (증거보전의 요건)** 법원은 미리 증거조사를 하지 아니하면 그 증거를 사용하기 곤란할 사정이 있다고 인정한 때에는 당사자의 신청에 따라 이 장의 규정에 따라 증거조사를 할 수 있다

나. 당사자·대리인에 대한 안내 등

현재 재판양식으로 「조정절차 안내서」(A1926), 「조정회부 안내문(기일 외)」(A1927)

(1) 조서의 작성

[민사조정법]

> **제24조 (조서의 작성)** 조정절차에 참여한 법원사무관등은 조정에 관하여 조서를 작성하여야 한다. 다만, 조정담당판사의 허가가 있는 경우에는 그 기재의 일부를 생략할 수 있다.
>
> **제40조 (조정위원회 및 조정장의 권한)** 조정위원회가 조정을 하는 경우 조정위원회와 조정장은 다음 각 호의 구분에 따른 조정담당판사의 권한을 가진다.
>   1. 조정위원회: 제16조, 제17조제1항, 제18조제3항, 제19조제1항, 제21조 제1항, 제22조, 제25조제1항, 제26조제1항, 제27조, 제30조 및 제32조에 규정된 조정담당판사의 권한
>   2. 조정장: 제13조제1항·제2항, 제20조, 제24조, 제34조제2항 및 제42조에 규정된 조정담당판사의 권한

[민사조정규칙]

> **제12조의2 (조서의 작성)** ① 조정에 관한 조서에는 조정담당판사와 법원사무관등이 기명날인하고 조정담당판사가 지장이 있는 때에는 법원사무관등이 그 사유를 기재한다.
> ② 법 제7조제3항에 의하여 수소법원이 스스로 조정하는 경우에는 재판장과 법원사무관등이 기명날인하고 재판장이 지장이 있는 때에는 합의부원이 그 사유를 기재하고 기명날인한다. 법관전원이 지장이 있는 때에는 법원사무관등이 그 사유를 기재한다.
> ③ 조정이 성립된 경우에 조서의 작성방식에 관하여는 민사소송규칙 제31조의 규정을 준용한다.

[비송사건절차법]

> **제14조 (조서의 작성)** 법원서기관, 법원사무관, 법원주사 또는 법원주사보(이하 "법원사무관등"이라 한다)는 증인 또는 감정인의 심문에 관하여는 조서를 작성하고, 그 밖의 심문에 관하여는 필요하다고 인정하는 경우에만 조서를 작성한다.

(2) 허가 결정

[민사조정법]

> **제19조 (조정 장소)** ② 제7조제6항에 따른 조정위원이 법원 외의 장소에서 조정사무를 수행하는 경우에는 미리 조정담당판사의 허가를 받아야 한다. <신설 2020. 2. 4.> [전문개정 2010. 3. 31.]

 이 사건에 관하여 이 법원 소속 조정위원 ○○○이 고양시 일산동구 장항동 □□□에서 조정사무를 수행하는 것을 허가한다

[서식 3] 법원 외 조정사무수행 허가결정 (재판양식 A1900-8)

○ ○ 법 원
결 정

사 건
원 고
피 고

주 문

이 사건 조정위원이 법원 외의 장소에서 조정사무를 수행하는 것을 허가한다.

이 유

 이 사건 조정위원의 조정사무수행에 필요하다고 인정되므로 민사조정법 제19조 제2항에 의하여 주문과 같이 결정한다.

20 . .

판사   ㉑

이 사건에 관하여 이 법원 소속 조정위원 ○○○로 하여금 (민사조정법 제10조 제3항 제2호, 제7조 제6항에 따라) 사실조사를 실시하고 보고서를 제출하는 사무를 담당하게 한다.
이 사건에 관하여 이 법원 소속 조정위원 ○○○이 고양시 일산동구 장항동 □□□에서 위 사무를 수행하는 것을 허가한다.

[서식 4] 지정결정(외부연계) (재판양식 A1900-7)

○○ 법 원
결 정

사 건
원 고
피 고

주 문

1. 이 사건의 조정위원으로 (총괄)조정위원 ○○○을(를) 지정한다.
2. 총괄조정위원은 직접 또는 사무수행자를 지정하여 아래 각호의 사무를 수행한다.
   가. 민사조정법 제10조 제3항 제1호의 사무(조정에 관여하는 일)
   나. 민사조정법 제10조 제3항 제2호의 사무(분쟁해결방안을 도출하기 위하여 사건관계인의 의견을 들어 합의안을 도출하거나 그 밖에 조정사건의 처리를 위하여 필요한 사무를 수행하는 일)
3. 이 사건에 관하여 법원 외의 장소에서 조정사무를 수행하는 것을 허가한다.
4. 총괄조정위원은 이 결정을 받은 날부터 ○○일 이내에 다음 사항을 보고하여야 한다. 다만, 법원의 허가를 얻어 그 기간을 연장할 수 있다.
   가. 합의의 성립 여부
   나. 합의 사항 및 조정형식
   다. 사건관계인의 의견청취 및 회합상황

이 유

민사조정법 제10조 제3항, 제19조 제2항의 규정에 의하여 주문과 같이 결정한다.

20 . . .

판사   ⑪

[서식 5] 조정사무수행일통지서'(재판양식 A1903-1)

○ ○ 법 원
조정사무수행일통지서

사　　　건　　　20

원　　　고

피　　　고

위 사건에 관하여 조정위원에 의한 당사자 쌍방과의 대면회의 방식의 조정사무수행일이 다음과 같이 지정되었으므로, 아래의 일시·장소에 출석하여 주시기 바랍니다.

일시 : 20 .   .   .   :

장소 :

20 .   .   .

법원주사　○ ○ ○　㊞

◇ 유 의 사 항 ◇

1. 조정위원은 조정담당판사 또는 조정장의 촉탁을 받아 분쟁 해결을 위하여 사건관계인의 의견을 듣거나 그 밖에 조정사건의 처리를 위하여 필요한 사무를 수행할 수 있습니다.(민사조정법 제10조 제3항).
2. 소송대리인이 선임되어 있더라도 되도록 당사자 본인(당사자가 회사 등 법인 또는 단체인 경우에는 대표자 또는 실무책임자, 당사자가 여러 명인 경우에는 의사결정을 할 수 있는 주된 당사자)도 함께 출석하시기 바랍니다. 출석할 때에는 본인 확인을 위하여 신분증을 가져오시기 바랍니다.
3. 대한민국법원 앱(아래 QR코드)이나 대한민국법원 홈페이지(www.scourt.go.kr) '나의 사건검색'을 이용하시면 재판기일 등 각종 정보를 편리하게 열람할 수 있습니다.
4. 사건진행에 관하여 전화안내를 받고자 하는 경우에는 '(02)3480-1100[또는 '각급 법원 대표번호']'를 이용하실 수 있습니다.

※ 주차시설이 협소하오니 대중교통을 이용하여 주시기 바랍니다.

※ 문의사항 연락처 : ○○지방법원 제○단독 법원주사 ○○○
　　전화 : ○○○ － ○○○○
　　팩스 : ○○○ － ○○○○　　　　e-mail :　　　＠scourt.go.kr

(3) 간이감정보고서의 내용

간이감정보고서

사 건 20○○머○○○
원 고 ○○○
피 고 ○○○

　　　　　　　　　　보고자: ○○지방법원 조정위원

　　　　　　　　　　　　건축사 ○○○ (인)

- 1/3 -

---

1. 감정의 목적물
   ○○시 ○○○ 소재 제1, 2, 3동호 건물
   사용승인일: 2015. 9. 2.
   보존등기일: 2015. 10. 28.
2. 감정의 목적
   피고가 주장하는 하자의 존부 및 하자보수비의 산정
   현장조사일시: 2017. 7. 11.
3. 감정의 기준
   서울중앙지방법원 건설소송실무연구회
   2011년 발행 건설감정실무서 기준
4. 손해배상액 산정기준
   가. 하자가 중요한 경우(하자보수비의 과다를 불문하고)
       하자보수비 상당액
   나. 하자가 중요하지 않은 경우
       1) 보수비가 적정한 경우: 하자보수비 상당액
       2) 보수비가 과다한 경우: 교환가치 차액(공사비 차액)

- 2/3 -

[1] 공장동 판넬

1. 원고측 주장

2. 피고측 주장
공장동외벽 판넬의 들뜸과 뒤틀림현상이 있다.

3. 감정인 의견

1. 기둥부에만 C찬텔에 횡판넬로 고정됨
2. 기둥간격의 약 4.2M 정도로 중간에 판넬을 지지하는 부재가 없을 경우 판넬ㅇ에 약간의 휨이 있을 수 있음
3. 육안으로 볼 때 휨의 정도가 미약하게 있지만 사용상 지장없음

4. 산출금액

하자감정내용			
① 하자 판정	[ ] 기능상 하자 [ ] 안전상 하자 [ ] 미관상 하자		[ ] 하자제외 [ ] 법규의 위반 [ ] 약정의 위반 [ ]
② 발생 원인	[ ] 미시공 하자 [ ] 변경시공 하자 [ ] 부실시공 하자		[ ] 설계상 하자 [ ] 감리상 하자 [ ] 사용상 관리상 하자
③ 발생 시기	사용검사일 [ ] 사용검사 이전 발생 [ ] 사용검사 이후 발생 [ ] 1년 이내 [ ] 2년 이내 [ ] 3년 이내 [ ] 구체적 발생시기 판정 불가		년 월 일 [ ] 4년 이내 [ ] 5년 이내 [ ] 10년 이내
④ 보수 가능여부	[ ] 보수 가능함		[ ] 보수 불가능
⑤ 하자의 중요성	[ ] 중요한 하자		[ ] 중요하지 않은 하자
⑥ 보수비 과다여부	과다하지 않음 [ ]		보수비 과다 [ ]
⑦ 보수비의 산정	[ ] 보수비용 산출		하자가 중요하지않으면서 보수비가 과다한 경우 차액산정(보수불가능 포함) [ ]
⑧ 하자보수요청		⑨ 하자보수 여부	
하자보수 요청 및 요청일자	[ ] 요청하지 않음 [ ] 요청함		[ ] 보수 완료 확인 [ ] 하자 일부 보수 [ ] 보수하지 않음
⑩ 하자담보 책임기간(주택법시행령 별표6)			
공사	공종	[ ] 1년	[ ] 4년
내력구조부	기둥/내력벽	[ ] 2년 [ ] 3년	[ ] 5년 [ ] 10년

현황사진 1	현황사진 2

4. 조정위원으로부터의 의견 청취

가. 관련 규정

[민사조정규칙]

> 제12조 (전문적인 지식, 경험에 관한 의견의 청취) 조정담당판사 또는 조정위원회는 필요하다고 인정하는 때에는, 소속법원의 조정위원으로부터 전문적인 지식, 경험에 기한 의견을 청취할 수 있다

[민사 및 가사조정의 사무처리에 관한 예규(재민 2001-8)]

> 제7조 (조정위원회의 구성 및 운영) ①, ② (생략)
> ③ 조정장은 전문분야 사건에 관하여 그 분야의 전문가 조정위원을 조정위원회 구성원으로 지정하기 어려운 사정이 있는 경우 상당한 때에는 민사조정규칙(이하 "규칙"이라 한다) 제8조 제3항, 제12조의 규정에 의하여 전문가 조정위원에게 사실조사를 시키거나 그 의견을 청취할 수 있다.
> ④ (생략)

5. 사실조사 비용과 그 예납

가. 조정위원 수당

조정위원에게는 수당을 지급한다(민사조정법 제12조, 조정위원규칙 제6조).

(1) 비용 지급의 근거(관련 규정)

[민사 및 가사조정의 사무처리에 관한 예규(재민 2001-8)]

> 제16조 (조정위원에 의한 사실조사) ① 조정담당판사 또는 조정위원회는 규칙 제8조 제3항의 규정에 의하여 건축사, 의사 등 전문가 조정위원에게 사실의 조사를 하게 한 경우에 간이한 형식의 사실조사보고서의 제출을 요구할 수 있다. 이 때 사실조사를 위하여 필요한 경우에는 당사자에게 미리 관련 서류(예: 건축관련 분쟁의 경우 공사계약서, 설계도, 시방서, 현장사진 등, 자동차사고로 인한 손해배상청구사건의 경우 진단서, 진료기록 등)를 제출하게 하여 조정위원으로 하여금 참고하게 할 수 있다.
> ② 제1항의 경우 조정위원에게 지급할 사실조사비용은 사건 당 30만원을 최고한도로 한다. 다만, 조정담당판사 또는 조정위원회가 상당하다고 인정하는 때에는 이를 증액할 수 있다.
> ③ 제1항의 경우 조정담당판사 또는 조정위원회는 조정위원에게 지급할 사실조사비용을 당사자 쌍방이 균분하여 예납할 것을 명하여야 한다. 다만, 사정에 따라 예납할 금액의 비율을 다르게 정하거나 사실조사를 신청한 당사자 일방에게 전액을 예납할 것을 명할 수 있다.

제3장 사건 유형별 조정기법

제1절 대여금 사건

1. 공통 기재례

권리포기조항, 포괄적 청산조항, 비용부담조항, 관련사건처리조항은 다른 사건에도 공통된다.

가. 확인조항

> 피고는 2023. 3. 15.부터 2023. 12. 15.까지 4회에 걸쳐 차용한 합계 1억 원의 잔존채무 1억 1,000만 원(잔존원금 9,000만 원, 기존이자 1,000만 원, 지연손해금 1,000만 원)의 지급채무가 있음을 확인한다.

나. 변제방법과 지급방법

(1) 일시지급으로서 지급방법을 정하지 아니하는 경우

> 피고는 2023. 4. 30.까지 원고에게 1,000만 원을 지급한다.

(2) 일시지급으로서 지급방법을 정하는 경우

> 피고는 원고에게 1,000만 원을 2023. 4. 30.까지 지참하여 송금하여 또는 갑 은행의 원고 명의의 보통예금계좌(번호 123-45-67890)에 입금하여 지급한다.

(3) 분할지급으로서 가산금 조항이 없는 경우

> 피고는 원고에게 1,000만 원을 지급하되, 10회 분할하여 2020. 1. 31.부터 2023. 10. 31.까지 매월 말일(다만 그 날이 토요일 또는 공휴일이면 그 다음 날)에 100만 원씩 지급한다.

(4) 분할지급으로서 일부 회차 금액이 다른 경우

피고는 원고에게 1억 원을 2020. 1. 31.부터 2023. 8. 31.까지 총 8회에 걸쳐 매월 말일에 1,000만 원씩 지급하되, 2023. 3. 31.과 2023. 6. 30.은 각 500만 원을, 2023. 8. 31.은 1,000만 원을 각 가산하여 지급한다.

다. 해태약관

(1) 일시지급의 경우

피고는 제1항 기재 금액의 지급을 지체하는 경우 원고에게 미지급금액 및 이에 대하여 지급기일 다음 날부터 다 갚는 날까지 연 12%의 비율로 계산한 지연손해금을 지급한다.

(2) 분할지급의 경우

만일 피고가 제1항 분할금의 지급을 지체하여 그 지체액이 200만 원[또는 2회분]에 달하는 때에는 즉시 분할 및 기한의 이익을 상실하고 미지급금액 전부를 일시에 지급하되, 기한이익상실 다음 날부터 다 갚는 날까지 연 12%의 비율로 계산한 지연손해금을 가산하여 지급한다.

피고는 제1항 분할금의 현재 지체액이 2회분에 달하는 때에는 즉시 분할 및 기한의 이익을 상실한다. 피고는 원고에게 미지급금액 전부 및 이에 대하여 최종 지체발생일 다음 날부터 다 갚는 날까지 연 12%의 비율로 계산한 지연손해금을 지급한다.

라. 면제조항

원고는 피고에 대하여 피고가 제2항에 의하여 분할 및 기한의 이익을 상실하지 아니하고 제1항의 분할금을 총액 9,000만 원에 달하기까지 지급하는 경우에는 제1항의 나머지 지급의무를 면제한다.

마. 권리포기조항(공통)

원고는 나머지 청구를 포기한다.

바. 포괄적 청산조항(공통)

(1) 당해 사건에 관하여만 청산조항을 두는 경우

원고와 피고는 양자 사이에 이 사건에 관하여 위 각 조항에서 정한 것 이외에는 어떠한 아무런) 채권

> 채무도 존재하지 아니함을 서로 확인한다.

(2) 모든 사건에 관하여 청산조항을 두는 경우

> 원고와 피고는 양자 사이에 위 각 조항에서 정한 것 이외에는 어떠한(아무런) 채권채무도 존재하지 아니함을 서로 확인한다.

사. 비용부담조항(공통)

> 소송비용 및 조정비용은 각자 부담한다.

아. 관련사건처리조항(공통)

> 1. 원고는 서울중앙지방법원 2023가합2034 손해배상청구사건을 취하하기로 하고, 피고는 이에 동의한다.
>   → 다시 소취하서를 작성하여 제출할 필요가 있으므로, "만일 원고가 이를 이행하지 아니하는 경우에는 피고는 소 취하의 뜻이 담긴 이 사건 조정조서의 제출로 소취하서에 갈음하고, 원고는 피고에게 그 제출권한을 위임한다."는 조항을 추가하기도 한다
> 2. 원고는 피고에 대하여 서울중앙지방검찰청에 제기한 사기사건(2023형제1234호)의 고소를 취소하기로 한다.
>   → 다시 고소취소장을 작성하여 제출할 필요가 있으므로, "만일 원고가 이를 이행하지 아니하는 경우에는 피고는 고소취소의 뜻이 담긴 이 사건 조정조서의 제출로 고소취소장에 갈음하고, 원고는 피고에게 그 제출권한을 위임한다."는 조항을 추가하기도 한다
> 3. 원고는 피고로부터 제1의 가항 기재 돈을 지급받는 즉시 대전지방법원 홍성지원 2020541호로 마친 부동산처분금지가처분결정에 관한 신청을 취하하고, 가처분집행을 해제한다.
> 4. 원고는 피고로부터 제1항 기재 금원을 지급받으면 지체 없이 피고 소유 부동산에 대하여 한 가압류신청(서울중앙지방법원 2023카단1234)을 취하하고, 가압류집행을 해제한다.
>   → 원고가 가압류신청 취하 및 집행 해제를 해태하는 경우 피고가 별도로 가압류이의 또는 가압류취소를 신청해야 하므로, 이러한 절차를 생략하기 위해 "위 가압류 취하신청 및 집행해제 신청에 관한 권한을 피고에게 위임한다."는 조항을 추가하기도 한다
> 5. 피고는 원고에 대하여 원고가 수원지방법원 2023카단1111호 채권가압류신청사건에 관하여 제공한 담보의 취소에 동의하고, 그 취소결정에 대한 즉시항고권을 포기한다.
> 6. 원고는 피고에 대하여 피고가 서울중앙지방법원 2023 가정1234호 강제집행정지신청사건에 관하여 제공한 담보의 취소에 동의하고, 그 취소결정에 대한 항고를 하지 아니한다.

자. 조정참가인이 연대보증한 경우

1. 피고는 원고에 대하여 2023. 10. 1. 금전소비대차계약에 기한 1,000만 원의 지급채무가 있음을 확인한다.
2. 조정참가인은 원고에 대하여 제1항의 채무를 연대보증한다.
3. 피고와 조정참가인은 연대하여 원고에게 위 제1, 2항 기재 1,000만 원을 2023. 3. 10.부터 2023. 12. 10.까지 매월 10일에 100만 원씩 분할하여 지급한다.
4. 피고와 조정참가인이 위 제3항 기재 지급의무를 지체하여 지체금액이 2회분에 달한 때에는 기한의 이익을 상실하고, 연대하여 원고에게 잔액을 일시에 지급하되, 잔액에 대한 기한이익상실 일 다음 날부터 다 갚는 날까지 연 12%의 비율로 계산한 지연손해금을 가산하여 지급한다.
5. 원고는 나머지 청구를 포기한다.
6. 원고, 피고, 조정참가인은 위 각 조항에서 정한 것 이외에는 상호간에 더 이상 채권채무관계가 존재하지 아니함을 서로 확인한다
7. 소송비용 및 조정비용은 각자 부담한다.

제2절 손해배상사건 및 관련 채무부존재확인사건

1. 금전지급조항: 확인조항, 변제방법과 지급방법, 해태약관, 면제조항은 대여금 사건과 동일

가. 조정내용을 제3자에게 공개하지 않기로 한 경우

원고와 피고(당사자 쌍방)는 이 사건 조정경과 및 내용을 제3자에게 공개하거나 기타 이와 유사한 행위를 하지 아니한다.

나. 조정 성립 시까지의 경위를 조정조항에 포함하는 경우: 조정조항이 아닌 조정기일조서에만 기재하는 것이 바람직

피고는 원고에게 이 조정위원회 석상에서 ~에 관하여 다시 한 번 심심한 유감의 뜻을 표시하였다. 이에 원고와 피고는 이 사건을 원만히 해결하기로 합의하였다.

다. 도의조항 : 조정조항이 아닌 조정기일조서에만 기재하는 것이 바람직

> 피고는 원고에 대하여 피고의 서비스에 미흡한 점이 있었다는 원고의 말에 겸허하게 귀를 기울여 앞으로 피고의 서비스 증진에 더욱 노력한다.

> 원고와 피고는 쌍방의 가족을 포함하여 이웃사촌임에도 이 사건 분쟁과 같은 불행한 사태에 이르게 된 것을 진지하게 받아들이고 앞으로는 서로 상대방의 생활에 일체 간섭하지 않으며 이웃으로 사이 좋게 생활할 것을 약속한다.

> 원고와 피고는 전항의 약속이 성립한 것을 거울삼아 서로 상대방의 과거 언동에 관하여 일체의 비방·중상을 하지 않을 것을 약속한다.

라. 청산조항+ 장래의 후유증에 관한 청구권 유보조항

> 원고들과 피고는 2023. 10. 1, 10:00경 서울 서초구 서초동 1000의 도로상에서 발생한 교통사고(이하 "이 사건 교통사고"라 한다)에 관하여 위 각 조항에서 정한 것 이외에는 어떠한 채권채무도 존재하지 아니함을 서로 확인한다. 다만, 이 사건 교통사고로 인하여 원고 갑에게 후유장해가 발생한 때에는 이로 인한 손해액에 관하여는 원고 갑과 피고 사이에 별도로 협의한다.

마. 채무부존재확인사건이 본소로 제기되어 원고가 피고에게 일부 금원을 지급하기로 합의된 경우: 확인조항을 1항에 기재한 후 금전지급조항을 2항에 기재함

> 1. 원고와 피고는 2017. 2. 17. 22:35경 ○○시 ㅁㅁ구 △△동 A아파트 단지 내 도로에서 ○○○○ ○○호 차량과 □□□□□□호 차량 사이에 발생한 사고와 관련하여 아래에서 정한 것 이외에는 아무런 채권채무관계가 없음을 서로 확인한다.
> 2. 원고는 피고에게 2023. 4. 15.까지 16,400,000원을 지급하되, 만일 위 지급을 지체하는 경우 미지급금액 전부에 지급기일 다음 날부터 다 갚는 날까지 연 12%의 비율로 계산한 지연손해금을 가산하여 지급한다.
> 3. 원고는 나머지 청구를 포기한다.
> 4. 소송비용 및 조정비용은 각자 부담한다.

2, 손해배상청구사건의 조정조항

손해배상청구사건에서는 불법행위의 내용을 청구의 표시 부분에서 청구원인사실로 표시하고 있으므로 조정조항에서는 손해배상의 원인이 되는 불법 행위 등을 특정하지 아니하는 것이 실무이다

> ① 원고와 피고(당사자 쌍방)는 이 조정조항을 제3자에게 공개하거나 기타 이와 유사한 행위를 하지 아니한다.
> ② 피고는 원고에게 이 조정위원회 석상에서 ~에 관하여 다시 한번 심심한 유감의 뜻을 표시하였다. 이에 원고와 피고는 이 사건을 원만히 해결하기로 합의하였다.
> ③ 피고는 원고에 대하여 피고의 서비스에 미흡한 점이 있었다는 원고의 말에 겸허하게 귀를 기울여 앞으로 피고의 서비스 증진에 더욱 노력한다.
> ④ 원고와 피고는 쌍방의 가족을 포함하여 이웃사촌임에도 이 사건 분쟁과 같은 불행한 사태에 이르게 된 것을 진지하게 받아들이고 앞으로는 서로 상대방의 생활에 일체 간섭하지 않으며 이웃으로서 사이좋게 생활할 것을 약속한다.
> ⑤ 원고와 피고는 전항의 약속이 성립한 것을 거울삼아 서로 상대방의 과거 언동에 관하여 일체의 비방. 중상을 하지 않을 것을 약속한다. 한편, 손해배상청구사건에서는 일반적인 청산조항 외에 장래의 후유증에 관한 청구권유보조항을 덧붙여야 하는 경우도 있다.

> 1. 원고들과 피고는 2023. 10. 1. 10:00경 서울 서초구 서초동 1000의 도로상에서 발생한 교통사고(이하 "이 사건 교통사고"라 한다)에 관하여 위 각 조항에서 정한 것 이외에는 어떠한 채권채무도 존재하지 아니함을 서로 확인한다. 다만, 이 사건 교통사고로 인하여 원고 갑에게 후유장해가 발생한 때에는 이로 인한 손해액에 관하여는 원고 갑과 피고 사이에 별도로 협의한다

3. 확인조항

조정조항 제1항에서 대여 횟수와 잔존채무액에 관한 확인조항을 두는 것이 필요한 경우가 있음은 앞서 본 바와 같다.

① 1회 차용한 경우

> 1. 피고는 원고에 대하여 2023. 3. 15. 차용한 1억원의 잔존채무로서 1억 1천만원(잔존원금 9천만원, 기존이자 1천만원 지연손해금 1천만원)의 지급채무가 있음을 확인한다.

주) 피고들이 연대하여 지급의무가 있는 경우에는 「피고들은 연대하여 원고에 대하여 …의 지급채무가 있음을 확인한다」는 식으로 기재한다.

② 2회 차용한 경우

> 1. 피고는 2023. 3. 15.과 2023. 4. 15. 2회에 걸쳐 차용한 합계 1억 원의 잔존채무로서 1억 1

> 천만원(잔존원금 9천만원, 기존이자 1천만원, 지연손해금 1천만원)의 지급채무가 있음을 확인한다.

③ 3회 이상 차용한 경우

> 1. 피고는 2023. 3. 15.부터 2023. 12. 15.까지 4회에 걸쳐 차용한 합계 1억원의 잔존채무로서 1억 1천만원(잔존원금 9천만원, 기존이자 1천만원 지연손해금 1천만원)의 지급채무가 있음을 확인한다.

가. 변제방법과 지급방법

일시지급 또는 분할지급 등 변제방법에 관한 조항을 두어야 한다. 일시지급의 경우에는 지참, 송금 등의 지급방법을 구체적으로 정할 수도 있다. 분할지급의 경우에는 분할금액과 가산금 등을 정한다.

① 일시지급으로서 지급방법을 정하지 아니하는 경우

> 1. 피고는 원고에게 제1항의 금액을 2024. 4. 30.까지 지급한다.

② 일시지급으로서 지급방법을 정하는 경우

> 1. 피고는 원고에게 제1항의 금액을 2024. 4. 30.까지 지참하여 [송금 하여 또는 갑 은행을 지점의 원고 명의의 보통예금계좌번호 123-45-67890)에 입금하여] 지급한다.

주) 변제장소를 특정하는 경우에는 「원고의 주소지에 지참하여」 또는 「원고 소송대리인의 사무소(소재지: ○)에 지참하여」 등으로 기재한다.

③ 분할지급으로서 가산금 조항이 없는 경우

> 1. 피고는 원고에게 제1항의 금액을 2024. 1.부터 2024. 11.까지(또는 다 갚는 날까지) 매월 말일에 1천만원씩 분할하여 지급한다.

④ 분할지급으로서 가산금조항과 최종회분 금액을 특히 정한 경우

> 1. 피고는 원고에게 제1항의 금액을 2024. 1.부터 2024. 9.까지 매월 말 일에 1천만원씩 분할

> 하여 지급한다. 다만, 2024. 3.과 6.은 각 월의 분할지급액에 5백만원을 가산하고, 마지막 회는 2천만원으로 한다.

나. 해태약관

다음에는 지연손해금 지급조항이나 기한이익 상실조항과 같은 해태약관을 둔다.

① 일시지급의 경우

> 1. 제2항 기재 금액의 지급을 게을리한 때에는 피고는 원고에게 제1항 기재 잔존원금의 미지급분에 대한 2024. 5. 1.부터 다 갚는 날 까지 연 12%의 비율에 의한 지연손해금을 가산하여 지급한다.

② 분할지급의 경우

> 1. 제2항의 분할금의 지급을 게을리 하여 그 금액이 2천만원에 달하는 때에는(제2항의 분할금의 지급을 2회분 이상 게을리 한 때에는) 기한의 이익을 상실하고, 피고는 원고에게 즉시 잔액 및 제1항의 잔존원금의 미지급분에 대한 기한이익 상실 다음날부터 다 갚는 날까지 연 12%의 비율에 의한 지연손해금을 가산하여 지급한다.

다. 면제조항

성실히 변제를 하는 경우에 잔존원금 중 일부를 면제·탕감하여 주는 이른바 면제조항을 둘 수 있다.)

> 1. 원고는 피고에 대하여 피고가 제3항에 의하여 기한의 이익을 상실하지 아니하고 제2항의 분할금을 총액 9천만원에 달하기까지 성실히 지급하는 경우에는 제1항의 나머지 지급의무를 면제한다.

라. 이해관계인이 참가하여 연대보증한 경우

> 1. 피신청인은 신청인에 대하여 2023. 10. 1. 금전소비대차계약에 기한 1,000만원의 지급채무가 있음을 확인한다.
> 2. 조정참가인은 신청인에 대하여 제1항의 채무를 연대보증한다.

3. 피신청인과 조정참가인은 연대하여 신청인에게 위 제1, 2항 기재 1,000만원을 2024. 3. 10.부터 2024. 12. 10.까지 매월 10일에 1,000,000원씩 분할하여 지급한다.
4. 피신청인과 조정참가인은 제3항 기재 분할변제금의 지급을 지체하여 현재 지체하고 있는 금액이 2회분에 달한 때에는 기한의 이익을 상실하고, 연대하여 신청인에게 잔액을 일시에 지급하되, 잔액에 대한 기한이익상실의 다음날부터 다 갚는 날까지 연 12%의 비율에 의한 지연손해금을 가산하여 지급한다.
5. 신청인의 나머지 청구는 포기한다.
6. 조정비용은 각자 부담한다.

제3절 건설관계 사건

1. 사건의 유형과 특성

가. 건설관계사건의 유형

건설관계사건은 도급인과 수급인 사이의 공사계약에 기한 사건, 공사계약과 무관하게 발생하는 사건으로 분류될 수 있다.

공사계약에 사건은 ① 수급인이 도급인을 상대로 하는 공사대금청구 사건, ② 도급인이 수급인을 상대로 담보책임을 추궁하는 하자보수청구사건, ③ 손해배상청구사건이 주를 이루고, 그 이외에도 ④ 건물의 설계 또는 감리에 관여한 건축사의 설계 또는 감리상의 과실에 대하여 손해배상책임을 묻는 사건, ⑤ 집합건물의 분양자 또는 시공자에 대하여 건물의 하자담보책임을 추궁하는 사건 등이 있다.

공사계약과 무관하게 발생하는 사건은 ① 공사 도중 발생하는 수급인 등의 불법행위에 대한 제3자의 손해배상청구사건, ② 공사금지가처분사건, ③ 이에 대응하는 수급인 측의 공사방해금지가처분사건으로 나뉘어진다.

나. 조정조항의 유형

(1) 전형적인 예

(가) 금전청산형

① 원고가 수급인, 피고가 도급인인 공사대금청구사건에서 공사하자의 주장이 피고에 의하여 제기된 경우

1. 피고는 원고에게 이 사건 공사대금으로 금 ○○○원의 지급의무가 있음을 인정한다.
2. 원고는 피고에 대하여 이 사건 공사의 하자보수에 갈음하는 손해배상으로 금 ○○○원의 지급의무가 있음을 인정한다.
3. 원고와 피고는 제1항과 제2항의 채무를 대등액에서 상계한다.
4. 피고는 원고에 대하여 제2항의 금원 중 전항의 상계에 의하여 공제되고 남은 금 ○○○원을 20 . . .까지 원고에게 지참 혹은 송금하여 지급한다.
5. 피고가 제4항 기재 일시까지 제4항의 금원을 지급하지 아니하는 경우에는 그 금원에 대하여 20 . . .부터 다 갚을 때까지 연 12%의 비율에 의한 지연손해금을 가산하여 원고에게 지급한다.
6. 원고의 나머지 청구를 포기한다.(이 조항의 전제로서 피고의 하자보수청구권, 손해배상청구권 등의 포기 조항을 넣는 것도 생각되어질 수 있다)
7. 소송비용과 조정비용은 각자 부담한다.

위 조정조항 제2항에 관련하여 볼 때, 하자내용을 특정하고, 하자내용에 관하여 확인을 하는 경우도 있고, 도급인으로 하여금 이해할 수 있도록 하기 위해 하자목록 등을 작성하여 첨부하는 것도 있지만, 건설공사에 관한 사건에서 하자내용은 여러 가지이므로, 금전청산의 방법에 의한 해결의 경우 하자내용에 관하여는 확인을 하고 조정조항에 기재하는 경우는 적다.

(나) 하자보수형

① 원고가 일정한 보수공사를 하기로 합의하여 조정을 성립시키는 경우

1. 피고는 원고에 대하여 이 사건 공사 잔대금으로 금 ○○○원의 지급의무가 있음을 인정한다.
2. 원고는 이 사건 공사에 관하여 별지 하자목록 기재와 같은 하자가 있음을 인정한다.
3. 원고는 피고에 대하여 전항의 하자부분에 관하여 별지도면, 견적서, 시방서, 공정표에 따른 보수공사를 20 . . .까지 완성한다.
4. 원고와 피고는 전항의 하자보수공사시 입회할 입회인을 각 1명 지정하고, 쌍방의 입회인이 확인하여 전항의 공사를 진행하기로 하며, 이러한 방법으로 공사를 진행하여 각 입회인이 보수공사가 종료되었다고 확인하는 시점에서 보수공사가 종료된 것으로 할 것을 확인한다. 만약 일방의 입회인이 입회하지 아니한 때는 상대방의 입회인에게, 쌍방이 입회하지 아니한 때에는 원고에게, 위 확인권을 일임한 것으로 한다.
5. 피고는 원고에 대하여, 원고가 제4항의 보수공사를 종료한 때에 그 종료일 다음날부터 1

주일 이내에 제1항의 금원을 원고에게 지참 또는 송금하여 지급한다.
6. 피고가 제5항 기재 일시까지 제5항의 금원을 지급하지 아니하는 경우에는 그 금원에 대하여 지급의무일 다음날부터 다 갚을 때까지 연 12%의 비율에 의한 지연손해금을 가산하여 원고에게 지급한다.

(다) 대물변제형

1. 피고는 원고에게 공사대금 ○○○원을 지급할 채무가 있음을 확인한다.
2. 원고는 피고로부터 별지 목록 기재 부동산을 대금 ○○○원에 매수하고 피고는 이를 매도한다.
3. 원·피고 쌍방은 제1항과 제2항의 금원 채무를 대등액에서 상계한다.
4. 피고는 원고에게 별지 목록 기재 부동산에 관하여 20 . . .자 매매(혹은 대물변제)를 원인으로 한 소유권이전등기절차를 이행한다.
5. 피고는 원고에 대하여 제2항의 금원 중 제3항의 상계에 의하여 공제되고 남은 금 ○○○원을 20 . . .까지 원고에게 지참 혹은 송금하여 지급한다.
6. 피고가 제5항 기재 일시까지 위 금원을 지급하지 아니하는 경우에는 제5항 기재 금 ○○○원에 대하여 20 . . .부터 다 갚을 때까지 연 12%의 비율에 의한 지연손해금을 가산하여 원고에게 지급한다.

(이하 생략)

(라) 별개공사를 도급주기로 하는 형

1. 피고는 원고에게 공사대금 ○○○원을 지급할 채무가 있음을 확인한다.
2. 피고는 20 . . .까지 피고가 발주하는 각 공사대금 10억원 이상의 공사 3건을 원고에게 도급주기로 한다.
3. 피고가 제2항의 공사 3건을 원고에게 도급주면, 원고는 제1항 공사대금채권을 전부 포기한다.
4. 피고가 20 . . .까지 공사 3건을 도급주기 아니한 경우에는 도급 주지 아니한 공사 건수에 1건당 금 ○○○원을 곱하는 방식으로 계산한 공사대금을 20 . . .까지 원고에게 지급한다.
5. 피고가 제4항에 기재 일시까지 위 금원을 지급하지 아니하는 경우에는 제4항에 따라 인정되는 공사대금에 대하여 20 . . .부터 다 갚을때까지 연 12%의 비율에 의한 지연손해금을 가산하여 원고에게 지급한다.

(마) 청산조항의 예

1. 원고와 피고 사이에 이 조정조항에서 정한 이외에는 더 이상 권리의무관계가 존재하지 아니함을 확인한다.
2. 피고는 원고에 대하여 향후 이 사건 주택건축공사로 인한 하자보수 등 일체의 이의를 제기하지 아니한다.

(바) 공사대금 사건

공사대금청구사건에서 미완성부분이 존재하거나 하자가 인정되는 경우에는 이것을 어떻게 처리할 것인가가 문제된다.

① 상계조항에 의한 경우

1. 피고는 원고에 대하여 '이 사건 도급계약'에 기한 미지급 공사대금 1억원의 지급채무가 있음을 확인한다.
2. 원고는 피고에 대하여 '이 사건 도급공사'에 의한 하자의 보수에 갈음하는 손해배상으로 5천만원의 지급채무가 있음을 확인한다.
3. 원고와 피고는 금일 제1항과 제2항의 채무를 대등액에서 상계한다.
4. 피고는 원고에게 제1항의 채무 중 제3항에 의한 상계 후의 잔액 금 5천만원을 2024. 12. 12.까지 원고 소송대리인의 은행계좌 ○은행 ○○지점 계좌번호:)에 송금하여 지급한다.
5. 원고의 나머지 청구는 포기한다.
6. 원고와 피고는 양자 사이에서 '이 사건 도급계약'에 관하여 위 각 조항에서 정한 것 이외에는 아무런 채권채무가 존재하지 아니함을 확인한다.

② 공사를 하는 경우

1. 피고는 원고에 대하여 '이 사건 도급공사대금 잔액 금 1억원의 지급채무가 있음을 확인한다.
2. 원고는 피고에 대하여 '이 사건 도급공사' 중 다음 각 부분에 하자가 존재함을 확인한다.
   가. (생략)
3. 원고는 피고에 대하여 2024. ○. ○.까지 제2항의 하자부분에 관하여 별지 도면(시방서)에 따라 보수공사를 한다.
4. 원고와 피고는 각기 지정하는 자를 입회인으로 하여 쌍방의 입회인이 확인하여 제2항의 공사를 시공하기로 하며, 이에 따라 공사를 진행하여 종료한 시점을 보수공사의 종료시

로 할 것을 확인한다. 또한 일방의 입회인이 입회하지 아니한 때에는 타방의 입회인에게, 쌍방의 입회인이 입회하지 아니한 때에는 피고에게 각각 위 확인을 일임하기로 한다.
5. 피고는 원고가 제3항의 보수공사를 종료한 때에는 그 종료일 다음 날부터 1주일 안에 제1항의 금원을 원고에게 지참 또는 송금하여 지급한다.
6. 원고와 피고는 제2항 기재의 하자 이외의 '이 사건 공사도급계약에 기한 하자에 대하여는 '이 사건 공사도급계약'의 각 조항에 정해진 보증기간에 따라 처리할 것을 확인한다.
7. 원고와 피고는 위 보증기간의 시기(始期)가 2024. ○. ○. 임을 확인한다.

주) 대법원 1989. 7. 11. 선고 88다카18597 판결은, "판결의 주문은 그 내용이 특정되어야 하고 또 그 주문 자체에서 특정할 수 있어야 하는 것인바, 이 사건 판결의 주문에서 원고에게 하자보수공사를 명하면서 그 하자의 내역으로 '별지 (2) 건물 지하층, 다방 방부분 누수, 별지 (3) 건물지하실 누수, 별지 (3) 건물 2층 화장실 및 체육관의 천정이 처지고 화장실의 천장 누수'라고 표시한 것은 하자의 범위와 정도가 특정되었다고 볼 수 없고 또 하자보수의 완성 여부에 대하여도 객관적으로 명백한 기준이 없다.

③ 상계조항

1. 피고는 원고에 대하여, 원고와 피고 사이에 2023. 2. 17. 체결된 ○○공사(내지 원고가 2019. 2. 17. 피고로부터 도급받은 ○○공사) 도급계약에 기한 미지급 공사대금 1억 원의 지급채무가 있음을 확인한다.
2. 원고는 피고에 대하여 제1항 기재 도급공사에 의한 하자의 보수에 갈음하는 손해배상으로 5천만 원의 지급채무가 있음을 확인한다.
3. 원고와 피고는 금일 제1항과 제2항의 채무를 대등액에서 상계한다.
4. 피고는 원고에게 제1항의 채무 중 제3항에 의한 상계 후의 잔액 5천만 원을 2024. 12. 12.까지 원고 소송대리인의 은행계좌(○○은행 ○○지점 계좌번호 :)에 송금하여 지급한다.
5. 피고는 원고에 대하여 향후 제1항 기재 도급공사로 인한 하자보수 등에 관하여 일체 이의를 제기하지 아니한다.
6. 피고는 원고에 대하여 제1항 기재 도급공사에 관하여 재판상·재판외의 청구, 고소, 고발, 민원제기 기타 어떠한 명목이나 형태의 이의제기를 하지 아니한다.
7. 원고는 나머지 청구를 포기한다.
8. 원고와 피고는 양자 사이에서 제1항 기재 도급계약에 관하여 위 각 조항에서 정한 것 이외에는 아무런 채권채무가 존재하지 아니함을 확인한다.

④ 공사를 하는 경우

1. 피고는 원고에 대하여 원고와 피고 사이에 2023. 2. 17. 체결된 ○○공사에 관한 도급계

약과 관련하여 잔대금 1억 원의 지급채무가 있음을 확인한다.
2. 원고는 피고에 대하여 제1항 기재 도급공사 중 다음 각 부분에 하자가 존재함을 확인한다. 가. (생략)
3. 원고는 피고에 대하여 2024. ○. ○.까지 제2항의 하자부분에 관하여 별지 도면(시방서)에 따라 보수공사를 한다.
4. 원고와 피고는 각기 지정하는 자를 입회인으로 하여 쌍방의 입회인이 확인하여 제2항의 공사를 시공하기로 하며, 이에 따라 공사를 진행하여 종료한 시점을 보수공사의 종료 시로 할 것을 확인한다. 또한 일방의 입회인이 입회하지 아니한 때에는 타방의 입회인에게, 쌍방의 입회인이 입회하지 아니한 때에는 피고에게 각각 위 확인을 일임하기로 한다.
5. 피고는 원고가 제3항의 보수공사를 종료한 때에는 그 종료일 다음 날부터 1주일 안에 제1항의 금원을 원고에게 지참 또는 송금하여 지급한다.
6. 원고와 피고는 제2항 기재의 하자 이외의 '이 사건 도급계약'에 기한 하자에 대하여는 제1항 기재 도급계약의 각 조항에 정해진 보증기간에 따라 처리할 것을 확인한다. 7. 원고와 피고는 위 보증기간의 시기(始期)가 2024. ○. ○. 임을 확인한다.

---

1. 원고는 2023. 12. 31.까지 별지 목록 기재 주택의 "폴딩도어"가 정상적으로 작동되게 하여야 하며, 1년 동안 무상으로 수리한다.
2: 가. 원고는 제1항의 의무를 이행한 직후 피고의 확인을 받아야 하며, 피고는 위 확인 즉시 원고에게 800만 원을 지급한다.
   나. 만일 피고가 정당한 이유 없이 확인을 하지 아니할 경우에는 피고는 원고가 확인을 요청한 다음 날 원고에게 800만 원을 지급한다.
   다. 피고가 정당한 이유 없이 확인을 하지 아니하거나, 확인을 하고도 원고에게 800만 원을 지급하지 않을 경우, 위 800만 원에 대하여 원고가 확인을 요청한 다음 날 또는 피고가 확인을 한 다음 날부터 다 갚는 날까지 연 12%의 비율로 계산한 지연이자를 가산하여 지급한다.

제4절 건물철거 및 퇴거청구 사건

1. 사건의 유형과 특성

가. 사건의 유형

건물철거 및 퇴거청구사건은 토지소유자가 그 소유 토지상의 건물소유자에 대한 건물철거 및 그 건물의 점유자에 대한 퇴거를 구하는 소송으로서 토지소유권에 기한 방해배제청구 외에 사용계약기간의 만료, 계약의 무효, 취소, 해제 기타 지상권, 임차권 등 토지이용권의 소멸을 원인으로 하는 청구 등이 있다. 또한 위 각 청구에 부수하여 부당이득반환청구 또는 불법행위를 원인으로 하는 손해배상청구 등이 있을 수 있다.

나. 조정안의 유형

(1) 건물철거·토지인도사건의 조정조항

건물철거는 토지인도방법에 불과하지만 집행과의 관계에서 반드시 필요하다.

(가) 확인·유예조항

> ① 해제의 태양이 합의해지인 경우
> 원고와 피고는 양자 사이의 별지 목록 기재 부동산(이하 "이 사건 토지"라 한다)에 관한 임대차계약을 금일(2024. 1. 4.자로) 합의해지 하고, 원고는 피고에 대하여 이 사건 토지의 인도를 2024. 10. 4.까지 유예한다.
> ② 해제의 태양이 차임 미지급 해지인 경우
> 원고와 피고는 양자 사이의 별지 목록 기재 부동산(이하 "이 사건 토지"라 한다)에 관한 임대차계약이 2023. 10. 4. 차임 2기분 이상의 연체로 인하여 해지되었음을 확인하고, 원고는 피고에 대하여 이 사건 토지의 인도를 2024. 10. 4.까지 유예한다.

(나) 토지인도조항

> ① 단순인도형
> 피고는 원고에게 2024. 10. 4.까지(또는 제1항의 기일까지) 별지 목록 기재 건물(이하 "이 사건 건물"이라 한다)을 철거하고 이 사건 토지를 인도한다.
> ② 보증금과 상환이행의 경우
> 피고는 원고에게 제1항의 기일까지 원고로부터 보증금 20,000,000 원의 지급을 받음과 동시에 별지 목록 기재 건물(이하 "이 사건 건물"이라 한다)을 철거하고 이 사건 토지를 인도한다.

(다) 미지급 차임처리조항

① 면제하는 경우
원고는 피고에 대하여 2023. 7. 5.부터 2023. 9. 4.까지의 '이 사건 토지'에 관한 미지급 차임 지급의무를 면제한다.

② 지급하기로 약정한 경우
피고는 원고에 대하여 2023. 7. 5.부터 2023. 9. 4.까지의 '이 사건 건물'에 관한 미지급 차임 금 ○원의 지급채무가 있음을 확인하고, 이를 2024. 5. 30.까지 원고에게 지급한다.

(라) 차임 상당 부당이득금 처리조항

① 원고는 피고에 대하여 2023. 10. 5.부터 제1항의 인도유예기한까지의 차임상당 부당이득금의 지급의무를 면제한다.
② 피고는 원고에게 2023. 10. 5.부터 '이 사건 토지' 인도 완료일까지 매월 말일에 당월분 차임 상당 부당이득금으로 월 1,000,000원씩을 지급한다.

(마) 해태약관

① 피고가 위 차임 상당 부당이득금의 지급을 게을리한 때에는 피고는 제1항의 인도기한의 이익을 상실하고 즉시 '이 사건 토지'를 인도한다.
② 피고가 '이 사건 토지'의 인도를 지체한 때에는 피고는 원고에게 지체일의 다음날부터 명도완료일까지 1일 100,000원의 비율에 의한 손해금을 지급한다.

(바) 보증금반환조항

① 선이행의 경우
원고는 피고로부터 '이 사건 토지'를 인도받은 후에 바로 피고에게 보증금 1억원을 지급한다.
② 동시이행의 경우
원고는 피고로부터 '이 사건 토지'를 인도받음과 동시에 피고에게 보증금 1억원을 지급한다.

(사) 건물멸실등기조항

피고는 원고에게 별지 목록 기재 건물의 철거가 완료된 후 바로 위 건물에 관하여 멸실등기절차를 이행한다. 위 등기절차비용은 피고가 부담하기로 한다.

1) 확인·유예조항

① 해제의 태양이 합의해지인 경우

> 원고와 피고는 양자 사이의 별지 목록 기재 부동산(이하 "이 사건 토지/건물"라 한다)에 관한 임대차계약을 금일(2023. 1. 4.자로) 합의해지하고, 원고는 피고에 대하여 이 사건 토지의 인도를 2023. 10. 4.까지 유예한다.

② 해제의 태양이 차임 미지급 해지인 경우

> 원고와 피고는 양자 사이의 별지 목록 기재 부동산(이하 "이 사건 토지/건물"이라 한다)에 관한 임대차계약이 2023. 10. 4. 차임 2기분 이상의 연체로 인하여 해지되었음을 확인하고, 원고는 피고에 대하여 이 사건 토지의 인도를 2023. 10. 4.까지 유예한다.

2) 토지·건물인도조항

① 단순인도형

> 피고는 2023. 10. 4.까지 또는 제1항의 기일까지 원고에게 별지 목록 제2항 기재 건물을 철거하고, 이 사건 토지를 인도한다.

> 피고는 2023. 10. 4.까지[또는 제1항의 기일까지] 원고에게 별지 목록 제2항 기재 이 사건 건물을 (원상복구하여) 인도한다.

② 보증금과 상환이행의 경우

> 피고는 제1항의 기일까지 원고로부터 보증금 20,000,000원을 지급받음과 동시에 원고에게 (별지 목록 제2항 기재 건물을 철거하고) 이 사건 토지/건물을 인도한다.

3) 미지급 차임처리조항

① 면제하는 경우

> 원고는 피고에 대하여 2023. 10. 5.부터 제1항의 인도유예기한까지의 차임 상당 부당이득금의 지급의무를 면제한다.

② 지급하기로 약정한 경우

피고는 원고에게 이 사건 토지/건물에 관한 2023. 1. 5.부터 2020. 3. 4.까지의 미지급 차임 500만 원을 2023. 10. 31.까지 지급한다.

4) 차임 상당 부당이득금 처리조항

① 면제하는 경우

원고는 피고에 대하여 2023. 10. 5.부터 제1항의 인도유예기한까지의 차임 상당 부당이득금의 지급 의무를 면제한다.

② 지급하기로 약정한 경우

피고는 원고에게 2023. 10. 5.부터 이 사건 토지/건물 인도완료일까지 매월 말일에 당월분 차임 상당 부당이득금으로 1,000,000원씩 지급한다.

③ 해태약관

1. 피고가 위 차임 상당 부당이득금의 지급을 지체한 때에는 피고는 제1항의 인도기한의 이익을 상실하고 즉시 이 사건 토지/건물을 인도한다.
2. 피고가 이 사건 토지/건물의 인도를 지체한 때에는 피고는 원고에게 지체일 다음 날부터 인도완료일까지 1일 100,000원의 비율로 계산한 손해금을 지급한다.

5) 보증금반환조항

① 선이행의 경우

원고는 피고로부터 이 사건 토지/건물을 인도받는 즉시 피고에게 보증금 1억 원을 지급한다.

② 동시이행의 경우

원고는 피고로부터 이 사건 토지/건물을 인도받음과 동시에 피고에게 보증금 1억 원을 지급한다.

6) 토지인도사건 - 건물멸실등기조항

> 피고는 원고에게 별지 목록 제2항 기재 건물의 철거가 완료되는 즉시 위 건물에 관하여 멸실등기절차를 이행한다. 위 등기절차비용은 피고가 부담한다.

※ 건물이 멸실된 경우 1개월 이내에 멸실등기를 신청해야 함(부동산등기법 43조), 지체시 과태료 부과

(2) 건물명도사건의 조정조항

(가) 확인·유예조항

> ① 해제의 태양이 합의해지인 경우
> 원고와 피고는 양자 사이의 별지 목록 기재 부동산(이하 "이 사건 건물"이라 한다)에 관한 임대차계약을 금일 합의해지하고, 원고는 피고에 대하여 이 사건 건물의 명도를 2024. 10. 4.까지 유예한다.
> ② 해제의 태양이 차임 미지급 해제인 경우
> 원고와 피고는 양자 사이의 별지 목록 기재 부동산(이하 "이 사건 건물"이라 한다)에 관한 임대차계약이 2023. 10. 4. 차임 2기분 이상의 연체로 인하여 해지되었음을 확인하고, 원고는 피고에 대하여 이 사건 건물의 명도를 2024. 10. 4.까지 유예한다.

(나) 명도조항

> ① 단순명도형
> 피고는 원고에게 2024. 10. 4.까지(또는 제1항의 기일까지)'이 사건 건물을 명도한다.
> ② 보증금과 상환이행의 경우
> 피고는 원고에게 제1항의 기일까지 원고로부터 보증금 20,000,000원의 지급을 받음과 동시에 '이 사건 건물'을 명도한다.

(다) 미지급차임처리조항

> ① 면제하는 경우
> 원고는 피고에 대하여 2023. 7. 5.부터 2023. 9. 4.까지의 '이 사건 건물'에 관한 미지급 차임 지급의무를 면제한다.
> ② 지급하기로 약정한 경우
> 피고는 원고에 대하여 2023. 7. 5.부터 2023. 9. 4.까지의 '이 사건 건물'에 관한 미지급

차임 ○원의 지급의무가 있음을 확인하고, 이를 2024. 5. 30.까지 원고에게 지급한다.

(라) 차임 상당 부당이득금 처리조항

① 원고는 피고에 대하여 2023. 10. 5. 부터 제1항의 명도유예기한까지의 차임 상당 부당이득금의 지급의무를 면제한다.
② 피고는 원고에게 2023. 10. 5.부터 '이 사건 건물' 명도 완료일까지 매월 말일에 당월분 차임 상당 부당이득금으로 월 1,000,000원씩을 지급한다.

(마) 해태약관

① 피고가 위 차임 상당 부당이득금의 지급을 게을리한 때에는 피고는 제1항의 명도기한의 이익을 상실하고 즉시 '이 사건 건물'을 명도한다.
② 피고가 '이 사건 건물'의 명도를 지체한 때에는 피고는 원고에게 지 체일의 다음날부터 명도완료일까지 1일 100,000원의 비율에 의한 손해금을 지급한다.

(바) 보증금반환조항

① 선이행의 경우
원고는 피고로부터 '이 사건 건물'을 명도받은 후 바로 피고에게 보증금 1억원을 지급한다.
② 동시이행의 경우
원고는 피고로부터 '이 사건 건물'을 명도받음과 동시에 피고에게 보증금 1억원을 지급한다.

(사) 건물인도 사건 남은 건물 포기조항

피고가 '이 사건 건물'을 명도한 후에 '이 사건 건물' 내에 남겨둔 물건에 관하여는 피고가 그 소유권을 포기한 것으로 보고 피고는 원고가 이를 처분하는 것에 대하여 이의가 없다.

피고가 '이 사건 건물'을 인도한 후에 '이 사건 건물' 내에 남겨둔 물건에 관하여는 피고가 그 소유권을 포기한 것으로 보고 피고는 원고가 이를 처분하는 것에 대하여 이의를 제기하지 아니한다.

2. 통행권확인사건의 조정조항

법률상의 통행권이 인정되는 경우도 있지만, 당사자는 계약자유의 원칙에 따라 자유롭게 통행권을 설정. 확인할 수 있다.

[작성례]

① 기존의 통행권을 확인하는 경우
1. 피고는 원고에 대하여 원고 소유 별지 제1목록 기재 토지를 위하여 피고 소유 별지 제2 목록 기재 토지 중 별지 도면 표시 …의 각 점을 차례로 연결한 선내 ㉮ 부분에 관하여 원고가 주위 토지통행권을 가지고 있음을 확인한다.
   주) 「……확인하고, 그 통행을 방해하지 아니한다」로 할 수도 있다.
2. 원고는 피고에게 제1항의 대가로 매년 1,000,000원을 지급할 의무가 있음을 확인하고, 이를 매년 12. 31.까지 당해 연도분을 피고에게 지참(또는 송금)하여 지급한다.
3. 원고와 피고는 앞으로 이웃으로서 상호 원만하게 살아가기로 노력하고 서로 상대방을 중상. 비방하는 언동을 하지 아니할 것을 굳게 약속한다.

② 통행권을 새로이 설정하는 경우
1. 원고와 피고는 금일 원고 소유 별지 제1 목록 기재 토지를 요역지로 하고 피고 소유 별지 제2 목록 기재 토지를 승역지로 하여 다음과 같은 내용의 통행지역권을 설정한다.
   가. 목적: 통행
   나. 기간: 30년
   다. 대가: 연 1,000,000원
   라. 지급방법: 매년 1월말까지 당해 연도분을 피고에게 지참(송금)하여 지급
2. 피고는 원고에게 2024. 10. 1.까지 별지 제2 목록 기재 토지에 관하여 제1항 기재의 지역권설정을 원인으로 한 지역권설정등기절차를 이행한다. 다만, 등기절차비용은 원고가 부담하기로 한다.

① 기존의 통행권을 확인하는 경우

1. 피고는 원고에 대하여 원고 소유 별지 제1 목록 기재 토지를 위하여 피고 소유 별지 제2 목록 기재 토지 중 별지 도면 표시의 각 점을 차례로 연결한 선내 ㉮ 부분에 관하여 원고가 주위토지통행권을 가지고 있음을 확인한다.
2. 원고는 피고에게 제1항의 대가로 매년 100만 원을 지급할 의무가 있음을 확인하고, 이를 매년 12. 31.까지 당해 연도분을 피고에게 지참(또는 송금)하여 지급한다.
3. 원고와 피고는 앞으로 이웃으로서 상호 원만하게 살아가기로 노력하고 서로 상대방을 중상. 비방하는 언동을 하지 아니할 것을 굳게 약속한다.

② 통행권을 새로이 설정하는 경우

> 1. 원고와 피고는 금일 원고 소유 별지 제1 목록 기재 토지를 요역지로 하고 피고 소유 별지 제2 목록 기재 토지를 승역지로 하여 다음과 같은 내용의 통행지역권을 설정한다.
>   가. 목적: 통행
>   나. 기간: 30년
>   다. 대가: 연 100만 원
>   라. 지급방법 : 매년 1월말까지 당해 연도분을 피고에게 지참(송금)하여 지급
> 2. 피고는 원고에게 2023. 12. 31.까지 별지 제2 목록 기재 토지에 관하여 제1항 기재의 지역권설정을 원인으로 한 지역권설정등기절차를 이행한다. 다만, 등기절차비용은 원고가 부담하기로 한다.

제5절 경계확정 사건

1. 경계확정사건의 조정조항

경계확정소송의 성질에 대해서는 다툼이 있지만 통설·판례는 형식적 형성소송으로 보고 있다. 이는 인접하는 토지의 공법상의 경계를 정하는 것으로 본질적으로는 비송사건이다.

> 1. 원고와 피고는 별지 도면 표시 ……의 각 점을 차례로 연결한 선내 토지가 원고의 소유이고, 같은 도면 표시 ……의 각 점을 차례로 연결한 선내 토지가 피고의 소유임을 서로 확인한다.
> 2. 원고는 이 사건 소를 취하하고, 피고는 이에 동의한다(원고와 피고는 이 사건 소송절차를 종료시킬 것을 합의한다.

※ 소유권확인소송으로 소 변경이 이루어지지 않은 경우

> 1. 원고와 피고는 별지 도면 표시 ······의 각 점을 차례로 연결한 선내 토지가 원고의 소유이고, 같은 도면 표시의 각 점을 차례로 연결한 선내 토지가 피고의 소유임을 서로 확인한다.
> 2. 원고는 이 사건 소를 취하하고, 피고는 이에 동의한다.

2. 가처분 사건에서의 유의사항

건설관계사건 중에서 가처분 사건은 공사와 관련하여 발생한 금전적 청구권을 둘러싼 소송

이 아니라, 건설공사 도중에 그 공사를 중지시키거나, 공사를 발생하는 행위를 금지시키려는 목적에서 행하여지는 소송이라는 점에서 다른 공사대금 사건 유형과는 차이가 있다.

제6절 근로관계 사건

1. 사건의 유형

가. 해고 사건

근로자가 통상해고, 징계해고, 경영상 이유에 의한 해고 등의 해고처분을 당하였을 때 해고무효확인을 구하거나 근로자 지위확인을 구하는 것이 가장 전형적인 경우이다.

소송상의 쟁점으로는, 해고처분이 근로기준법 제30조 소정의 정당한 이유 또는 같은 법 제31조 소정의 요건을 갖추고 있는지 여부, 노동조합 및 노동관계조정법 제81조 소정의 부당노동행위에 해당하는지 여부 등이 문제된다.

따라서 해고의 사유 또는 절차에 정당성이 있는지 여부가 주된 심리대상이 된다.

근로자가 해고무효확인이나 근로자지위확인을 구하면서 해고처분 이후 복지시까지의 임금지급청구를 병합하는 것이 일반적이다.

한편, 해고처분을 당한 근로자는 사용자를 상대방으로 하여 처음부터 곧바로 해고무효확인이나 근로자 지위확인을 구하는 민사소송을 제기할 수도 있으나, 근로기준법 제33조의 규정에 따라 노동위원회에 부당해고구제신청을 하거나 노동조합및노동관계조정법 제82조의 규정에 따라 부당노동행위 구제신청을 하는 등 행정상의 구제절차를 거쳐 행정소송을 제기하여 양 절차가 병행할 수도 있고, 이러한 행정상의 구제절차 등을 마친 후에 비로소 민사소송을 제기할 수도 있다.

나. 전직·전적 사건

근로자가 전보·전근 등의 전직(轉職)처분이나 전적(轉籍)처분을 당하였을 때 민사소송을 통하여 그 처분 자체의 무효확인을 구하는 경우이다.

전직·전적처분의 무효확인을 구하는 민사소송에서도 해고사건과 마찬가지로 근로기준법 제30조 소정의 정당한 이유가 있는지 여부 또는 노동조합및노동관계조정법 제81조 소정의 부당노동행위에 해당하는지 여부가 쟁점이 되고, 그 사유 또는 절차의 정당성 여부가 문제된다.

다. 임금·퇴직금 사건

근로자가 사용자를 상대방으로 하여 근로계약관계에 기한 임금 또는 퇴직금의 지급을 구하는 경우이다.

라. 손해배상 사건

산업재해를 당한 근로자가 사용자를 상대방으로 하여 불법행위를 원인으로 한 손해배상을 청구하거나, 쟁의행위로 인하여 조업을 중단한 사용자가 노동조합이나 쟁의행위에 참가한 근로자들을 상대방으로 하여 그 쟁의행위가 정당성이 없다고 주장하여 불법행위를 원인으로 한 손해배상을 청구하는 경우이다.

마. 노동조합 사건

노동조합의 조직 및 운영과 고나련하여 노동조합 내부에서 발생한 분쟁의 해결을 위하여, 조합원제명무효확인·조합원총회(또는 대의원대회) 결의무효확인·조합장선거무효확인 등을 구하는 소송을 대표적으로 들 수 있다.

또한 노동조합의 조직 및 활동에 대한 불이익 취급 등 사용자의 행위가 노동조합및노동관계조정법 제81조에 정한 부당노동행위에 해당한다고 주장하여 노동조합이나 근로자가 같은 법 제82조의 규정에 따라 부당노동행위구제신청을 하고 그에 따른 행정상의 구제절차를 거쳐 행정소송을 제기할 수 있다.

바. 노동가처분 사건

본안소송의 대상이 된 권리관계에 대한 본안판결 확정시까지 임시로 그 법률상의 지위 또는 권리관계를 정하는 가처분의 신청이 있을 수 있다.

2. 조정의 진행방법

가. 조정의 시기

제1심 법원에서 조정을 시도할 시기를 소송절차의 진행단계의 시간적 순서에 따라 구분하여 본다면, ① 피고의 답변서가 제출된 시점, ② 당사자의 주장 정리 후 증인신문 전의 시점, ③ 중요한 증인에 대한 신문을 마친 후의 시점, ④ 증거조사를 종료한 시점 등 4가지 경우를 생각할 수 있다.

피고의 답변서가 제출된 시점에서 조정을 시도하는 것은, 사안이 단순하고 소장과 답변서에 의하여 쟁점이 명확히 밝혀진 경우나, 당사자 쌍방 또는 일방으로부터 조정에 회부하여 줄 것을 바라는 신청이 있는 경우 등이 있을 수 있다.

3. 조정안의 유형

가. 해고 사건

해고사건에 대한 조정안의 기본적인 방향은, 복직 등에 의하여 근로관계의 존속을 유지시킬 것인가, 아니면 퇴직 등에 의하여 근로관계를 해소시킬 것인가 중의 하나가 된다.

[조정안의 예시] 해고철회 후 복직

1. 피고는 2023. 2. 10. 원고에 대하여 한 해고의 의사표시를 철회한다.(또는, 「피고는 원고에 대하여 피고가 2023. 2. 10. 원고에 대하여 한 해고의 의사표시가 무효임을 확인한다」, 「피고는 원고에 대하여 원고가 피고와 사이의 근로계약상 근로자로서의 지위를 갖고 있음을 확인한다」, 「피고는 원고에 대하여 원고와 피고 사이에 근로계약관계가 존재함을 확인한다」 등의 문례도 가능할 것이다)
2. 피고는 원고에게 2023. 2. 10.부터 같은 해 6. 30.까지의 별지 일람표(생략) 기재 임금액(상여금 포함) 하계 3,650,000원에서 별지 일람표 기재 사회보험료(국민연금 - 국민건강보험 - 고용보험) 및 소득세 등 합계 670,000원을 공제한 나머지 2,980,000원을 2023. 7. 20.까지 지급한다.
만약 피고가 위 기일까지 위 금원을 지급하지 아니한 때에는 2023. 7. 21.부터 다 갚을 때까지 연 12%의 비율에 의한 지연손해금을 가산하여 지급한다.
3. 피고는 원고에 대하여 이 사건 소송을 이유로 하여 장래 불이익취급을 하지 아니한다.
4. 원고는 2023. 7. 1.부터 피고 회사 생산부 조립라인의 9급 5호봉의 직급에 복직하여 계속 근무하기로 한다.
5. 원고는 나머지 청구를 포기한다.
6. 원고와 피고는 양자 사이에 이 사건에 관하여 위 각 조항에 정한 것 이외에는 어떠한 채권채무도 존재하지 아니함을 서로 확인한다.
원고는 중앙노동위원회 2023부해○○○호 부당해고구제 재심신청 사건의 부당해고구제신청을 취하한다(또는, 「원고는 서울행정법원 2023구○○○호로서 중앙노동위우너회 위원장을 상대로 하여 제기한 부당해고구제재심판정취소의 소를 취하한다」).
7. 소송비용 및 조정비용은 각자 부담한다.

[조정안의 예시] 퇴직 후 재고용 형식으로 복직

1. 원고와 피고는 원·피고 사이에 1998. 3. 1. 체결한 근로계약이 2023. 6. 30. 합의해지로 인하여 종료되었음을 확인한다.
2. 피고는 원고에게 2023. 2. 10.부터 같은 해 6. 30.까지의 별지 일람표(생략) 기재 임금액(상여금 포함) 합계 3,650,000원 중 2,500,000원을 지급할 의무가 있음을 확인하되, 여기에서 별지 일람표 기재 사회보험료(국민연금·국민건강보험·고용보험) 및 소득세 등 합계 670,000원을 공제한 나머지 1,830,000원을 2023. 7. 20.까지 지급한다.
  만약, 피고가 위 기일까지 위 금원을 지급하지 아니한 때에는 2023. 7. 21.부터 다 갚을 때까지 연 12%의 비율에 의한 지연손해금을 가산하여 지급한다.
3. 원고와 피고는 2023. 7. 1. 다음과 같은 내용의, 기간의 정함이 없는 근로계약을 체결하기로 한다.
   가. 입사일 : 2023. 7. 1.
   나. 직급 및 직책 : 피고 회사 사무직 대리
   다. 급여 : 피고회사 급여규정상 5급 3호봉
   라. 상여금 : 2023년도의 상여금은 피고 회사 급여규정상 지급액의 50%로 하고, 그 후의 상여금은 피고 회사 급여규정상 지급액에 따른다.
   마. 근속기간의 산정 : 피고 회사의 인사규정상 승급·승진의 기준이 되는 근속기간, 피고 회사 퇴직급여규정상 퇴직금 산정의 기초가 되는 근속기간 및 피고 회사 취업규칙상 연차유급휴가일수 산정의 기초가 되는 근속기간을 산정함에 있어서는 1998. 3. 1. (최초입사일)을 그 기산일로 한다.
   바. 기타 근로조건 : 피고회사의 취업규칙이 정한 바에 의한다.
4. 원고는 나머지 청구를 포기한다.
5. 원고와 피고는 양자 사이에 이 사건에 고나하여 위 각 조항에 정한 것 이외에는 어떠한 채권채무도 존재하지 아니함을 서로 확인한다.
  원고는 중앙노동위원회 2023부해○○○호 부당해고구제 재심신청 사건의 부당해고구제신청을 취하한다(또는, 「원고는 서울행정법원 2023구○○○호로서 중앙노동위원회 위원장을 상대로 하여 제기한 부당해고구제재심판정취소의 소를 취하한다.」)
6. 소송비용 및 조정비용은 각자 부담한다.

[조정안의 예시] 해고철회 후 퇴직

1. 피고는 2023. 2. 10. 원고에 대하여 한 해고의 의사표시를 철회하고, 원·피고는 원고가 2023. 6. 30. 에 퇴직하는 것으로 원·피고 사이 의 근로계약을 합의해지하였음을 확인한다.
2. 피고는 원고에게 2023. 2. 10.부터 같은 해 6. 30.까지의 별지 일람 표(생략) 기재 미지급 임금액(상여금 포함) 및 미지급 퇴직금 합계 3,650,000원에서 별지 일람표 기재 사회보험료(국민연금·국민건강 보험·고용보험) 및 소득세 등 합계 670,000원을 공제한 나머지

2,980,000원을 2023. 7. 20.까지 지급한다.
   만약, 피고가 위 기일까지 위 금원을 지급하지 아니한 때에는 2023. 7. 21.부터 완제일까지 연 12%의 비율에 의한 지연손해금을 가산하여 지급한다.
3. 원고는 피고의 근로자 또는 근로자이었던 사람들에 대하여 위 각 조항의 내용을 공개하지 아니하고, 피고는 이 사건과 관련하여 원고의 재 취업에 불이익한 영향을 주는 사실을 제3자에게 공개하지 아니한다.
4. 원고는 나머지 청구를 포기한다.
5. 원고와 피고는 양자 사이에 이 사건에 관하여 위 각 조항에 정한 것이 외에는 어떠한 채권채무도 존재하지 아니함을 서로 확인한다.
   원고는 중앙노동위원회 2023부해○○○호 부당해고구제 재심신청 사건의 부당해고구제신청을 취하한다(또는, 「원고는 서울행정법원 2023구○○○호로서 중앙노동위원회 위원장을 상대로 하여 제기한 부당해고구제재심판정취소의 소를 취하한다).
6. 소송비용 및 조정비용은 각자 부담한다.

나. 전직(轉職)·전적(轉籍) 사건

(1) 사용자가 전직·전적처분을 철회하는 방안

사용자가 이미 한 전직. 전적처분 자체를 철회하는 형식을 취하는 경우 이다.

[조정안이 예시] 전직명령 철회

1. 피고는 2023. 7. 1. 원고에 대하여 한 전직명령을 철회하고, 원고에 대하여 그 근무장소 및 직무를 피고의 본사 총무부 경리과 소속 대 리로 하는 근로계약상의 지위를 갖고 있음을 확인한다(또는, 「피고 는 2023. 7. 1. 원고에 대하여 한 전직명령을 철회하고, 원고에 대하여 위 전직명령에 의한 근무장소 및 직무인 피고의 제주지사 서귀포 영업소 소속 대리로 근무하여야 할 근로계약상의 의무가 존재하지 아니함을 확인한다」는 문례도 가능하다. 다만 이상은 전직처분 철회의 경우인데, 전적처분 철회의 경우에는, 「피고는 2023. 7. 1. 원고에 대하여 한 전직명령을 철회하고, 원고에 대하여 원고가 피고와 사이의 근로계약상 근로자로서의 지위를 갖고 있음을 확인한다」고 할 수 있다).
2. 피고는 원고에 대하여 이 사건 전직명령(또는, 전적명령) 거부를 이유로 하여 어떠한 불이익취급도 하지 아니한다(이른바, 도의적 조항의 일종)
3. 원고는 나머지 청구를 포기한다.
4. 소송비용 및 조정비용은 각자 부담한다.

(2) 근로자가 전직·전적처분에 따르는 방안

[조정안의 예시] 전직처분의 경우

1. 원고는 피고가 2023. 7. 1. 원고에 대하여 한 피고의 ○○영업소에의 전직명령의 효력을 다투지 아니한다.
2. 원고는 이 사건 전직명령에 따라 2023. 10. 1.부터 피고의 ○○영업소에 부임하여 근무한다.
3. 피고는 제2항에 따라 원고가 피고의 ○○영업소에 부임한 날부터 3년 가량이 경과한 시점에서 원고가 희망할 경우 원고의 희망지로 근무장소를 변경하는 전직처분을 다시 하기로 한다.
4. 원·피고 쌍방은 위 각 조항에 정한 사항 등 조정의 내용을 외부에 공표하지 아니한다 (이른바 도의적 조항의 일종)
5. 원고는 나머지 청구를 포기한다.
6. 소송비용 및 조정비용은 각자 부담한다.

[조정안의 예시] 전적처분의 경우

1. 원고는 피고가 2023. 7. 1. 원고에 대하여 한 조정참가인 회사에의 전적명령의 효력을 다투지 아니한다.
2. 원·피고 및 조정참가인은 원고가 피고의 위 전적명령에 동의하여 2023. 10. 1. 피고와의 근로계약을 합의해지하고 같은 날 조정참가인 회사와의 사이에 근로계약을 체결하여 그 근로자로서의 지위를 갖고 있음을 서로 확인한다.
3. 피고는 원고에게 2023. 7. 1.부터 같은 해 9. 30.까지의 별지 일람표 (생략) 기재 미지급 임금액(상여금 포함) 및 퇴직금 합계 53,650,000 원에서 별지 일람표 기재 사회보험료(국민연금·국민건강보험·고용 보험) 및 소득세 등 합계 2,670,000원을 공제한 나머지 50,980,000 원을 2023. 10. 20.까지 지급한다.
   만약, 피고가 위 기일까지 위 금원을 지급하지 아니한 때에는 2023. 10. 21.부터 다 갚을 때까지 연 12%의 비율에 의한 지연손해 금을 가산하여 지급한다.
4. 원고가 제2항에 따라 조정참가인 회사와 근로계약을 체결한 때부터 3년 가량이 경과한 시점에서 원고가 희망할 경우, 조정참가인 회사 는 원고와의 근로계약을 합의해지하고 피고는 원고와의 사이에 새로운 근로계약을 체결하되 그 당시의 근로조건은 원고가 피고의 근로자로서 계속 근무하였더라면 부여받을 수 있는 직급·직책 및 급여 로 정하여 재고용할 의무가 있음을 확인한다.
5. 원·피고 및 조정참가인 회사는 장차 상호 비방, 중상 및 명예·신 용훼손 또는 혼란을 일으키는 언동을 행하지 아니하기로 약속한다.
(이른바 도의적 조항의 일종).

6. 원고는 나머지 청구를 포기한다.
7. 원고와 피고는 양자 사이에 이 사건에 관하여 위 각 조항에 정한 것 이외에는 어떠한 채권채무도 존재하지 아니함을 서로 확인한다.
8. 소송비용 및 조정비용은 각자 부담한다.

다. 임금·퇴직금 사건

(1) 임금·퇴직금 사건에서 조정사례로 상정할 수 있는 몇 가지 경우를 들어보기로 한다.

[조정안의 예시]

1. 피고는 원고들에게 별지 미지급내역서 '합계'란 기재의 각 해당 금원을 2023. 10. 31.까지 각 지급한다.
   만약, 피고가 위 기일까지 위 각 금원을 지급하지 아니한 때에는 2023. 11. 1.부터 완제일까지 연 12%의 비율에 의한 지연손해금을 각 가산하여 지급한다.
2. 원고들은 피고로부터 위 제1항 기재의 각 금원을 지급받음과 동시에 서울중앙지방법원 2023. 2. 10.자 2000카단985 결정에 기한 가압류 집행을 해제함에 필요한 일체의 서류를 교부한다.
3. 원고들은 나머지 청구를 각 포기한다.
4. 원고들과 피고는 양자 사이에 이 사건에 관하여 위 각 조항에 정한 것 이외에는 어떠한 채권채무도 존재하지 아니함을 서로 확인한다.
5. 소송비용 및 조정비용은 각자 부담한다.

라. 노동조합 사건

일부 조합원이 노동조합에서 실시된 조합장선거가 무효라고 주장하여 노동조합을 상대로 그 무효확인을 구하는 소송에서, 그 조정안은 무엇보다도 조합장선거에 무효사유가 있는지 여부에 따라 그 방향을 달리하게 될 것이다.
가처분신청을 취하한다는 취지의 조정조항이 필요하게 된다.

[조정안의 예시] 잠정적 경우

1. 채권자는 채무자를 피고로 하여 채권자에 대한 2023. 9. 1.자 징계면직처분의 무효확인을 구하는 본안소송을 2023. 9. 31.까지 제기한다.
2. 채권자는 2024. 2. 28.까지 채무자에게 임시로 종전과 같은 내용의 근로를 제공하고, 채무자는 2023. 9. 1.부터 2024. 2. 28.까지 매월 2,850,000원의 임금을 매월 말일에 임시로 각 지급한다.

3. 위 제2항에 의하여 채권자가 임시로 지급받은 금원은 본안소송에서 채권자패소판결이 확정되면 그 전액을 채무자에게 즉시 반환한다.
4. 채권자는 이 사건 가처분신청을 취하한다.
5. 신청비용 및 조정비용은 각자 부담한다.

[조정안의 예시] 단체교섭응낙에 관한 경우

1. 채무자(사용자)와 채권자(노동조합)는 상호 단체교섭의 정당한 주체임을 확인하고 쌍방간에 행하는 단체교섭에 성실히 임하도록 한다. 2. 채무자와 채권자 사이에 행할 단체교섭의 대상은 다음의 각 사항으로 정한다.
   가. ……
   나. ……
   다. ……
3. 채무자와 채권자는 다음에 정하는 일정에 의하여 단체교섭을 행한다.
   가. 일시: 2024. 3. 1. 10:00에 제1회 교섭을 개시하고, 다음 교섭일 시는 매번 그 직전 교섭일시에 쌍방 합의에 의하여 정한다.
   나. 장소: 채무자 회사의 본사 회의실로 한다.
   다. 1회 당 교섭시간: 휴게시간을 제외하고 원칙적으로 2시간으로 하되, 특정사항에 관하여 논의가 진행되고 있는 상태에서 2시간 을 경과하였다는 이유만으로 무조건 교섭을 중단하지 아니한다.
   라. 교섭위원의 수 : 채권자 측에서는 노동조합 및 상부 연합단체의 교섭위원을 합쳐 7인 이내로 하고, 채무자 측에서는 회사의 임 원 중에서 7인 이내로 한다. 다만, 상대방이 동의하는 경우에는 상대방이 동의하는 숫자만큼의 교섭위원을 출석시킬 수 있다.
4. 단체교섭이 정기적으로 개최되고 있는 한, 채권자는 쟁의행위를 중단 한다.
5. 채권자는 이 사건 가처분신청을 취하한다.
6. 신청비용 및 조정비용은 각자 부담한다.

제7절 자동차사고 및 산업재해 관계 사건

1. 사건의 유형과 특성

가. 사건의 개념

자동차사고나 산업재해로 인한 손해배상청구사건(이하 '자동차사건 등'이라 한다)은 자동차손해배상보장법 제3조에서 "자기를 위하여 자동차를 운행하는 자는 그 운행으로 인하여 다른 사람을 사망하게 하거나 부상하게 한 때에는 그 손해를 배상할 책임을 진다."고 규정하고 있다.

나. 자동차사건 등의 유형

자동차사건 등도 여러 가지 유형으로 나뉘어 질 수 있는데 특히 조정과 관련된 내용을 중점으로 살펴본다.
(1) 사망사고와 상해사고
(2) 기왕증 또는 의료과실 등 2차 사고가 경합된 경우
(3) 보험회사를 상대로 한 사건과 개인이나 회사를 상대로 한 사건

2. 조정의 진행방법

가. 조정시기

자동차사고 및 산업재해로 인한 손해배상청구사건은 크게 상해사건과 사망사건으로 대별할 수 있다

[청구취지]

청구취지 : 피고는 원고 ○○○에게 ○○○원, 원고 ○○○, ○○○에게 각 ○○○원, 원고 ○○○, ○○○에게 각 ○○○원 및 각 이에 대한 지연손해금을 지급하라.

[청구원인]

청구원인 : 2023. 1. 12. 09:28경 서울 마포구 연남동 487 소재 사천고가에서 일어난 교통사고로 망 ○○○이 사망함으로써 발생한 손해배상청구권

제8절 의료관계 사건

1. 사건의 유형과 특성

가. 의료소송의 개념

의료소송 또는 의료과오소송은 일반적으로 환자가 병원 등에서 진료를 받는 과정에서 의사측의 의료상의 과실로 인하여 손해를 입었다고 주장하면서 그에 대한 손해의 배상을 청구하는 소송을 말한다.

나. 의료소송의 경우

(1) 불법행위를 이유로 하는 경우와 채무불이행을 이유로 하는 경우
(2) 의사측의 과오만이 문제되는 경우와 제3자의 책임이 경합되는 경우
(3) 피고가 의사 개인인 경우와 종합병원을 운영하는 법인인 경우
(4) 의료과오에 대하여 수사가 진행된 경우와 그렇지 아니한 경우

다. 조정조항의 유형

(1) 의사측이 책임이 인정되는 일반적인 경우

---
1. 피고는 원고에게 금 ○○원을 2024. ○. ○. 까지 지급한다.
   피고가 위 금원의 지급을 지체할 경우 연 ○푼의 비율에 의한 지연손해금을 가산하여 지급한다.
2. 원고는 나머지 청구를 포기한다.
3. 소송비용 및 조정비용은 각자 부담한다.
---

(2) 의사측이 책임이 인정되고 도의조항까지 둔 경우

---
1. 피고는 2023. ○. ○.경 원고에 대한 □□수술에서 과실이 있었음을 인정하고 이를 원고에게 사과하였음을 확인한다.
2. 피고는 원고에게 제1항의 과실로 인한 손해배상금 ○○원을 2023. ○. ○.까지 지급하되, 피고가 위 금원의 지급을 지체할 경우 연 ○푼의 비율에 의한 지연손해금을 가산하여 지

급한다.
3. 원고는 나머지 청구를 포기한다.
4. 소송비용 및 조정비용은 각자 부담한다.

(3) 의사측의 책임이 인정되지 않으나 환자측에 위로금을 주기로 하되, 원고가 피고의 명예를 훼손하지 않는다는 도의적 조항을 둔 경우

1. 원고는 피고가 2023. ○. ○. 소외 △△△을 진료하던 도중 위 소외인이 사망한 사건에 있어서 피고의 책임이 없음을 확인한다.
2. 피고는 원고에게 위로금으로서 금 ○○원을 지급하기로 하고, 본 조정석상에서 이를 원고에게 지급하였으며 원고는 이를 수령하였다.
3. 원고는 향후 제1항의 사고와 관련하여 피고의 진료에 대하여 비장중 상하는 일체의 언동을 하지 아니할 것임을 약속한다.
4. 원고는 나머지 청구를 포기한다.
5. 소송비용 및 조정비용은 각자 부담한다.

제9절 환경 및 근린생활관계 사건

1. 사건의 유형과 특성

가. 환경분쟁의 유형

환경분쟁조정법 제2조 제1호는 '환경피해'라 함은 사업활동 기타 사람의 활동에 의하여 발생하였거나 발생이 예상되는 대기오염, 수질오염, 토양오염, 해양오염, 소음·진동, 악취, 자연생태계파괴 기타 대통령령이 정하는 원인으로 인한 건강상·재산상의 피해를 말한다

나. 각 분쟁유형에 따른 고려사항

(1) 공사금지등 방해배제 (및 방해예방) 청구 사건

1) 일조권 방해 등을 주장하는 사건
2) 건설공사(소음·진동 등)를 둘러싼 분쟁사건

(가) 유지청구소송에 있어서 피고의 공사계속을 인정하는 예

이 경우에는 통상 원고가 건축공사의 내용을 그대로 인정한 다음, 금전적 해결 등에 의해 상호 이익을 조정한다.

1. 원고들은 피고가 별지 목록 1 기재 토지상에 별지 목록 2 기재 건물을 건축하는 것에 동의한다.
2. 피고는 원고에게 2023. . .까지 별지 목록 2 기재 건물의 건축공사에 따른 손해배상금으로 다음과 같은 금원을 각 지급한다.
(원고별 금액 표시 생략)
3. 원고들은 나머지 청구를 각 포기한다.
4. 원고들과 피고 사이에는 이 사건에 관하여 이 조항에 정해진 것 이외에 어떠한 채권채무도 없음을 확인한다.
5. 소송비용 및 조정비용은 각자 부담한다.

(나) 건축공사의 일부를 금지하는 예

피고들은 원고에 대하여 피고들이 별지 목록 1 기재 토지 상에 건축 중인 별지 목록 2 기재 건물에 관하여, 위 건물의 4, 5층 부분을 별지 도면 기재와 같이 변경하고, 위 도면에 표시하는 높이를 초과하는 건물을 건축하지 않는다.

다. 부수적 조항의 예

그 예로서는 ① 프라이버시의 보호(차단시설의 설치 등), ② 전파장해대책, ③ 공사에 따르는 소음·진동방지등을 위한 이른바 '공사협정조항'. ④ 공사에 의한 소음 진동피해 등에 관한 배상조항, ⑤ 건물완성 후의 입주자에 의한 피해방지에 대한 조항 등을 생각할 수 있다.

[전략(前略)]

3. 피고는 원고들을 위하여 피고의 비용으로 이 사건 건물 1층 북쪽의 창에 2023. . .까지, 별지 도면 표시와 같은 ○○재의 차단시설을 설치한다.
4. 피고는 원고들에 대하여 이 사건 건물의 건축공사에 관하여 다음 사항을 준수한다.
    가. 공사중의 소음, 진동 및 분진에 관하여 관계관청의 지도를 준수하고, 각 공법의 최선책을 시행하며, 원고들에 대하여 가능한 한 피해를 입히지 않도록 노력한다.
    나. 공사기간 중의 작업시간은 오전 ○시부터 오후 ○시까지로 하고, 일요일 등 공휴일에는 공사를 하지 않는다.

다. 부득이한 사유가 있는 경우에는 피고는 원고들의 승낙을 얻어 위 나.항의 시간 외 또는 일요일 등 공휴일에 공사를 할 수 있다.
　　라. 공사차량의 출입에 관하여 주의표지를 설치하고, 유도원을 배치한다.
　　마. 이 사건 공사에 의하여 도로상에 떨어진 쓰레기, 자재조각 등은 그 때마다 청소하고, 도로상에 자재를 방치하지 않는다.
5. 피고는 원고들에 대하여 이 사건 건물의 완성에 의해 원고들 쪽에 전파의 수신장애가 발생한 때에는 그 수신에 지장을 주지 않도록 적절한 조치를 강구할 것을 확약한다.
6. 가. 피고는 피고와 이 사건 건물의 입주자 사이에 별도 체결하는 「입주자관리규약」에 다음 각 호의 사항을 준수해야 하는 것을 규정하고, 입주자에게 이를 철저히 주지시키도록 한다.
　　(1) 소음 및 진동 등에 의하여 인근 주민에게 피해를 입히지 않는다.
　　(2) 쓰레기 등은, 관계법령과 ○○시가 지정한 방법에 따라 적정하게 처리하고, 악취를 발생시키지 않는다.
　　(3) 위험물 또는 악취가 있는 물품 등을 부지 내에 반입하지 않는다.

　　(1) 조망의 방해

위 각 경우에 있어서의 조정안의 예를 들어보면 다음과 같다.

(가) 조망방해를 피해자가 용인하는 예

1. 원고는 피고가 별지 목록 1 기재 토지 상에 별지 목록 2 기재 건물을 건축하는 것에 동의한다.
2. 피고는 원고에게 별지 목록 2 기재 건물 및 건물건축공사에 기인하는 일조방해, 통풍방해, 조망방해 및 소음진동에 의한 각 손해 등 일체의 손해에 대한 배상금으로 2023. . .까지 ○○○원을 지급한다.
3. 원고는 나머지 청구를 포기한다.
4. 소송비용 및 조정비용은 각자 부담한다.

(나) 건물건축계획을 변경하는 예

1. 피고는 원고에 대하여 별지 목록 1 기재 토지 상에 건축중인 별지 목록 2 기재 건물 중에 3층을 초과하는 부분의 건축공사를 하지 않는다.
2. 원고는 피고가 별지 목록 2 기재 건물의 건축계획을 변경한 것에 대한 보상금으로 피고에게 200 . . .까지 ○○○원을 지급한다.

(다) 건물건축계획을 전면적으로 중지하는 예

> 1. 피고는 원고에 대하여 별지 목록 1 기재 토지 상에 건축계획중인 별지 목록 2 기재 건물을 건축하지 않는다.
> 2. 피고는 원고에 대하여 원고 소유의 별지 목록 3 기재 토지 상의 건물로부터의 조망을 저해하지 않도록 하기 위해 별지 목록 1 기재 토지 상에 높이 ○㎡를 초과하는 건물 기타의 공작물을 건축하지 않는다.
> 3. 원고는 피고에 대하여 피고가 원고 소유 건물로부터의 조망을 저해하지 않는 거의 대가로 피고에게 200 . . .까지 ○○○원을 지급한다.
> (이하 생략)

(2) 소음, 진동 등

소음, 진동에 의한 피해를 원인으로 하는 소송은 일조, 통풍 등의 방해에 관한 소송과 함께 환경소송의 상당 부분을 점하고 있다.

(가) 소음 등의 발생원(發生源)인 공장의 이전을 합의하고 그 사이의 대책으로서 피해자 주택의 방음공사를 시공하는 것을 합의한 예

> 1. 피고는 피고가 ○○에서 경영하고 있는 레미콘 공장(이하 「이 사건 공장」이라 한다)에서 발생하는 소음·진동 등에 의하여 원고들의 생활환경을 해하고 있는 것을 인정하고, 2024. . .까지 이 사건 공장을 이전할 것을 확약한다.
> 2. 피고는 공해방지대책의 잠정조치로서 피고의 전액비용으로 2023. . . 까지 원고들의 주택 및 공동주택에 대하여 별지 설계도면 및 시방서와 같은 방음공사를 실시·완료한다.
> 3. 피고는 이 사건 공장에서의 작업시간을 오전 ○시부터 오후 9시까지로 하고, 일요일 공휴일에는 작업을 하지 않을 것을 확약한다.
> 4. 원고들은 나머지 청구를 각 포기한다.
> 5. 소송비용 및 조정비용은 각자 부담한다.

* 위 제1항의 "확약한다."라는 표현은 이행조항으로 해석할 수 없으므로 강제집행을 할 수 없다.

(나) 구체적인 방지조치를 합의한 예

> 1. 피고는 원고에 대하여 아래의 대책을 2023. . .까지 실시한다.
>   가. 당사자쌍방의 경계 옹벽상에 방음벽을 별지 시방서와 같이 설치한다.
>   나. 옥상에 설치하고 있는 ○○의 소음을 방지하기 위해 현재 시설된 방음벽에 부착하여 다시 방음벽을 별지 시방서와 같이 설치한다.
> 2. 원고는 나머지 청구를 포기한다.
> 3. 이상의 대책 실시에 의하여 이 사건 소음에 관한 분쟁은 모두 해결 된 것으로 하고, 원고는 이후 일체의 진정, 청구를 하지 않는다.
> 4. 소송비용 및 조정비용은 각자 부담한다.

위 제4항의 조정조항은, 피고가 구체적 작위의무를 이행한 경우에는 그것 에 의한 방음효과가 어느 정도인가에 관계없이 민사상의 청구를 하지 않는 것을 원고가 승낙한 것이 된다. 물론 규제법령에 위반하지 않도록 피고가 이 를 준수해야 하는 것은 당연하고 이 조항과는 별개의 문제이다. 이러한 취지 를 명시하기 위해 "…, 원고는 향후 피고가 관계법령에 규정된 환경규제기준 에 위반하지 않는 한 진정을 제기하지 않고 어떠한 청구도 하지 않는다."는 조정조항을 작성할 수도 있다.

(다) 추상적 (부)작위의무를 합의한 예

① 손해배상금의 지급과 함께 추상적인 작위의무를 합의한 예

> 1. 피고는 원고에 대하여 피고가 별지 목록 기재 건물에서 사용하는 '노래연습장 또는 이에 유사한 음향설비(이하 「노래연습장등」이라 한다)로부터 발생 하는 음향에 대하여, 2023. . . 이후 피고 소유지의 부지 경계선을 기준으로 ○○ 데시벨을 초과하는 음향을 발생시키지 않도록 한다.
> 2. 피고는 제1항의 의무를 이행하기 위해 제1항의 기일까지 상당한 방 음설비를 설치한다.
> 3. 피고는 이 사건 소음피해에 대한 손해배상금으로서 원고에게 2023. . . 까지 ○○○원을 지급한다.
> 4. 피고는 원고에게 2023. . . 이후 제2항의 방음설비를 설치할 때까지 사이에, 매월 말일까지 월 ○○○원씩 분할하여 손해금을 지급한다.
> (이하 생략)

② 구체적인 방지조치도 함께 합의한 예

> 1. 피고는 원고에 대하여 피고 경영의 ○○ 공장(이하 「이 사건 공장」이 라 한다)으로부터 발생하는 음향에 관하여 피고 소유지의 부지 경계 선상을 기준으로, ○○데시벨을 초과하여 발생시키지 않도록 한다.
> 2. 피고는 원고에 대하여 이 사건 공장에서 발생하는 소음의 방지대책으로, 원고 주택지 중 공장부지 경계선에 연접하여 별지 시방서 기재 .까지 설치한다. 와 같은 방음벽을 200 . . .까지 설치한다.
> 3. 피고가 제2항의 방음벽을 설치한 것과 관계없이 제1항에 정해진 음량을 초과하는 소음이 원고 소유지에서 발생되는 경우에는 피고는 다시 방음대책을 강구하여야 한다.
> (이하 생략)

(라) 과거의 피해만 문제된 예

① 건물의 보수공사와 함께 합의금(또는 해결금)의 지급을 합의한 예

> 1. 피고는 원고들에 대하여 2023. . . ..까지 별지 「피해물건 손상부위 및 보수방법」 각 항에 대해 다음의 원칙에 따라 별지 목록 기재 건물에 대하여 보수조치를 강구한다.
>   가. 보수공사는 미관 및 기능을 해치지 않도록 유의하고 선량한 관리자의 주의를 다 한다.
>   나. 벽지는 2023. . . 당사자 쌍방에게 확인한 것을 사용하도록 하고, 도장은 현재의 색채와 동일하게 시공한다.
> 2. 피고는 원고들에게 2023. . . 까지 이 사건에 관계된 일체의 합의금으로 각 ○○○원을 지급한다.

② 장래의 환경피해 방지대책에 대하여 추상적인 합의를 하는 예

> 피고는 피고가 ○○시 ○○에 건설을 계획하고 있는 ○○에 대한 방음, 방진 대책에 관하여 최신 기술을 도입하여 별지 처리목표치에 적합하도록 환경보전에 만전의 조치를 강구할 것을 확약한다.
> (이하 생략)

2. 수질오염 등

가. 장래의 수질오염의 방지에 관하여 합의하는 예

> 1. 피고는 ○○시 ○○에서 조업하고 있는 공장(이하 「이 사건 공장」이라 한다)의 배출구에 의하여 배출시키는 폐수에 함유되는 아래의 물질을 다음과 같은 수치를 초과하여 배출하지 않도록 한다.
>   시안 : 1ℓ 당 ○○㎖   크롬 : 1ℓ 당 ○○㎖
> 2. 피고는 이 사건 공장에서 배출시키는 폐수의 수질검사를 매월 ○회 실시하고, 그 검사결과를 검사실시 후 ○일 이내에 원고들 대표자 A에게 통지한다.
> 3. 제2항의 수질검사는 수질환경보전법에 규정된 방법에 의하여 시행한다.
> 4. 피고는 제1항에 정한 측정치를 초과하는 경우에 즉시 조업을 정지하고, 그 원인의 해명에 최대한 노력하며, 그 조사결과에 대하여도 조속히 원고들 대표자 A에게 통지한다.
> 5. 원고들 대표자 A는 공해방지를 위해 필요가 있는 경우에는 피고에 대하여 이 사건 공장의 조업상황에 관하여 설명을 요구할 수 있고, 피고는 이에 대하여 성실하게 답변한다.
> 6. 소송비용과 조정비용은 각자 부담한다.

나. 과거의 손해를 배상하는 예

(1) 가해사업자가 복수인 경우에 분할책임을 인정하는 예

> 1. 피고들은 원고에게 원고들이 입은 이 사건 어업피해에 대한 보상금으로 20 . . .까지 각각 다음과 같은 금원을 원고들의 대표자인 A에게 지급한다.
>   (금액 표시 생략)
> 2. 원고들 각 개인간에 있어서의 분배는 원고들의 대표자인 A, B, C, 3명이 책임을 지고 처리한다.
> 3. 어업보상에 관하여 원고들 이외의 제3자로부터 손해배상등의 청구가 있는 경우에는, 원고들 대표자 ABC가 책임을 지고 처리하여 피고들에게 일체의 곤란을 끼치지 않도록 한다.

(2) 오염방지대책도 강구한 예

> 피고는 ○○시 ○○에서 조업하고 있는 ○○공장(이하 「이 사건 공장」이라 한다0에서 ○○가 배출되지 않도록 별지 목록 기재와 같은 배숯리시설을 설치한다.
>   (이하 생략)

(3) 토양오염을 야기하고 있는 예

> 1. 피고는 원고에게 피고가 경영하는 ○○공장에서 2023. . .까지 배출한 공장배수에 기

인하는 ○○천의 카드뮴 오염에 의해 원고가 입은 농작물의 피해, 별지 목록 1 기재의 토지(답)의 객토에 필요한 비용 및 위자료로서, 2023. . .까지 ○○○원을 지급한다.
2. 피고는 원고에 대하여 별지목록 2 기재의 토지(답)에 2023년부터 2027년까지의 5년간 사이에 생산되는 쌀의 카드뮴 농도가 1ppm 이상일 때에는 당해 산미의 시장 상다하는 보상금을 지급한다.

(이하 생략)

3. 기타 환경 피해

가. 환경피해 방지대책을 강구하는 예

1. 피고는 ○○ 소재의 공장(이하 「이 사건 공장」이라 한다)에 대하여 다음과 같이 철분의 비산방지대책을 취함과 아울러 장래에도 계속하여 효과적인 공해 방지대책을 실시하도록 노력한다.
   가. 피고는 이 사건 공장의 집진장치의 성능의 향상을 위해 이미 설치된 집진장치 대신 2023. . . 까지 별지 공장배치도 중 연마공장(이하 「연마공장」이라 한다) 내에 ○○ 집진기 3기를 설치한다.
   나. 피고는 신설하는 집진장치의 집진효과가 충분히 발휘되도록 하기 위해 2023. . . 까지 별지 집진방법개선계획서와 같이 그라인더 커버를 개선한다.
   다. 피고는 2023. . .까지 연마공장의 창들의 틈을 종이로 발라 봉함과 아울러 연마공장 내에 ○○ 냉방자치를 설치한다.
   마. 피고는 항상 집진장치등의 보수관리를 충분히 행함과 아울러 이 사건 공장 안을 깨끗이 청소하는 등 철분의 비산방지에 적절한 조치를 취한다.
2. 원고들의 나머지 청구를 각 포기한다.
3. 소송비용과 조정비용은 각자가 부담한다.

나. 추상적인 부작위의무를 합의하는 예

1. 피고는 원고들에 대하여 ○○에 소재하는 ○○공장(이하 「이 사건 공장」이라 한다)에서 배출시키는 매연의 효과적인 확산·희석을 위하여 높이 ○○m의 고층집합형의 굴뚝을 2023. . .까지 별지 계획서 기재와 같이 설치한다.
2. 피고는 원고들에 대하여 이 사건 공장에서 배출시키는 연기의 배출속도를 매초 ○○m, 배연온도를 ○○℃로 하고, 배출되는 황산화물의 양을 배출구에서 ○○ppm 이하, 질소산화물의 양을 배출구에서 ○○ppm 이하로 하여야 한다.

(이하 생략)

다. 악취

(1) 방지장치의 설치를 합의하는 예

1. 피고는 원고들에 대하여 향후 별지 목록 기재의 피고 건물 내에서 사용하는 유기용제에 의한 악취를 그 건물 밖으로 배출하여 불쾌감 기타의 고통을 입히지 않도록 한다.
2. 피고는 원고들에 대하여 제1항의 고통을 방지하는 목적으로 위 건물 1층에 별지 장치설계도 기재의 탈취장치(이하 「탈취장치」라 한다)를 설치할 것을 확약한다.
3. 피고는 제1항의 목적을 달성하기 위하여 다음 각 호에 규정하는 사항을 실시한다.
   가. 탈취장치에 대하여
      (1) 활성탄은 월 1회를 기준으로 교환한다.
      (2) 차압계 지침은 매일 오후 1시 전후에 검토하여 상시 5~10 전후를 가리키도록 유지한다.
      (3) 탈취장치 배출구에서의 배출농도는 ○○이하를 유지한다.
      (4) 피고는 위 (1)의 활성탄 교환시 그 일시, 교환량, 가격을, 위(2)의 차압계지침의 검토시 그 결과를, 각 기록하고 보존하지 않으면 아니 되고, 원고들이 그 기록 열람을 요구할 때에는 이의 없이 이에 응한다.
   나. 작업량에 대하여
      (1) 작업량은 위 가.(3)이 유지되는 한도 내에 그치도록 한다.
      (2) 위 한도를 초과하는 작업량은 피고가 자신의 비용부담으로 당해 건물 이외의 건물에서 작업한다.

(2) 사업소의 이전을 합의하고, 그 사이의 악취대책을 합의하는 예

1. 피고는 ○○ 소재의 피고경영 양계장(이하 「이 사건 양계장」이라 한다)에서의 양계업을 2023. . .까지 폐지하고, 이후에는 그 장소에서 양계업을 하지 않는다.
2. 피고는 이 사건 양계장에서의 파리이 이상 발생, 깃털의 비산, 악취에 대한 대책으로서 다음 방지대책을 계속적으로 실시한다.
   가. 이 사건 양계장 내 및 주위에 약제를 살포하여, 파리등의 해충의 발생을 방지한다.
   나. 악취방지를 위하여 사료의 개선(효소의 혼입등), 계분에 대한 필요한 조치(석회질소의 산포, 계분의 조속한 제거 등)를 취한다.
3. 피고는 이 사건 소송중에 설치한 이 사건 양계장의 바닥, 주위 방풍망 등을 처음에 시설한 상태로 양호한 유지관리에 노력하고, 공해 발생의 방지에 만전을 기한다.
4. 피고는 ○○지역 내에서 양계장의 증축 및 신축공사를 시행하지 않는다.

(이하 생략)

라. 광해(光害)

> * 차광대책을 행하는 예
> 1. 피고는 2023. . .까지 방음, 차광 등의 목적으로 별지 목록 기재의 피고 ㅅ유지의 별지 현황도상 ○부터 ○까지 적색으로 표시한 부분에 별지 식수계획서 기재에 따라 그 지면부터 높이 ○미터 이상이 되도록 상목수를 식목한다.
> 2. 피고는 위 도면의 A 지점에 존재하는 투광기에 대해 오후 0시 이후에는 점등하지 않는다.
> 3. 피고는 자동차의 엔진음, 문의 개폐음, 사람의 소리, 셔터의 개폐, 공연시설 등 영업과 관련하여 소음의 방지를 위해 최선의 노력을 한다.
>   (이하 생략)

제10절 지적재산권관계 사건

1. 사건의 유형과 특성

가. 지적재산권소송의 개념

지적재산권이란 인간의 지적 창조물 중에서 법으로 보호할 만한 가치가 있는 것들에 대하여 법이 부여하는 권리를 말하며, 이는 특허, 실용신안, 의장, 상표의 산업재산권과 저작권 기타 영업비밀 등 부정경쟁방지법상의 제권리 등을 포괄한다. 지적재산권소송이란 이러한 지적재산권의 침해 유무가 쟁점이 되는 소송사건이라 할 수 있다.

2. 조정조항의 유형

대표적인 것으로서, (1) 제조금지 등의 합의가 있는 때, (2) 권리자측에서 실시나 이용 등을 허락한 때, (3) 권리자측에서 권리행사를 하지 않기로 약속한 때, (4) 특허권이전의 합의가 있는 경우, (5) 가처분신청에 대하여 잠정적으로 화해, 조정하는 경우, (6) 저작인접권에 기한 컴팩트디스크 폐기청구 소송에서 복제, 판매허락 합의를 하는 경우를 본다.

가. 제조금지 등의 합의가 있는 때

1. 피고는 별지 목록 기재 장치(이하, 이 사건 장치라 한다)가 원고의 특허등록 제○○○호 특허권(이하, 이 사건 특허권이라 한다)의 특허발명의 기술적 범위에 속함을 확인한다.
2. 피고는 2023. ○. ○.부터 이 사건 장치를 제조하거나 판매하지 아니 한다.
3. 피고는 이 사건 장치 및 그 반제품(이 사건 장치의 구조를 갖추고 있으나 제품으로서 완성되지 아니한 것)을 즉시 폐기한다.
4. 피고는 원고에게 합의금으로서 금○○○원을 2023. ○. ○.까지 지급하되, 이를 지체할 경우 연 ○푼의 비율에 의한 지연손해금을 추가 지급한다.
5. 원고와 피고는 이 조정조항의 내용을 제3자에게 공개하지 아니한다.
6. 원고와 피고는 이 사건에 관하여 이 조정조항에서 정한 것을 제외하고는 아무런 채권채무가 없음을 확인한다.
7. 소송비용 및 조정비용은 각자 부담한다.

나. 통상실시권의 합의가 있는 때

1. 원고는 피고에게 별지 목록 기재 특허권에 대하여 아래와 같이 통상실시권을 허락하고 그에 대한 등록절차를 이행한다. 다만, 등록절차비용은 피고의 부담으로 한다.
   가. 지역적 범위 : 대한민국 내
   나. 기간 : 이 사건 특허권 존속기간 전부
2. 피고는 원고에게, 제1항의 통상실시권의 대가로서 별지 물건 목록 기재제품 판매가격의 ○%를 지급하되, 매년 1월부터 6월까지 판매한 부분에 대하여는 그해 8월말까지, 7월부터 12월까지 판매한 부분에 대하여는 나음해 2월밀까지 지급힌다.
3. 피고는 피고가 특허청에 제기한 특허무효심판의 청구(심판 제○○○호)를 2023.   .   .까지 취하하고, 원고는 그 취하에 동의한다.
4. 피고는 원고에게 합의금으로서 ○○○원을 2023.   .   .까지 지급하되, 이를 지체할 경우 연 ○푼의 비율에 의한 지연손해금을 추가 지급한다.
5. 원고와 피고는, 피고가 원고에게 합의금을 지급하고 계속 제품을 생산하기로 하는 등으로 원만히 해결된 사실을 제외하고는, 이 사건 조정조항의 내용을 제3자에게 공개하지 아니한다.
6. 원고는 나머지 청구를 포기한다.
7. 소송비용 및 조정비용은 각자 부담한다.

다. 특허권불행사의 합의가 있는 경우

1. 피고는 원고에게 이 사건 합의금으로서 금 ○○○원을 2023.   .   . 까지 지급하되, 이를 지체할 경우 연 ○푼의 비율에 의한 지연손해금 을 추가 지급한다

> 2. 원고는 별지 목록 기재 장치에 대하여 피고 및 피고가 제조한 제품을 구입·판매·사용하는 자에 대하여 이 사건 특허권을 행사하지 아니한다.
> 3. 원고는 나머지 청구를 포기한다.
> 4. 소송비용 및 조정비용은 각자 부담한다.

라. 특허권이전의 합의가 있는 경우

> 1. 원고는 피고에게 별지 목록 기재 특허권을 대금 ○○○원에 양도하고 피고는 이를 양수한다.
> 2. 원고는 피고에게 이 사건 특허권에 대하여 2023. . . 까지 제1항의 금원을 수령함과 상환으로 제1항의 양도를 원인으로 한 이전등기절차를 이행한다. 다만, 이전등록절차비용은 피고의 부담으로 한다.
> 3. 피고는 원고에게 이 사건 특허권에 대하여 2023. . . 까지 제1항의 양도를 원인으로 한 이전등록절차를 이행받음과 상환으로 제2항의 금원을 지급한다.
> 4. 원고와 피고는 제1항의 특허권과 관련하여 전항들의 합의를 제외하고는 일체의 채권채무가 존재하지 아니함을 확인한다.
> 5. 소송비용 및 조정비용은 각자 부담한다.

마. 가처분신청에 대하여 잠정적으로 화해, 조정하는 경우

> 1. 피신청인은 서울중앙지방법원 2023카합○○호 사건이 판결 확정, 화해 성립에 의한 소송종료시 및 위 소송의 청구의 기초가 된 특허권(등록번호 ○○○○호, 발명명칭 ○○○)의 존속기간 종료 중 먼저 도달 하는 때까지 별지 목록 기재 장치의 제조·판매 또는 판매를 위한 전시를 하지 아니한다.
> 2. 신청인과 피신청인은 이 조정은 위 본안소송에 있어서의 특허권침해의 성립여부가 확정될 때까지 피신청인이 위 소송의 대상 장치를 제조하지 아니한다는 내용일 뿐, 본안소송에 아무런 영향을 미치지 아니하는 것임을 확인한다.
> 3. 신청인과 피신청인은 이 사건 가처분신청사건을 종료시키기로 합의 한다.
> 4. 신청비용 및 조정비용은 각자 부담한다

바. 저작인접권에 기한 컴팩트디스크 폐기청구 소송에서 복제 및 판매 허락의 합의를 하는 경우

> 1. 원고는 피고에게 제2항 이하의 조건으로 별지 목록 기재 실연을 녹음한 별지 제품목록

기재 컴팩트디스크를 복제·판매함을 허락한다.
2. 피고는 원고에게 제1항 허락의 대가로서 판매된 컴팩트디스크 1장당 정가의 ○%의 인세를 지급할 의무가 있음을 확인하고, 지급방법은 다음과 같이 한다.
   가. 200 . . . 까지 판매된 수량에 대하여는 200 . . . 까지 계산명세서와 함께 지급한다.
   나. 그 이후 매년 1월부터 6월까지 판매한 수량에 대하여는 그해 8월말까지, 7월부터 12월까지 판매한 수량에 대하여는 다음해 2월 말까지 지급한다.
3. 원고는 피고에게 이 사건 합의금으로서 금 ○○○원을 200 . . . 까지 지급하되, 이를 지체할 경우 연 ○푼의 비율에 의한 지연손해금을 추가 지급한다.
4. 원고는 피고에게 별지 제품목록 기재 컴팩트디스크의 표지에 현재 사용되고 있는 원고 초상의 사용을 허락한다.
5. 소송비용 및 조정비용은 각자 부담한다.

사. 상표권침해사건에서 피고 표장의 변경 및 그 과도조치에 대한 합의가 있는 경우

1. 피고는,
   가. 200 . . . 이후, 별지 목록 기재 1. 표장(이하, 구표장이라 한다)을 붙인 상품을 판매함에 있어 별지 목록 기재 2. 표장(이하, 신표장이라 한다)을 붙이기로 하고, 앞으로는 구표장을 상품에 붙이지 않으며 구장을 붙인 상품은 출하·판매하지 아니한다.
   나. 기항의 날짜 이후 피고 상품에 대한 광고선전에 구표장을 사용하지 아니한다.
2. 피고는 오늘(200△. △. △.) 이후 200 . . . 까지 사이에 구표장을 붙인 상품은 ○○개를 초과하여 출하·판매하지 아니한다.
3. 원고는 아래 사항에 대하여 이의를 제기하지 아니한다
   가. 피고가 위 1, 2항의 규정에 따라 200 . . . 까지는 구표장을, 그 이후는 신표장을 각각 붙인 상품을 제조·판매 또는 광고선전에 사용하는 것
   나. 피고가 200 . . . 까지 구표장이 붙여진 상품을 소매점에 출하·판매함으로써 소매점이 그 재고분을 위 날짜 이후에 소매의 방법으로 판매하는 것
4. 피고는 구 표장이 붙여진 상품으로서 오늘까지 출하·판매된 수량이 ○○개이며, 현재 피고가 보관하는 재고수량(제조공정중의 것을 포함한다)은 ○○개임을 확인한다.
5. 피고는 원고에게 합의금으로서 금 ○○원을 200 . . . 까지 지급하되, 이를 지체할 경우 연 ○푼의 비율에 의한 지연손해금을 추가 지급한다.
6. 피고가 제1항 각 호를 위반한 때에는 제2항은 그 효력을 잃고, 피고는 원고에게 손해금으로서 금 ○○원을 지급한다.
7. 소송비용 및 조정비용은 각자 부담한다.

제11절 공유관계 사건

1. 사건의 유형과 특성

가. 사건의 유형

공유관계사건으로는 공유물분할청구사건 이외에 지분확인청구사건, 공유물의 보존행위로서 하는 방해배제청구, 공유물의 반환청구 및 원인무효등기의 말소청구사건 등이 있다.

나. 공유물분할의 방법

(1) 구체적인 분할방법

(가) 현물분할

현물분할은 공유물을 있는 그대로 분량적으로 분할하는 방법으로서 1필의 토지를 분할하여 각 공유자의 단독소유로 하든가, 수필의 토지 전부를 일괄하여 분할하는 경우 그 중 일부 필지는 갑, 나머지는 을·병이 각각 단독으로 소유권을 취득하는 방법 등이 있다.

(나) 가격배상의 방법

가격배상의 방법은 공유자의 1인이 다른 공유자의 지분을 전부 취득하고 그 대가를 다른 공유자에게 지급하는 분할방법이다.

다. 대금분할

대금분할은 공유물을 매각하여 그 대금을 공유지분에 따라 분할하는 방법이다.

(1). 공유물분할사건

(가) 고려할 요소

① 공유물분할소송(조정)에서는 반드시 한국국토정보공사에의 감정촉탁이 필요하다.
② 공유물분할 판결의 경우와 달리, 조정절차에서 현물분할의 협의가 성립하는 경우 토지의

분필절차를 마친 후 각 단독소유로 하기로 한 부분에 관하여 다른 공유자의 공유지분을 이전받아 등기를 마침으로써 대세적 권리로서의 소유권을 취득하게 되므로(2011두1917 전합), 조정조항에 분할소유 표시 외에 지분이전등기절차이행의 조항도 기재하여야 한다.

(나) 현물분할

① 단독소유로 분할하는 경우

1. 원고와 피고는 2023. 1. 13.(금일) 원고와 피고의 공유인 별지 목록 기재 토지에 관하여 공유물분할을 하고 다음과 같이 해당 부분을 각자의 단독 소유로 한다.
   가. 원고의 소유 부분: 별지 도면 표시 ① 부분
   나. 피고의 소유 부분: 별지 도면 표시 ② 부분
2. 원고와 피고는 제1항과 같이 분필등기를 한 다음 각각의 소유부분에 관하여 제1항의 공유물분할을 원인으로 한 소유권이전등기절차를 이행한다. 위 등기절차비용은 원고와 피고가 각 1/2의 비율로 부담한다.

② 공동소유로 분할하는 경우

1. 원고들과 피고들은 금일 원고들과 피고들의 공유인 별지 목록 기재 부동산을, 별지 도면 표시 ① 부분은 별지 공유지분표 기재 공유지분에 따라 원고들의 소유로, 별지 도면 표시 ② 부분은 별지 공유지분표 기재 공유지분에 따라 피고들의 소유로 공유물분할을 한다.
2. 원고들과 피고들은 제1항과 같이 분필등기를 한 다음 각각의 소유부분에 관하여 제1항의 공유물분할을 원인으로 한 소유권이전등기절차를 이행한다. 위 등기절차비용은 원고와 피고들이 각 1/10의 비율로 부담한다.

(다) 부분적 가액보상에 의한 현물분할

1. 원고와 피고는 금일 원고와 피고의 공유인 별지 목록 기재 토지에 관하여 공유물분할을 하고 다음과 같이 각자의 단독 소유로 한다.
   가. 원고의 소유 부분: 별지 도면 표시 ① 부분
   나. 피고의 소유 부분: 별지 도면 표시 ② 부분
2. 원고와 피고는 제1항과 같이 분필등기를 한 다음 각각의 소유부분에 관하여 제1항의 공유물분할을 원인으로 한 소유권이전등기절차를 이행한다. 위 등기절차비용은 원고와 피고가 각 1/2의 비율로 부담한다.
3. 가. 피고는 원고에게 2023. 12. 31.까지 1,000만 원을 지급한다.
   나. 만일 피고가 위 지급기일까지 위 금원을 지급하지 아니한 때에는 미지급 금액에 대하여 지급기일 다음 날부터 다 갚는 날까지 연 15%의 비율로 계산한 지연손해금을 가산하여 지급한다.

(라) 전면적 가액보상에 의한 현물분할

① 동시이행의 경우

> 1. 원고와 피고는 금일 원고와 피고의 공유인 별지 목록 기재 토지를 원고의 단독소유로 하는 것으로 하고, 이에 따라 피고가 취득하는 대가를 1,000만 원으로 정한다.
> 2. 원고는 피고에게 2023. 12. 31.까지 피고로부터 제3항의 소유권이전등기를 경료받음과 동시에 제1항의 금액을 지참(또는 송금)하여 지급한다.
> 3. 피고는 원고에게 2023. 12. 31.까지 원고로부터 제2항의 금액을 지급받음과 동시에 제1항 기재 토지에 관하여 제1항의 공유물분할을 원인으로 한 소유권이전등기절차를 이행한다.

② 조건부 이행의 경우

> 1. 원고와 피고는 금일 원고와 피고의 공유인 별지 목록 기재 토지를 원고의 단독소유로 하는 것으로 하고, 이에 따라 피고가 취득하는 대가를 1,000만 원으로 정한다.
> 2. 원고가 피고에게 2023. 12. 31.까지 제1항 기재 금액을 지급할 것을 조건으로 피고는 원고에게 별지 목록 기재 부동산에 관한 1/2 지분에 관하여 공유물 분할을 원인으로 한 소유권이전등기절차를 이행한다.

(마) 대금분할(경매에 의한 대금분할)

> 1. 원고와 피고들은 원고와 피고들의 공유인 별지 목록 기재 토지 및 건물을 경매에 부칠 것을 합의하고, 2023. 12. 31.까지 공동 또는 단독으로 경매신청을 한다.
> 2. 원고와 피고들은 위 경매에 의한 매각대금 총액 중 경매비용을 공제한 나머지 금액을 원고가 1/2, 피고들이 각 1/4의 비율로 분배(또는 분할, 배당)한다.

제12절 종중관계 사건

1. 사건의 유형과 특성

가. 명의신탁된 재산임을 이유로 한 소유권이전등기청구 소송
나. 명의수탁자로부터 신탁재산을 양수한 자 등을 상대로 한 소유권이전등기 등의 말소청구 소송

다. 소유권보존등기가 무효임을 이유로 한 소유권보존등기 등의 말소청구 소송
라. 토지수용보상금 등의 가압류 관련 분쟁, 보상금 수령권 확인 내지 부당이득 반환청구 소송
마. 적법한 종중총회 결의가 없었음을 이유로 한 양수인에 대한 등기말소 청구 소송

2. 조정조항의 유형

가. 공유형

```
1. 피고는 원고에게 별지 목록 기재 부동산 중 3분의 1 지분에 관하여 2023. 1. 1. 명의신탁 해지를 원인으로 한 소유권이전등기절차를 이행한다.
                        (이하 생략)
```

나. 명의신탁에 대한 대가 보상형

```
1. 피고는 원고로부터 금 ○○○원을 지급받음과 동시에 원고에게 별지 목록 기재 부동산에 관하여 2023. 1. 1. 명의신탁 해지를 원인으로 한 소유권이전등기절차를 이행한다.
                        (이하 생략)
```

다. 계쟁 부동산 처분시의 제한 설정형

```
1. 원고는 별지 목록 기재 부동산이 피고의 소유임을 인정하고, 향후 위 부동산의 소유권에 관하여 이의를 제기하지 아니한다.
2. 단 피고는 별지 목록 기재 부동산을 가급적 처분하지 아니하고 보존 하되, 꼭 처분할 필요성이 있을 때에는 원고 종중의 동의를 얻어 처분한다.
3. 만약 피고가 제2항을 위반하였을 때에는 원고에게 위약금으로 금 ○ ○○원 및 이에 대하여 위 부동산을 처분한 날 다음날부터 다 갚을 때까지 연 12%의 비율에 의한 지연손해금을 가산하여 지급한다.
                        (이하 생략)
```

라. 묘소 관리 비용 등 지급형

```
1. 원고는 별지 목록 기재 부동산이 피고의 소유임을 인정하고, 향후 위 부동산의 소유권에 관하여 이의를 제기하지 아니한다.
2. 피고는 원고에게 2023. 12. 31.까지 종중 기금으로 금 ○○○원을 지급한다.
```

3. 피고가 위 기일까지 위 2항 금원을 지급하지 아니할 때에는 위 금 ○○○원에 대하여 2024. 1. 1.부터 다 갚을 때까지 연 12%의 비율에 의한 지연손해금을 가산하여 지급한다.
(이하 생략)

마. 묘소 관리 비용 등 지급 예약형

1. 원고는 별지 목록 기재 부동산이 피고의 소유임을 인정하고, 향후 위 부동산의 소유권에 관하여 이의를 제기하지 아니한다.
2. 그러나 향후 피고가 위 부동산을 처분할 경우에는 그 소유권이전등 기일로부터 1주일 이내에 매각대금에서 양도소득세와 부동산중개료를 공제한 나머지 금원의 30% 상당 금원을 원고에게 지급한다.
3. 피고가 제2항을 위반할 때에는 제2항 소정의 위 30% 상당 금액에 대하여 소유권이전등기일 다음날부터 다 갚을 때까지 연 12%의 비율에 의한 지연손해금을 가산하여 지급한다.
(이하 생략)

바. 명의신탁의 대가 보상 예약형(소유권을 종중에 이전하는 형)

1. 피고는 원고에게 별지 목록 기재 부동산에 관하여 2023. 1. 1. 명의신탁 해지를 원인으로 한 소유권이전등기절차를 이행한다.
2. 단 향후 원고가 위 부동산을 타에 처분할 때에는 그 소유권이전등 기일로부터 1주일 이내에 그 매각대금에서 양도소득세와 부동산중 개료를 공제한 나머지 금원의 30% 상당 금원을 원고가 피고에게 지급한다.
3. 원고가 제2항을 위반할 때에는 제2항 소정의 위 30% 상당 금액에 대하여 소유권이전등기일 다음날부터 다 갚을 때까지 연 12%의 비율에 의한 지연손해금을 가산하여 지급한다.
(이하 생략)

사. 명의신탁의 대가 보상 예약형(가등기만을 경료하는 형)

1. 피고는 원고에게 별지 목록 기재 부동산에 관하여 2023. 1. 1. 매매예약을 원인으로 한 소유권이전등기청구권보전을 위한 가등기절차를 이행한다.
2. 다만, 향후 위 부동산에 관하여 부과되는 제세공과금은 원고가 부담한다.
3. 원고가 제2항에 따른 제세공과금을 부담하지 아니할 경우에는 피고가 지출한 제세공과금에 대하여 각 지출일 다음날부터 다 갚을 때까지 연 12%의 비율에 의한 지연손해금을 가산하여 피고에게 지급한다.

4. 향후 피고는 위 부동산을 타에 처분할 수 있으나 원고의 동의를 받아야 하고, 처분시에는 그 매각대금에서 양도소득세와 부동산중개료 만을 공제한 나머지 금원의 30% 상당 금원만을 피고가 소유하고, 그 나머지 금원은 그 소유권이전등기일로부터 1주일 이내에 원고에게 지급한다.
5. 피고가 제4항을 위반할 시에는 제4항 소정의 위 70% 상당 금원에 대하여 소유권이전등기일 다음날부터 다 갚을 때까지 연 12%의 비율에 의한 지연손해금을 가산하여 원고에게 지급한다.

(이하 생략)

아. 계쟁 부동산 상의 건축물 축조권 부여형

1. 피고는 원고에게 별지 목록 기재 부동산에 관하여 2023. 1. 1. 명의 신탁해지를 원인으로 한 소유권이전등기절차를 이행한다.
2. 다만, 향후 피고는 위 부동산 지상에 건축법상 허가받을 수 있는 한도내에서 건축물을 건축하여 50년간 그 건축물을 소유할 수 있고, 원고는 이와 같은 토지 제공을 무상으로 무조건 승낙한다.
3. 만약 원고가 제2항을 위반하여 토지 사용승낙을 거부할 때에는 위약금으로 금○○○원 및 이에 대하여 사용승낙 거부일로부터 다 갚을 때까지 연 12%의 비율에 의한 지연손해금을 가산하여 지급한다. (이하 생략)

자. 계쟁 부동산 경작권 부여형

1. 피고는 원고에게 별지 목록 기재 부동산에 관하여 2023. 1. 1. 명의 신탁 해지를 원인으로 한 소유권이전등기절차를 이행한다.
2. 다만, 향후 피고는 사망시까지 위 부동산을 무상으로 경작할 수 있는 권리를 가진다.
3. 만약 원고가 제2항을 위반하여 피고의 경작을 방해할 때에는 위약금으로 금 ○○○원 및 이에 대하여 경작 방해일로부터 다 갚을 때까지 연 12%의 비율에 의한 지연손해금을 가산하여 지급한다.
4. 피고가 사망한 후에는 피고의 상속인은 위 경작권을 가질 수 없으나, 그 후 원고가 위 부동산을 타에 처분할 때에는 그 매각대금에서 양 도소득세와 부동산중개료만을 공제한 나머지 금원의 30% 상당 금원 을 그 소유권이전등기일로부터 1주일 이내에 원고가 피고의 상속인 에게 지급한다.
5. 원고가 제4항을 위반할 시에는 제4항 소정의 위 30% 상당 금원에 대하여 소유권이전등기일 다음날부터 다 갚을 때까지 연 12%의 비율에 의한 지연손해금을 가산하여 지급한다.

차. 계쟁 목적물을 제3의 목적에 사용하는 형

1. 피고는 소외 □□□ 장학재단에게 별지 목록 기재 부동산을 2023. 12. 31.까지 출연하고, 원고는 위 부동산에 관한 소유권을 더 이상 주장하지 아니한다.
2. 피고가 제1항을 위반하여 위 기간까지 위 의무를 이행하지 아니한 때에는 원고에게 위약금으로 금○○○원 및 이에 대하여 2023. 1. 1.부터 다 갚을 때까지 연 12%의 비율에 의한 금원을 지급한다.

(이하 생략)

카. 소유권과 명의의 분리형(소유권을 종중으로 넘길 때)

1. 원고는 별지 목록 기재 부동산이 원래 피고의 소유임을 인정한다.
2. 그러나 피고는 이 사건 부동산이 원고 종중의 종산으로 사용되어 온 점을 고려하여 이 사건 부동산을 원고 종중에 무상으로 기부하고, 이 사건 부동산에 관하여 2023. 12. 1. 기부 약정을 원인으로 한 소유권 이전등기를 경료한다.

(이하 생략)

타. 소유권과 명의의 분리형(등기명의인의 소유권을 인정할 때)

1. 피고는 이 사건 부동산이 원래 원고 종중의 소유임을 인정한다.
2. 그러나 원고는 그 동안 이 사건 부동산을 관리하여 온 피고의 노고를 인정하여 이 사건 부동산에 관하여 피고가 향후 소유권을 행사하는 것을 인정하고, 이 사건 부동산에 관하여 더 이상 이의를 제기하지 아니한다.

(이하 생략)

파. 도의조항의 예

1. 피고는 종전까지 친족들과 소원하게 지내온 것을 깊이 반성하고, 향후 종사에 열심히 참여할 것을 맹세한다
2. 피고는 향후 원고 종중원으로서의 의무를 다하고 친족들과 화목하게 지내며, 웃어른을 공경할 것을 맹세한다.
3. 원고 종중과 피고는 향후 상호 비방이나 송사를 중단하고 화목하게 지낼 것을 맹세한다.

4. 피고는 원고 종중원으로서 원고 종중으로 하여금 이 사건 소송에 이르게 만든 점에 관하여 원고 종중원들에게 깊이 사죄한다.

하. 청산조항의 예

1. 원고와 피고 사이에 이 조정조항에서 정한 이외에는 더 이상의 권리 의무관계가 존재하지 아니함을 확인한다.
2. 원고는 향후 이 사건 부동산에 관련하여 더 이상 피고에게 이의를 제기하지 아니한다.

거. 제3자의 권리 포기 조항

조정참가인 김갑돌은 원고에게 이 사건 부동산에 관하여 서울중앙지방법원 2023. 1. 10. 접수 제○○○호로 경료된 채권최고액 금 ○○○원의 근저당권설정등기를 말소한다.

제13절 언론관계 사건

1. 사건의 유형과 특성

언론매체의 취재·보도 등으로 인하여 명예 또는 인격권이 침해되었거나 침해당할 염려가 있는 피해자가 언론매체(또는 그 종사원)를 상대로 손해배상청구 또는 반론보도, 정정보도 등의 민사상의 구제를 구하는 사건을 통칭하여 언론관계사건이라고 부르기로 한다.

2. 조정조항의 유형

가. 일반형

언론관계사건이라도 손해배상만을 지급하기로 하는 경우는 다른 사건에서의 조정안과 크게 다를 바가 없다.

나. 정정보도를 하기로 하는 경우

그런데 정정보도를 하기로 한 경우에는 차후 분쟁이 재발하지 않도록 정정보도문안의 내용, 정정보도의 일시, 정정보도문의 위치 및 크기(인쇄매체라면 게재면수와 활자의 크기, 방송매체라면 방송시간이나 읽는 속도 등) 등을 구체적으로 특정하여야 한다.

다. 도의조항을 두는 경우

조정안에는 정정보도를 하지 아니하는 대신, "피고는 피고의 기사가 원고의 명예를 훼손하였음을 인정하고 앞으로 원고의 명예를 훼손하지 않도록 유의한다."는 등과 같은 이른바 도의조항을 둘 수도 있다.

라. 구체적 사례

(1) 정정보도 없이 위자료와 도의조항만을 두는 경우

1. 피고는 원고에게 금 ○○원을 2023. ○. ○.까지 지급한다.
   피고가 위 금원의 지급을 지체할 경우 연 5%의 비율에 의한 지연손해금을 가산하여 지급한다.
2. 피고는 피고 발행의 2023. ○. ○.자 □□신문 사회면에 게재된 "△△"라는 제목의 기사는 일부 사실과 달라 원고의 명예를 훼손하였음을 인정하고, 앞으로 기사를 게재함에 있어 사실확인에 노력하고 부적절한 보도를 하지 아니할 것임을 다짐한다.
3. 원고는 나머지 청구를 포기하고, 이 사건과 관련한 일체의 민, 형사 상 청구를 하지 아니한다.
4. 소송비용 및 조정비용은 각자 부담한다.

(2) 정정보도(인쇄매체)와 함께 간접강제 조항을 둔 경우

1. 피고는 원고에게 손해배상금 ○○원을 2023. ○. ○.까지 지급한다.
   피고가 위 금원의 지급을 지체할 경우 연 5%의 비율에 의한 지연손해금을 가산하여 지급한다.
2. 피고는 피고가 발행하는 △△신문에 다음과 같은 요령으로 별지 목록 기재 정정보도문을 게재한다.
   가. 게재 일자 및 지면
      2023. ○. ○.자 제2면 중 광고란을 제외한 기사게재 부분
   나. 기사의 크기
      3단 기사
   다. 제목

정정보도문
라. 사용하는 활자
제목은 28호 고딕체, 본문은 14호 명조체
3. 피고가 제2항 기재 사항을 이행하지 아니할 경우 피고는 원고에게 제2항 기재일 다음날부터 이행일까지 하루 각 1,000,000원의 비율에 의한 금원을 지급한다.
4. 원고는 나머지 청구를 포기한다.
5. 소송비용 및 조정비용 각자 부담한다.

(3) 정정보도(방송매체)만 하는 경우

1. 피고는 피고가 운영하는 △△TV 방송에 다음과 같은 요령으로 별지 목록 기재 정정보도문을 방송한다.
   가. 방송 일자 및 프로그램
      2023. ○. ○자 21:00 '▽▽뉴스' 프로그램
   나. 방송순서
      위 프로그램에서의 광고방송 이후 시작과 동시에 첫 번째 순서로
   다. 화면
      뉴스진행자의 모습과 함께 화면 오른쪽 상단에 '정정보도문'이라 는 제목과 '○○에 대한 비리보도에 관하여'라는 부제목을 표시
   라. 방송방법과 속도
      진행자가 정정보도문을 다.항 기재 자막과 함께 뉴스진행과 같은 속도로 낭독.
2. 원고는 나머지 청구를 포기한다.
3. 소송비용 및 조정비용은 각자 부담한다.

제14절 사해행위취소 사건

1. 고려할 요소

가. 다른 채권자에 의해 또 다른 사해행위취소청구의 소가 제기될 수 있으므로, 지급기일을 제척기간 이후로 잡아 피고가 당시의 상황에 따라 등기를 말소할 것인지 금원을 지급할 것인지 선택할 수 있게 해주는 조정안을 고려할 수 있다
나. 피고가 사해행위취소의 대상이 된 부동산의 소유권을 포기하기를 원하는 경우 피고가 원고 또는 채무자에게 소유권을 이전하는 것으로 조정을 하면 등기이전과정에서 양도소득

세 등이 문제가 될 수 있으므로, 피고가 채무자에게 소유권이전등기의 말소등기절차를 이행하는 것으로 조정을 하는 것이 바람직하다.

1. 피고는 2023. 3. 31.까지 원고에게 1,000만 원을 지급한다.
2. 원고는 위 제1항 기재 채권에 기하여, 피고에 대하여 별지 목록 기재 부동산에 한하여 강제집행할 수 있고, 위 부동산에 관하여 2023. 3. 31. 이전에 강제집행 또는 경매절차가 개시되는 경우 그 절차에 참가하여 배당받을 권리를 행사할 수 있다.
3. 이 사건 조정은 피고가 원고에게 지급한 금액을 공제하는 외에는 원고의 채무자 ○○○ 및 다른 구상의무자에 대한 채권행사에 영향을 미치지 아니한다.

제15절 면책확인 사건

원고와 피고는 원고의 피고에 대한 양수금 1,000만 원의 채무(○○카드 관련, 이자, 비용 등 포함)가 서울중앙지방법원 2023하면100호 사건의 2023. 11. 23. 자 결정에 의하여 면책되었음을 확인한다.

제16절 작위, 부작위를 목적으로 하는 사건

1. 작위를 목적으로 하는 경우

1. 피고는 원고에 대하여 2020. 12. 31.까지 피고 소유 별지 목록 기재 제1 건물의 1층 및 2층 북측 창에 별지 도면 및 사양서 기재와 같은 차양을 설치한다. 위 설치비용은 피고가 부담한다.
2. 원고는 제1항의 공사를 하는 데 필요한 한도에서 피고 및 피고가 사용하는 업자가 별지 목록 제2 기재 토지 중 남측 폭 1m 부분에 출입하는 것을 승낙한다.
3. 피고는 원고에 대하여 피고가 제1항 기재 기한까지 위 채무를 이행하지 아니할 때에는 위 기한의 익일부터 위 채무를 이행할 때까지 매일 30만 원의 비율로 계산한 위약금을 지급한다.

1. 피고는 원고에게 2020. 12. 31.까지 별지 도면 표시 ···의 각 점을 차례로 이은 선상에 설치되어 있는 알루미늄제 담장(콘크리트제 기초를 포함한다)을 철거한다. 위 철거비용은 피고가 부담한다.
2. 피고는 원고에 대하여 피고가 제1항의 기한까지 위 공사를 하지 아니할 때에는 원고가 위 공사를 할 수 있음을 확인한다.

2. 부작위를 목적으로 하는 경우

> 피고는 원고에 대하여 별지 목록 기재 토지 중 별지 도면 표시 ···의 각 점을 차례로 이은 선내 (가)부분에 건물 기타 공작물을 축조하지 아니한다.

제17절 청구이의 사건

1. 집행관계소송

　청구이의사건과 제3자이의사건과 같은 집행관계소송의 경우 강제집행을 허용하지 아니한다는 등의 권한은 법원에만 있으므로 강제집행소송의 판결주문과 같은 내용의 조정을 하는 것은 불가능하고, 집행관계소송의 전제가 된 권리관계에 대하여 그 존부를 확인한다든가, 피신청인으로부터 일정 금액을 지급받고 강제집행신청을 취하하기로 하는 등의 합의를 포함하는 조항으로 조정을 성립시킬 수 있다
　청구이의, 제3자이의 등 집행관계사건은 형성소송이므로 당사자의 합의에 의하여 판결주문과 마찬가지의 창설적 효과(권리관계의 변동)를 직접적으로 정할 수는 없다고 해석된다.
　청구이의소송에서는 채무명의에 표시된 이행청구권의 존부나 처분에 관한 합의를 하고 소의 취하(청구의 포기는 아니다)를 하는 것이 일반적이다. 또한 이러한 사건의 경우 원고가 담보를 제공하고 강제집행정지(잠정처분)결정을 받은 경우가 많으므로 이에 관하여 처리하는 조항이 필요하다.

> 1. 원고와 피고는 <채무명의>에 기한 원고의 피고에 대한 채무가 존재 하지 아니함을 서로 확인한다.
> 2. 원고는 피고에게 조정기일에 화해금 ○원을 지급하였고, 피고는 이를 수령하였다.
> 3. 피고는 원고에 대한 서울중앙지방법원 ○호 부동산강제경매신청사건을 취하한다.
> 4. 원고는 이 사건 소를 취하하고, 피고는 이에 동의한다.
> 5. 피고는 원고에 대하여 원고가 ◎호 강제집행정지신청사건에 관하여 제공한 담보의 취소에 동의하고, 그 취소결정에 대한 항고를 하지 아니한다.

　제3자이의소송에서는 피고는 원고의 권리관계를 인정하고 원고(또는 경우에 따라서는 진정한 채무자)로부터 합의금을 지급받고 민사집행절차를 취하 하는 경우도 있다. 또한 이러한 사건의 경우 원고가 강제집행정지결정을 받은 경우가 많으므로 이에 관하여 처리하는 조항이

필요하다.

---

1. 피고는 원고에 대하여 별지 목록 기재 물건에 관하여 원고에게 소유권이 있음을 확인한다.
2. 조정참가인은 피고에게 화해금 ○원의 지급의무가 있음을 인정하고, 이를 ○까지 피고에게 지참(또는 송금)하여 지급한다.
3. 피고는 원고에 대한 ○호 유체동산압류신청사건을 취하한다.
4. 원고는 이 사건 소를 취하하고, 피고는 이에 동의한다.
5. 피고는 원고에 대하여 원고가 ◎호 강제집행정지신청사건에 관하여 제공한 담보의 취소에 동의하고, 그 취소결정에 대한 항고를 하지 아니한다.

2. 소를 취하하는 경우

---

1. 원고와 피고는 <집행권원>에 기한 원고의 피고에 대한 채무가 존재하지 아니함을 서로 확인한다.
2. 원고는 피고에게 조정기일에 화해금 500만 원을 지급하였고, 피고는 이를 수령하였다.
3. 피고는 원고에 대한 서울중앙지방법원 2023타경100호 부동산강제경매사건의 신청을 취하한다.
4. 원고는 이 사건 소를 취하하고, 피고는 이에 동의한다.
5. 피고는 원고에 대하여 원고가 서울중앙지방법원 2023카기200호 강제집행정지신청사건에 관하여 제공한 담보의 취소에 동의하고, 그 취소결정에 대한 항고를 하지 아니한다.
   → 원고와 피고의 의사와 무관하게 집행법원이 강제집행절차를 진행시키는 것을 방지하기 위하여 "피고는 2023. 9. 30.까지 서울중앙지방법원 2023타경100호 부동산강제경매사건 담당재판부에 "2023. 10. 31.까지 의무이행을 미루도록 승낙하였다"는 취지를 적은 증서를 제출한다. 만약 피고가 위 기간 내에 위 증서를 접수하지 아니하는 경우에는 원고가 이 조정조서를 제출함으로써 이에 갈음한다(피고는 이를 승낙하고 원고에게 그 제출권한을 위임한다."는 조항을 추가하기도 한다.

3. 나머지 청구를 포기하는 경우

---

1. 원고는 2023. 2. 29.까지 피고에게 1,000만 원을 지급한다.
2. 원고와 피고는 <집행권원>에 기한 원고의 피고에 대한 채무가 제1항 기재 금원을 초과하여서는 존재하지 아니함을 확인한다.
3. 피고는 제1항 기재 돈을 지급받는 즉시 원고에 대한 서울중앙지방법원 2023타경100호 부

> 동산강제경매사건의 신청을 취하한다.
> 4. 피고는 제1항 기재 돈을 지급받는 즉시 원고에 대하여 원고가 서울중앙지방법원 2023카기 200호 강제집행정지신청사건에 관하여 제공한 담보의 취소에 동의하고, 그 취소결정에 대한 항고를 하지 아니한다.

4. 청구이의사건에서 원고가 공탁한 금액만을 변제받기로 하면서 피고가 전부명령을 취하하기로 한 경우

가. 전부명령이 확정되면 피전부채권이 이전하고, 집행채권이 소멸된 후에는 전부명령 신청을 취하할 수 없으므로, 원고를 피전부채권의 권리자로 두기 위한 대비조항 필요

> 1. 원고와 피고는 서울중앙지방법원 2023. 9. 1.자 2023가합1001호 조정을 갈음하는 결정에 기한 원고의 피고에 대한 채무는 원고가 서울중앙지방법원 2023년금제101호로 공탁한 금원을 초과하여서는 존재하지 아니함을 서로 확인한다.
> 2. 피고는 원고에 대한 서울중앙지방법원 2023타채101호 채권압류 및 추심명령, 서울중앙지방법원 2023타채102호 채권압류 및 전부명령신청을 각 취하한다.
> 3. 이 결정이 확정될 당시 이미 제2항 기재 전부명령이 확정된 경우에는 다음과 같이 처리한다.
>   가. 피고가 아직 제3자로부터 현실적으로 추심하기 전이라면,
>   (1) 피고는 원고에게 다시 피전부채권을 양도하고, 제3채무자에게 위 피전부채권을 양도하였다는 취지의 통지를 하고,
>   (2) 피고는 위 양도통지를 하기 전까지 제3채무자를 상대로 위 채권을 추심하거나 포기하거나 제3자에게 양도하지 않기로 한다.
>   나. 피고가 이미 제3채무자로부터 현실적으로 추심한 후라면, 피고는 원고에게 부당이득으로 제3채무자로부터 수령한 금액 및 이에 대하여 수령 다음 날부터 다 갚는 날까지 연 5%의 비율로 계산한 이자를 가산하여 지급한다.
> 4. 피고의 원고에 대한 제2항 기재 전부명령의 집행채권은 다시 부활하는 것으로 한다(여전히 유효한 것으로 한다).
> 5. 원고는 이 사건 소를 취하하고, 피고는 이에 동의한다.
> 6. 피고는 원고에 대하여 원고가 서울중앙지방법원 2023카기200호 강제집행정지사건에 관하여 제공한 담보의 취소에 동의하고, 그 취소결정에 대해 항고하지 않는다.

제18절 제3자이의 사건

1. 피고는 원고에 대하여 별지 목록 기재 물건에 관하여 원고에게 소유권이 있음을 확인한다.
2. 조정참가인은 피고에게 화해금 ○원의 지급의무가 있음을 인정하고, 이를 까지 피고에게 지급한다.
3. 피고는 원고에 대한 ○호 유체동산압류사건의 신청을 취하한다.
4. 원고는 이 사건 소를 취하하고, 피고는 이에 동의한다.
5. 피고는 원고에 대하여 원고가 ○호 강제집행정지신청사건에 관하여 제공한 담보의 취소에 동의하고, 그 취소결정에 대한 항고를 하지 아니한다.

제19절 배당이의 사건

원고와 피고는 서울중앙지방법원 2023타경100호 부동산임의경매사건에 관하여 위 법원이 2023. 1. 1. 작성한 배당표에 따라 원고가 배당받게 될 1,000만 원과 피고가 배당받게 될 2,000만 원에 관하여 원고가 1,500만 원을, 피고가 나머지 1,500만 원을 지급받기로 합의한다.

원고와 피고는 서울중앙지방법원 2023타경100호 부동산임의경매사건에 관하여 위 법원이 2023. 1. 1. 작성한 배당표 중 원고에 대한 배당액을 1,000만 원에서 1,500만 원으로, 피고에 대한 배당액을 800만 원에서 300만 원으로 각 경정하는 데 동의)한다.

제20절 기타

1. 금전지급이 동시이행관계에 있을 때 이행지체시기에 관한 기재례

　가. 피고가 동시이행으로 조정금을 지급하기로 하였는데 원고로부터 이행제공을 받았음에도 불구하고 피고가 조정금을 지급하지 아니할 것에 대비하여 지연손해금 지급에 관하여 약정을 하는 경우

1. 원고와 피고는 원고와 피고 사이에 체결된 2016. 1. 1.자 별지 목록 기재 부동산에 관한 임대차계약이 계약기간 만료로 종료되었음"을 확인한다.
2. 피고는 원고에게 2023. 12. 31.까지 5억 원을 지급한다.
3. 원고는 피고에게 2023. 12. 31.까지 ① 별지 목록 기재 부동산에 경료되어 있는 서울중앙지방법원 '등기과 2016. 1. 2. 접수 제123호 전세권설정등기를 말소하고, ② 서울중앙지방법원 2023카단123 부동산가압류 신청을 취하하고, 집행해제신청을 한다.
4. 위 제2항과 제3항은 동시에 이행한다.
5. 피고가 만일 원고로부터 제3항 기재 말소등기에 필요한 서류 및 부동산가압류 신청의 취하 및 집행해제신청에 필요한 서류를 교부받았음에도 불구하고, 제2항 기재 의무를 이행하지 아니할 경우에는 제2항 기재 금원 중 미지급 원금에 대하여 2023. 1. 1.(만일 위 서류의 교부일시가 2023. 12. 31. 이후인 경우에는 그 교부일자 다음 날)부터 다 갚는 날까지 연 12%의 비율로 계산한 지연손해금을 가산하여 지급한다.

2. 금전지급의무 중 일부는 동시이행으로 나머지는 동시이행이 아닌 내용으로 조정을 한 경우

가. 미지급 매매대금 중 일부는 소유권이전등기 경료와 동시에 지급하되 잔금은 목적부동산에 기입된 압류등기를 말소한 후에 지급하기로 하는 경우

1. 원고는 피고에게 2023. 12. 31.까지 7,000만 원을 지급한다.
2. 피고는 원고에게 2023. 12. 31.까지 별지 목록 기재 부동산에 관한 소유권이전등기절차를 이행한다.
3. 위 제1항과 제2항은 동시에 이행한다.
4. 가. 원고가 제1항 기재 의무를 모두 이행할 경우 원고는 피고에 대하여 잔금 5,000만 원 (= 매매대금 1억 8,000만 원 - 기지급 대금 6,000만 원 - 제1항 기재 금원 7,000만 원)의 지급채무가 있음을 확인한다.
   나. 원고의 위 잔금 5,000만 원의 지급채무는 제2항 기재 피고의 소유권이전등기의무와 동시이행관계에 있지 아니하는 것으로 한다.
   다. 원고는 제2항 기재 부동산에 관한 2023. 1. 2. 접수 제1000호 압류등기(권리자 국, 처분청 서초세무서)가 말소되면 원고가 위 압류등기의 말소사실을 안 날로부터 10일이 되는 날까지 피고에게 위 가항 기재 잔금 5,000만 원을 지급한다.
   라. 원고가 위 다항 기재 의무를 이행하지 아니할 경우에는 피고에게 위 다항 기재 금원 중 미지급 금원에 대하여 위 다항 기재 지급기일 다음 날부터 다 갚는 날까지 연 12%의 비율로 계산한 지연손해금을 가산하여 지급한다.

3. 이행지체시 위약금을 별도로 지급하기로 한 경우

> 1. 가. 피고는 원고에게 2023. 12. 31.까지 1억 원을 지급한다.
>   나. 만일 피고가 위 가항 기재 지급기일까지 위 금원을 지급하지 아니한 때에는 제1항 기재 금원과는 별도로 ① 1,000만원 및 ② 제1항 기재 금원 중 미지급 원금에 대하여 지급기일 다음 날부터 다 갚는 날까지 연 12%의 비율로 계산한 지연손해금을 가산하여 지급한다.

가. 공탁금회수청구권의 양도로 조정금을 지급하기로 하는 경우

(1) 조정금을 지급함에 있어 관련 가압류신청사건에서 제공된 해방공탁금의 회수청구권을 양도하는 방식으로 조정을 하면 공탁금을 회수한 피고가 실제로 변제를 할 것인지 믿을 수 없는 원고와 공탁금 외에 추가적인 자금이 없는 피고의 이익을 모두 충족시킬 수 있다.

(2) 공탁금회수청구권에 대한 다른 선행 가압류가 있는 등으로 원고가 양도받은 채권을 실제로 변제받을 수 없을 수도 있으므로 채무의 소멸에 관한 다툼을 예방하기 위하여 공탁금회수청구권의 일부 양도 역시 채무변제를 위한 담보 또는 변제의 방법일 뿐 채무변제에 갈음한 것은 아님을 밝혀 두는 것이 좋다.

> 1. 가. 피고는 원고에게 2023. 12. 31.까지 1억 원을 지급한다.
>   나. 만일 피고가 위 지급기일까지 위 금원을 지급하지 아니한 때에는 미지급 금액에 대하여 지급기일 다음 날부터 다 갚는 날까지 연 15%의 비율로 계산한 지연손해금을 가산하여 지급한다.
> 2. 위 돈의 지급을 위하여 피고는,
>   가. 원고에게 서울중앙지방법원 2023년금제111호로 공탁한 공탁금 3억 원 중 1억 원에 대한 공탁금 회수청구권을 양도하고,
>   나. 대한민국에 위와 같이 양도하였다는 취지의 통지를 한다.
> 3. 피고의 제2항 기재 양도와 동시에 원고는,
>   가. 서울중앙지방법원 2023카단100 부동산가압류 사건의 신청을 취하하고,
>   나. 피고가 서울중앙지방법원 2023년금제111호로 공탁한 3억 원 중 나머지 2억 원에 대한 공탁금회수청구권을 행사하는데 동의한다.

4. 해방공탁금을 회수한 금원으로 조정금을 지급하기로 하는 경우

> 1. 원고는 피고에게 2023. 12. 31.까지 "서울중앙지방법원 2023카단111호 부동산가압류의 집

행취소를 위하여 피고가 해방공탁금으로 공탁(서울중앙지방법원 2023년 금제100호)한 4억 원 및 이에 대한 이자를 피고가 회수함에 필요한 서류를 제공한다(단, 평일 오후 2시까지 위 서류를 피고에게 제공한다).
2. 피고는 제1항 기재 서류를 제공받는 즉시 서울중앙지방법원에 위 서류를 접수한다.
3. 제1항 기재 공탁금이 수령가능한 상태에 이르게 되면, 피고는 원고에게 2억 5,000만 원을 지급한다(수령가능 액수가 2억 5,000만 원 이상인지 여부를 불문한다).
4. 만일 피고가 ① 제2항 기재 의무를 이행하지 못하거나, ② 위 공탁금을 수령가능한 상태가 되었음에도 불구하고, 제3항 기재 금원 전액(2억 5,000만 원)을 원고에게 지급하지 아니하는 경우에는 피고는 원고에게,
   가. 미지급금원(2억 5,000만 원 중 지급된 금원을 공제한 나머지 금원)과는 별도로 위약금 5,000만원 및
   나. 미지급 금원과 위약금 5,000만 원에 대하여
      1) 제2항 기재 의무 불이행시에는 제2항 기재 서류를 제공받은 다음 날부터,
      2) 제3항 기재 의무 불이행시에는 위 공탁금 수령 가능일 다음 날부터
      각 다 갚는 날까지 연 12%의 비율로 계산한 지연손해금을 가산하여 지급한다.

5. 면책적 채무인수를 하기로 한 경우

가. 채권자의 동의나 승낙을 얻지 못하여 이행인수의 효력밖에 없는 상태가 되는 경우를 대비해야 한다.

1. 피고는 원고에게 별지 목록 기재 부동산에 관하여 2023. 1. 1.자 재산분할을 원인으로 한 소유권이전등기절차를 이행한다.
2. 가. 원고는 피고로부터, 별지 목록 기재 부동산을 담보로 설정된 신한은행에 대한 근저당권설정등기에 관한 피고 명의의 피담보채무 2,000만 원, 위 부동산에 관한 임대차보증금반환채무를 각 면책적으로 인수한다.
   나. 만일 위 신한은행, 위 부동산의 임차인의 사정으로 원고가 피고 명의의 위 각 채무를 면책적으로 인수하지 못하는 경우에는 원고는 위 각 채무의 원리금을 위 신한은행, 위 임차인에게 대위변제하기로 한다.
   다. 만일 원고가 위 각 채무를 변제하지 아니하여 피고에게 손해가 발생하는 경우, 원고는 지체 없이 피고에게 그 손해 상당액을 배상한다.

6. 채권양도를 하기로 한 경우

가. 전세권을 양도하면서 임대인에 대한 임대차보증금반환채권을 양도하는 경우

1. 피고는 2023. 12. 31.까지 원고에게,
   가. 별지 목록 기재 부동산을 인도하고,
   나. 별지 목록 기재 부동산에 관하여 서울중앙지방법원 등기과 2016. 1. 2. 접수 제123호로 등기한 전세권에 대하여 2023. 9. 1. 전세권양도를 원인으로 한 전세권이전등기절차를 이행한다.
2. 원고는 2023. 12. 31.까지 피고에게 3,000만 원을 지급한다.
3. 위 제1항과 제2항은 동시에 이행한다.
4. 원고는 강동원(주소: 서울 서초구 서초동 123)에게 별지 목록 기재 부동산에 관한 임대차보증금반환채권 3,000만 원을 2023. 9. 1. 원고에게 양도하였다는 취지의 통지를 확정일자 있는 증서에 의하여 한다.
5. 만일 피고가 제4항 기재 기일까지 위 채권양도사실을 통지하지 아니할 경우 피고는 원고에게 위 채권양도사실 통지권한을 부여하고, 원고는 피고의 대리인 자격에서 위 채권양도 사실을 강동원에게 통지할 수 있다.

나. 부부 공동 거주지였던 임차주택에 관하여 계약명의자인 일방이 재산분할로 상대방에게 임대차보증금반환채권을 양도하는 경우

1. 원고와 피고는 이혼한다.
2. 가. 원고는 피고에게 별지 목록 기재 부동산에 관하여 원고와 강동원(임대인) 사이에 2023. 1. 1. 체결한 임대차계약에 기한 임차권양도절차를 이행한다.
   나. 만일 강동원(임대인)이 위 임차권양도에 관하여 동의하지 아니하는 경우 원고는 피고에게 위 임대차보증금반환채권을 양도하고, 강동원(임대인)에게 위와 같이 채권을 양도하였다는 취지의 통지를 한다.
   다. 원고는 위 가, 나항 기재와 같이 피고에게 임차권 또는 임대차보증금반환채권을 양도하는 절차에 적극 협조한다.

7. 조정금 중 일부를 추심명령에 따라 추심한 돈으로 충당하기로 한 경우

1. 가. 피고는 원고에게 2023. 12. 31.까지 1,000만 원을 지급한다.
   나. 만일 피고가 위 지급기일까지 위 금원을 지급하지 아니한 때에는 미지급 금액에 대하여 지급기일 다음 날부터 다 갚는 날까지 연 12%의 비율로 계산한 지연손해금을 가산하여 지급한다.
2. 원고의 피고에 대한 서울중앙지방법원 2023타채101 채권압류 및 추심명령 사건과 관련하여,
   가. 원고가 위 추심명령에 기하여 배당받은 돈이 있는 경우 그 금액만큼 제1의 가항에

기재된 돈의 지급에 충당하고, 만일 위 배당받은 돈이 제1의 가항 기재 돈을 초과하는 경우에는 그 초과금액을 피고에게 반환한다.
나. 원고는 제1의 가항 기재 돈이 모두 지급되면 지체없이 위 채권압류 및 추심명령 신청을 취하하고, 그 집행을 해제한다.

8. 항소심에서 조정금 중 일부를 제1심 판결의 가집행금 지급으로 갈음하기로 한 경우

1. 가. 피고는 원고에게 2023. 12. 31.까지 2억 원을 지급한다(다만, 피고가 제1심 판결의 가집행금으로 원고에게 2023. 9. 1. 지급한 1억 원으로 같은 금액의 지급에 갈음한다).
   나. 만일 피고가 제1항 기재 지급기일까지 위 금원을 지급하지 아니한 때에는 미지급 원금에 대하여 지급기일 다음 날부터 다 갚는 날까지 연 12%의 비율로 계산한 지연손해금을 가산하여 지급한다.

☞ 그 밖의 조정조항 기재례에 관해서는 법원행정처, 「조정실무」 제6편 강인철, 「재판의 이해」, 341~351면 참조

[덧붙임]

조 정 의 견 서				
사건	2023가합	원고 :		대리인 :
		피고 :		대리인 :
조정결과	☐ 조정성립　　☐ 불성립 <<의견>> :			
조정조항	1. 가. 피고는 원고에게　　까지　　　원을 지급한다. 　　나. 만일 피고가 위 지급기일까지 위 금원을 지급하지 아니한 때에는 미지급 금액에 대하여 지급기일 다음 날부터 갚는 날까지 연 12%의 비율로 계산한 지연손해금을 가산하여 지급한다. 　　가. 피고는 원고에게　　원을 지급하되, 이를　　　부터 다 갚는 날까지 매월 일에　　　원씩 분할하여 지급한다. 　　나. 만일 피고가 위 분할지급을 1회라도 지체하면 피고는 기한의 이익을 상실하고 원고에게 잔액을 일시에 지급하되, 잔액에 대하여 기한이익상실 다음 날부터 다 갚는 날까지 연 12%의 비율로 계산한 지연손해금을 가산하여 지급한다. 2. 원고는 나머지 청구를 포기한다. 3. 소송비용 및 조정비용은 각자 부담한다.			
조정일자	2023. . .			
조정당사자 확　　인	본인은 위 조정조항을 확인하고 차후 이에 관하여 아무런 이의를 제기하지 않을 것임을 확인함. 원고 :　　　　　　　　피고 :			
조정위원	1.　　　　　　　　　　　2.			

제2편 주택임대차 실무

제1장 주택임대차보호법

제1절 주택임대차보호법

1. 주택임대차보호법의 의미

주택의 임대차는 임대인이 임차인에게 주택을 사용·수익하게 하고, 임차인이 이에 대한 대가로서 차임을 지급한다는 점에 합의가 있으면 성립됩니다.

[민법]
> 제618조 (임대차의 의의) 임대차는 당사자 일방이 상대방에게 목적물을 사용, 수익하게 할 것을 약정하고 상대방이 이에 대하여 차임을 지급할 것을 약정함으로써 그 효력이 생긴다.

그러나, 「민법」에 따른 임대차계약의 규정으로는 경제적 약자인 임차인의 권리를 보호하기 어려운 면이 많았고, 이를 보완하기 위해 「민법」의 특별법으로 「주택임대차보호법」이 제정되었습니다.

[주택임대차보호법]
> 제1조 (목적) 이 법은 주거용 건물의 임대차(賃貸借)에 관하여 「민법」에 대한 특례를 규정함으로써 국민 주거생활의 안정을 보장함을 목적으로 한다. [전문개정 2008. 3. 21.]

주택임대차는 당사자간 합의에 의해 성립되는 계약임에도 불구하고, 「주택임대차보호법」을 위반하여 임차인에게 불리한 것은 효력이 없습니다.

[주택임대차보호법]
> 제10조 (강행규정) 이 법에 위반된 약정(約定)으로서 임차인에게 불리한 것은 그 효력이 없다. [전문개정 2008. 3. 21.]

[판례 1] 전세금반환 (대법원 1995. 10. 12. 선고 95다22283 판결)

【판시사항】

가. 주택임대차보호법이 적용되는 임대차계약에서 기간을 2년 미만으로 정한 임차인이 스스로 기간 만료를 이유로 임차보증금의 반환을 구할 수 있는지 여부

나. 주택의 소유자는 아니지만 적법한 임대 권한을 가진 명의신탁자와의 사이에 임대차계약을 체결한 경우, 주택임대차보호법의 보호를 받을 수 없는지 여부

【판결요지】

가. 주택임대차보호법 제4조 제1항은 같은 법 제10조의 취지에 비추어 보면 임차인의 보호를 위한 규정이라고 할 것이므로, 그 규정에 위반되는 당사자의 약정을 모두 무효라고 할 것은 아니고 그 규정에 위반하는 약정이라도 임차인에게 불리하지 아니한 것은 유효하다고 풀이함이 상당한바, 임대차 기간을 2년 미만으로 정한 임대차의 임차인이 스스로 그 약정 임대차 기간이 만료되었음을 이유로 임차보증금의 반환을 구할 수 있다.

나. 주택임대차보호법이 적용되는 임대차로서는, 반드시 임차인과 주택의 소유자인 임대인 사이에 임대차계약이 체결된 경우에 한정된다고 할 수는 없고, 나아가 주택의 소유자는 아니지만 주택에 관하여 적법하게 임대차계약을 체결할 수 있는 권한(적법한 임대 권한)을 가진 임대인과 사이에 임대차계약이 체결된 경우도 포함된다.

【참조조문】

가. 주택임대차보호법 제4조 제1항, 제10조 나. 주택임대차보호법 제3조 제1항, 민법 제618조

【참조판례】

대법원 1995.5.26. 선고 95다13258 판결(공1995하,2264)
1987.3.24. 선고 86다카164 판결(공1987,708)
1991.3.27. 선고 88다카30702 판결(공1991,1252)

【전 문】

【원고, 피상고인】 원고
【피고, 상고인】 피고 소송대리인 변호사 조소현
【원심판결】 서울고등법원 1995.4.27. 선고 94나23007 판결

【주 문】

원심판결을 파기하고 사건을 서울고등법원으로 환송한다.

【이 유】

상고이유를 본다.
1. 제1점에 관하여

주택임대차보호법 제4조 제1항은 같은 법 제10조의 취지에 비추어 보면 임차인의 보호를 위한 규정이라고 할 것이므로, 위 규정에 위반되는 당사자의 약정을 모두 무효라고 할 것은 아니고 위 규정에 위반하는 약정이라도 임차인에게 불리하지 아니한 것은 유효하다고 풀이함이 상당한바, 임대차기간

을 2년미만으로 정한 임대차의 임차인이 스스로 그 약정 임대차기간이 만료되었음을 이유로 임차보증금의 반환을 구할 수도 있다고 할 것이다(당원 1995.5.26.선고 95다13258 판결 참조). 같은 취지의 원심판결은 정당하고 거기에 소론과 같은 주택임대차보호법 제4조 제1항 소정의 임차기간에 관한 법리오해의 위법이 있다고 할 수 없다. 논지는 이유 없다.

2. 제2점에 관하여
   (1) 원심은 피고가 소외 1에게 등기부상의 소유 명의를 신탁하고 있던 이 사건 주택에 관하여 1992. 9. 16. 원고와 사이에 임대차계약을 체결하였고, 이에 따라 원고가 피고에게 임차보증금을 교부하고 위 주택을 인도 받아 현재에 이르기까지 이를 점유·사용하고 있는 사실과 이 사건 주택에 관하여 1993. 11. 17. 소외 2 명의의 소유권이전등기가 마쳐진 사실을 인정한 다음, 피고의 다음과 같은 주장 즉, 주택임대차보호법 제3조 제2항의 규정에 의하여 임차 주택의 양수인인 소외 2가 위 임대차계약상 임대인의 지위를 승계하고 피고는 임대인의 지위에서 이탈하였으므로, 피고로서는 원고에 대하여 더이상 임차보증금반환의무를 부담하지 아니한다는 취지의 주장에 대하여, 주택임대차보호법 제3조 제2항은 같은 조 제1항의 대항력을 갖춘 경우에만 적용되는 것이고 등기건물의 경우 주택임대차보호법 제3조 제1항에 의하여 제3자에 대하여 대항력을 가지는 임차권은 등기부상 소유자와의 임대차계약에 의하여 취득한 임차권에 한한다 할 것이므로, 명의신탁의 법리에 따라 대외적인 소유권을 가지는 등기명의자가 아니고 명의신탁자에 불과한 피고와의 사이에 체결된 이 사건 임대차계약에 의한 임차권은 위 주택임대차보호법 제3조 제1항 소정의 대항력을 취득할 수 없다고 하여 피고의 위 주장을 배척하였다.
   (2) 그러나 주택임대차보호법이 적용되는 임대차로서는 반드시 임차인과 주택의 소유자인 임대인 사이에 임대차계약이 체결된 경우에 한정된다고 할 수는 없고, 나아가 주택의 소유자는 아니지만 주택에 관하여 적법하게 임대차계약을 체결할 수 있는 권한(적법한 임대권한)을 가진 임대인과 사이에 임대차계약이 체결된 경우도 포함된다고 할 것이므로, 원심이 확정한 바와 같이 이 사건 임대차계약상의 임대인인 피고가 비록 이 사건 주택의 소유자가 아니라고 하더라도 주택의 명의신탁자로서 사실상 이를 제3자에게 임대할 권한을 가지는 이상, 임차인인 원고는 등기부상 주택의 소유자인 명의수탁자에 대한 관계에서도 적법한 임대차임을 주장할 수 있다고 할 것이고, 그리하여 원고가 주택의 인도와 주민등록을 마쳤다면 원고는 주택임대차보호법 제3조 제1항 소정의 대항력을 취득하였다고 할 것이다.
   (3) 따라서 주택의 명의신탁자와 사이에 임대차계약을 체결한 임차인은 주택의 인도와 주민등록을 마친 때에도 제3자에 대한 대항력을 취득할 수 없다고 판단한 원심은 결과적으로 주택임대차보호법 제3조 제1항 소정의 대항력에 관한 법리를 오해하였다고 할 것이다. 이 점을 지적하는 논지는 이유 있다.
3. 그러므로 원심판결을 파기하고 사건을 원심법원으로 환송하기로 하여 관여 법관의 일치된 의견으로 주문과 같이 판결한다.

대법관 이돈희(재판장) 김석수(주심) 정귀호 이임수

※ '임차인에게 불리한 것은 효력이 없다'는 것은 「주택임대차보호법」 규정에 위반되는 당사자의 약정을 모두무효라고 할 것은 아니고 그 규정에 위반하는 그 규정에 위반하는 약정이라도 임차인에게 불리하지 않은 것은 유효합니다

제2절 주택임대차보호법의 보호대상

1. 자연인

「주택임대차보호법」은 자연인인 국민의 주거생활의 안정을 보장함을 목적으로 하기 때문에, 그 보호 대상은 원칙적으로 대한민국의 국적을 가진 사람입니다.

[주택임대차보호법]

> 제1조 (목적) 이 법은 주거용 건물의 임대차(賃貸借)에 관하여 「민법」에 대한 특례를 규정함으로써 국민 주거생활의 안정을 보장함을 목적으로 한다. [전문개정 2008. 3. 21.]

2. 외국인 및 재외동포

외국인은 원칙적으로 보호 대상이 될 수 없습니다.

[주택임대차보호법]

> 제1조 (목적) 이 법은 주거용 건물의 임대차(賃貸借)에 관하여 「민법」에 대한 특례를 규정함으로써 국민 주거생활의 안정을 보장함을 목적으로 한다. [전문개정 2008. 3. 21.]

가. 예외사항

주택을 임차한 외국인이 전입신고에 준하는 체류지 변경신고를 했다면 예외적으로 「주택임대차보호법」의 보호대상이 됩니다

[출입국관리법]

> 제88조의2 (외국인등록증 등과 주민등록증 등의 관계) ① 법령에 규정된 각종 절차와 거래관계 등에서 주민등록증이나 주민등록등본 또는 초본이 필요하면 외국인등록증(모바일외국인등록증을 포함한다)이나 외국인등록 사실증명으로 이를 갈음한다. <개정 2023. 6. 13.>
> ② 이 법에 따른 외국인등록과 체류지 변경신고는 주민등록과 전입신고를 갈음한다.
> ③ 이 법 또는 다른 법률에서 실물 외국인등록증이나 외국인등록증에 기재된 성명, 사진, 외국인등록번호 등의 확인이 필요한 경우 모바일외국인등록증의 확인으로 이를 갈음할 수 있다. <신설 2023. 6. 13.>[전문개정 2010. 5. 14.]

[판례 1] 부당이득금 (서울민사지법 1993. 12. 16. 선고 93가합73367 제11부판결 : 확정)

【판시사항】

주택을 임차한 외국인이 체류지변경신고 한 경우 주택임대차보호법 소정의 주민등록을 마친 것으로 볼 수 있는지 여부

【판결요지】

외국인이 주택을 임차하여 출입국관리법에 의한 체류지변경신고를 하였다면 거래의 안전을 위하여 임차권의 존재를 제3자가 명백히 인식할 수 있는 공시의 방법으로 마련된 주택임대차보호법 제3조 제1항 소정의 주민등록을 마쳤다고 보아야 한다.

【참조조문】

주택임대차보호법 제3조 제1항, 출입국관리법 제36조, 주민등록법 제6조 제1항, 같은법시행령 제6조

【전 문】

【원   고】 우에니시 야스오
【피   고】 주식회사 한일은행

【주 문】

1. 피고는 원고에게 금 57,000,000원 및 이에 대한 1993.6.5.부터 1993.10.15.까지 연 5%의, 그 다음날부터 완제일까지 연 25%의 비율에 의한 금원을 지급하라.
2. 소송비용은 피고의 부담으로 한다.
3. 제1항은 가집행할 수 있다.

【청구취지】

주문과 같다.

【이 유】

갑 제1 내지 4호증의 각 기재에 변론의 전취지를 종합하면, 일본국적의 외국인인 원고는 1991.2.19. 소외 1로부터 그 소유인 서울 강남구 (주소 생략)을 임대차보증금 57,000,000원에 임차하여 같은 해 3.16.부터 거주하여 온 사실, 원고는 같은 해 4.4. 위 아파트를 신거류지로 하여 출입국관리법상의 거류지변경신고를 하였고, 같은 해 11.15. 공증인가 영풍합동법률사무소에서 위 소외 1과의 임대차계약서에 확정일자를 받은 사실, 피고는 그 이후인 1992.9.8. 위 아파트상에 근저당권설정등기를 경료한 자로서 같은 해 12.21. 위 근저당권에 기하여 서울민사지방법원 92타경42591호로서 부동산임의 경매신청을 하였고, 경매진행결과 1993.3.29. 소외 2에게 금 88,000,000원에 경락되어 같은해 4.27. 그 대금이 완납된 사실, 위 경락대금은 집행비용으로 금 2,260,640원, 1순위자로 1987.4.21. 설정된 1번 근저당권자인 한국주택은행에게 금 8,729,000원, 2순위자로 서울특별시의 공과금으로 금 2,340,000원, 3순위자로 2번 근저당권자인 피고에게 나머지인 금 74,670,360원이 각 배당된 사실 및 원고는 위 경매 및 배당절차에 관하여 기일통지를 받지 못하여 그 절차에 참가하지 못하였고 위 경락인의 명도청구의 소에 패소하여 위 아파트를 그에게 명도한 사실을 인정할 수 있다.

원고가 이 사건 청구원인으로, 원고는 피고의 근저당권설정등기 경료 전에 주택임대차보호법 제3조의2

소정의 우선변제권의 요건을 갖추었으므로 피고에 우선하여 위 경락대금에서 위 임대차보증금을 변제받을 권리가 있는데 피고가 위와 같이 원고의 몫까지 배당받음으로써 위 임대차보증금 상당액을 부당이득하였다고 주장하고, 이에 대하여 피고는 원고는 외국인으로서 "주민등록"을 마치지 아니하였으니 위 법 제3조의2 소정의 요건을 갖추지 못하였고, 원고가 주택임대차보호법 소정의 우선변제권의 요건을 갖추었다 하여도 임대인의 지위를 승계한 경락인에 대하여 임대차기간이 종료된 후 임대차보증금을 반환받을 수 있는 것이니 원고에게 손해가 있다고 할수 없고, 가사 우선변제권이 있다 한들 이는 경매절차에서 배당요구를 하고 경매법원의 배당요구에 대하여 이의가 있으면 배당기일에 배당이의를 한 후 배당이의의 소를 제기하는 방법으로 권리를 행사하여야 하는 것이므로 경매절차가 종료된 후에 배당받은 자에게 직접 부당이득반환을 구할 수는 없는 법리라고 주장한다.

그러므로 우선 과연 원고와 같은 외국인의 경우에는 출입국관리법(1992.12.8. 법률 제4522호로 전문개정되기 전의 것, 이하 같다)상의 거류신고나 거류지변경신고(위 전문개정된 법률의 시행 이후에는 외국인등록 또는 체류지변경신고)로써 주택임대차보호법 제3조의2 제1항, 제3조 제1항 소정의 주민등록에 갈음할 수 있는 것인지에 대하여 보건대, 시.군.구의 주민의 성명, 성별, 생년월일, 주소 등을 등록하게 함으로써 주민의 거주관계를 파악하고 상시로 인구의 동태를 명확히 하여 행정사무의 적정하고 간이한 처리를 도모하기 위하여 제정된 주민등록법에서는 30일 이상 거주할 목적으로 관할구역안에 주소 또는 거소를 가진 자는 그 시.군.구의 장에게 주민등록 또는 그 변경신고를 하여야 하며 그 의무위반자에 대하여는 벌칙에 처하거나 과태료를 부과할 수 있는 것으로 규정하면서 외국인은 예외로 하고 있고(위 법 제1, 6, 11, 14, 20, 21조), 한편 대한민국에 입국하거나 대한민국으로부터 출국하는 모든 사람의 출입국관리와 대한민국에 체류하는 외국인의 등록 등에 관한 사항을 규정하기 위하여 제정된 출입국관리법에서는 외국인은 원칙적으로 위 법에서 정하는 체류자격을 가진 자로서 유효한 여권 또는 선원수첩과 법무부장관이 발급한 사증을 가진 자만이 입국하여 국내에 거류할 수 있는데, 국내에 거류하고자 하는 외국인은 입국한 날로부터 90일 이내에 그 거류지를 관할하는 출입국관리사무소장에게 거류신고를 한 후 그로부터 14일 이내에 거류지를 관할하는 시.군.구의 장에게 외국인등록을 하여야 하며, 시.군.구의 장은 외국인등록대장과 외국인등록표를 비치하고 외국인등록사항을 기재하고, 외국인이 거류지를 변경할 경우에는 전거류지의 관할 시.군.구의 장에게 전출신고를, 신거류지의 관할 시.군.구의 장에게 전입신고를 하여야 하며 외국인이 위 등록 또는 신고의무에 위반할 경우에는 벌칙에 처할 수 있는 것으로 규정하고 있는데(위 법 제1, 7, 9, 15, 27, 34, 35, 36, 82, 85조), 주민등록법에서 위임된 사항과 그 시행에 필요한 사항을 규정함을 목적으로 하여 제정된 주민등록법시행령 제6조에서 외국인의 주민등록에 관한 신고는 출입국관리법에 의한 거류신고로서 갈음하며, 외국인의 주민등록표는 출입국관리법에 의한 외국인등록표로서 갈음한다고 규정하고 있으므로, 외국인인 원고로서는 위와 같이 출입국관리법에 의한 거류지변경신고를 함으로써 거래의 안전을 위하여 임차권의 존재를 제3자가 명백히 인식할 수 있는 공시의 방법으로 마련된 주택임대차보호법 제3조의2, 제3조 제1항 소정의 주민등록을 마쳤다고 볼 것이다.

또한, 위와 같이 원고가 주택임대차보호법상의 대항요건을 갖추기 전에 설정된 1번 저당권이 위 경매로써 소멸하게 되었으니 원고의 임대차는 위 경락인에게 대항할 수 없는 것이고, 원고가 위 경매나 배당절차에서 참가하지 못하여 배당요구도 하지 못한 채 그 절차가 종료되었다 하여 피고에 우선하여 위 경락대금에서 임대차보증금을 변제받을 수 있는 원고의 권리가 소멸하는 것은 아니므로, 피고의 위 주장들은 모두 받아들일 수 없다.

그렇다면, 피고는 법률상 원인 없이 위 배당절차에서 원고가 배당받았어야 할 위 임대차보증금 상당의 금원까지 배당받아 감으로써 원고에게 같은 금원 상당의 손해를 가하였다 할 것이니 위 금원을 부당이득금으로 원고에게 반환할 의무가 있다 할 것이므로, 피고에 대하여 위 금원 및 이에 대한 위 배당금 수령일 다음날부터의 민법 또는 소송촉진등에관한특례법 소정의 지연손해금의 지급을 구하는 원고의 이 사건 청구는 이유 있어 인용하고, 소송비용은 패소자의 부담으로 하며 가집행선고를 붙이기로 하여 주문과 같이 판결한다.

판사 이기현(재판장) 최규홍 류제산

재외동포가 장기체류하면서 주택을 임대차하는 경우에는 보호대상이 됩니다.

[주택임대차보호법]

제1조 (목적) 이 법은 주거용 건물의 임대차(賃貸借)에 관하여 「민법」에 대한 특례를 규정함으로써 국민 주거생활의 안정을 보장함을 목적으로 한다. [전문개정 2008. 3. 21.]

이를 위해, 재외동포는 국내에 거소를 정하여 지방출입국·외국인관서의 장에게 신고를 하고, 국내거소가 변경되는 경우에는 새로운 거소를 관할하는 시·군·구(자치구가 아닌 구 포함) 또는 읍·면·동의 장이나 지방출입 국·외국인관서의장에게 14일 이내에 신고해야 합니다(「재외동포의 출입국과 법적 지위에 관한 법률」 제6조제1항 및 제2항)

[재외동포의 출입국과 법적 지위에 관한 법률]

제6조 (국내거소신고) ① 재외동포체류자격으로 입국한 외국국적동포는 이 법을 적용받기 위하여 필요하면 대한민국 안에 거소(居所)를 정하여 그 거소를 관할하는 지방출입국·외국인관서의 장에게 국내거소신고를 할 수 있다. <개정 2014. 3. 18., 2014. 5. 20.>
② 제1항에 따라 신고한 국내거소를 이전한 때에는 14일 이내에 그 사실을 신거소(新居所)가 소재한 시·군·구(자치구가 아닌 구를 포함한다. 이하 이 조 및 제7조에서 같다) 또는 읍·면·동의 장이나 신거소를 관할하는 지방출입국·외국인관서의 장에게 신고하여야 한다. <개정 2014. 3. 18., 2016. 5. 29.>

3. 법인

법인은 특별한 사정이 없는 한 보호를 받지 못합니다

[판례 2] 부당이득금반환 (대법원 1997. 7. 11. 선고 96다7236 판결)

【판시사항】

법인이 주택을 임차하면서 그 소속 직원 명의로 주민등록을 하고 확정일자를 구비한 경우, 주택임대차보호법상 우선변제권의 인정 여부(소극)

【판결요지】

주택 임차인이 주택임대차보호법 제3조의2 제1항 소정의 우선변제권을 주장하기 위하여는 같은 법 제3조 제1항 소정의 대항요건과 임대차계약증서상의 확정일자를 갖추어야 하고, 그 대항요건은 주택의 인도와 주민등록을 마친 때에 구비된다 할 것인바, 같은 법 제1조는 "이 법은 주거용 건물의 임대차에 관하여 민법에 대한 특례를 규정함으로써 국민의 주거생활의 안정을 보장함을 목적으로 한다."라고 규정하고 있어 위 법이 자연인인 서민들의 주거생활의 안정을 보호하려는 취지에서 제정된 것이지 법인을 그 보호 대상으로 삼고 있다고는 할 수 없는 점, 법인은 애당초 같은 법 제3조 제1항 소정의 대항요건의 하나인 주민등록을 구비할 수 없는 점 등에 비추어 보면, 법인의 직원이 주민등록을 마쳤다 하여 이를 법인의 주민등록으로 볼 수는 없으므로, 법인이 임차 주택을 인도받고 임대차계약서상의 확정일자를 구비하였다 하더라도 우선변제권을 주장할 수는 없다.

【참조조문】

주택임대차보호법 제1조, 제3조 제1항, 제3조의2 제1항

【전 문】

【원고,피상고인】 주식회사 두원공조 (소송대리인 법무법인 해마루종합법률사무소 담당변호사 이덕우)
【피고,상고인】 한성생명보험 주식회사 (소송대리인 서초법무법인 담당변호사 박상기 외 3인)
【원심판결】 서울고법 1996. 1. 9. 선고 95나21398 판결

【주 문】

원심판결 중 피고 패소 부분을 파기하고 이 부분 사건을 서울고등법원에 환송한다.

【이 유】

상고이유를 판단한다.
1. 원심판결 이유에 의하면 원심은, (1) 원고가 1991. 10. 27. 소외 1로부터 그의 소유인 서울 강남구 (주소 생략) ○○○○아파트 (동 호수 생략)을 임대보증금 63,000,000원, 임대기간 1993. 10. 27.까지로 정하여 임차하고, 그 무렵 임대보증금을 지급한 사실, (2) 원고의 기술자문인 일본인 소외 무라까미 나오시는 1992. 5. 8. 외국인등록표상 거류지 변경신고를 하고 같은 날부터 위 아파트에 거주하여 오다가 1993. 5.경 귀국하였고, 원고의 직원인 소외 2가 위 아파트에 입주하여 같은 해 12. 15. 전입신고를 마친 사실, (3) 한편 위 소외 1이 1992. 8. 2. 소외 3에게 위 아파트를 매도하자 원고는 같은 해 9. 1. 위 소외 3과 종전 임대차계약과 같은 내용의 임대차계약을 체결하고 같은 달 3. 임대차계약서의 인증을 받아 확정일자를 갖춘 사실, (4) 피고는 1992. 4. 20. 소외 진세산업 주식회사에게 금 125,000,000원을 대여하면서 그 담보로 소외 4 소유의 부동산에 근저당권설정등기를 경료하였다가 담보를 교체하여 위 아파트에 관하여 서울민사지방법원 1992. 9. 15. 접수 제95413호로 채무자 진세산업 주식회사, 채권자 부산생명 주식회사(피고의 변경 전 상호), 채권최고액 금 126,000,000원으로 된 근저당권설정등기를 경료한 사실, (5) 위 진세산업 주식회사가 차용금 중 금 90,000,000원에 대한 원리금을 변제하지 아니하자 피고는 위 근저당권에 기하여 1994. 4. 21. 서울민사지방법원 94타경12976호로 위 아파트에 관한 임의경매를 신청하여 다음날 경매개시결정을

받고 경매 결과 소외 5가 같은 해 8. 22. 위 아파트를 금 100,120,000원에 경락받은 사실, (6) 원고는 1994. 7. 20. 위 임대보증금 63,000,000원에 대한 배당을 요구하였으나, 같은 해 8. 22. 배당 결과 피고가 선순위 근저당권자로서 집행비용을 제한 경매대금 97,211,810원을 배당받은 반면 원고는 전혀 배당받지 못한 사실을 인정한 다음, 원고는 위 아파트의 임차인으로서 위 아파트를 인도받아 그 직원들로 하여금 외국인등록 내지는 주민등록을 마치고 거주하도록 함으로써 주택임대차보호법 제3조 제1항 소정의 대항요건을 구비하였고, 1992. 9. 3. 임대차계약증서상의 확정일자까지 구비함으로써 같은 날 같은 법 제3조의2 제1항 소정의 우선변제권을 취득하였다고 판단하여, 원고가 그 직원들의 외국인등록이나 주민등록에 의하여 같은 법 제3조 제1항 소정의 대항요건을 구비하였음을 전제로 원고의 청구를 일부 인용하였다.

2. 그러나 주택 임차인이 주택임대차보호법 제3조의2 제1항 소정의 우선변제권을 주장하기 위하여는 같은 법 제3조 제1항 소정의 대항요건과 임대차계약증서상의 확정일자를 갖추어야 하고, 그 대항요건은 주택의 인도와 주민등록을 마친 때에 구비된다 할 것인바, 같은 법 제1조는 "이 법은 주거용 건물의 임대차에 관하여 민법에 대한 특례를 규정함으로써 국민의 주거생활의 안정을 보장함을 목적으로 한다."라고 규정하고 있어 위 법이 자연인인 서민들의 주거생활의 안정을 보호하려는 취지에서 제정된 것이지 법인을 그 보호 대상으로 삼고 있다고는 할 수 없는 점, 법인은 애당초 같은 법 제3조 제1항 소정의 대항요건의 하나인 주민등록을 구비할 수 없는 점 등에 비추어 보면, 법인인 원고의 직원이 주민등록을 마쳤다 하여 이를 법인의 주민등록으로 볼 수는 없다 할 것이므로, 원고가 위 아파트를 인도받고 임대차계약서상의 확정일자를 구비하였다 하더라도 피고에 대하여 우선변제권을 주장할 수는 없다 할 것이다.

따라서 원고는 같은 법 제3조 제1항 소정의 대항요건을 갖추지 못하였다 할 것임에도, 원심이 원고 직원의 주민등록에 의하여 원고가 같은 항 소정의 대항요건을 구비하였음을 전제로 원고의 우선변제권을 인정하였음은 주택임대차보호법 소정의 우선변제권에 관한 법리를 오해한 위법이 있다 할 것이고, 이 점을 지적하는 상고이유의 주장은 이유 있다.

그러므로 나머지 상고이유에 대한 판단을 생략한 채 원심판결을 파기하고 사건을 다시 심리·판단하게 하기 위하여 원심법원에 환송하기로 관여 법관들의 의견이 일치되어 주문과 같이 판결한다.

대법관 박만호(재판장) 박준서 김형선(주심) 이용훈

가. 예외사항

(1) 한국토지주택공사와 주택사업을 목적으로 설립된 지방공사는 보호대상이 됩니다

[주택임대차보호법]

> 제3조 (대항력 등) ② 주택도시기금을 재원으로 하여 저소득층 무주택자에게 주거생활 안정을 목적으로 전세임대주택을 지원하는 법인이 주택을 임차한 후 지방자치단체의 장 또는 그 법인이 선정한 입주자가 그 주택을 인도받고 주민등록을 마쳤을 때에는 제1항을 준용한다. 이 경우 대항력이 인정되는 법인은 대통령령으로 정한다. <개정 2015. 1. 6.>

[주택임대차보호법시행령]

> 제2조 (대항력이 인정되는 법인) 「주택임대차보호법」(이하 "법"이라 한다) 제3조제2항 후단에서 "대항력이 인정되는 법인"이란 다음 각 호의 법인을 말한다. <개정 2009. 9. 21., 2020. 9. 29.>
> 1. 「한국토지주택공사법」에 따른 한국토지주택공사(이하 "공사"라 한다)
> 2. 「지방공기업법」 제49조에 따라 주택사업을 목적으로 설립된 지방공사
> [전문개정 2008. 8. 21.] [제1조의2에서 이동, 종전 제2조는 제8조로 이동 <2013. 12. 30.>]

(2) 「중소기업기본법」 제2조에 따른 중소기업에 해당하는 법인이 소속 직원의 주거용으로 주택을 임차한후 그 법인이 선정한 직원이 해당 주택을 인도받고 주민등록을 마쳤을 때에는 그 다음 날부터 제3자에 대하여 효력이 생깁니다.

또한, 임대차가 끝나기 전에 그 직원이 변경된 경우에는 그 법인이 선정한 새로운 직원이 주택을 인도받고 주민등록을 마친 다음 날부터 제3자에 대하여 효력이 생깁니다.

[주택임대차보호법]

> 제3조 (대항력 등) ③ 「중소기업기본법」 제2조에 따른 중소기업에 해당하는 법인이 소속 직원의 주거용으로 주택을 임차한 후 그 법인이 선정한 직원이 해당 주택을 인도받고 주민등록을 마쳤을 때에는 제1항을 준용한다. 임대차가 끝나기 전에 그 직원이 변경된 경우에는 그 법인이 선정한 새로운 직원이 주택을 인도받고 주민등록을 마친 다음 날부터 제삼자에 대하여 효력이 생긴다. <신설 2013. 8. 13.>

제3절   주택임대차보호법의 적용범위

「주택임대차보호법」은 주택, 즉 주거용 건물의 전부 또는 일부에 대해 임대차하는 경우에 적용되고, 그 임차주택의 일부를 주거 외의 목적으로 사용하는 경우에도 적용됩니다.

[주택임대차보호법]

> 제2조 (적용 범위) 이 법은 주거용 건물(이하 "주택"이라 한다)의 전부 또는 일부의 임대차에 관하여 적용한다. 그 임차주택(賃借住宅)의 일부가 주거 외의 목적으로 사용되는 경우에도 또한 같다.
> [전문개정 2008. 3. 21.]

* 오피스텔 등을 주거용으로 사용하는 경우 주택임대차보호법 적용

1. 주거용 건물 판단기준

주택임대차보호법 제2조 소정의 주거용 건물에 해당하는지 여부는 임대차목적물의 공부상의 표시만을 기준으로 할 것이 아니라 그 실지 용도에 따라서 정하여야 하고 또 건물의 일부가 임대차의 목적이 되어 주거용과 비주거용으로 겸용되는 경우에는 구체적인 경우에 따라 그 임대차의 목적, 전체 건물과 임대차목적물의 구조와 형태 및 임차인의 임대차목적물의 이용관계 그리고 임차인이 그 곳에서 일상생활을 영위하는지 여부 등을 아울러 고려하여 합목적적으로 결정합니다.(대법원 1995. 4. 15. 선고 94다52522 판결).

[판례 1] 건물명도 (대법원 1995. 3. 10. 선고 94다52522 판결)

【판시사항】

가. 주택임대차보호법 제2조 소정의 주거용 건물에 해당하는지 여부의 판단기준
나. 공부상 단층 작업소 및 근린생활시설로 실제 주거용과 비주거용으로 겸용되고 있는 건물을 주택임대차보호법 제2조 후문 소정의 주거용 건물로 인정한 사례

【판결요지】

가. 주택임대차보호법 제2조 소정의 주거용 건물에 해당하는지 여부는 임대차목적물의 공부상의 표시만을 기준으로 할 것이 아니라 그 실지 용도에 따라서 정하여야 하고 또 건물의 일부가 임대차의 목적이 되어 주거용과 비주거용으로 겸용되는 경우에는 구체적인 경우에 따라 그 임대차의 목적, 전체 건물과 임대차목적물의 구조와 형태 및 임차인의 임대차목적물의 이용관계 그리고 임차인이 그 곳에서 일상생활을 영위하는지 여부 등을 아울러 고려하여 합목적적으로 결정하여야 한다.
나. 건물이 공부상으로는 단층 작업소 및 근린생활시설로 표시되어 있으나 실제로 갑은 주거 및 인쇄소 경영 목적으로, 을은 주거 및 슈퍼마켓 경영 목적으로 임차하여 가족들과 함께 입주하여 그 곳에서 일상생활을 영위하는 한편 인쇄소 또는 슈퍼마켓을 경영하고 있으며, 갑의 경우는 주거용으로 사용되는 부분이 비주거용으로 사용되는 부분보다 넓고, 을의 경우는 비주거용으로 사용되는 부분이 더 넓기는 하지만 주거용으로 사용되는 부분도 상당한 면적이고, 위 각 부분이 갑·을의 유일한 주거인 경우 주택임대차보호법 제2조 후문에서 정한 주거용 건물로 인정한 사례.

【참조조문】

주택임대차보호법 제2조

【참조판례】

가. 대법원 1988.12.27. 선고 87다카2024 판결(공1989,224)

【전 문】

【원고, 상고인】 주식회사 부산은행 소송대리인 변호사 조성래
【피고, 피상고인】 피고 1 외 1인 피고들 소송대리인 변호사 김동호
【원심판결】 부산지방법원 1994.9.28. 선고 94나4544 판결

【주 문】

상고를 기각한다.
상고비용은 원고의 부담으로 한다.

【이 유】

상고이유를 본다.

주택임대차보호법 제2조 소정의 주거용 건물에 해당하는지 여부는 임대차목적물의 공부상의 표시만을 기준으로 할 것이 아니라 그 실지용도에 따라서 정하여야 하고 또 이 사건의 경우와 같이 건물의 일부가 임대차의 목적이 되어 주거용과 비주거용으로 겸용되는 경우에는 구체적인 경우에 따라 그 임대차의 목적, 전체 건물과 임대차목적물의 구조와 형태 및 임차인의 임대차목적물의 이용관계 그리고 임차인이 그 곳에서 일상생활을 영위하는지 여부 등을 아울러 고려하여 합목적적으로 결정하여야 할 것이다(당원 1988.12.27. 선고 87다카2024 판결 참조).

원심판결 이유에 의하면, 원심은 거시증거에 의하여, 이 사건 건물은 공부상으로는 단층 작업소 및 근린생활시설로 표시되어 있으나 실제로는 주택으로도 이용되고 있는 단층 건물로서 격벽으로 구분되어 각 독자적인 출입구를 가진 6개 부분으로 구성되어 있는 사실, 피고 1은 주거 및 인쇄소 경영 목적으로, 피고 2는 주거 및 슈퍼마켓 경영 목적으로, 각기 위 6개 부분 중 하나씩을 임차하여 가족들과 함께 입주하여 그 곳에서 일상생활을 영위하는 한편 인쇄소 또는 슈퍼마켓을 경영하고 있는 사실, 피고 1의 경우는 주거용으로 사용되는 부분이 비주거용으로 사용되는 부분보다 넓고, 피고 2의 경우는 비주거용으로 사용되는 부분이 더 넓기는 하지만 주거용으로 사용되는 부분도 상당한 면적인 사실, 위 각 부분은 피고들의 유일한 주거인 사실을 인정한 다음, 피고들이 점유하고 있는 위 각 부분은 주택임대차보호법 제2조 후문에서 정한 주거용 건물에 해당한다는 취지로 판단하였는바, 기록에 의하여 살펴 보면 원심의 위와 같은 인정판단은 정당한 것으로 수긍이 가고, 거기에 소론과 같이 채증법칙에 위배하여 사실을 잘못 인정하였거나 주택임대차보호법의 법리를 오해하고 판례에 위반된 위법이 있다 할 수 없다. 논지는 모두 이유 없다.

그러므로 상고를 기각하고 상고비용은 패소자의 부담으로 하기로 하여 관여 법관의 일치된 의견으로 주문과 같이 판결한다.

대법관 김형선(재판장) 박준서(주심) 이용훈

2. 일부를 주거 외의 목적으로 사용 경우

전체 건물 중 1층인 임대차목적물이 공부상 소매점으로 표시되어 있으나, 건축 당시부터 그 면적의 절반 정도가 방(2칸)으로, 나머지 절반 정도가 소매점 등 영업소를 하기 위한 홀(Hall)로 건축되어 있었고, 그러한 상태에서 임차인이 가족들과 함께 거주하면서 음식점을 영업하여 온 경우에는 주거용 건물로 「주택임대차보호법」이 적용됩니다(대법원 1996. 5. 31. 선고 93누21941 판결).

[판례 2] 택지초과소유부담금부과처분취소 (대법원 1994. 2. 22. 선고 93누21941 판결)

【판시사항】

실제로는 상가건물이나 공부상 주택으로 등재된 건물이 택지소유상한에관한법률 제2조 제2호 소정의 "주택"인지 여부

【판결요지】

택지소유상한에관한법률 제2조 제1호 가목, 제2호 소정의 "주택"은 같은 법률의 입법목적과 실질과세의 원칙에 비추어 볼 때 건물공부상의 용도구분이나 구조변경허가에 관계없이 사실상 주거용으로 사용할 수 있도록 건축된 건물을 뜻하는 것이므로 원래 영업용 및 근린생활시설용으로 신축되었는데 다만 건축물관리대장상으로만 그 용도가 주택으로 등재된 건물은 같은 법률 제2조 제2호 소정의 주택에 해당하지 않는다.

【참조조문】

택지소유상한에관한법률 제2조 제1호 가목, 제2조 제2호

【참조판례】

대법원 1993.12.14. 선고 93누15878 판결(공1994상,384)

【전 문】

【원고, 피상고인】 원고
【피고, 상고인】 서울특별시 마포구청장
【원심판결】 서울고등법원 1993.9.10. 선고 93구5170 판결

【주 문】

상고를 기각한다.
상고비용은 피고의 부담으로 한다.

【이 유】

상고이유를 본다.
원심은, 택지소유상한에관한법률 제2조 제1호 가목, 제2호 소정의 '주택'은 위 법률의 입법목적과 실질과세의 원칙에 비추어 볼 때 건물공부상의 용도구분이나 구조변경허가에 관계없이 사실상 주거용으로 사용할 수 있도록 건축된 건물을 뜻하는 것이라고 전제하고서, 그 거시증거에 의하여 이 사건 제3건물은 원래 영업용 및 근린생활시설용으로 신축되었는데 다만 건축물관리대장상으로만 그 용도가 주택으로 등재된 사실을 인정한 다음, 그 인정사실에 의하여 이 사건 제3건물은 위 법률 제2조 제2호 소정의 주택에 해당하지 않고, 따라서 그 부지인 이 사건 제3, 4토지도 위 법률의 적용대상이 되는 택지에 해당하지 않는다고 판시하고 있는바, 기록에 의하여 살펴보면 원심의 판단은 정당하고, 거기에 소론과 같은 법리오해의 위법이 없으므로 논지는 이유 없다.
그러므로 상고를 기각하고 상고비용은 패소자의 부담으로 하기로 하여 관여 법관의 일치된 의견으로 주문과 같이 판결한다.

대법관   천경송(재판장) 안우만(주심) 김용준 안용득

그러나 여관의 방 하나를 내실로 사용하는 경우(대법원 1987. 4. 28. 선고 86다카2407 판결) 등 비주거용 건물에 주거의 목적으로 소부분을 사용하는 경우에는 「주택임대차보호법」의 보호대상에서 제외될 수도 있습니다.

[판례 3] 건물명도 (대법원 1987. 4. 28. 선고 86다카2407 판결)

【판시사항】

비거주용 건물의 일부가 주거의 목적으로 사용되고 있는 건물이 주택임대차보호법 제2조의 보호대상에 해당하는지 여부

【판결요지】

임차주택의 일부가 주거외의 목적으로 사용되는 경우에도 주택임대차보호법 제2조의 규정에 의하여 그 법률의 적용을 받는 주거용 건물에 포함되나 주거생활의 안정을 보장하기 위한 입법의 목적에 비추어 거꾸로 비주거용 건물에 주거의 목적으로 일부를 사용하는 경우에는 동법 제2조가 말하고 있는 일부라는 범위를 벗어나 이를 주거용 건물이라 할 수 없고 이러한 건물은 위 법률의 보호대상에서 제외된다.

【참조조문】

주택임대차보호법 제2조

【전 문】

【원고, 피상고인】 원고 소송대리인 변호사 이진우
【피고, 상 고 인】 피고 소송대리인 변호사 김정현
【원심판결】 서울고등법원 1986.9.29. 선고 86나77 판결

【주 문】

상고를 기각한다.
상고비용은 피고의 부담으로 한다.

【이 유】

피고 소송대리인의 상고이유에 대하여,
임차주택의 일부가 주거외의 목적으로 사용되는 경우에도 주택임대차보호법 제2조의 규정에 의하여 그 법률의 적용을 받는 주거용 건물에 포함되나 주거생활의 안정을 보장하기 위한 입법목적에 비추어 임차주택의 일부가 비주거용이 아니고 거꾸로 비주거용 건물에 주택의 목적으로 일부를 사용하는 경우에는 위 법 제2조가 말하고 있는 일부라는 범위를 벗어나 이를 주거용 건물이라 할 수 없고 이러한 건물은 위 법률의 보호대상에서 제외된다고 할 것이다.

원심은 그 채택증거를 종합하여 원고가 경락으로 소유권을 취득한 이 사건 건물은 당초부터 여관, 여인숙의 형태로 건축되었고 피고는 전소유자 소외인으로부터 여인숙을 경영할 목적으로 임차하여 방 10개 중 현관앞의 방은 피고가 내실로 사용하면서 여관, 여인숙이란 간판을 걸고 여인숙업을 경영하고 온 사실을 인정하고 피고의 그 점유부분은 주택임대차보호법상의 주거용 건물에 해당하지 아니한다고 하였는바, 원심의 위와 같은 판단은 정당하다. 소론은 위의 인정판단과 어긋나는 사실관계 또는 법률적 견해를 바탕으로 하여 여러가지 각도로 원심판결을 공격하고 있는데 지나지 아니하여 채용할 수 없다. 논지는 이유없다.

이에 상고를 기각하고, 상고비용은 패소자의 부담으로 하여 관여 법관의 일치된 의견으로 주문과 같이 판결한다.

대법관 김형기(재판장) 이준승 박우동

3. 미등기 무허가 건물의 경우

어느 건물이 국민의 주거생활의 용도로 사용되는 주택에 해당하는 이상 비록 그 건물에 관하여 아직 등기를 마치지 아니하였거나 등기가 이루어질 수 없는 사정이 있다고 하더라도 다른 특별한 규정이 없는 한 「주택임대차보호법」이 적용됩니다(대법원 2007. 6. 21. 선고 2004다26133 판결).

아울러, "주거용 건물" 여부의 판단 시기는 임대차 계약을 체결하는 때를 기준으로 합니다

[판례 4] 배당이의 (대법원 2007. 6. 21. 선고 2004다26133 전원합의체 판결)

【판시사항】

[1] 주택임대차 성립 당시 임대인의 소유였던 대지가 타인에게 양도되어 임차주택과 대지의 소유자가 서로 달라지게 된 경우, 임차인이 대지의 환가대금에 대하여 우선변제권을 행사할 수 있는지 여부(적극)

[2] 미등기 또는 무허가 건물도 주택임대차보호법의 적용대상이 되는지 여부(적극)

[3] 미등기 주택의 임차인이 임차주택 대지의 환가대금에 대하여 주택임대차보호법상 우선변제권을 행사할 수 있는지 여부(적극)

【판결요지】

[1] 대항요건 및 확정일자를 갖춘 임차인과 소액임차인은 임차주택과 그 대지가 함께 경매될 경우뿐만 아니라 임차주택과 별도로 그 대지만이 경매될 경우에도 그 대지의 환가대금에 대하여 우선변제권을 행사할 수 있고, 이와 같은 우선변제권은 이른바 법정담보물권의 성격을 갖는 것으로서 임대차 성립시의 임차 목적물인 임차주택 및 대지의 가액을 기초로 임차인을 보호하고자 인정되는 것이므로, 임대차 성립 당시 임대인의 소유였던 대지가 타인에게 양도되어 임차주택과 대지의 소유자가

서로 달라지게 된 경우에도 마찬가지이다.

[2] 주택임대차보호법은 주택의 임대차에 관하여 민법에 대한 특례를 규정함으로써 국민의 주거생활의 안정을 보장함을 목적으로 하고 있고, 주택의 전부 또는 일부의 임대차에 관하여 적용된다고 규정하고 있을 뿐 임차주택이 관할관청의 허가를 받은 건물인지, 등기를 마친 건물인지 아닌지를 구별하고 있지 아니하므로, 어느 건물이 국민의 주거생활의 용도로 사용되는 주택에 해당하는 이상 비록 그 건물에 관하여 아직 등기를 마치지 아니하였거나 등기가 이루어질 수 없는 사정이 있다고 하더라도 다른 특별한 규정이 없는 한 같은 법의 적용대상이 된다.

[3] 대항요건 및 확정일자를 갖춘 임차인과 소액임차인에게 우선변제권을 인정한 주택임대차보호법 제3조의2 및 제8조가 미등기 주택을 달리 취급하는 특별한 규정을 두고 있지 아니하므로, 대항요건 및 확정일자를 갖춘 임차인과 소액임차인의 임차주택 대지에 대한 우선변제권에 관한 법리는 임차주택이 미등기인 경우에도 그대로 적용된다. 이와 달리 임차주택의 등기 여부에 따라 그 우선변제권의 인정 여부를 달리 해석하는 것은 합리적 이유나 근거 없이 그 적용대상을 축소하거나 제한하는 것이 되어 부당하고, 민법과 달리 임차권의 등기 없이도 대항력과 우선변제권을 인정하는 같은 법의 취지에 비추어 타당하지 아니하다. 다만, 소액임차인의 우선변제권에 관한 같은 법 제8조 제1항이 그 후문에서 '이 경우 임차인은 주택에 대한 경매신청의 등기 전에' 대항요건을 갖추어야 한다고 규정하고 있으나, 이는 소액보증금을 배당받을 목적으로 배당절차에 임박하여 가장 임차인을 급조하는 등의 폐단을 방지하기 위하여 소액임차인의 대항요건의 구비시기를 제한하는 취지이지, 반드시 임차주택과 대지를 함께 경매하여 임차주택 자체에 경매신청의 등기가 되어야 한다거나 임차주택에 경매신청의 등기가 가능한 경우로 제한하는 취지는 아니라 할 것이다. 대지에 대한 경매신청의 등기 전에 위 대항요건을 갖추도록 하면 입법 취지를 충분히 달성할 수 있으므로, 위 규정이 미등기 주택의 경우에 소액임차인의 대지에 관한 우선변제권을 배제하는 규정에 해당한다고 볼 수 없다.

【참조조문】

[1] 주택임대차보호법 제3조의2 제2항, 제8조 [2] 주택임대차보호법 제1조, 제2조 [3] 주택임대차보호법 제2조, 제3조의2 제2항, 제8조

【참조판례】

[1] 대법원 1996. 6. 14. 선고 96다7595 판결(공1996하, 2180)
대법원 1999. 7. 23. 선고 99다25532 판결(공1999하, 1740)
[2] 대법원 1987. 3. 24. 선고 86다카164 판결(공1987, 708)
[3] 대법원 2001. 10. 30. 선고 2001다39657 판결(공2001하, 2566)(변경)

【전 문】

【원고, 피상고인】 원고 1외 1인
【피고, 상고인】 중소기업은행 (소송대리인 법무법인 광장 담당변호사 박준서외 2인)
【원심판결】 서울고법 2004. 4. 27. 선고 2003나40653 판결

【주 문】

상고를 모두 기각한다. 상고비용은 피고가 부담한다.

【이 유】

상고이유를 판단한다.
1. 주택임대차보호법(이하 '같은 법'이라 한다) 제3조의2 제2항은, 제3조 제1항의 대항요건과 임대차계약증서상의 확정일자를 갖춘 임차인에 대하여 민사집행법에 의한 경매 또는 국세징수법에 의한 공매시 그 환가대금에서 후순위권리자 기타 채권자보다 우선하여 보증금을 변제받을 권리가 있다고 규정하면서 그 환가대금에는 주택뿐 아니라 대지의 환가대금도 포함된다고 규정하고 있고, 같은 법 제8조 제1항은, 대항요건을 갖춘 임차인에 대하여 보증금 중 일정액(이하 '소액보증금'이라 한다)에 관하여 다른 담보물권자보다 우선하여 변제받을 권리를 인정하는 한편 같은 조 제3항은 우선변제를 받을 임차인(이하 '소액임차인'이라 한다)과 소액보증금의 범위와 기준을 대통령령으로 정하도록 위임하면서 소액보증금의 범위와 기준은 주택뿐 아니라 대지를 포함한 가액의 2분의 1의 범위 안에서 정하도록 규정하고 있다.

   따라서 대항요건 및 확정일자를 갖춘 임차인과 소액임차인은 임차주택과 그 대지가 함께 경매될 경우뿐만 아니라 임차주택과 별도로 그 대지만이 경매될 경우에도 그 대지의 환가대금에 대하여 우선변제권을 행사할 수 있고(대법원 1996. 6. 14. 선고 96다7595 판결, 1999. 7. 23. 선고 99다25532 판결 등 참조), 이와 같은 우선변제권은 이른바 법정담보물권의 성격을 갖는 것으로서 임대차 성립시의 임차 목적물인 임차주택 및 대지의 가액을 기초로 임차인을 보호하고자 인정되는 것이므로, 임대차 성립 당시 임대인의 소유였던 대지가 타인에게 양도되어 임차주택과 대지의 소유자가 서로 달라지게 된 경우에도 마찬가지라 할 것이다.

2. 같은 법은 주택의 임대차에 관하여 민법에 대한 특례를 규정함으로써 국민의 주거생활의 안정을 보장함을 목적으로 하고 있고(제1조), 주택의 전부 또는 일부의 임대차에 관하여 적용된다고 규정하고 있을 뿐 임차주택이 관할관청의 허가를 받은 건물인지, 등기를 마친 건물인지 아닌지를 구별하고 있지 아니하므로(제2조), 어느 건물이 국민의 주거생활의 용도로 사용되는 주택에 해당하는 이상 비록 그 건물에 관하여 아직 등기를 마치지 아니하였거나 등기가 이루어질 수 없는 사정이 있다고 하더라도 다른 특별한 규정이 없는 한 같은 법의 적용대상이 된다고 해석함이 상당하다 (미등기무허가 건물의 양수인에 대한 대항력을 인정한 대법원 1987. 3. 24. 선고 86다카164 판결 참조).

   그런데 대항요건 및 확정일자를 갖춘 임차인과 소액임차인에게 우선변제권을 인정한 같은 법 제3조의2 및 제8조가 미등기 주택을 달리 취급하는 특별한 규정을 두고 있지 아니하므로, 위에서 본 대항요건 및 확정일자를 갖춘 임차인과 소액임차인의 임차주택 대지에 대한 우선변제권에 관한 법리는 임차주택이 미등기인 경우에도 그대로 적용된다고 보아야 할 것이다.

   이와 달리 임차주택의 등기 여부에 따라 그 우선변제권의 인정 여부를 달리 해석하는 것은 합리적 이유나 근거 없이 그 적용대상을 축소하거나 제한하는 것이 되어 부당하고, 민법과 달리 임차권의 등기 없이도 대항력과 우선변제권을 인정하는 같은 법의 취지에 비추어 타당하지 아니하다.

   다만, 소액임차인의 우선변제권에 관한 같은 법 제8조 제1항이 그 후문에서 '이 경우 임차인은 주택에 대한 경매신청의 등기 전에' 대항요건을 갖추어야 한다고 규정하고 있으나, 이는 소액보증금을 배당받을 목적으로 배당절차에 임박하여 가장 임차인을 급조하는 등의 폐단을 방지하기 위하여 소액임차인의 대항요건의 구비시기를 제한하는 취지이지, 반드시 임차주택과 대지를 함께 경매하여 임차주택 자체에 경매신청의 등기가 되어야 한다거나 임차주택에 경매신청의 등기가 가능한 경우로 제한하는 취지는 아니라 할 것이다. 대지에 대한 경매신청의 등기 전에 위 대항요건을 갖추도록 하면 입법 취지를 충분히 달성할 수 있으므로, 위 규정이 미등기 주택의 경우에 소액임차인의 대지에 관한 우선변제권을 배제하는 규정에 해당한다고 볼 수 없다.

   따라서 종전에 미등기 주택 대지의 환가대금에 대한 소액임차인의 우선변제권에 관하여 이와 견해를 달리한 대법원 2001. 10. 30. 선고 2001다39657 판결은 이를 변경하기로 한다.
3. 같은 취지에서 원심이, 이 사건 미등기 다세대주택의 임차인인 원고들은 피고가 이 사건 대지에 대한 근저당권을 설정받기 전에 대항요건 및 확정일자를 갖추었으므로, 피고의 근저당권에 기하여 신청된 이 사건 대지에 관한 경매절차에서 원고들이 그 대지의 환가대금으로부터 피고의 채권에 우선하여 보증금을 배당받을 수 있다고 판단한 것은 정당하고, 거기에 상고이유에서 주장하는 바와 같은 대항요건 및 확정일자를 갖춘 임차인의 우선변제권 행사 요건에 관한 법리오해의 위법은 없다.
4. 그러므로 상고를 모두 기각하고, 상고비용은 패소자가 부담하도록 하여 관여 법관의 일치된 의견으로 주문과 같이 판결한다.

　　　대법원장　　이용훈(재판장)　　　　대법관　　고현철 김용담 김영란 양승태 김황식 박시환 김지형
　　　이홍훈 박일환 김능환 전수안(주심) 안대희

[판례 5] 배당이의 (대법원 1996. 3. 12. 선고 95다51953 판결)

【판시사항】

[1] 주택임대차보호법 제2조에 정한 주거용 건물에 해당하는지 여부의 판단 기준
[2] 방 2개와 주방이 딸린 다방이 주택임대차보호법 제2조 후문의 주거용 건물에 해당하지 아니한다고 본 사례

【판결요지】

[1] 주택임대차보호법 제2조 소정의 주거용 건물에 해당하는지 여부는 임대차목적물의 공부상의 표시만을 기준으로 할 것이 아니라 그 실지용도에 따라서 정하여야 하고 건물의 일부가 임대차의 목적이 되어 주거용과 비주거용으로 겸용되는 경우에는 구체적인 경우에 따라 그 임대차의 목적, 전체 건물과 임대차목적물의 구조와 형태 및 임차인의 임대차목적물의 이용관계 그리고 임차인이 그곳에서 일상생활을 영위하는지 여부 등을 아울러 고려하여 합목적적으로 결정하여야 한다.
[2] 방 2개와 주방이 딸린 다방이 영업용으로서 비주거용 건물이라고 보여지고, 설사 그 중 방 및 다방의 주방을 주거목적에 사용한다고 하더라도 이는 어디까지나 다방의 영업에 부수적인 것으로서 그러한 주거목적 사용은 비주거용 건물의 일부가 주거목적으로 사용되는 것일 뿐, 주택임대차보호법 제2조 후문에서 말하는 '주거용 건물의 일부가 주거 외의 목적으로 사용되는 경우'에 해당한다고 볼 수 없다고 한 원심의 판단을 수긍한 사례.

【참조조문】

[1] 주택임대차보호법 제2조 [2] 주택임대차보호법 제2조

【참조판례】

[1][2] 대법원 1988. 12. 27. 선고 87다카2024 판결(공1989, 224)
대법원 1995. 3. 10. 선고 94다52522 판결(공1995상, 1594)
[2] 대법원 1987. 4. 28. 선고 86다카2407 판결(공1987, 886)

대법원 1988. 12. 13. 선고 87다카3097 판결(공1989, 102)

【전 문】

【원고,피상고인】 원고 1 외 1인 (원고들 소송대리인 변호사 황성하)
【피고,상고인】 피고 (소송대리인 변호사 정운호)
【원심판결】 대전고법 1995. 10. 26. 선고 95나2157 판결

【주 문】

상고를 기각한다. 상고비용은 피고의 부담으로 한다.

【이 유】

상고이유를 본다.
(1) 주택임대차보호법 제2조 소정의 주거용 건물에 해당하는지 여부는 임대차목적물의 공부상의 표시만을 기준으로 할 것이 아니라 그 실지용도에 따라서 정하여야 하고 건물의 일부가 임대차의 목적이 되어 주거용과 비주거용으로 겸용되는 경우에는 구체적인 경우에 따라 그 임대차의 목적, 전체 건물과 임대차목적물의 구조와 형태 및 임차인의 임대차목적물의 이용관계 그리고 임차인이 그 곳에서 일상생활을 영위하는지 여부 등을 아울러 고려하여 합목적적으로 결정하여야 할 것이다 (당원 1988. 12. 27. 선고 87다카2024 판결, 1995. 3. 10. 선고 94다52522 판결 참조).
(2) 원심은 이 사건 건물은 온양시장 변두리에 위치하고 있고, 건축물관리대장 및 등기부상의 용도는 1층 점포 지하 위락시설 및 다방으로 기재되어 있는 상가건물로서, 이 사건 건물 1층에는 전자오락실, 이불가게, 여인숙, 미용실, 슈퍼마켓이 영업을 하고 있는 사실, 피고가 임차한 건물부분은 약 30평 가량의 지하실 다방으로서 다방영업장 약 21평, 주방 약 3평, 약 2 내지 3평 가량의 방 2개로 이루어져 있고, 피고가 위 건물부분에 관하여 임대차계약을 체결함에 있어서 작성된 계약서에는 용도 다방, 임대차기간이 만료되면 임차인은 다방허가증 및 내부시설물을 원상복구하며 권리금 및 유익비 일체를 청구하지 않는다고 기재되어 있는 사실, 피고는 위 장소에서 다방영업을 하면서 1992. 11. 12.경 다방 영업자 지위를 승계하였고, 1993. 11. 10.경 온양시 (주소 생략) 소재 3층 연립주택 2층 205호를 구입하여 최소한 1994. 3. 말경부터 위 다방이 아닌 연립주택에서 거주한 사실을 인정한 다음, 위 인정 사실에 의하면 피고가 임차한 위 다방 건물부분은 영업용으로서 비주거용 건물이라고 보여지고 설사 피고가 그 중 방 및 다방의 주방을 주거목적에 사용한다고 하더라도 이는 어디까지나 위 다방의 영업에 부수적인 것으로서 그러한 주거목적 사용은 비주거용 건물의 일부가 주거목적으로 사용되는 것일 뿐, 주택임대차보호법 제2조 후문에서 말하는 '주거용 건물의 일부가 주거 외의 목적으로 사용되는 경우'에 해당한다고 볼 수 없다 고 판단하였는바, 기록에 의하여 살펴보면 원심의 이러한 인정 판단은 정당하고 거기에 소론과 같은 채증법칙 위배, 주택임대차보호법 제2조의 법리오해의 위법이 있다고 할 수 없다. 소론이 지적하는 당원의 판례는 사안을 달리하여 이 사건에 원용하기에 적절한 것이 아니다. 논지는 모두 이유 없다.
(3) 그러므로 상고를 기각하고 상고비용은 패소자의 부담으로 하기로 하여 관여 법관의 일치된 의견으로 주문과 같이 판결한다.

대법관   이돈희(재판장) 김석수(주심) 정귀호 이임수

한편, 일시 사용을 위한 임대차 일시 사용을 위한 임대차임이 명백한 경우에는 「주택임대차보호법」이 적용되지 않습니다.

[주택임대차보호법]

> **제11조 (일시사용을 위한 임대차)** 이 법은 일시사용하기 위한 임대차임이 명백한 경우에는 적용하지 아니한다. [전문개정 2008. 3. 21.]

[판례 6] 손해배상(기) (대법원 1994. 1. 28. 선고 93다43590 판결)

【판시사항】

숙박업자의 투숙객에 대한 보호의무의 내용과 이를 위반한 경우의 책임

【판결요지】

공중접객업인 숙박업을 경영하는 자가 투숙객과 체결하는 숙박계약은 숙박업자가 고객에게 숙박을 할 수 있는 객실을 제공하여 고객으로 하여금 이를 사용할 수 있도록 하고 고객으로부터 그 대가를 받는 일종의 일시사용을 위한 임대차계약으로서, 여관의 객실 및 관련시설, 공간은 오로지 숙박업자의 지배 아래 놓여 있는 것이므로 숙박업자는 통상의 임대차와 같이 단순히 여관의 객실 및 관련시설을 제공하여 고객으로 하여금 이를 사용수익하게 할 의무를 부담하는 것에서 한 걸음 더 나아가 고객에게 위험이 없는 안전하고 편안한 객실 및 관련시설을 제공함으로써 고객의 안전을 배려하여야 할 보호의무를 부담하며 이러한 의무는 숙박계약의 특수성을 고려하여 신의칙상 인정되는 부수적인 의무로서 숙박업자가 이를 위반하여 고객의 생명, 신체를 침해하여 손해를 입힌 경우 불완전이행으로 인한 채무불이행 책임을 부담한다.

【참조조문】

상법 제151조, 민법 제653조

【전 문】

【원고, 피상고인】 원고 1 외 3인
【피고, 상고인】 피고 소송대리인 변호사 정연조
【환송판결】 대법원 1992.10.27. 선고 92다20125 판결
【원심판결】 서울고등법원 1993.7.20. 선고 92나64349 판결

【주 문】

상고를 기각한다.
상고비용은 피고의 부담으로 한다.

【이 유】

상고이유를 본다.
1. 제1점에 대하여

원심판결 이유에 의하면 원심은 거시증거에 의하여 망 소외 1이 피고경영의 여관 2층 205호실에 투숙하였다가 다음날 아침 위 여관 2층 복도에서 발생한 화재로 인한 연기를 발견하고 창문으로 탈출하기 위하여 창문 유리를 깨려 하였으나 여의치 못하여 이불을 뒤집어쓰고 방문을 열고 탈출하다가 복도에서 화염 및 가스등으로 전신화상을 입고 질식 사망한 사실, 피고는 위 여관 2층에서 연기가 나오는 것을 보고 처에게 화재신고를 하게 한 뒤 소화기를 들고 배전판의 스위치를 내린 다음 2층에 올라가려 했으나 연기가 이미 복도에 가득 차서 계단 끝 마지막 두번째 계단쯤에 서서 "불이야"라고 몇번 소리지르면서 소화기로 불을 끄다가 연기가 심하여 밖으로 나온 사실, 위 여관의 2층 복도 바닥에는 불연성인 모노륨이 깔려 있어 담배불에 의한 화재가능성은 희박하고 전기가 누전된 흔적도 없어서 누전에 의한 발화라고 볼 상황도 아니며 달리 화재원인이 될 만한 것이 밝혀지지 아니한 사실을 인정한 다음, 피고의 과실에 기한 불법행위를 원인으로 한 주청구를 화재원인이 밝혀지지 아니한 상태에서 피고에게 화재발생 또는 화재발생후의 사후조치에 관하여 중과실을 인정할 수 없다는 이유로 기각하고 나서, 피고가 고객인 망인에 대한 계약상의 보호의무를 위반하여 채무불이행 책임이 있다는 예비적 청구에 관하여 여관의 숙박계약이란 대가를 받고 여관 객실을 상대방에게 일시적으로 사용케하는 일종의 임대차계약이라고 할 것인데 이러한 숙박계약에 있어서는 장기적인 사용을 전제로 한 통상의 주택 임대차와는 달리 여관의 객실 및 관련시설, 공간에 대한 모든 지배는 오로지 여관 경영자가 하는 것이고, 고객은 여관경영자가 투숙중인 고객에 대한 안전을 위하여 필요한 조치를 할 것으로 신뢰하고 여관에 투숙하는 것이므로 여관 경영자에게는 고객에게 객실을 제공할 주된 의무가 있는 외에 나아가 고객이 여관에 투숙하고 있는 동안 안전하게 지낼 수 있도록 할 부수적인 보호의무가 있다고 할 것인 바, 여관 경영자가 고객에 대한 위와같은 부수적인 의무를 위반한 경우에는 비록 그가 고객에게 본래의 계약상 의무인 객실제공의무를 이행하였다 할지라도 그 이행은 결국 채무의 내용에 따른 것이 아닌 것으로서 소위 불완전이행에 해당하는 것이고 이로 인하여 고객에게 손해가 발생하였을 때에는 그 손해를 배상할 책임을 부담하며, 위와같은 불완전이행으로 인한 손해배상에 있어서도 통상의 채무불이행과 같이 채권자는 채무자에게 채무불이행이 있다는 것만을 주장, 입증하면 족하고 이에 대하여 채무자가 그 채무불이행에 대하여 자기에게 과실이 없음을 주장, 입증하지 않는 한 그 책임을 면할 수 없다는 전제를 내세우고 나서, 피고에게 화재발생에 있어서 의무위반 내지 과실이 없었다는 주장입증이 없고 화재발생후의 구조과정에서 투숙객의 보호를 위하여 비상벨로써 투숙객들에게 화재발생사실을 고지하지 아니하였고 투숙객들의 출입상황을 정확히 파악하지 아니함으로써 투숙객의 보호를 위한 구체적인 주의의무를 다하지 아니하였다는 점을 들어 피고는 망인 및 그 유족에게 망인이 위 화재로 인하여 입은 손해를 배상할 책임이 있다고 판단하였다.

원심이 거친 증거취사과정을 기록에 비추어 검토하여 보면 원심의 사실인정에 소론이 지적하는 증거없이 사실을 인정하거나 채증법칙을 위배한 위법은 없다. 이점에 관한 논지는 이유 없다.

공중접객업인 숙박업을 경영하는 자가 투숙객과 체결하는 숙박계약은 숙박업자가 고객에게 숙박을 할 수 있는 객실을 제공하여 고객으로 하여금 이를 사용할 수 있도록 하고 고객으로부터 그 대가를 받는 일종의 일시사용을 위한 임대차계약으로서, 원심이 적절히 판시하고 있는 바와같이 여관의 객실 및 관련시설, 공간은 오로지 숙박업자의 지배아래 놓여 있는 것이므로 숙박업자는 통상의 임대차와 같이 단순히 여관의 객실 및 관련시설을 제공하여 고객으로 하여금 이를 사용수익하게 할 의무를 부담하는 것에서 한 걸음 더 나아가 고객에게 위험이 없는 안전하고 편안한 객실 및 관련시설을 제공함으로써 고객의 안전을 배려하여야 할 보호의무를 부담하며 이러한 의무는 앞서 본 숙박계약의 특수성을 고려하여 신의칙상 인정되는 부수적인 의무로서 숙박업자가 이를 위반하여 고객의 생명, 신체를 침해하여 동인에게 손해를 입힌 경우 불완전이행으로 인한 채무불이행책임을 부담한다 할 것이다.

따라서 숙박업자에게 고객에 대한 보호의무가 없다는 독자적인 견해에서 원심판결을 비난하는 논지는 이유없어 받아들이지 아니한다.

2. 제2,3점에 대하여

숙박업자가 객실의 고객에 대하여 부담하는 보호의무를 위반하여 고객이 사망하였음을 원인으로 하는 채무불이행에 기한 손해배상청구소송에 있어 통상의 채무불이행과 같이 채무자가 그 채무불이행에 대하여 자기에게 과실이 없음을 주장, 입증하지 않는 한 그 책임을 면할 수 없는 것이기는 하나, 채권자로서도 그 급부의 불완전에 관한 주장, 입증책임을 부담하는 것이므로 원고로서는 구체적 보호의무의 존재와 그 위반사실을 주장, 입증하여야 한다 할 것이다.

기록에 의하여 살펴보면 원고들은 숙박업자인 피고로서는 투숙자가 퇴실하기 전까지 그 안전을 보호하여야 할 의무가 있다고만 주장하고 있어 그 주장내용이 다소 구체적이지 못한 점이 없지 아니하나, 이를 원고들이 제출한 여러 증거들과 대비하여 보면 원고들이 화재발생 후 피고가 여관의 고객에 대하여 화재발생사실을 제대로 통보하지 아니하였다는 구체적인 보호의무위반을 주장한 것으로도 볼 수 있다할 것이므로 원심이 피고의 손해배상책임을 인정함에 있어서 위 여관고객에 대한 구체적인 보호의무위반을 들고있다 하여 거기에 변론주의에 위배하여 당사자가 주장하지 않은 사실을 인정하거나 증명책임을 전도한 위법이 있다고 할 수 없다.

또한 실화책임에 관한 법률은 실화자에게 중대한 과실이 없는 경우에 불법행위로 인한 손해배상책임을 부담시키지 아니한다는데 불과하고 이 사건과 같이 숙박업자의 채무불이행을 이유로 한 손해배상책임까지 배척하는 것은 아니라 할 것이다. 논지는 모두 이유없어 받아들이지 아니한다.

3. 제4점에 대하여

관계증거를 기록과 대조하여 보면 망인이 객실 창문으로 탈출을 시도하려다가 여의치 아니하여 창문을 통한 탈출을 하지 못하였던 것이므로 옆방의 고객이 창문을 통하여 탈출하였다는 사정만으로는 망인에게 어떠한 과실이 있다고 할 수 없다고 한 원심판단에 소론이 지적하는 과실상계에 관한 법리오해의 위법은 없다. 논지는 역시 이유 없다.

4. 이에 상고를 기각하고 상고비용은 패소자의 부담으로 하기로 관여 법관의 의견이 일치되어 주문과 같이 판결한다.

대법관 박만호(재판장) 김상원(주심) 윤영철 박준서

제4절 주택임대차보호법 상 임대인 권리·의무

1. 임대인 권리

가. 임대료 지급의 청구

임대인은 임차인에게 차임을 지급할 것을 청구할 수 있습니다.

[민법]

> 제618조 (임대차의 의의) 임대차는 당사자 일방이 상대방에게 목적물을 사용, 수익하게 할 것을 약정하고 상대방이 이에 대하여 차임을 지급할 것을 약정함으로써 그 효력이 생긴다.

나. 임대료 증액의 청구

임대인은 임대차 계약 기간 중에 약정한 차임이나 보증금이 임대 주택에 대한 조세, 공과금, 그 밖의 부담의 증가나 경제사정의 변동 으로 적절하지 않게 된 때에는 5% 범위 내에서 장래에 대하여 그 증액을 청구할 수 있습니다.

[주택임대차보호법]

> 제7조 (차임 등의 증감청구권) ① 당사자는 약정한 차임이나 보증금이 임차주택에 관한 조세, 공과금, 그 밖의 부담의 증감이나 경제사정의 변동으로 인하여 적절하지 아니하게 된 때에는 장래에 대하여 그 증감을 청구할 수 있다. 이 경우 증액청구는 임대차계약 또는 약정한 차임이나 보증금의 증액이 있은 후 1년 이내에는 하지 못한다. <개정 2020. 7. 31.>
> ② 제1항에 따른 증액청구는 약정한 차임이나 보증금의 20분의 1의 금액을 초과하지 못한다. 다만, 특별시·광역시·특별자치시·도 및 특별자치도는 관할 구역 내의 지역별 임대차 시장 여건 등을 고려하여 본문의 범위에서 증액청구의 상한을 조례로 달리 정할 수 있다. <신설 2020. 7. 31.>
> [전문개정 2008. 3. 21.]

이 경우 증액청구는 임대차계약 또는 약정한 차임이나 보증금의 증액이 있은 후 1년 이내에는 하지 못합니다.

[주택임대차보호법]

> 제7조 (차임 등의 증감청구권) ① 당사자는 약정한 차임이나 보증금이 임차주택에 관한 조세, 공과금, 그 밖의 부담의 증감이나 경제사정의 변동으로 인하여 적절하지 아니하게 된 때에는 장래에 대하여

그 증감을 청구할 수 있다. 이 경우 증액청구는 임대차계약 또는 약정한 차임이나 보증금의 증액이 있은 후 1년 이내에는 하지 못한다. <개정 2020. 7. 31.>
② 제1항에 따른 증액청구는 약정한 차임이나 보증금의 20분의 1의 금액을 초과하지 못한다. 다만, 특별시·광역시·특별자치시·도 및 특별자치도는 관할 구역 내의 지역별 임대차 시장 여건 등을 고려하여 본문의 범위에서 증액청구의 상한을 조례로 달리 정할 수 있다. <신설 2020. 7. 31.>
[전문개정 2008. 3. 21.]

다. 임대한 주택의 반환 청구

임대차계약이 종료하면 임대인은 임차인에게 임대물의 반환을 청구할 수 있으며, 이 경우 임차인에게 임대물의 원상회복을 요구할 수 있습니다.

[민법]

제615조 (차주의 원상회복의무와 철거권) 차주가 차용물을 반환하는 때에는 이를 원상에 회복하여야 한다. 이에 부속시킨 물건은 철거할 수 있다.

제618조 (임대차의 의의) 임대차는 당사자 일방이 상대방에게 목적물을 사용, 수익하게 할 것을 약정하고 상대방이 이에 대하여 차임을 지급할 것을 약정함으로써 그 효력이 생긴다.

제654조 (준용규정) 제610조제1항, 제615조 내지 제617조의 규정은 임대차에 이를 준용한다.

라. 그 밖에 임대한 주택의 보전에 필요한 행위

임대인이 임대물의 보존에 필요한 행위를 하는 때에는 임차인이 이를 거절하지 못합니다.

[민법]

제624조 (임대인의 보존행위, 인용의무) 임대인이 임대물의 보존에 필요한 행위를 하는 때에는 임차인은 이를 거절하지 못한다.

2. 임대인 의무

가. 임대한 주택을 정상적으로 사용하도록 지원할 의무

임대인은 임차인이 목적물인 주택을 사용·수익할 수 있도록 할 의무를 집니다.

[민법]

> 제618조 (임대차의 의의) 임대차는 당사자 일방이 상대방에게 목적물을 사용, 수익하게 할 것을 약정하고 상대방이 이에 대하여 차임을 지급할 것을 약정함으로써 그 효력이 생긴다.

이를 위해 임대인이 주택을 임차인에게 인도해야 하며, 임차인이 임대차기간 중 그 주택을 사용·수익하는데 필요한 상태를 유지하게 할 수선의무를 집니다.

[민법]

> 제623조 (임대인의 의무) 임대인은 목적물을 임차인에게 인도하고 계약존속중 그 사용, 수익에 필요한 상태를 유지하게 할 의무를 부담한다.

[판례 1] 계약해지로인한임대차보증금반환·임대차보증금반환 (대법원 2004. 6. 10. 선고 2004다2151, 2168 판결)

【판시사항】

[1] 계약의 합의해지를 인정하기 위한 요건
[2] 임대인이 수선의무를 부담하게 되는 임대목적물의 파손·장해의 정도
[3] 1개의 청구 중 일부를 기각하는 제1심판결에 대하여 일방의 당사자만이 항소를 제기한 경우, 항소하지 아니한 나머지 부분을 항소심에서 다시 인용할 수 있는지 여부(소극) 및 항소심의 심판대상이 되지 않은 부분의 소송 확정 시점

[판례 2] 보증금등,건물명도등 (대법원 1994. 12. 9. 선고 94다34692,94다34708 판결)

【판시사항】

가. 임대인이 수선의무를 부담하게 되는 임대 목적물의 파손·장해의 정도
나. 임대인의 수선의무면제특약시 면제되는 수선의무의 범위를 명시하지 않은 경우, 수선의무범위의 해석

【판결요지】

가. 임대차계약에 있어서 임대인은 목적물을 계약 존속 중 그 사용·수익에 필요한 상태를 유지하게 할 의무를 부담하는 것이므로, 목적물에 파손 또는 장해가 생긴 경우 그것이 임차인이 별 비용을 들이지 아니하고도 손쉽게 고칠 수 있을 정도의 사소한 것이어서 임차인의 사용·수익을 방해할 정도의 것이 아니라면 임대인은 수선의무를 부담하지 않지만, 그것을 수선하지 아니하면 임차인이 계약에 의하여 정해진 목적에 따라 사용·수익할 수 없는 상태로 될 정도의 것이라면 임대인은 그 수선의무를 부담한다.
나. '가'항의 임대인의 수선의무는 특약에 의하여 이를 면제하거나 임차인의 부담으로 돌릴 수 있으나, 그러한 특약에서 수선의무의 범위를 명시하고 있는 등의 특별한 사정이 없는 한 그러한 특약에 의

하여 임대인이 수선의무를 면하거나 임차인이 그 수선의무를 부담하게 되는 것은 통상 생길 수 있는 파손의 수선 등 소규모의 수선에 한한다 할 것이고, 대파손의 수리, 건물의 주요 구성부분에 대한 대수선, 기본적 설비부분의 교체 등과 같은 대규모의 수선은 이에 포함되지 아니하고 여전히 임대인이 그 수선의무를 부담한다고 해석함이 상당하다.

나. 임대 보증금 반환의무

임대인은 임대차기간의 만료 등으로 임대차가 종료된 때에는 임차인에게 보증금을 반환할 의무가 있습니다.

[판례 3] 전부금 (대법원 1988. 1. 19. 선고 87다카1315 판결)

【판시사항】

가. 건물임대차에 있어서의 임차보증금의 성질
나. 건물임대차보증금 반환채권에 대한 전부명령의 효력범위

【판결요지】

가. 건물임대차에 있어서의 임차보증금은 임대차존속중의 임료뿐만 아니라 건물명도의무이행에 이르기까지 발생한 손해배상채권 등 임대차계약에 의하여 임대인이 임차인에 대하여 갖는 일체의 채권을 담보하는 것으로서 임대차종료후에 임대인에게 명도할 때 체불임료 등 모든 피담보채무를 공제한 잔액이 있을 것을 조건으로 하여 그 잔액에 관한 임차인의 보증금반환청구권이 발생한다.
나. 임차보증금을 피전부채권으로 하여 전부명령이 있을 경우에도 제3채무자인 임대인는 임차인에게 대항할 수 있는 사유로서 전부채권자에게 대항할 수 있는 것이어서 건물임대차보증금의 반환채권에 대한 전부명령의 효력이 그 송달에 의하여 발생한다고 하여도 위 보증금반환채권은 임대인의 채권이 발생하는 것을 해제조건으로 하는 것이므로 임대인의 채권을 공제한 잔액에 관하여서만 전부명령이 유효하다.

【참조조문】

가. 민법 제618조, 나. 민사소송법 제563조, 제564조

【참조판례】

가.나. 대법원 1986.7.9 선고 87다68 판결
가. 대법원 1976.8.24 선고 76다1032 판결
1983.11.22 선고 82다카1696 판결
1987.6.23 선고 87다카98판결
나. 대법원 1964.11.24 선고 64다864 판결

【전 문】

【원고, 피상고인】 원고
【피고, 상고인】 피고
【원심판결】 부산지방법원 1987.5.7 선고 86나1208 판결

【주 문】

원심판결을 파기하고, 사건을 부산지방법원 합의부에 환송한다.

【이 유】

상고이유를 본다.

원심판결 이유에 의하면, 원심은 전부명령에서의 제3채무자는 그와 채무자사이에서 전부명령송달시까지에 발생한 사유로써만 전부채권자에게 대항할 수 있고 그 이후에 발생한 사유로써는 대항할 수 없다고 전제한 다음, 그 전부채권이 건물임대차계약의 종료시 목적물반환채무와 동시이행관계에 있는 임대차보증금 반환채권인 이 사건의 경우에 있어서도 위 임대차보증금 반환채권과 상계할 수 있는 연체차임등 채권의 범위는 전부명령송달시까지에 이미 이행기가 도달한 것에 한한다고 판단하였다.

건물임대차에 있어서의 임차보증금은 임대차존속중의 임료뿐만 아니라 건물명도 의무이행에 이르기까지 발생한 손해배상채권 등 임대차계약에 의하여 임대인이 임차인에 대하여 갖는 일체의 채권을 담보하는 것으로서 임대차 종료후에 임차건물을 임대인에게 명도할 때 체불임료 등 모든 피담보채무를 공제한 잔액이 있을 것을 조건으로 하여 그 잔액에 관한 임차인의 보증금반환청구권이 발생하고 이와 같은 임차보증금을 피전부채권으로하여 전부명령이 있은 경우에도 제3채무자인 임대인은 임차인에게 대항할 수 있는 사유로써 전부채권자에게 대항할 수 있는 것이다.

따라서 건물임대차보증금의 반환채권에 대한 전부명령의 효력이 그 송달에 의하여 발생한다고 하여도 위 보증금반환채권은 임대인의 채권이 발생하는 것을 해제조건으로 하는 것이며 임대인의 채권을 공제한 잔액에 관하여서만 전부명령이 유효하다고 할 것이다.(당원 1976.8.24 선고 76다1032 판결; 1964.11.24 선고 64다864 판결; 1987.6.9 선고 87다68판결 참조)그럼에도 불구하고 원심이 위 임대차보증금 반환채권과 상계할 수 있는 범위는 전부명령송달시까지 상계적상에 있었던 연체차임 등 채권에 한하고 그 이후에 변제기가 도래한 채권으로서는 상계할 수 없다고 판단하였음은 임대차보증금 반환채권이 전부채권인 전부명령에 있어서 제3채무자가 전부채권자에게 대항할 수 있는 범위에 관한 법리를 오해하였다고 아니할 수 없고, 이 점을 지적하는 논지는 이유있다.

그러므로 원심판결을 파기하고, 사건을 원심법원에 환송하기로 하여 관여법관의 일치된 의견으로 주문과 같이 판결한다.

대법관 윤관(재판장) 정기승 이명희

임대인의 임차보증금의 반환의무는 임차인의 임차주택의 반환의무와 동시이행의 관계에 있습니다.

[판례 4] 가옥명도 (대법원 1977. 9. 28. 선고 77다1241, 1242 전원합의체 판결)

【판시사항】

임대차계약이 종료된 경우의 건물명도의무와 보증금 반환의무의 상호 관계

【판결요지】

임대차계약의 기간이 만료된 경우에 임차인이 임차목적물을 명도할 의무와 임대인이 보증금 중 연체차임 등 당해 임대차에 관하여 명도시까지 생긴 모든 채무를 청산한 나머지를 반환할 의무는 동시이행의 관계가 있다.

【참조조문】

민법 제536조

【참조판례】

대법원 1962.3.29. 선고 4294민상939 판결

【전 문】

【원고(반소피고), 피상고인】 원고(반소피고) (소송대리인 변호사 정경철)
【피고(반소원고), 상고인】 피고(반소원고)
【원 판 결】 서울고등법원 1977.5.13. 선고 76나2014,2015 판결

【주 문】

원판결의 본소청구중 피고의 항소를 기각한 부분 및 반소청구중 임차 보증금청구에 대한 항소를 기각한 부분을 파기하고, 그 부분을 서울고등법원으로 환송한다.
피고의 나머지 상고를 기각한다.
피고의 위 나머지 상고로 인하여 생긴 소송비용은 피고의 부담으로 한다.

【이 유】

피고(반소원고)의 상고이유를 판단한다.
상고이유 제1점에 대하여,
원심이 적법히 인정한 사실에 의하면 원, 피고는 1973.9.30 원고소유의 원판결 별지목록기재 건물 중 지하실 건평 47평6홉6작에 관하여 임차보증금 3,500,000원, 월차임 50,000원, 임차기간 20개월 (1975.5.31까지)로 하는 임대차계약을 체결하고 이후 피고가 ○다방이란 상호의 다방으로 이를 지금까지 점유사용하고 있다는 것이므로 원심이 원고는 위 임대차계약의 종료를 원인으로 하여 피고에게 위 임차건물의 명도를 구할 수 있다고 판단하였음은 정당하고 이 판단에는 본건 다방의 영업허가 명의자가 소외인이므로 소외인에게 명도를 구하여야 한다는 피고주장을 배척한 뜻이 포함되어 있음이 분명하고 거기에 판단유탈이나 이유불비, 심리미진의 위법이 있음을 찾아볼 수 없으므로 논지는 이유없다.
상고이유 제2점에 대하여,
위 임대차기간이 만료된 뒤에도 원고는 1975.12말까지의 월차임을 영수하고 관리비를 징수하였으므로 위 임대차계약이 묵시적으로 갱신되었다는 피고의 주장에 대하여 원심은 원고는 1975.5.6 위 임대차기간만료로서 본건 임대차를 종료시킬 의사를 피고에게 명백히 표시한 바 있어 위 계약은 위 기간만료로

종료되었는바 원고가 위 기간만료 후의 차임을 영수한 것은 임료상당의 손해금으로 받은 것이고 관리비의 징수란 건물점유자가 당연히 지불해야 할 수도료, 전기료, 청소대 등을 받은 것으로 이와 같은 사실만으로는 위 임대차계약이 묵시적으로 갱신되었다고 볼 수 없다는 취지로 판단하고 있는바, 기록에 비추어 보면 이와 같은 판단은 수긍이 가고 그 사실인정과정에 채증법칙을 어긴 잘못이 있거나 그 법률 판단에 있어 임대차계약의 묵시의 갱신에 관한 법리를 오해한 위법이 있다고는 할 수 없으므로 논지는 이유없다.

상고이유 제4,5,6점에 대하여,

원심이 피고가 본건 다방에 설치하였다는 원판결 별지목록기재 각종 시설물에 관하여 피고가 약정에 의한 시설비의 반환청구권이 있다는 주장에 대하여는 그와 같은 약정이 있음을 인정할 자료가 없다고 배척하고, 유익비로서 그 반환청구권이 있다는 주장에 대하여는 그중 일부는 피고가 시설한 것이 아닌 것도 있고 피고가 시설한 것들도 그 중 목록 7번 벽시설과 내부 개수비 이외에는 유익비 상환청구권의 대상이 되는 시설물이 아니고 이 벽시설과 내부개수비도 원피고간의 약정에 의하여 유익비로서 상환을 청구할 수도 없다고 배척하고 부속시설물로서 매수청구권을 행사한데 대하여는 매수청구권의 대상이 될 수 있는 것은 에어콘 및 크린타워에 부속된 파이프시설 (현재가격 98,497원) 뿐인데 이 매매대금도 원고의 피고에 대한 차임상당손해금과 상계되었다고 판단하였는바 기록에 비추어 보면 위와 같은 원심의 판단과정에 소론과 같은 사실인정에 있어서의 채증법칙 위배나 심리미진, 법리오해, 이유모순 등의 위법이 있음을 인정할 수 없으므로 논지는 이유없다.

상고이유 제3점에 대하여,

원심은 원고의 본소청구중 건물 명도청구에 대한 피고의 임차보증금 3,500,000원의 반환청구권과의 동시이행의 항변과 피고의 반소청구중 임차보증금 반환청구에 대하여 임대차 계약이 종료된 경우에 임차인의 임차건물명도의무는 임대인의 보증금 반환의무에 앞선 선이행관계에 있다는 이유로 피고의 위 항변과 반소청구를 모두 배척하였다.

그러나 임대차 계약의 기간이 만료된 경우에 임차인이 임차목적물을 명도할 의무와 임대인이 보증금 중 연체차임 등 당해 임대차에 관하여 명도시까지 생긴 모든 채무를 청산한 나머지를 반환할 의무는 모두 이행기에 도달하고 이들 의무 상호간에는 동시이행의 관계가 있다고 보는 것이 상당하다.

따라서 원판결에는 임대차계약 종료시 임차목적물 명도청구권과 보증금 반환청구권과의 상호관계에 관한 법리를 오해한 위법이 있다고 할 것이므로 이점 논지는 이유있다. 그리고 이에 반대되는 당원 1962.3.29. 선고 4294민상939 판결에 표시된 견해는 이 판결로서 이를 폐기하기로 한다.

그러므로 원판결 중 피고의 건물 명도의무가 원고의 임차보증금 반환의무에 대하여 선이행관계에 있음을 전제로 한 본소청구중 피고의 항소를 기각한 부분과 반소청구중 임차보증금 반환청구에 관한 항소를 기각한 부분을 파기하고 그 부분을 서울고등법원으로 환송하고, 피고의 나머지 상고는 이유없으므로 이를 기각하고, 피고의 이 나머지 상고로 인하여 생긴 소송비용은 피고의 부담으로 하기로 하여 관여법관의 일치된 의견으로 주문과 같이 판결한다.

대법관   민복기(재판장) 이영섭 주재황 김영세 민문기 양병호 한환진 임항준 안병수 김윤행 이일규
강안희 라길조 김용철 유태흥 정태원

제5절 주택임대차보호법 상 임차인 권리·의무

1. 임차인 권리

가. 임대한 주택을 사용·수익할 권리

임차인은 임대차계약을 통해 임차주택을 사용·수익할 수 있는 임차권을 취득하게 됩니다.

[민법]

> **제618조 (임대차의 의의)** 임대차는 당사자 일방이 상대방에게 목적물을 사용, 수익하게 할 것을 약정하고 상대방이 이에 대하여 차임을 지급할 것을 약정함으로써 그 효력이 생긴다.

이를 위해 임대인에게 임차주택의 인도를 청구할 수 있고, 그 임차 기간 중 필요한 상태를 유지해 줄 것을 청구할 수 있습니다.

임차인은 임대인이 주택을 수선해주지 않는 경우 ① 손해배상을 청구할 수 있고, ② 수선이 끝날 때까지 차임의 전부 또는 일부의 지급을 거절할 수 있으며, ③ 사용수익할 수 없는 부분의 비율에 따른 차임의 감액을 청구하거나 ④ 나머지 부분만으로 임차의 목적을 달성할 수 없는 경우에는 임대차계약을 해지할 수 있습니다. (「민법」제627조 및 대법원 1997. 4. 25. 선고 96다44778, 44785 판결 참조)

[판례 1] 건물명도등·손해배상(기) (대법원 1997. 4. 25. 선고 96다44778,44785 판결)

【판시사항】

임대차계약에 있어서 목적물의 사용·수익이 부분적으로 지장이 있는 경우, 임차인의 차임지급의무의 범위

【판결요지】

임대차계약에 있어서 목적물을 사용·수익하게 할 임대인의 의무와 임차인의 차임지급의무는 상호 대응관계에 있으므로 임대인이 목적물을 사용·수익하게 할 의무를 불이행하여 임차인이 목적물을 전혀 사용할 수 없을 경우에는 임차인은 차임 전부의 지급을 거절할 수 있으나, 목적물의 사용·수익이 부분적으로 지장이 있는 상태인 경우에는 그 지장의 한도 내에서 차임의 지급을 거절할 수 있을 뿐 그 전부의 지급을 거절할 수는 없다.

【참조조문】

민법 제618조, 제623조, 제627조

【참조판례】

대법원 1989. 6. 13. 선고 88다카13332, 13349 판결(공1989, 1061)

【전 문】

【원고(반소피고),상고인】 이종철 (소송대리인 변호사 김윤근)

【피고(반소원고),피상고인】 박건배 (소송대리인 변호사 윤용호)

【원심판결】 서울지법 1996. 9. 3. 선고 96나12114, 12121 판결

【주 문】

원심판결 중 원고(반소피고) 패소 부분을 파기하고, 이 부분 사건을 서울중앙지방법원 본원 합의부에 환송한다.

【이 유】

상고이유를 본다.

1. 제2점에 대하여

원심판결 이유에 의하면 원심은, 원고(반소피고, 이하 원고라고 한다)가 1993. 4. 1. 피고(반소원고, 이하 피고라고 한다)에게 이 사건 점포를 임대보증금 12,000,000원에 월 임료 금 560,000원으로 임대하여 피고가 이 사건 점포에서 치과병원을 경영하였고, 위 임대차계약은 1994. 9. 30.(원심의 1993. 9. 30.은 오기임이 명백하다.) 기간만료로 종료된 사실, 1994. 6. 22. 07:00경 이 사건 점포에 인접한 소외 부국금속 주식회사 창고 내에서 발화된 것으로 추정되는 화재가 발생하여 이 사건 점포의 일부 및 이 사건 점포에 있던 가구, 가전제품, 비품 등이 연소된 사실, 위 화재로 인하여 피고는 이 사건 점포에서 의료행위를 할 수 없게 되자 원고가 내준 이 사건 점포와 비슷한 평수의 인접 사무실에서 임시로 진료를 하였으나 이 역시 여의치 않아 1994. 8.경 이 사건 점포에 시정장치를 해둔 채 다른 장소로 위 치과를 이전한 사실을 인정한 다음, 화재발생 이후부터 임대차 종료시까지 피고에게 책임 없는 사유로 피고가 이 사건 점포를 그 임차목적에 맞게 사용·수익하지 못하였으므로, 피고는 위 기간 동안 월 임료 및 관리비와 이에 대한 부가가치세를 지급할 의무가 없다고 판단하고, 위 화재로 인하여 피고가 이 사건 점포에서 의료행위를 할 수 없게 되자 원고는 이 사건 점포와 비슷한 평수의 인접 사무실을 피고에게 내주어 피고가 그 곳에서 종전과 같이 진료를 할 수 있게 되었으므로 피고는 원고에게 위 기간 동안의 임대료 등을 지급할 의무가 있다는 원고의 주장에 대하여, 피고가 위 인접 사무실에서 종전과 같은 진료를 할 수 있어 이 사건 점포를 임차목적에 맞게 사용·수익한 것과 같게 되었다는 점을 인정할 증거가 없다는 이유로 위 주장은 이유 없다고 판단하였다.

그러나 임대차계약에 있어서 목적물을 사용·수익하게 할 임대인의 의무와 임차인의 차임지급의무는 상호 대응관계에 있으므로 임대인이 목적물을 사용·수익하게 할 의무를 불이행하여 임차인이 목적물을 전혀 사용할 수 없을 경우에는 임차인은 차임 전부의 지급을 거절할 수 있으나 목적물의 사용·수익이 부분적으로 지장이 있는 상태인 경우에는 그 지장의 한도 내에서 차임의 지급을 거절할 수 있을 뿐 그 전부의 지급을 거절할 수는 없다 할 것인바(당원 1989. 6. 13. 선고 88다카13332, 13349 판결 참조), 피고가 화재 후 원고가 내어 준 인접 사무실에서 1994. 8.경까지 치과진료를 하여 왔다면, 피고는 임차목적과 같은 사용·수익에 부분적으로 지장을 받았을지언정 사용·수익을 전혀

할 수 없었다고 보이지는 아니하므로, 원심으로서는 이 사건 임대차의 목적, 피고가 인접 사무실을 치과병원으로 사용하게 된 경위, 인접 사무실의 사용으로 본래의 임차목적에 어느 정도 지장을 초래하였는지 등을 더 심리하여 위 주장의 당부를 판단하였어야 옳았을 것인데도 이에 이르지 아니한 채 판시와 같은 이유로 이를 배척하고 말았으니, 원심판결에는 심리를 다하지 아니하였거나 임차인의 차임지급의무에 관한 법리를 오해하여 판결 결과에 영향을 미친 위법이 있다 할 것이고, 이를 지적하는 논지는 이유가 있다.

2. 제1점에 대하여

원심판결 이유에 의하면 원심은, 이 사건 임대차계약 종료 이후에도 피고가 이 사건 점포를 사용하여 실질적인 이득을 얻고 있었다고 볼 수 없으므로, 그에 대한 임료 상당의 부당이득금을 지급할 의무가 없다는 이유로, 임대차계약 종료 이후 이 사건 점포 명도시까지 임료 상당의 금원을 지급할 의무가 피고에게 있다는 원고의 주장을 배척하고 있다.

그러나 이 사건 기록(1995. 3. 23.자 원고의 준비서면 및 1996. 2. 21.자 원고의 항소장)에 의하면, 원고는 원심이 판단하고 있는 부당이득 외에 피고가 임대차기간 만료를 원인으로 한 점포반환의무를 이행하고 있지 아니하므로 이에 따른 손해배상으로 임료 상당의 금원을 지급할 의무가 있다는 주장도 하고 있음이 명백하고, 피고가 1994. 8.경 이 사건 점포에 시정장치를 해둔 채 다른 장소로 위 치과를 이전한 사실을 원심도 인정하고 있는 바이므로, 이 점에 대하여도 판단하여 원고 청구의 당부를 가려 보았어야 할 것인데도 이에 이르지 아니한 원심판결에는 판단유탈의 위법이 있다 할 것이고, 이와 같은 위법은 판결 결과에 영향을 미칠 수 있으므로 이를 지적하는 논지도 이유가 있다.

3. 그러므로 나머지 상고이유에 대한 판단을 생략한 채 원심판결 중 원고 패소 부분을 파기하고, 이 부분 사건을 다시 심리·판단하게 하기 위하여 원심법원에 환송하기로 관여 법관의 의견이 일치되어 주문과 같이 판결한다.

대법관   김형선(재판장) 박만호(주심) 박준서 이용훈

[판례 2] 보증금등,건물명도등 (대법원 1994. 12. 9. 선고 94다34692,94다34708 판결)

【판시사항】

가. 임대인이 수선의무를 부담하게 되는 임대 목적물의 파손·장해의 정도

나. 임대인의 수선의무면제특약시 면제되는 수선의무의 범위를 명시하지 않은 경우, 수선의무범위의 해석

【판결요지】

가. 임대차계약에 있어서 임대인은 목적물을 계약 존속 중 그 사용·수익에 필요한 상태를 유지하게 할 의무를 부담하는 것이므로, 목적물에 파손 또는 장해가 생긴 경우 그것이 임차인이 별 비용을 들이지 아니하고도 손쉽게 고칠 수 있을 정도의 사소한 것이어서 임차인의 사용·수익을 방해할 정도의 것이 아니라면 임대인은 수선의무를 부담하지 않지만, 그것을 수선하지 아니하면 임차인이 계약에 의하여 정해진 목적에 따라 사용·수익할 수 없는 상태로 될 정도의 것이라면 임대인은 그 수선의무를 부담한다.

나. '가'항의 임대인의 수선의무는 특약에 의하여 이를 면제하거나 임차인의 부담으로 돌릴 수 있으나, 그러한 특약에서 수선의무의 범위를 명시하고 있는 등의 특별한 사정이 없는 한 그러한 특약에 의하여 임대인이 수선의무를 면하거나 임차인이 그 수선의무를 부담하게 되는 것은 통상 생길 수 있는 파손의 수선 등 소규모의 수선에 한한다 할 것이고, 대파손의 수리, 건물의 주요 구성부분에 대한 대수선, 기본적 설비부분의 교체 등과 같은 대규모의 수선은 이에 포함되지 아니하고 여전히 임대인이 그 수선의무를 부담한다고 해석함이 상당하다.

[사례] 임대인의 수선의무

난방시설의 경우 임차인이 별 비용을 들이지 않고 손쉽게 고칠 수 있을 정도의 사소한 파손 또는 장해로 보기 어려우므로, 임대인이 수선의무를 부담 하게 됩니다. 계약체결 시 임대인의 수선의무면제특약을 체결하였다 하여도 만일 면제되는 수선의무의 범위를 명시하지 않았다면, 임차인이 부담하는 수선의무는 통상 생길 수 있는 파손의 수선 등 소규모의 수선에 한하는 것이고, 대파손의 수리·건물 주요 구성부분에 대한 대수선, 기본적 설비부분의 교체 등과 같은 대규모의 수선은 이에 포함되지 않습니다. 따라서 여전히 임대인이 수선의무를 부담한다고 해석됩니다(대법원 1994. 12. 9. 선고, 94다34692, 94다34708 판결)
임차인이 제3자에게 임차권을 주장하려면, 대항력을 취득하거나 임대차등기 해야합니다.
「주택임대차보호법」 제3조 및 「민법」 제621조제2항

[판례 3] 보증금등,건물명도등 (대법원 1994. 12. 9. 선고 94다34692,94다34708 판결)

【판시사항】

가. 임대인이 수선의무를 부담하게 되는 임대 목적물의 파손·장해의 정도
나. 임대인의 수선의무면제특약시 면제되는 수선의무의 범위를 명시하지 않은 경우, 수선의무범위의 해석

【판결요지】

가. 임대차계약에 있어서 임대인은 목적물을 계약 존속 중 그 사용·수익에 필요한 상태를 유지하게 할 의무를 부담하는 것이므로, 목적물에 파손 또는 장해가 생긴 경우 그것이 임차인이 별 비용을 들이지 아니하고도 손쉽게 고칠 수 있을 정도의 사소한 것이어서 임차인의 사용·수익을 방해할 정도의 것이 아니라면 임대인은 수선의무를 부담하지 않지만, 그것을 수선하지 아니하면 임차인이 계약에 의하여 정해진 목적에 따라 사용·수익할 수 없는 상태로 될 정도의 것이라면 임대인은 그 수선의무를 부담한다.
나. '가'항의 임대인의 수선의무는 특약에 의하여 이를 면제하거나 임차인의 부담으로 돌릴 수 있으나, 그러한 특약에서 수선의무의 범위를 명시하고 있는 등의 특별한 사정이 없는 한 그러한 특약에 의하여 임대인이 수선의무를 면하거나 임차인이 그 수선의무를 부담하게 되는 것은 통상 생길 수 있는 파손의 수선 등 소규모의 수선에 한한다 할 것이고, 대파손의 수리, 건물의 주요 구성부분에 대

한 대수선, 기본적 설비부분의 교체 등과 같은 대규모의 수선은 이에 포함되지 아니하고 여전히 임대인이 그 수선의무를 부담한다고 해석함이 상당하다.

【참조조문】

민법 제623조

【전 문】

【원고(반소피고), 피상고인】 원고(반소피고) 소송대리인 변호사 진순석
【피고(반소원고), 상고인】 피고(반소원고) 소송대리인 변호사 진성규
【원심판결】 대구고등법원 1994.6.16. 선고 93나3258(본소),93나3265(반소) 판결

【주 문】

상고를 기각한다. 상고비용은 피고(반소원고)의 부담으로 한다.

【이 유】

상고이유를 본다.

1. 제2, 3점에 대하여

   원심은, 판시와 같은 증거취사를 하여, 이 사건 여관건물은 1991. 1. 15. 원고(반소피고, 이하 원고라고 한다)가 피고(반소원고, 이하 피고라고 한다)로부터 임차할 당시부터 배관 및 보일러시설이 상당히 노후되어 있었으나, 원고는 위와 같은 사정을 모른 채 임차하여 도배 정도를 하고 여관을 경영하여 왔는데, 같은 해 8.경부터 배관이 터져 온 여관이 물바다가 되고 보일러가 제대로 작동하지 아니하여 온수공급과 난방이 되지 아니하는 등 문제점이 드러나기 시작하여(그 무렵 아래층 목욕탕을 임차한 소외 1도 수리만 하다가 제대로 영업을 하여 보지 못한 채 그만 둔 일이 있었다) 같은 해 10.경부터는 반 이상의 여관방을 사용할 수 없게 되었고, 그 후 원고는 수리에 거액이 소요되는 사실을 확인한 다음 피고에 대하여 더욱 강하게 여러 차례에 걸쳐 그 수리를 요청하였으나 거부당하여 급기야 같은 해 11.경부터는 여관 전체를 운영하지 못할 지경에 이르렀다는 요지의 사실을 인정하는 한편, 이와 달리 당초에는 배관과 보일러시설이 여관 경영을 할 수 없을 만큼 하자가 있는 것이 아니었으나 원고가 보일러에 질이 낮은 기름을 넣고 배관을 제때에 수리하지 아니하는 등 관리를 잘못하는 바람에 하자가 생긴 것이라는 피고의 주장을 배척하였는 바, 기록에 의하여 살펴 보면, 원심의 위와 같은 사실인정은 정당한 것으로 수긍이 가고, 거기에 소론과 같이 증거의 취사선택이나 증거판단을 잘못하는 등 채증법칙에 위배하여 사실을 오인하거나 증거에 의하지 아니하고 사실을 인정한 위법 또는 심리를 다하지 아니한 위법이 있다고 할 수 없다. 논지는 모두 이유 없다.

2. 제1점에 대하여

   임대차계약에 있어서 임대인은 목적물을 계약 존속 중 그 사용·수익에 필요한 상태를 유지하게 할 의무를 부담하는 것이므로(민법 제623조), 목적물에 파손 또는 장해가 생긴 경우 그것이 임차인이 별 비용을 들이지 아니하고도 손쉽게 고칠 수 있을 정도의 사소한 것이어서 임차인의 사용·수익을 방해할 정도의 것이 아니라면 임대인은 수선의무를 부담하지 않지만, 그것을 수선하지 아니하면 임차인이 계약에 의하여 정해진 목적에 따라 사용·수익할 수 없는 상태로 될 정도의 것이라면 임대인은 그 수선의무를 부담한다 할 것이고, 이러한 임대인의 수선의무는 특약에 의하여 이를 면제하거나 임차인의 부담으로 돌릴 수 있으나, 그러한 특약에서 수선의무의 범위를 명시하고 있는 등의 특별한 사정이 없는 한 그러한 특약에 의하여 임대인이 수선의무를 면하거나 임차인이 그 수선의무를 부담

하게 되는 것은 통상 생길 수 있는 파손의 수선 등 소규모의 수선에 한한다 할 것이고, 대파손의 수리, 건물의 주요 구성부분에 대한 대수선, 기본적 설비부분의 교체 등과 같은 대규모의 수선은 이에 포함되지 아니하고 여전히 임대인이 그 수선의무를 부담한다고 해석함이 상당하다 할 것이다.

원심이 확정한 사실과 기록에 의하면, 원고와 피고는 위 임대차계약 당시 "여관 수리는 임차인인 원고가 부담하고, 보일러 고장을 수리하는 것은 목욕탕을 가동할 때는 원고가 그 수리비의 반을 부담하고 가동하지 않을 때는 그 전액을 부담한다"는 내용의 특약을 맺었지만 위 특약에 의하여 임차인이 부담할 수선의무의 범위가 구체적으로 명시된 것은 아니라 할 것이고, 한편 위 문제의 배관 및 보일러시설은 건물의 주요 구성부분 또는 기본적 설비부분을 이루는 것으로서 그 파손의 정도는 전면적인 교체를 요하는 정도였고, 그 비용 또한 거액이 소요되는 점 등으로 보아 이는 대규모의 수선이 필요한 경우에 해당함을 알 수 있는 바, 따라서 달리 특별한 사정이 없는 한 위 특약에 의하여 임대인인 피고가 위와 같은 배관 및 보일러시설의 파손에 대한 수선의무를 면하고 임차인인 원고가 이를 부담하는 것은 아니라고 봄이 상당할 것이므로, 이와 같은 취지의 원심의 인정판단은 정당하고, 거기에 소론과 같이 처분문서나 의사표시의 해석을 잘못하고 증거의 가치판단을 잘못하여 채증법칙에 위배한 위법이나 임대인의 수선의무에 관한 법리를 오해한 위법이 있다 할 수 없으며, 소론이 지적하는 판례들은 이 사건에 적절한 것이라고 할 수 없다.

논지는, 이 사건 여관을 시세보다 저렴하게 임대한 점, 보일러 기사의 보수 및 보일러 수리비용의 일부 또는 전부를 원고가 부담하기로 한 점, 여관업계에는 임차인이 시설비나 수리비를 모두 부담하는 조건으로 임차하는 거래관행이 있는 점 및 원고도 보일러에 대하여는 그 일체의 수선의무를 부담하기로 하였음을 간접적으로 시인한 적이 있는 점 등으로 보면, 위 특약은 배관 및 보일러의 수리를 포함하여 일체의 파손·고장에 대한 수선의무를 임차인이 책임지기로 한 취지라고 해석할 만한 특별한 사정이 있다고도 주장하나, 기록에 의하여 살펴 보면, 원심이 적절하게 판단하고 있는 바와 같이 이 사건 여관이 시세보다 저렴하게 임대된 것이라고는 인정되지 아니할 뿐만 아니라, 논지 주장과 같은 여관업계의 거래관행이 있다거나 원고가 보일러에 대하여는 그 일체의 수선의무를 부담하기로 하였음을 간접적으로나마 시인한 적이 있다고 보여지지는 아니하고, 다만 원고가 보일러 기사의 보수 및 보일러 수리비용의 전부 또는 일부를 부담하기로 한 사실은 인정되지만 그러한 사실만으로 위와 같은 대규모의 수선까지 원고가 부담하기로 할 특별한 사정이 있다고 볼 수는 없을 것이므로, 받아들일 수 없다. 논지는 이유 없다.

3. 그러므로 상고를 기각하고, 상고비용은 패소자의 부담으로 하기로 하여 관여 법관의 일치된 의견으로 주문과 같이 판결한다.

대법관   이용훈(재판장) 박만호 박준서(주심) 김형선

[주택임대차보호법]

제3조 (대항력 등) ① 임대차는 그 등기(登記)가 없는 경우에도 임차인(賃借人)이 주택의 인도(引渡)와 주민등록을 마친 때에는 그 다음 날부터 제삼자에 대하여 효력이 생긴다. 이 경우 전입신고를 한 때에 주민등록이 된 것으로 본다.

② 주택도시기금을 재원으로 하여 저소득층 무주택자에게 주거생활 안정을 목적으로 전세임대주택

을 지원하는 법인이 주택을 임차한 후 지방자치단체의 장 또는 그 법인이 선정한 입주자가 그 주택을 인도받고 주민등록을 마쳤을 때에는 제1항을 준용한다. 이 경우 대항력이 인정되는 법인은 대통령령으로 정한다. <개정 2015. 1. 6.>

③ 「중소기업기본법」 제2조에 따른 중소기업에 해당하는 법인이 소속 직원의 주거용으로 주택을 임차한 후 그 법인이 선정한 직원이 해당 주택을 인도받고 주민등록을 마쳤을 때에는 제1항을 준용한다. 임대차가 끝나기 전에 그 직원이 변경된 경우에는 그 법인이 선정한 새로운 직원이 주택을 인도받고 주민등록을 마친 다음 날부터 제삼자에 대하여 효력이 생긴다. <신설 2013. 8. 13.>

④ 임차주택의 양수인(讓受人)(그 밖에 임대할 권리를 승계한 자를 포함한다)은 임대인(賃貸人)의 지위를 승계한 것으로 본다. <개정 2013. 8. 13.>

⑤ 이 법에 따라 임대차의 목적이 된 주택이 매매나 경매의 목적물이 된 경우에는 「민법」 제575조제1항·제3항 및 같은 법 제578조를 준용한다. <개정 2013. 8. 13.>

⑥ 제5항의 경우에는 동시이행의 항변권(抗辯權)에 관한 「민법」 제536조를 준용한다. <개정 2013. 8. 13.>

[전문개정 2008. 3. 21.]

[민법]

제621조 (임대차의 등기) ② 부동산임대차를 등기한 때에는 그때부터 제삼자에 대하여 효력이 생긴다.

나. 임대차의 존속기간 2년

임차인은 임대차 기간 2년을 주장할 수 있습니다. 다만, 반드시 2년으로 임대차 계약을 체결할 필요는 없습니다.

임대차 기간을 1년으로 정한 경우 임차인은 1년 후 이사를 가고 싶으면 이사를 가면서 임차보증금을 돌려 달라고 할 수 있고, 계속 살고 싶으면 최소한 2년간은 임차 주택에서 살 수 있습니다.

[주택임대차보호법]

제4조 (임대차기간 등) ① 기간을 정하지 아니하거나 2년 미만으로 정한 임대차는 그 기간을 2년으로 본다. 다만, 임차인은 2년 미만으로 정한 기간이 유효함을 주장할 수 있다.

그러나 기간을 정하지 않았거나 2년 미만으로 정한 임대차는 그 기간을 2년으로 보므로, 임대인은 1년으로 임대차계약을 체결 했더라도 1년을 주장할 수 없습니다.

[주택임대차보호법]

제4조 (임대차기간 등) ① 기간을 정하지 아니하거나 2년 미만으로 정한 임대차는 그 기간을 2년으로

본다. 다만, 임차인은 2년 미만으로 정한 기간이 유효함을 주장할 수 있다.

다. 차임감액청구권

임차인은 임대차계약의 존속 중에 약정한 차임이나 보증금이 임대주택에 대한 조세, 공과금, 그 밖의 부담의 증가나 경제사정의 변동으로 적절하지 않게 된 때에는 장래에 대하여 그 감액을 청구할 수 있습니다.

[주택임대차보호법]

> 제7조 (차임 등의 증감청구권) ① 당사자는 약정한 차임이나 보증금이 임차주택에 관한 조세, 공과금, 그 밖의 부담의 증감이나 경제사정의 변동으로 인하여 적절하지 아니하게 된 때에는 장래에 대하여 그 증감을 청구할 수 있다. 이 경우 증액청구는 임대차계약 또는 약정한 차임이나 보증금의 증액이 있은 후 1년 이내에는 하지 못한다. <개정 2020. 7. 31.>
> ② 제1항에 따른 증액청구는 약정한 차임이나 보증금의 20분의 1의 금액을 초과하지 못한다. 다만, 특별시·광역시·특별자치시·도 및 특별자치도는 관할 구역 내의 지역별 임대차 시장 여건 등을 고려하여 본문의 범위에서 증액청구의 상한을 조례로 달리 정할 수 있다. <신설 2020. 7. 31.> [전문개정 2008. 3. 21.]

차임 감액금지의 특약은 임차인에게 불리하기 때문에 효력이 없습니다.

[주택임대차보호법]

> 제10조 (강행규정) 이 법에 위반된 약정(約定)으로서 임차인에게 불리한 것은 그 효력이 없다. [전문개정 2008. 3. 21.]

[민법]

> 제625조 (임차인의 의사에 반하는 보존행위와 해지권) 임대인이 임차인의 의사에 반하여 보존행위를 하는 경우에 임차인이 이로 인하여 임차의 목적을 달성할 수 없는 때에는 계약을 해지할 수 있다.
> 제628조 (차임증감청구권) 임대물에 대한 공과부담의 증감 기타 경제사정의 변동으로 인하여 약정한 차임이 상당하지 아니하게 된 때에는 당사자는 장래에 대한 차임의 증감을 청구할 수 있다.

따라서 임차인은 차임감액금지특약을 하였더라도 경제사정의 변경 등을 원인으로 차임감액청구를 할 수 있습니다.

임차인은 임차주택의 일부가 임차인의 과실 없이 멸실, 그 밖의 사유로 사용, 수익할 수 없는 때에는 그 분의 비율에 의한 차임의 감액을 청구할 수 있습니다. 이 경우 그 잔존부분으로 임차의 목적을 달성할 수 없는 때에는 임차인은 계약을 해지할 수 있습니다.

> [민법]
>
> **제627조 (일부멸실 등과 감액청구, 해지권)** ① 임차물의 일부가 임차인의 과실없이 멸실 기타 사유로 인하여 사용, 수익할 수 없는 때에는 임차인은 그 부분의 비율에 의한 차임의 감액을 청구할 수 있다.
> ② 전항의 경우에 그 잔존부분으로 임차의 목적을 달성할 수 없는 때에는 임차인은 계약을 해지할 수 있다.

2. 임차인 의무

가. 차임지급의무

임차인은 임차주택에 대한 사용·수익의 대가로 임대인에게 차임을 지급해야 합니다.

> [민법]
>
> **제618조 (임대차의 의의)** 임대차는 당사자 일방이 상대방에게 목적물을 사용, 수익하게 할 것을 약정하고 상대방이 이에 대하여 차임을 지급할 것을 약정함으로써 그 효력이 생긴다.

나. 주택 임차에 따른 의무

임차인은 계약이나 임차주택의 성질에 따라 정해진 용법으로 이를 사용·수익해야 할 의무를 부담합니다.

> [민법]
>
> **제610조 (차주의 사용, 수익권)** ① 차주는 계약 또는 그 목적물의 성질에 의하여 정하여진 용법으로 이를 사용, 수익하여야 한다.
> **제654조 (준용규정)** 제610조제1항, 제615조 내지 제617조의 규정은 임대차에 이를 준용한다.

임차인은 임대차계약 기간 동안 임차주택을 선량한 관리자의 주의로 이를 보존해야 합니다.

> [민법]
>
> **제374조 (특정물인도채무자의 선관의무)** 특정물의 인도가 채권의 목적인 때에는 채무자는 그 물건을 인도하기까지 선량한 관리자의 주의로 보존하여야 한다.

임차인은 임차주택의 수선이 필요하거나 그 주택에 대하여 권리를 주장하는 사람이 있을 때에는 임대인에게 통지해야 합니다. 다만, 임대인이 이미 그 사실을 알고 있는 경우에는 통지하지 않아도 됩니다.

[민법]

> **제634조 (임차인의 통지의무)** 임차물의 수리를 요하거나 임차물에 대하여 권리를 주장하는 자가 있는 때에는 임차인은 지체없이 임대인에게 이를 통지하여야 한다. 그러나 임대인이 이미 이를 안 때에는 그러하지 아니하다.

다. 임차한 주택을 반환할 의무 및 원상회복 의무

임차인은 주택임대차가 종료한 때에는 임대인에게 그 주택을 반환해야 합니다. 이 경우 임차주택을 원래의 상태로 회복하여 반환해야 합니다.

[민법]

> **제615조 (차주의 원상회복의무와 철거권)** 차주가 차용물을 반환하는 때에는 이를 원상에 회복하여야 한다. 이에 부속시킨 물건은 철거할 수 있다.
>
> **제654조 (준용규정)** 제610조제1항, 제615조 내지 제617조의 규정은 임대차에 이를 준용한다.

임차인이 임차목적물을 수리하거나 변경한 때에는 원칙적으로 수리·변경 부분을 철거하여 임대 당시의 상태로 사용할 수 있도록 해야 합니다. 다만, 원상회복의무의 내용과 범위는 임대차계약의 체결 경위와 내용, 임대 당시 목적물의 상태, 임차인이 수리하거나 변경한 내용 등을 고려하여 구체적·개별적으로 정해야 합니다.

[판례 4] 손해배상(기) (대법원 2019. 8. 30. 선고 2017다268142 판결)

【판시사항】

[1] 임차인이 임차목적물을 수리하거나 변경한 경우, 임차목적물을 반환하는 때 수리·변경 부분을 철거하여 임대 당시의 상태로 사용할 수 있도록 해야 하는지 여부(원칙적 적극) 및 원상회복의무의 내용과 범위를 정하는 방법

[2] 갑 주식회사가 점포를 임차하여 커피전문점 영업에 필요한 시설 설치공사를 하고 프랜차이즈 커피전문점을 운영하였고, 을이 이전 임차인으로부터 위 커피전문점 영업을 양수하고 병 주식회사로부터 점포를 임차하여 커피전문점을 운영하였는데, 임대차 종료 시 을이 인테리어시설 등을 철거하지 않자 병 회사가 비용을 들여 철거하고 반환할 보증금에서 시설물 철거비용을 공제한 사안에서, 병 회사가 비용을 들여 철거한 시설물이 을의 전 임차인이 설치한 것이라고 해도 을이 철거하여 원상회복할 의무가 있다고 보아 병 회사가 을에게 반환할 보증금에서 병 회사가 지출한 시설물 철거비용이 공제되어야 한다고 판단한 원심판결을 수긍한 사례

【판결요지】

[1] 임차인이 임대인에게 임차목적물을 반환하는 때에는 원상회복의무가 있다(민법 제654조, 제615조). 임차인이 임차목적물을 수리하거나 변경한 때에는 원칙적으로 수리·변경 부분을 철거하여 임대 당시의 상태로 사용할 수 있도록 해야 한다. 다만 원상회복의무의 내용과 범위는 임대차계약의 체결 경위와 내용, 임대 당시 목적물의 상태, 임차인이 수리하거나 변경한 내용 등을 고려하여 구체적·개별적으로 정해야 한다.

[2] 갑 주식회사가 점포를 임차하여 커피전문점 영업에 필요한 시설 설치공사를 하고 프랜차이즈 커피전문점을 운영하였고, 을이 이전 임차인으로부터 위 커피전문점 영업을 양수하고 병 주식회사로부터 점포를 임차하여 커피전문점을 운영하였는데, 임대차 종료 시 을이 인테리어시설 등을 철거하지 않자 병 회사가 비용을 들여 철거하고 반환할 보증금에서 시설물 철거비용을 공제한 사안에서, 임대차계약서에 임대차 종료 시 을의 원상회복의무를 정하고 있으므로 병 회사가 철거한 시설물이 점포에 부합되었다고 할지라도 임대차계약의 해석상 을이 원상회복의무를 부담하지 않는다고 보기 어렵고, 병 회사가 철거한 시설은 프랜차이즈 커피전문점의 운영을 위해 설치된 것으로서 점포를 그 밖의 용도로 사용할 경우에는 불필요한 시설이고, 을이 비용상환청구권을 포기하였다고 해서 병 회사가 위와 같이 한정된 목적으로만 사용할 수 있는 시설의 원상회복의무를 면제해 주었다고 보기 어려우므로, 병 회사가 비용을 들여 철거한 시설물이 을의 전 임차인이 설치한 것이라고 해도 을이 철거하여 원상회복할 의무가 있다고 보아 병 회사가 을에게 반환할 보증금에서 병 회사가 지출한 시설물 철거비용이 공제되어야 한다고 판단한 원심판결을 수긍한 사례.

【참조조문】

[1] 민법 제654조, 제615조 [2] 민법 제256조, 제615조, 제626조, 제654조

【전 문】

【원고, 상고인】 원고 (소송대리인 법무법인 신효 담당변호사 오세전 외 1인)
【피고, 피상고인】 주식회사 마리오이엔씨
【원심판결】 서울고법 2017. 9. 7. 선고 2017나2007444 판결

【주 문】

상고를 기각한다. 상고비용은 원고가 부담한다.

【이 유】

상고이유를 판단한다.

1. 원상회복의무의 존부에 관한 주장

가. 임차인이 임대인에게 임차목적물을 반환하는 때에는 원상회복의무가 있다(민법 제654조, 제615조). 임차인이 임차목적물을 수리하거나 변경한 때에는 원칙적으로 수리·변경 부분을 철거하여 임대 당시의 상태로 사용할 수 있도록 해야 한다. 다만 원상회복의무의 내용과 범위는 임대차계약의 체결 경위와 내용, 임대 당시 목적물의 상태, 임차인이 수리하거나 변경한 내용 등을 고려하여 구체적·개별적으로 정해야 한다.

나. 원심은 다음과 같은 이유로 피고가 반환할 보증금에서 인테리어시설 등의 철거비용을 공제하였다. 주식회사 제이콥헬스케어는 2010. 2.경 점포를 임차하여 커피전문점 영업에 필요한 시설 설치

공사를 하고 그때부터 '○○○○'라는 상호로 커피전문점을 운영하였다. 원고는 이전 임차인으로부터 ○○○○ 커피전문점 영업을 양수하고 피고로부터 점포를 임차하여 ○○○○ 커피전문점을 운영하였다. 임대차계약서에는 임대차 종료 시 원고의 원상회복의무를 정하고 있는데 임대차 종료 시 원고가 인테리어시설 등을 철거하지 않아 피고가 비용을 들여 철거하였다. 피고가 철거한 시설은 전부 또는 대부분이 원고 전의 임차인이 커피전문점 영업을 하려고 설치한 시설이다. 이러한 사정을 종합하면 피고가 비용을 들여 철거한 시설물이 원고의 전 임차인이 설치한 것이라고 해도 원고가 철거하여 원상회복할 의무가 있다.

피고가 철거한 시설물이 점포에 부합되었다고 해도 임대차계약의 해석상 원고가 원상회복의무를 부담하지 않는다고 보기 어렵다. 또한 피고가 철거한 시설은 '○○○○'라는 프랜차이즈 커피전문점의 운영을 위해 설치된 것으로서 점포를 그 밖의 용도로 사용할 경우에는 불필요한 시설이고, 원고가 비용상환청구권을 포기하였다고 해서 피고가 위와 같이 한정된 목적으로만 사용할 수 있는 시설의 원상회복의무를 면제해 주었다고 보기 어렵다.

따라서 피고가 원고에게 반환할 보증금에서 피고가 지출한 시설물 철거비용을 공제하여야 한다.

다. 원심판결 이유를 위에서 본 법리와 기록에 비추어 보면, 원심판결에 상고이유 주장과 같이 논리와 경험의 법칙에 반하여 자유심증주의의 한계를 벗어나거나 임차인이 부담하는 원상회복의무의 범위 등에 관한 법리를 오해하는 등의 잘못이 없다. 상고이유에서 들고 있는 대법원 1990. 10. 30. 선고 90다카12035 판결은 이 사건과 사안이 달라 이 사건에 원용하기에 적절하지 않다.

2. 대출이자에 해당하는 손해배상에 관한 주장

가. 원심은 다음과 같은 이유로 대출금의 이자에 해당하는 손해를 배상해야 한다는 원고의 주장을 배척하였다.

원고는 피고가 보증금의 반환을 지체하여 전세자금을 대출받았으므로 대출금의 이자에 해당하는 손해를 배상해야 한다고 주장하나, 대출금의 이율이 연 2.5%인데 보증금 반환채무 불이행에 대한 손해배상으로 대출이율을 초과하는 연 6% 또는 15%의 법정이율로 계산한 지연손해금을 인정하는 이상 원고의 주장은 받아들일 수 없다.

나. 원심판결 이유를 기록에 비추어 보면, 원심판결에 민법 제397조 제1항 본문의 적용 범위 등에 관한 법리를 오해한 잘못이 없다.

3. 결론

원고의 상고는 이유 없어 이를 기각하고 상고비용은 패소자가 부담하기로 하여, 대법관의 일치된 의견으로 주문과 같이 판결한다.

대법관   이동원(재판장) 조희대 김재형(주심) 민유숙

[(참고) 개정연혁]

재·개정일	주요 개정 내용
1981. 3. 5. (법률 제3379호)	- 주택의 인도와 주민등록이 된 때, 임차인은 제3자에게 임차권의 효력을 주장 - 임대차 기간이 1년 미만인 경우, 기간의 정함 없는 임대차로 간주

	- 기간의 정함이 없는 임대차의 경우, 임대인은 계약체결일로부터 6월이 경과한 후에 계약의 해지통고 가능 - 임대차기간 만료 전 6월 내지 1월 이내에 임대인의 갱신거절의 통지가 없으면, 자동 갱신된 것으로 간주 - 등기 없는 임대차 또는 채권적 전세권에 주택임대차보호법 적용 - 임대 목적물이 1동 건물의 전부 또는 일부의 경우에도 주택임대차보호법 적용
1983. 12. 30. (법률 제3682호)	- 주택의 일부가 주거 외의 목적으로 사용되는 경우까지 확대하여 점포·사무실·공장 등 겸용 주택 임차인의 주거권 보호 - 임차 주택의 양수인이 임대인의 지위를 승계하는 간주 규정을 신설하여 임차권의 대항력을 강화 - 임대차기간이 만료되었음에도 임차보증금의 반환이 없는 경우, 그 반환 시까지 임대차관계가 존속하는 것으로 간주하여 임차보증금회수를 보장 - 임차인은 소액의 보증금에 관하여 다른 담보물권자보다 자기채권의 우선변제 보장
1989. 12. 30. (법률 제4188호)	- 주택의 인도와 주민등록 및 확정일자를 받은 경우, 임차인은 다른 채권에 우선하여 변제받을 수 있도록 함 - 기간의 정함이 없거나 기간을 2년 미만으로 정한 임대차는 그 기간을 2년으로 간주
1999. 1. 21. (법률 제5641호)	- 임차인이 채무명의에 기하여 경매신청을 하는 경우, 임차인이 주택을 비우지 아니하고서도 경매를 신청할 수 있도록 함 - 임대차가 종료된 후 보증금을 반환받지 못한 임차인이 임차권등기가 경료 되면 등기와 동시에 대항력 또는 우선변제권을 취득하도록 하고, 임차인이 자유롭게 주거를 이전할 수 있도록 함
2001. 12. 29. (법률 제6541호)	- 보증금을 월차임으로 전환하는 경우, 대통령령이 정하는 월차임의 범위를 초과할 수 없도록 규정
2007. 8. 3. (법률 제8583호)	- 법인이 국민주택기금을 재원으로 하여 저소득층의 무주택자에게 주거생활 안정을 목적으로 전세임대주택을 지원하는 경우에 법인에게 대항력 및 우선변제권 부여
2009. 5. 8. (법률 제9653호)	- 임대차계약의 묵시적 갱신의 경우 임대차의 존속기간은 2년으로 간주
2013. 8. 13. (법률 제12043호)	- 중소기업에 해당하는 법인이 소속직원의 주거용으로 주택을 임차한 경우 해당 법인이 선정한 직원이 주택을 인도받고 주민등록을 마쳤을 때에는 이 법에 따른 대항력 등을 인정 - 임차인의 보증금반환채권을 양수한 금융기관 등이 임차인의 우선변제권 승계 인정 - 주택의 임대차에 이해관계가 있는 자 등은 확정일자 부여기관에게 차임 및 보증금 등의 정보 제공을 요청할 수 있도록 함
2016. 5. 29. (법률 제14175호)	- 월차임 전환시 상한율의 상한기준을 한국은행에서 공시한 기준금리에 대통령령으로 정하는 배수를 곱한 비율에서 한국은행에서 공시한 기준금리에 대통령령으로 정하는 이율을 더한 임차인의 보증금반환채권을 양수한 금융기관 등이 임차인의 우선변제권 승계 인정 - 주택임대차와 관련된 당사자 간의 분쟁을 합리적으로 조정하기 위하여 대한법률구조공단에 임대차분쟁조정위원회 설치 - 임대인 및 임차인의 권리·의무 관계를 명확히 할 수 있도록 법무부에서 정하여 권장하는 주택임대차표준계약서의 우선 사용하도록 규정

2020. 6. 9. (법률 제17363호)	- 임차인이 2개월 전까지 갱신거절의 통지를 하지 아니한 경우, 전 임대차와 동일한 조건으로 다시 임대차한 것으로 간주 - 분쟁조정제도를 활성화하고 실효성을 확보하기 위하여 조정신청을 접수한 때에는 지체 없이 조정절차를 개시하도록 함

제6절 주택임대차 분쟁조정 제도

1. 주택임대차 분쟁조정제도

주택임대차 계약관계에서 발생되는 각종 분쟁에 대하여, 소송 대비 적은 비용으로 신속하고 합리적으로 심의·조정하여 국민의 주거생활 안정에 기여하고자 '17.5월부터 도입되었습니다.

주택임대차보호법(14조 외, 이하 주임법)에 의거하여 분쟁조정위원회가 설치되며, 변호사, 교수 등 관련 전문가가 당사자의 주장 및 자료를 토대로 논의 및 조정하는 것으로, 조정성립 시 일정부분 강제력도 발생합니다.

* 상가건물에 대해서는 별도로 상가건물 임대차보호법에 관련 규정이 있습니다
* 최근 주택임대차보호법 개정에 따라 임대인과 임차인 간 이해가 상충되는 사항을 신속하게 해결하기 위해 2021년까지 분쟁조정위원회를 LH·한국감정원에 추가로 설치할 예정입니다.
  • '20년도('20.11월) 인천·청주·창원(LH), 서울 북부· 전주·춘천(한국감정원)
  • '21년도('21.上) 제주·성남·울산(LH), 고양· 세종(대전)·포항(한국감정원)

• 주택임대차 분쟁조정위원회 운영현황

운영기관	설치지역	관할권역	연락처	비고
대한법률 구조공단	서울	서울/강원	02-6941-3430	
	수원	경기/인천	031-8007-3430	
	대전	대전/세종/충남북	042-721-3430	
	대구	대구/경북	053-710-3430	
	부산	부산/울산/경남	051-711-3430	
	광주	광주/전남북/제주	062-710-3430	
서울시	서울시 전월세보증금 지원센터		02-2133-1200~8	
경기도	경기도 임대차즉시 전화상담		031-8008-2246	

• 주택임대차 분쟁조정위원회 조직도

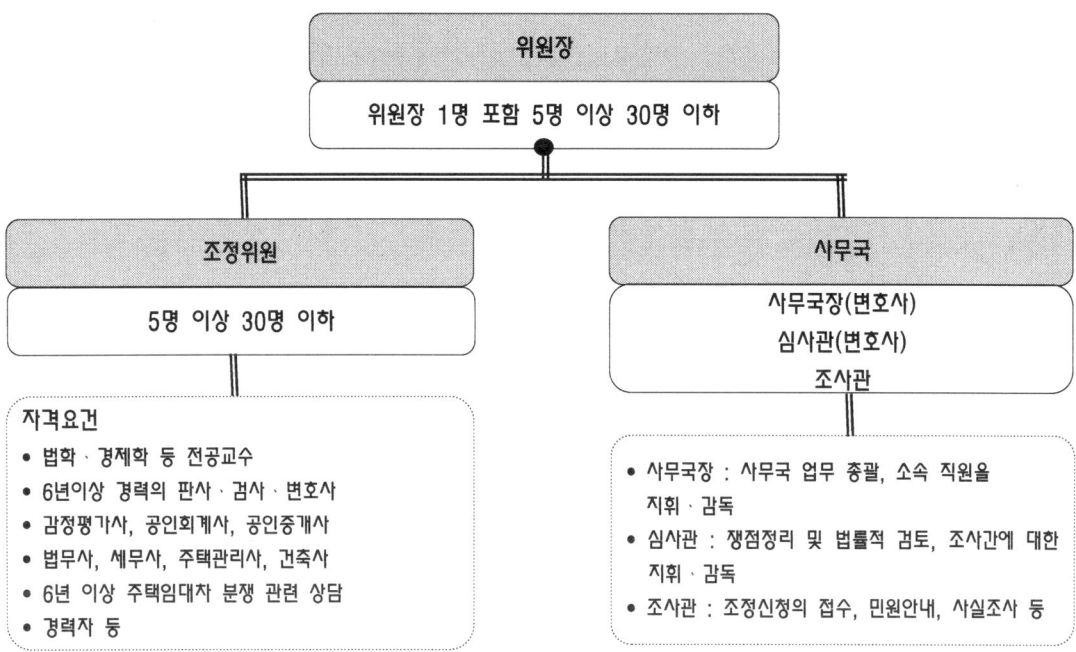

2. 조정절차

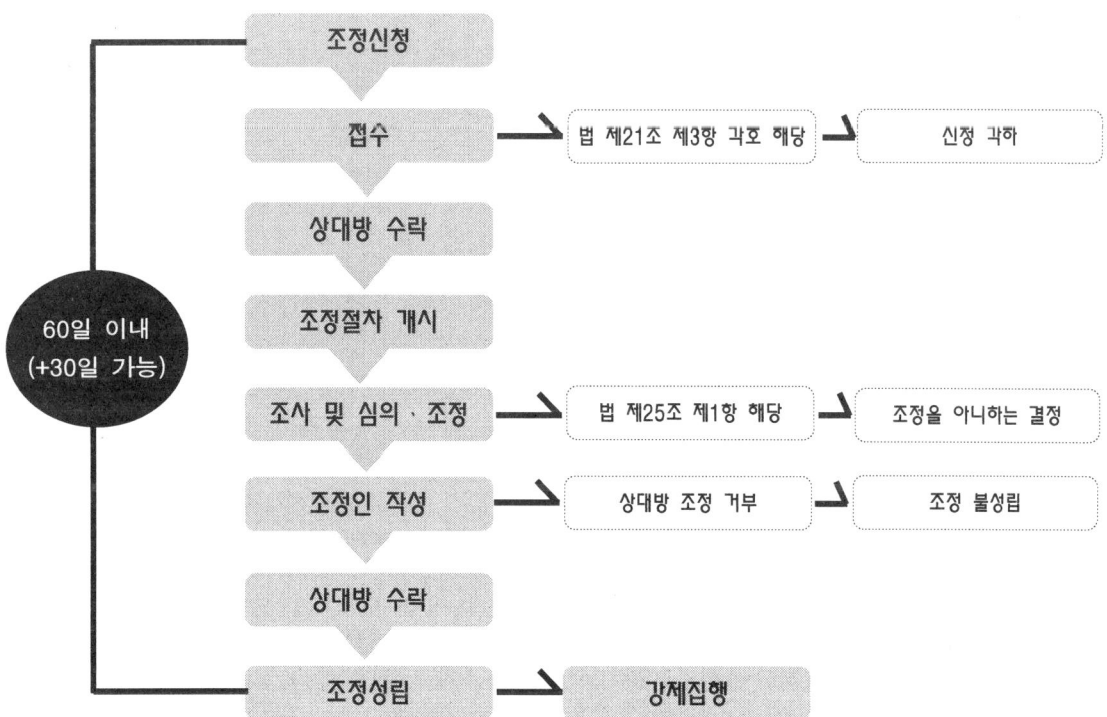

가. 조정신청

분쟁 당사자는 해당주택이 소재하는 지역을 관할하는 조정위원회에 분쟁의 조정을 신청할 수 있습니다.

[주택임대차보호법]

> **제21조 (조정의 신청 등)** ① 제14조제2항 각 호의 어느 하나에 해당하는 주택임대차분쟁의 당사자는 해당 주택이 소재하는 지역을 관할하는 조정위원회에 분쟁의 조정을 신청할 수 있다. <개정 2020. 7. 31.>
> ② 조정위원회는 신청인이 조정을 신청할 때 조정 절차 및 조정의 효력 등 분쟁조정에 관하여 대통령령으로 정하는 사항을 안내하여야 한다.
> ③ 조정위원회의 위원장은 다음 각 호의 어느 하나에 해당하는 경우 신청을 각하한다. 이 경우 그 사유를 신청인에게 통지하여야 한다. <개정 2020. 6. 9.>
> 1. 이미 해당 분쟁조정사항에 대하여 법원에 소가 제기되거나 조정 신청이 있은 후 소가 제기된 경우
> 2. 이미 해당 분쟁조정사항에 대하여 「민사조정법」에 따른 조정이 신청된 경우나 조정신청이 있은 후 같은 법에 따른 조정이 신청된 경우
> 3. 이미 해당 분쟁조정사항에 대하여 이 법에 따른 조정위원회에 조정이 신청된 경우나 조정신청이 있은 후 조정이 성립된 경우
> 4. 조정신청 자체로 주택임대차에 관한 분쟁이 아님이 명백한 경우
> 5. 피신청인이 조정절차에 응하지 아니한다는 의사를 통지한 경우
> 6. 신청인이 정당한 사유 없이 조사에 응하지 아니하거나 2회 이상 출석요구에 응하지 아니한 경우

나. 조정 대상

① 차임 또는 보증금의 증감에 관한 분쟁
② 임대차 기간에 관한 분쟁
③ 보증금 또는 임차주택의 반환에 관한 분쟁
④ 임차주택의 유지·수선 의무에 관한 분쟁
⑤ 임대차 계약의 이행 및 임대차계약 내용의 해석에 관한 분쟁
⑥ 임대차계약 갱신 및 종료에 관한 분쟁
⑦ 임대차계약의 불이행 등에 따른 손해배상청구에 관한 분쟁
⑧ 공인중개사 보수 등 비용부담에 관한 분쟁
⑨ 주택임대차표준계약서 사용에 관한 분쟁
⑩ 기타 ⑤~⑨에 준하는 분쟁으로서 조정위원장이 인정하는 분쟁

[주택임대차보호법]

제14조 (주택임대차분쟁조정위원회) ② 조정위원회는 다음 각 호의 사항을 심의·조정한다.
1. 차임 또는 보증금의 증감에 관한 분쟁
2. 임대차 기간에 관한 분쟁
3. 보증금 또는 임차주택의 반환에 관한 분쟁
4. 임차주택의 유지·수선 의무에 관한 분쟁
5. 그 밖에 대통령령으로 정하는 주택임대차에 관한 분쟁

[주택임대차보호법 시행령]

제22조 (조정위원회의 심의·조정 사항) 법 제14조제2항제5호에서 "대통령령으로 정하는 주택임대차에 관한 분쟁"이란 다음 각 호의 분쟁을 말한다.
1. 임대차계약의 이행 및 임대차계약 내용의 해석에 관한 분쟁
2. 임대차계약 갱신 및 종료에 관한 분쟁
3. 임대차계약의 불이행 등에 따른 손해배상청구에 관한 분쟁
4. 공인중개사 보수 등 비용부담에 관한 분쟁
5. 주택임대차표준계약서 사용에 관한 분쟁
6. 그 밖에 제1호부터 제5호까지의 규정에 준하는 분쟁으로서 조정위원회의 위원장(이하 "위원장"이라 한다)이 조정이 필요하다고 인정하는 분쟁

[본조신설 2017. 5. 29.]

다. 조정신청 각하사유

① 이미 해당 분쟁조정사항에 대하여 법원에 소가 제기되거나 조정 신청이 있은 후 소가 제기된 경우
② 이미 해당 분쟁조정사항에 대하여 「민사조정법」에 따른 조정이 신청된 경우나 조정신청이 있은 후 같은 법에 따른 조정이 신청된 경우
③ 이미 해당 분쟁조정사항에 대하여 주택임대차보호법에 따른 조정위원회에 조정이 신청된 경우나 조정신청이 있은 후 조정이 성립된 경우
④ 조정신청 자체로 주택임대차에 관한 분쟁이 아님이 명백한 경우
⑤ 피신청인이 조정절차에 응하지 아니한다는 의사를 통지하거나 조정신청서를 송달받은 날부터 7일 이내에 아무런 의사를 통지하지 아니한 경우
　* 단, 주임법 개정(`20.6.9)에 따라 `20.12.10부터는 피신청인이 조정신청서를 송달받은 날부터 7일 이내에 아무런 의사를 통지하지 아니한 경우는 각하사유에서 제외됨
⑥ 신청인이 정당한 사유 없이 조사에 응하지 아니하거나 2회 이상 출석요구에 응하지 아니한 경우

[주택임대차보호법]

제21조 (조정의 신청 등) ③ 조정위원회의 위원장은 다음 각 호의 어느 하나에 해당하는 경우 신청을 각하한다. 이 경우 그 사유를 신청인에게 통지하여야 한다. <개정 2020. 6. 9.>
1. 이미 해당 분쟁조정사항에 대하여 법원에 소가 제기되거나 조정 신청이 있은 후 소가 제기된 경우
2. 이미 해당 분쟁조정사항에 대하여 「민사조정법」에 따른 조정이 신청된 경우나 조정신청이 있은 후 같은 법에 따른 조정이 신청된 경우
3. 이미 해당 분쟁조정사항에 대하여 이 법에 따른 조정위원회에 조정이 신청된 경우나 조정신청이 있은 후 조정이 성립된 경우
4. 조정신청 자체로 주택임대차에 관한 분쟁이 아님이 명백한 경우
5. 피신청인이 조정절차에 응하지 아니한다는 의사를 통지한 경우
6. 신청인이 정당한 사유 없이 조사에 응하지 아니하거나 2회 이상 출석요구에 응하지 아니한 경우

[주택임대차보호법 시행령]

제22조 (조정위원회의 심의 · 조정 사항) 법 제14조제2항제5호에서 "대통령령으로 정하는 주택임대차에 관한 분쟁"이란 다음 각 호의 분쟁을 말한다.
1. 임대차계약의 이행 및 임대차계약 내용의 해석에 관한 분쟁
2. 임대차계약 갱신 및 종료에 관한 분쟁
3. 임대차계약의 불이행 등에 따른 손해배상청구에 관한 분쟁
4. 공인중개사 보수 등 비용부담에 관한 분쟁
5. 주택임대차표준계약서 사용에 관한 분쟁
6. 그 밖에 제1호부터 제5호까지의 규정에 준하는 분쟁으로서 조정위원회의 위원장(이하 "위원장"이라 한다)이 조정이 필요하다고 인정하는 분쟁
[본조신설 2017. 5. 29.]

라. 조정의 개시

조정위원회 위원장이 조정신청서를 송달하고, 송달받은 피신청인이 조정에 응하고자 하는 의사를 조정위원회에 통지하면 조정절차가 개시됩니다.

[주택임대차보호법]

제22조 (조정절차) ① 조정위원회의 위원장은 신청인으로부터 조정신청을 접수한 때에는 지체 없이 조정절차를 개시하여야 한다. <개정 2020. 6. 9.>
② 조정위원회의 위원장은 제1항에 따라 조정신청을 접수하면 피신청인에게 조정신청서를 송달하여야 한다. 이 경우 제21조제2항을 준용한다. <개정 2020. 6. 9.>
③ 조정서류의 송달 등 조정절차에 관하여 필요한 사항은 대통령령으로 정한다.

[본조신설 2016. 5. 29.]

* 단, 주임법 개정(`20.6.9)에 따라 `20.12.10부터는 신청인으로부터 조정신청 접수 즉시 조정절차가 개시됩니다.

마. 조사 등

조정위원회는 신청인, 피신청인, 분쟁관련 이해관계인 또는 참고인에게 출석하여 진술하게 하거나 조정에 필요한 자료나 물건 등을 제출하도록 요구할 수 있습니다.

[주택임대차보호법]

제24조 (조사 등) ① 조정위원회는 조정을 위하여 필요하다고 인정하는 경우 신청인, 피신청인, 분쟁 관련 이해관계인 또는 참고인에게 출석하여 진술하게 하거나 조정에 필요한 자료나 물건 등을 제출하도록 요구할 수 있다.
② 조정위원회는 조정을 위하여 필요하다고 인정하는 경우 조정위원 또는 사무국의 직원으로 하여금 조정 대상물 및 관련 자료에 대하여 조사하게 하거나 자료를 수집하게 할 수 있다. 이 경우 조정위원이나 사무국의 직원은 그 권한을 표시하는 증표를 지니고 이를 관계인에게 내보여야 한다.
③ 조정위원회위원장은 특별시장, 광역시장, 특별자치시장, 도지사 및 특별자치도지사(이하 "시·도지사"라 한다)에게 해당 조정업무에 참고하기 위하여 인근지역의 확정일자 자료, 보증금의 월차임 전환율 등 적정 수준의 임대료 산정을 위한 자료를 요청할 수 있다. 이 경우 시·도지사는 정당한 사유가 없으면 조정위원회위원장의 요청에 따라야 한다.
[본조신설 2016. 5. 29.]

조정이 부적합하다고 인정하거나, 부당한 목적으로 조정을 신청한 것으로 인정할 때에는 조정을 하지 아니하는 결정을 할 수 있습니다.

바. 처리기간

조정신청을 받은 날부터 60일 이내에 분쟁조정을 마치며, 부득이한 경우 조정위원회 의결을 거쳐 30일 범위에서 연장할 수 있습니다.

[주택임대차보호법]

제23조 (처리기간) ① 조정위원회는 분쟁의 조정신청을 받은 날부터 60일 이내에 그 분쟁조정을 마쳐야 한다. 다만, 부득이한 사정이 있는 경우에는 조정위원회의 의결을 거쳐 30일의 범위에서 그 기간을 연장할 수 있다.
② 조정위원회는 제1항 단서에 따라 기간을 연장한 경우에는 기간 연장의 사유와 그 밖에 기간 연

장에 관한 사항을 당사자에게 통보하여야 한다.
[본조신설 2016. 5. 29.]

사. 신청 수수료

조정목적의 값에 따라 수수료 납부

조정목적의 값	수수료	수수료 면제	수수료 환불
1억원 미만	10,000원	소액임차인, 기초생활수급자, 독립유공자, 국가유공자, 고엽제휴유증환자등, 참전유공자, 5·18민주유공자, 특수임무유공자, 의상자등, 한부모가족지원법 지원대상자 등	조정신청의 각하 또는 취하시
1억원 이상 3억원 미만	20,000원		
3억원 이상 5억원 미만	30,000원		
5억원 이상 10억원 미만	50,000원		
10억원 이상	100,000원		

3. 조정 성립 및 효력

가. 조정의 성립

조정위원회는 조정안을 작성하여 지체없이 각 당사자에게 통지하여야 하며, 통지받은 날부터 7일 이내('20.12.10부터는 14일 이내)에 서면으로 수락의사를 표시하지 않으면 조정을 거부한 것으로 봅니다.
* 조정안을 수락하면 조정안과 동일한 내용의 합의가 성립된 것으로 간주

(1) 합의 성립 시 조정위원장은 조정안 내용을 조정서로 작성하고, 각 당사자 간에 금전, 그 밖의 대체물의 지급 또는 부동산의 인도에 관하여 강제집행을 승낙하는 취지의 합의가 있는 경우에는 내용을 조정서에 기재합니다.
(2) 조정위원회는 조정절차가 종료되면 그 결과를 당사자에게 통지하고, 작성된 조정서 정본을 당사자에게 교부 또는 송달합니다.

나. 조정의 효력

성립된 조정은 조정서와 동일한 내용의 민사상 합의로서의 효력을 가집니다.

나아가 각 당사자간에 금전, 그 밖에 대체물의 지급 또는 부동산의 인도에 관하여 강제집행을 승낙하는 취지의 합의가 있는 경우에는, 그 내용이 기재된 조정서 정본에 집행력이 부여되므로 법원의 판결 없이도 강제집행을 신청할 수 있습니다

다. 알아두면 좋은 임대차 분쟁예방 조치

질의 1. 대리인과 계약을 체결하는 경우

만일 임대인 본인이 아닌 임대인의 대리인과 계약을 진행할 때에는 위임장과 인감증명서를 확인하여 합니다.

위임장에는 임차목적물 소재지, 소유자의 성명과 연락처, 계약의 목적, 대리인 이름, 주소, 주민번호, 연월일 등이 기재되어야 하고, 인감증명서와 관련하여 위임장의 날인과 인감증명서의 날인 그리고 계약서에 찍을 날인이 동일하여야 합니다.

질의 2. 계약서 없이 이루어진 구두 약정의 효력

임대차계약은 의사의 합치가 있으면 성립하고 별도의 요식행위를 요하지 않습니다. 따라서 계약서 없이 체결된 구두 약정도 유효합니다. 하지만 훗날 분쟁의 소지가 있을 수 있으므로 계약 조건을 서면화하여 체결하는 것이 훨씬 안전합니다.

질의 3. 대항력의 발생시기와 관련된 문제

주택임대차보호법상 임차인이 주택을 점유하고 주민등록(전입신고)을 하면 그 다음날부터 제3자에 대한 대항력이 발생합니다. 만일 임차인이 전입신고를 한 당일에 임대인이 (근)저당권을 설정하게 되면, 임차권의 대항력보다 저당권이 더 우선하는 결과가 됩니다. 이를 방지하기 위해서는 계약 체결 전에는 물론이고 입주와 전입신고를 마친 다음 날에도 등기사항전부증명서를 확인해 볼 필요가 있습니다.

질의 4. 전대차계약시 유의점(집 주인이 아닌 임차인이 세를 놓는 경우의 문제)

임대인은 반드시 목적물 소유자일 것을 요하지 않으며, 임차인이 다시 세를 놓는 것도 유효합니다. 다만 민법 제629조는 "임차인은 임대인의 동의 없이 그 권리를 양도하거나 임차물을 전대하지 못한다."고 규정하고 있으며, 위반 시 소유자는 무단전대를 이유로 원래의 임대차 계약을 해지할 수 있습니다.

따라서, 임차인이 임대인의 동의를 얻지 않고 무단으로 불법전대시 임대인은 임차인을 상대로는 임대차계약해지를, 전차인을 상대로는 불법점유에 기한 목적물 인도청구가 가능합니다. 이런 사태의 방지를 위해서는 전대차계약서에 임대인의 동의란을 기재하고 서명 또는 날인을 받거나 혹은 임대인이 별도로 작성한 전대차동의서를 받아야만 합니다.

질의 5. 공동소유자 중 1인과의 임대차계약 체결시

집주인이 여러 명인데 그 중 1인과 계약을 진행하는 경우, 그 사람의 지분이 1/2을 넘어야만 법적으로 유효한 처분권한이 인정됩니다. 만일 1/2 이하의 지분을 가진 자와 임대차계약을 체결하는 경우 나머지 지분권자의 동의를 받는 것이 안전합니다.

이와 관련하여 부부가 각각 절반씩 소유하고 있는 집에 대해 임대차계약을 체결하는 경우도 나머지 배우자의 동의서를 받는 것이 좋습니다. 이와 관련하여 판례는 부부 중 일방의 일상가사에 관한 대리권의 범위에 임대차계약 체결은 포함되지 않는다고 보고 있습니다.

질의 6. 기타

개업 공인중개사의 중개 하에 체결된 임대차계약 후에는 주택임대차계약서, 중개대상물 확인설명서 및 공제증서 등을 받아 보관해야 합니다.

또한 특히 하자가 있거나 보수를 요하는 임차목적물 부분이 있다면, 이 점을 계약서에 명기하는 것이 훗날 책임소재를 둘러싼 시비를 막을 수 있는 방법입니다(핸드폰으로 촬영 추천).

제2장 주택 임대차분쟁 조정 사례

제1절 차임 또는 보증금의 증감에 관한 분쟁

[사례 1] 보증금 및 월차임의 증액 청구

사실 관계	1. 임대인은 이 사건 주택에 대하여 임차인과 임대차계약을 체결하였다. 2. 임대인은 계약갱신 시점이 되었을 때 보증금 및 차임 각각 5% 증액을 요구하였는데 임차인은 기존 계약 내용 그대로를 요구하여 다툼이 발생하였다		
신청인 임대인 이유	이유 : 임차주택의 보증금 및 월차임을 각각 5%씩 인상하더라도 주변 시세보다 상당히 저렴한 상황이므로 계약갱신요구권의 법적허용 기준인 5% 인상이 필요하다	피신청인 임차인 이유	이유 : 계약갱신요구권을 사용하는 다른 임대차계약과 비교할 때 기존 보증금과 차임이 저렴하지 않으므로 기존 조건 그대로 계약갱신하여야 한다고 주장한다.
요점 정리	보증금 및 월차임 증액 청구의 적절성 여부		
관련 법	☞ 주택임대차보호법 제6조의3 (계약갱신 요구 등) ①~② 생략 ③ 갱신되는 임대차는 전 임대차와 동일한 조건으로 다시 계약된 것으로 본다. 다만, 차임과 보증금은 제7조의 범위에서 증감할 수 있다. ④~⑥ 생략 ☞ 주택임대차보호법 제7조 (차임 등의 증감청구권) ① 당사자는 약정한 차임이나 보증금이 임차주택에 관한 조세, 공과금, 그 밖의 부담의 증감이나 경제사정의 변동으로 인하여 적절하지 아니하게 된 때에는 장래에 대하여 그 증감을 청구할 수 있다. 이 경우 증액청구는 임대차계약 또는 약정한 차임이나 보증금의 증액이 있은 후 1년 이내에는 하지 못한다. ② 제1항에 따른 증액청구는 약정한 차임이나 보증금의 20분의 1의 금액을 초과하지 못한다. 다만, 특별시·광역시·특별자치시·도 및 특별자치도는 관할구역 내의 지역별 임대차 시장 여건 등을 고려하여 본문의 범위에서 증액청구의 상한을 조례로 달리 정할 수 있다.		
주 문			

	1. 신청인과 피신청인은 갱신된 임대차계약의 보증금을 2019. ○. ○.자 임대차계약에서 정한 금350,000,000원에서 금10,000,000원을 증액한 금360,000,000원으로 하고, 갱신된 임대차계약의 월차임은 2019. ○. ○.자 임대차계약에서 정한 금380,000원을 그대로 유지한다. 2. 신청인과 피신청인은 갱신된 임대차계약의 임대차기간이 2021. ○. ○.부터 2023. ○. ○.까지임을 확인한다. 3. 신청인과 피신청인은 계약갱신이 피신청인의 계약갱신요구권 행사에 따른 갱신임을 확인한다. 4. 신청인과 피신청인은 갱신된 임대차계약에 관하여 2021. ○. ○. 까지 계약서 작성 및 교부를 완료한다. 5. 계약서 작성 및 교부의 이행이 완료되면 같은 날 즉시 피신청인은 신청인에게 증액된 보증금 10,000,000원을 신청인이 지정하는 계좌로 송금하는 방법으로 지급한다.
조정 결과	월차임은 그대로 유지하고 보증금만 2.9% 증액하는 것으로 합의
조정의 성립	1. 임차 주택의 주변 시세가 많이 상승하여 임대인이 보증금 및 월세 각각 5% 증액을 요구하였으나 임차인으로서는 납득할 수 없다고 하여 조정절차가 진행되었다. 2. 조사 및 협의진행 결과 월차임은 그대로 유지하고 보증금만 2.9% 증액하는 조건으로 합의되어 분쟁이 원만히 해결하였다.

제2절 임대차 기간에 관한 분쟁

[사례 1] 재계약 또는 기간연장의 합의인지의 여부

사실 관계	1. 임차인은 신청외인(기존 임대인)과 이 사건 주택에 관하여 임대차계약을 체결한다. 2. 임대차기간 중 임대인(현재 임대인)은 신청외인으로부터 이 사건 주택을 매수하여 임대인의 지위를 승계한다. 3. 기존 임대차 기간 만료 후 임차인과 임대인은 임대차 기간을 1년으로 하는 계약(이하 '이 사건 계약'이라 함)을 하였다. 4. 임차인은 위 계약의 임대차 기간이 주택임대차보호법 제4조에 의하여 2년임을 주장하나 임대인이 인정하지 아니하여 다툼이 발생한다

신청인 임대인 이유	이 사건 계약은 기존의 임대차계약 내용과 동일한 조건으로 계약을 갱신하기로 하면서 임대차기간은 1년으로 약정한 재계약이고 2년 미만으로 기간을 정한 임대차계약에 해당하는바 주택임대차보호법에 따라 2년의 임대차 기간을 주장한다.	피신청인 임차인 이유	이 사건 계약은 합의의 실질이 계약의 갱신이 아닌 기존 계약의 만기를 변경하는 합의인바 합의된 1년이 되는 시점에 임차인이 주택을 인도해야 함을 주장한다.
요점 정리	이 사건 계약이 재계약인지, 기간 연장 합의인지 여부			
관련 법	☞ **주택임대차보호법** **제4조 (임대차 기간 등)** ① 기간을 정하지 아니하거나 2년 미만으로 정한 임대차는 그 기간을 2년으로 본다. 다만, 임차인은 2년 미만으로 정한 기간이 유효함을 주장할 수 있다.			
주 문			
신청인과 피신청인은 이 사건 주택에 대한 임대차계약의 임대차 기간이 2019. ○. ○.부터 2021. ○. ○.까지임을 상호 확인한다.			
조정 결과	임대차계약 기간을 2년으로 합의			
조정의 성립	조정절차 진행 결과 당사자 간의 합의로 임대차 기간이 2년임을 확인하여 임차인의 2년 거주를 보장함으로써 분쟁이 원만히 해결된다.			

제3절 보증금 또는 주택의 반환에 관한 분쟁

[사례 1] 미반환된 보증금의 지급 시기

사실 관계	신청인(임차인)과 피신청인(임대인)은 임대차계약을 합의해지하였는데 피신청인이 신청인으로부터 임차주택을 인도받은 이후에도 보증금 일부만 반환하고 나머지 보증금을 반환하지 않은 상태로 현재에 이르렀다.		
신청인 임대인 이유	임대인은 합의해지 후 새로운 임차인과 계약하였음에도 아직까지 보증금 일부를 반환하지 않고 있는바 미반환 보증금을 돌려줄 것을 요구한다.	피신청인 임차인 이유	임차인과 합의해지한 사실은 인정하나 새로운 임차인과 낮은 액수로 계약하여 보증금 마련에 어려움이 있다.

요점 정리	미반환된 보증금의 지급시기

주 문

1. 피신청인들은 공동하여 신청인에게 2021. ○. ○.까지 금 10,000,000원(미반환 임차보증금 중 일부임)과 미반환보증금 20,000,000원에 대한 2021. ○. ○.부터 2021. ○. ○.까지 연 5%의 비율로 계산한 지연손해금 501,000원을 각 지급한다.
2. 피신청인들은 공동하여 신청인에게 2022. ○. ○.까지 금 10,000,000원(미반환 임차보증금 나머지 금액임)과 위 기재 돈에 대한 2021. ○. ○.부터 2022. ○. ○.까지 연 5%의 비율로 계산한 지연손해금 126,000원을 각 지급한다.
3. 만일 피신청인들이 제1의 가항, 제2의 가항 기재 금액을 지급하지 아니하면, 피신청인들은 공동하여 신청인에게 위 제1의 가항 기재 금액 중 미지급한 금액에 대하여는 2021. ○. ○.부터, 위 제2의 가항 기재 금액 중 미지급한 금액에 대하여는 2022. ○. ○.부터 각 다 갚는 날까지 연 5%의 비율로 계산한 돈을 각 가산하여 지급한다.
4. 신청인과 피신청인은 주택임대차보호법 제26조제4항에 따라, 제1항 및 제2항에 관한 강제집행을 할 수 있음을 상호 승낙한다.

조정 결과	미반환보증금 분할납부 및 지연이자 지급 합의
조정의 성립	1. 보증금반환의무가 있음에도 불구하고 보증금 반환에 소극적인 임대인에게 법적 의무임을 강조하였다. 2. 다만 지금 당장은 임대인이 보증금 전액 마련이 어렵다는 점을 임차인이 양해하였는바 분할납부 및 그에 따른 이자를 지급하는 것으로 합의함으로써 보증금 지급의 실효성을 높이고 불이행시 강제집행 가능하게 한다.

[사례 2] 계약갱신 거절에 따른 주택의 반환 ①

사실관계	1. 임대인(신청인)과 임차인(피신청인) 사이에 체결된 임대차계약의 만기는 2021. 11. 23.이었다. 2. 양 당사자는 2021. 4. 26.경 임대차계약의 만기일을 2021. 11. 28.로 변경하기로 하였다. 3. 그러나 그 이후 피신청인(임차인)이 계약갱신청구권을 행사하겠다고 주장하는 한편, 신청인(임대인)은 이를 거절하였다.		
신청인 임대인 이유	계약만료 이후 목적 주택을 반환받아 실거주할 것이므로 정당한 계약갱신거절 사유가 있다.	피신청인 임차인 이유	신청인은 이전부터 목적 주택을 매도 할 것이라고 말해왔으므로 신청인의 계약갱신거절 사유를 신뢰할 수 없다.

요점정리	임대인에게 정당한 계약갱신 거절사유가 있는지 여부

관련법	☞ **주택임대차보호법**
	제6조의3 (계약갱신 요구 등) ① 제6조에도 불구하고 임대인은 임차인이 제6조제1항 전단의 기간 이내에 계약갱신을 요구할 경우 정당한 사유 없이 거절하지 못한다. 다만, 다음 각 호의 어느 하나에 해당하는 경우에는 그러하지 아니하다.
	    1~7. 생략
	    8. 임대인(임대인의 직계존속·직계비속을 포함한다)이 목적 주택에 실제 거주하려는 경우
	    9. 생략
	② ~ ⑥ 생략

주 문

1. 신청인과 피신청인은 별지 목록 기재 부동산에 관하여 2016. 11. 12. 체결한 임대차계약(이하 '이 사건 임대차계약'이라 한다)에 관하여 다음과 같이 합의한다.
2. 신청인과 피신청인은, 별지 목록 부동산에 관하여 양자 간에 체결된 이 사건 임대차계약을 2021. 11. 23. 종료하기로 합의한다.
3. 신청인은 2021. 11. 23.까지 피신청인으로부터 별지 목록 기재 부동산을 인도받음과 동시에 피신청인에게 13,000,000원(보증금 10,000,000원에 합의금 3,000,000원을 합한 금액임)을 지급한다.
4. 신청인과 피신청인은 주택임대차보호법 제26조 제4항에 따라 위 제3항에 기재된 사항에 대하여 강제집행 할 수 있음을 상호 승낙한다.

조정결과	주택 반환 및 보증금 및 합의금 지급 합의
조정의 성립	1. 신청인은 계약만료 시 피신청인이 목적 주택을 반환할 것이라는 확신을 얻고 안정적으로 주거를 이전할 수 있게 되었다. 2. 피신청인은 신청인으로부터 합의금을 지급받아 이사비용 등으로 활용할 수 있게 되었다

[사례 3] 계약갱신 거절에 따른 주택의 반환 ②

사실관계	1. 피신청인(임차인)은 신청인(임대인)에게 계약갱신요구권을 행사하였다. 2. 신청인(임대인)은 피신청인(임차인)에게 임차주택에 실거주를 사유로 피신청인에 대하여 갱신거절의 통지를 한다. 2. 피신청인이 신청인(임대인)의 실거주 사유에 대하여 의혹을 제기하면서 갱신거절이 효력이 없음을 주장하여 주택의 인도를 거부한다.

신청인 임대인 이유	임차인에게 기간 만료 시 임차주택 인도를 요구하는 내용증명을 발송한 사실이 있으며 실거주를 사유로 갱신거절이 적법하게 가능한 기간에 수차례 거절의 의사를 통지하였다	피신청인 임차인 이유	임대인은 실거주를 사유로 갱신을 거절하나 구체적인 자료를 전혀 제시하지 않고 있어 믿을 수가 없다
요점 정리	주택임대차보호법 제6조의3제1항8호의 사유 존부			
관련 법	☞ **주택임대차보호법** 제6조의3 (계약갱신 요구 등) ① 제6조에도 불구하고 임대인은 임차인이 제6조제1항 전단의 기간 이내에 계약갱신을 요구할 경우 정당한 사유 없이 거절하지 못한다. 다만, 다음 각 호의 어느 하나에 해당하는 경우에는 그러하지 아니하다. 　1~7. 생략 　8. 임대인(임대인의 직계존속·직계비속을 포함한다)이 목적 주택에 실제 거주하려는 경우 　9. 생략 ② ~ ⑥ 생략			
	주　　문 1. 신청인은 2021. ○. ○. 피신청인에게 금40,000,000원을 지급한다. 2. 신청인은 2021. ○. ○. 피신청인으로부터 별지 목록 부동산을 인도 받음과 동시에 금500,000,000원을 조정외 주택도시보증공사에게 지급한다. 3. 피신청인은 2021. ○. ○. 신청인으로부터 조정외 주택도시보증공사가 금500,000,000원을 지급받음과 동시에 신청인에게 별지 목록 기재 부동산을 인도한다. 4. 신청인과 피신청인은 주택임대차보호법 제26조제4항에 따라, 제3항에 관한 강제집행을 할 수 있음을 상호 승낙한다.			
조정 결과	임대차 종료하되 신청인이 임차보증금 일부를 미리 지급하는 것으로 합의			
조정의 성립	임대인의 실거주 사유에 대해 임대인이 조정절차를 통해 임차인에게 증빙자료를 제시함으로써 임차인의 의혹을 해소시키고 갈등을 원만히 해결한다.			

[사례 4] 계약갱신 거절에 따른 주택의 반환 ③

사실 관계	1. 신청인들(임대인)과 피신청인(임차인)은 임대차계약을 체결하였다. 2. 피신청인(임차인)이 계약갱신을 요구한다. 3. 신청인들(임대인)은 피신청인(임차인)이 2기 이상의 차임액에 해당하는 금액에 이르도록 차임을 연체한 사실이 있음을 근거로 피신청인의 계약갱신요구를 거절하여 임대차종료 여부에 대한 당사자 간 다툼이 발생한다.

신청인 임대인 이유	임차인이 2기 이상의 차임액에 해당하는 금액에 이르도록 차임을 연체한 사실이 있는바 임대인의 갱신거절은 적법하다.	피신청인 임차인 이유	갱신요구권을 행사하였는바 계약갱신이 타당하고 이사에 어려움이 있다.
요점 정리	주택임대차보호법 제6조의3제1항제1호 사유에 따른 신청인의 갱신거절이 적법한지 여부			

관련
법
	☞ **주택임대차보호법**
	제6조의3 (계약갱신 요구 등) ① 제6조에도 불구하고 임대인은 임차인이 제6조제1항 전단의 기간 이내에 계약갱신을 요구할 경우 정당한 사유 없이 거절하지 못한다. 다만, 다음 각 호의 어느 하나에 해당하는 경우에는 그러하지 아니하다.
	    1~7. 생략
	    8. 임대인(임대인의 직계존속·직계비속을 포함한다)이 목적 주택에 실제 거주하려는 경우
	    9. 생략
	② ~ ⑥ 생략			

주 문

1. 신청인들과 피신청인은 별지 목록 기재 건물에 관하여 2019. ○. ○. 체결된 임대차계약을 2021. ○. ○. 종료하는 것으로 합의한다.
2. 피신청인은 2021. ○. ○. 신청인들로부터 임차보증금 50,000,000원(단, 연체차임과 미납 관리비가 있는 경우 이를 공제함)을 지급받음과 동시에 신청인들에게 별지 목록 기재 건물을 인도한다.
3. 신청인들은 2021. ○. ○. 피신청인으로부터 별지 목록 기재 건물을 인도받음과 동시에 공동하여 피신청인에게 임차보증금 50,000,000원(단, 연체차임과 미납 관리비가 있는 경우 이를 공제함)을 지급한다.
4. 피신청인은, 신청인들이 별지 목록 기재 건물에 대한 새로운 임대차계약 체결을 위해 별지 목록 기재 건물을 보여줄 것을 요구할 경우 이에 응하는 등 새로운 임대차계약의 원활한 체결을 위해 적극 협조한다.
5. 신청인과 피신청인은 주택임대차보호법 제26조제4항에 따라, 제3항에 관한 강제집행을 할 수 있음을 상호 승낙한다.

조정 결과	임대차를 종료하되, 피신청인의 사정을 감안하여 종료일을 연기하는 합의
조정의 성립	임차인이 2기 이상의 차임액에 해당하는 금액에 이르도록 차임을 연체한 사실에 당사자간 다툼이 없어 임차인이 임차주택을 인도하기로 하되, 임대인이 임차인의 사정을 감안하여 이행기일을 연기하는 것에 합의함으로써 분쟁이 원만히 해결된다.

[사례 5] 2기 차임연체(1호)에 따른 갱신거절 사례

사실관계	1. 임차인은 2021. 1. 8. 임대인에게 임대차계약 갱신요구를 한다 2. 임대인은 같은 날 임차인이 차임을 2기 연체한 사실이 있음을 이유로 계약갱신을 거절하였다. 3. 그 후 임대인은 임차인에게 임대차보증금에 대한 채권양도통지서를 송달받았다는 사유로 전화 및 내용증명의 방법으로 수차례 계약갱신 거절의 의사표시를 하였으나, 임차인은 계약 갱신하여 줄 것을 요구한다.		
신청인 임대인 이유	신청인은 피신청인이 2기의 차임액에 해당하는 금액에 이르도록 차임을 연체한 사실이 있고, 피신청인이 임대차보증금에 대한 반환청구채권을 일부 양도하였으므로 계약갱신 거절이 정당하다.	피신청인 임차인 이유	피신청인은 차임연체 금액이 2기의 차임액에 이른 사실이 없고, 임대차보증금반환채권을 양도한 것이 아니라 질권을 설정하였으므로 계약갱신 거절이 정당하지 않는다.

관련
법
	☞ 주택임대차보호법
	제6조의3 (계약갱신 요구 등) ① 제6조에도 불구하고 임대인은 임차인이 제6조제1항 전단의 기간 이내에 계약갱신을 요구할 경우 정당한 사유 없이 거절하지 못한다. 다만, 다음 각 호의 어느 하나에 해당하는 경우에는 그러하지 아니하다.
	  1~7. 생략
	  8. 임대인(임대인의 직계존속·직계비속을 포함한다)이 목적 주택에 실제 거주하려는 경우
	  9. 생략
	② ~ ⑥ 생략		

주 문

1. 신청인은 2021. 5. 30. 피신청인으로부터 별지 목록 기재 부동산을 인도받음과 동시에 보증금 10,000,000원 중 4,000,000원은 조정외 주식회사 ○에게, 그 중 4,000,000원은 조정외 주식회사 □에게, 그 중 2,000,000원(연체차임 및 원상회복청구권에 따른 손해배상금이 있는 경우에는 이를 공제한 금액)은 피신청인에게 각 지급한다.

2. 피신청인은 조정 주문 1항의 이행과 동시에 신청인에게 별지 목록 기재 부동산을 인도한다.

3. 다만 조정외 주식회사 ○ 및 조정외 주식회사 □가 2021. 5. 29.까지 신청인에게 채권양도 해제사실을 통지한 경우에는, 신청인은 2021. 5. 30. 피신청인으로부터 별지 목록 기재 부동산을 인도받음과 동시에 피신청인에게 보증금 10,000,000원(연체차임 및 원상회복청구권에 따른 손해배상금이 있는 경우에는 이를 공제한 금액)을 지급하고, 피신청인은 2021. 5. 30. 신청인으로부터 금 10,000,000원(연체차임 및 원상회복

청구권에 따른 손해배상금이 있는 경우에는 이를 공제한 금액)을 지급받음과 동시에 신청인에게 별지 목록 기재 부동산을 인도한다.
4. 신청인과 피신청인은, 상호 합의에 의해 제1항, 제2항, 제3항 기재 기일을 그보다 앞선 날짜로 변경할 수 있다.
5. 신청인과 피신청인은 주택임대차보호법 제26조제4항에 따라, 제3항에 관한 강제집행을 할 수 있음을 상호 승낙한다.

조정 과정	1. 피신청인이 2기의 차임을 연체한 사실이 있으므로 신청인이 임대차계약갱신을 거절할 정당한 사유가 있음을 설명하고 갱신거절 인정 2. 신청인은 피신청인이 이사할 주택을 구할 수 있도록 임대차 기간 종료일보다 1달 후 퇴거하도록 배려하기로 함 3. 임대차보증금채권이 일부 양도된 상황에서 임대차보증금반환일 전 채권양도가 해제될 경우를 가정하여 임대차보증금을 누구에게 반환하여야 하는지를 조정주문으로 명확하게 정리하여 임대차보증금 반환 객체의 혼란을 방지
조정 요지	1. 임차인이 2기의 차임액에 해당하는 월세를 연체한 사실이 있어 임대인의 갱신거절이 정당한 것으로 인정 2. 계약은 갱신되지 않으나, 임차인이 이사할 주택을 구할 수 있도록 기존 임대차계약종료일보다 1달 후 퇴거하는 것으로 조정
조정 결과	1. 임대인은 임차인으로부터 주택을 인도받음과 동시에 보증금 10,000,000원 중 4,000,000원은 채권을 양도받은 주식회사 ○에게, 4,000,000원은 채권을 양도받은 주식회사 □에게, 200만원은 임차인에게 지급하기로 한다. 2. 채권양도가 해제될 경우 임차인에게 10,000,000원을 모두 지급하기로 합의

[사례 6] 임대인의 실제 거주(8호) 갱신거절이 인정된 사례 1

사실 관계	1. 신청인은 이 사건 계약의 임대차기간이 만료하기 전 피신청인에 대하여 계약갱신 요구 2. 이에 대하여 피신청인이 갱신거절의 의사표시를 하였으나 신청인이 갱신거절이 적법하지 않다고 주장하여 다툼이 발생한다.		
신청인 임대인 이유	신청인은 자신이 적법하게 계약개요구를 하였고, 피신청인의 갱신거절은 허위라고 주장한다.	피신청인 임차인 이유	피신청인들은 자신이 현재 임차하여 살고 있는 주택에 대하여 갱신거절을 당하여 이 사건 주택에 실제 입주하여야 하므로 갱신거절이 적법하다고 주장한다.
관련 법	☞ 주택임대차보호법 제6조의3 (계약갱신 요구 등) ① 제6조에도 불구하고 임대인은 임차인이 제6조제		

	1항 전단의 기간 이내에 계약갱신을 요구할 경우 정당한 사유 없이 거절하지 못한다. 다만, 다음 각 호의 어느 하나에 해당하는 경우에는 그러하지 아니하다. 8. 임대인(임대인의 직계존속·직계비속을 포함한다)이 목적 주택에 실제 거주하려는 경우

주 문

1. 신청인과 피신청인들은, 2019. ○. ○. 체결된 별지 목록 기재 부동산에 대한 임대차계약이 피신청인들의 갱신거절로 종료됨을 상호 확인한다
2. 피신청인들은 공동하여 2021. ○. ○. 까지 신청인에게 금 30,500,000원을 지급한다. 만일 이를 지체하면 피신청인들은 신청인에게 2021. ○. ○.부터 다 갚는 날까지 연 5%의 비율로 계산한 돈을 가산하여 지급한다.
3. 신청인은 2021. ○. ○. 피신청인들로부터 금 579,500,000원(제1항 기재 임대차계약의 임차보증금 610,000,000원 중 위 2항 기재 금액을 제외한 나머지 금액)을 지급받음과 동시에 피신청인들에게 별지 목록 기재 부동산을 인도한다.
4. 피신청인들은 2021. ○. ○. 신청인으로부터 별지 목록 기재 부동산을 인도받음과 동시에 공동하여 신청인에게 금 579,500,000원을 지급한다.
5. 피신청인들이 별지 목록 기재 부동산에 대하여 정당한 이유 없이 2023. ○. ○. 이전에 제3자에 임대하거나 피신청인의 실거주사유가 허위임이 밝혀진 경우 피신청인들은 공동하여 신청인에게 금 20,000,000원을 지급한다.
6. 신청인과 피신청인들은 주택임대차보호법 제26조 제4항에 따라, 위 제3항에 대하여 강제집행 할 수 있음을 상호 승낙한다.

조정 과정	조정절차 진행 중에 임대인이 실거주 사유에 대한 소명자료를 임차인에게 제시(현재 임대인이 임차하여 살고 있는 주택에서 계약갱신을 거절당한 사건)하여 임차인이 실거주 필요성을 납득함. 이에 임대차를 종료하는 것으로 하되, 만일 실거주 사유가 허위인 점이 밝혀지는 경우를 대비하여 손해배상액을 미리 예정하는 조정안 제시
조정 요지	1. 임대인이 자신이 현재 거주하고 있는 주택에서 갱신거절 당한 내역을 증빙하여 임대인의 갱신거절이 정당한 것으로 인정 2. 기존 계약기간 만료 시에 임대차 종료하는 것으로 하되, 실거주가 허위일 경우 손해배상 예정 합의하는 것으로 조정
조정 결과	실거주 사유 인정하되 허위인 경우 손해배상액 20,000,000원 지급 합의

[사례 7] 임대인의 실제 거주(8호) 갱신거절이 인정된 사례 2

사실 관계	1. 임대인과 임차인은 2019. 4. 이 사건 주택에 관하여 임대차계약을 체결 2. 임차인이 계약갱신을 요구하고 임대인이 실거주를 이유로 계약갱신을 거절 3. 임차인은 임대인의 실거주 주장이 허위이므로 효력이 없어 계약이 갱신되어야 한다고 주장하여 다툼이 발생한다.		
신청인 임대인 이유	피신청인에게 적법한 갱신요구 기간 내에 계약갱신 요구하였으며 피신청인의 갱신거절 사유는 허위이므로 효력이 없다.	피신청인 임차인 이유	피신청인은 직장 출퇴근 문제, 투병중인 가족 병간호 등의 사유로 인하여 이 사건 주택에 실거주 해야하는 상황이다.
관련 법	☞ 주택임대차보호법 제6조의3 (계약갱신 요구 등) ① 제6조에도 불구하고 임대인은 임차인이 제6조제1항 전단의 기간 이내에 계약갱신을 요구할 경우 정당한 사유 없이 거절하지 못한다. 다만, 다음 각 호의 어느 하나에 해당하는 경우에는 그러하지 아니하다. 　　8. 임대인(임대인의 직계존속·직계비속을 포함한다)이 목적 주택에 실제 거주하려는 경우		

주　문

1. 피신청인은 신청인에게 2021. ○. ○.까지 금 89,000,000원(보증금 중 일부)을 지급한다. 만일 이를 지체하면, 피신청인은 신청인에게 위 금원에 대하여 2021. ○. ○.부터 다 갚는 날까지 연 5%의 비율로 계산한 돈을 가산하여 지급한다.
2. 피신청인은 2021. ○. ○. 신청인으로부터 별지 목록 기재 부동산을 인도받음과 동시에 신청인에게 금 801,000,000원(보증금 890,000,000원 중 미리 지급된 제1항 기재 금원을 제외한 나머지 금액)을 지급한다.
3. 신청인은 2021. ○. ○. 피신청인으로부터 금801,000,000원을 지급받음과 동시에 피신청인에게 별지 목록 기재 부동산을 인도한다.
4. 신청인과 피신청인은 주택임대차보호법 제26조제4항에 따라, 제2항에 관한 강제집행을 할 수 있음을 상호 승낙한다.

조정 과정	1. 이 사건 임대인은 실거주 의사가 있었으나 임차인에게 실거주 사유(직장 출퇴근 문제, 투병중인 가족의 병간호)를 알리길 원하지 않아 오해가 있었던 상황이다. 2. 조정절차를 진행하면서 실거주 해야 하는 사유를 진술하였고 임차인이 임대인의 실거주 사유를 납득하여 분쟁이 원만하게 해결된다.
조정 요지	1. 임대인이 자신의 직장 출퇴근, 가족의 병간호를 이유로 한 갱신거절 사유를 소명하여 임대인의 갱신거절이 정당한 것으로 인정 2. 기존 계약기간 만료 시에 임대차 종료하는 것으로 하되, 임대인이 보증금 일부를 임차인에게 우선 지급하는 것으로 조정

조정 결과	실거주 사유 인정하되 보증금 일부를 우선 지급하기로 한다.

[사례 8] 임대인 직계비속의 실제 거주(8호) 갱신거절이 인정된 사례

사실 관계	1. 임차인의 계약갱신요구에 대하여 임대인은 직계비속의 실거주를 이유로 거절 2. 임차인은 임대인에게 실거주의 소명을 요청하고 허위일 경우 손해배상 청구하고자 조정을 신청한다.		
신청인 임대인 이유	당초 임대인은 주택의 매매를 이유로 퇴거를 요청한 적이 있음. 게다가 현재 고급 주택에서 거주중으로 이 사건 주택에 입주하지 않을 것으로 판단되고, 허위일 경우 손해배상을 청구하고자 한다.	피신청인 임차인 이유	최근 주택 가압류 등으로 사정이 좋지 않아 같이 살던 자녀가 이 사건 주택에 실거주하고자 한다.
관련 법	☞ 주택임대차보호법 제6조의3 (계약갱신 요구 등) ① 제6조에도 불구하고 임대인은 임차인이 제6조제1항 전단의 기간 이내에 계약갱신을 요구할 경우 정당한 사유 없이 거절하지 못한다. 다만, 다음 각 호의 어느 하나에 해당하는 경우에는 그러하지 아니하다. 8. 임대인(임대인의 직계존속·직계비속을 포함한다)이 목적 주택에 실제 거주하려는 경우		
주 문			
1. 신청인은 이 사건 계약갱신요구를 포기한다. 2. 피신청인은 신청인의 임대차계약갱신요구가 거절되지 않았더라면 체결되었을 계약기간 만료일인 2023.5.3. 까지 별지 목록 기재 주택을 직계비속인 딸을 제외한 제3자에 임대 및 매도하지 아니한다. 3. 피신청인이 제2항 기재사항을 위반할 경우, 신청인에게 주택임대차보호법 또는 민법에 따른 손해배상을 한다.			
조정 과정	1. 실거주 사유 판단을 위해 ① 매매 등 계약갱신요구권 회피 정황, ② 생활권역, ③ 기존 거주주택의 가압류 등 권리 제한 현황을 조사 2. 현 시점에서 피신청인의 실거주 주장이 허위라고 판단하기 어려움을 신청인에게 알렸으며, 신청인은 피신청인의 직계존비속의 실거주 주장을 인정함. 만약 허위 실거주일 경우 손해배상 책임이 있음을 환기하기 위하여 조정안에 손해배상 조항을 산입		

조정 요지	1. 조정위가 임대인의 생활권역 조사, 기존 거주 주택의 권리제한 현황 등을 조사하여 임대인의 갱신거절이 정당한 것으로 인정 2. 기존 계약기간 만료 시에 임대차 종료하는 것으로 하되, 실거주가 허위일 경우 손해배상 예정 합의하는 것으로 조정
조정 결과	1. 임차인은 임대인 딸의 실거주를 인정하여 계약갱신요구를 포기한다. 2. 만약 임대인이 딸이 아닌 제3자에게 해당 주택을 임대 및 매도한 경우 임차인에게 주택임대차보호법 또는 민법에 따른 손해배상을 한다.

[사례 9] 임대인의 실제 거주(8호) 갱신거절이 부정된 사례 1

사실 관계	1. 임차인(피신청인)은 2019년 5월경 종전임대인과 이 사건 아파트에 관하여 임대차기간 2019년 6월경부터 2021년 6월경까지로 하는 임대차계약을 체결한다. 2. 이후 2021년 1월경 임대인(신청인)은 종전임대인과 이 사건 아파트에 관하여 매매계약을 체결 3. 2021년 3월초 임차인이 종전임대인에게 계약갱신요구권을 행사하였다. 4. 주택을 매수한 임대인이 2021년 3월말 소유권이전등기하였다.	
신청인 임대인 이유	임대인이 종전임대인으로부터 이 사건 아파트를 매수할 당시 임차인은 이러한 사실을 이미 인지하고 있었으며, 그럼에도 불구하고 임차인은 2021년 3월초에 종전임대인에게 계약갱신요구권을 행사하였는데 종전임대인이 실거주를 이유로 정당하게 거절하였기 때문에 임차인은 종전임대인과의 임대차계약 종료일에 퇴거해야한다는 입장이다.	**피신청인 임차인 이유** 임차인은 임대인의 이 사건 아파트 소유권이전등기 완료하기 전에 2021년 3월초에 당시 임대인인 종전임대인에게 계약갱신요구권을 정당하게 행사하였고 임대인은 2021년 3월 말에 이 사건 아파트에 대한 소유권이전등기를 완료하였기 때문에 임차인이 종전임대인에게 한 계약갱신요구권의 효력을 임대인도 그대로 승계받은 것이라는 입장이다.
관련 법	주택임대차보호법 제6조의3 제1항 8호	
관련 판례	임차인의 주거권 강화를 위한 갱신 조항의 도입 취지, 계약갱신요구권의 법적 성질, 실제 거주 사유라는 거절 사유의 특성, 매수인으로서는 매매계약 체결 당시 기존 임차인의 계약갱신 요구권 행사 유무 및 그 행사 기간을 사전에 확인하여 매매계약 체결 여부를 결정할 수 있는 반면, 임차인이 자신의 계약갱신요구권 행사 이후 임차목적물이 양도되어 그 양수인이 실제 거주를 이유로 이를 거절할 수	

	있다고 할 경우에는 주거권 강화를 위한 주택임대차보호법의 개정 사유가 퇴색되게 되는 점 등에 비추어 볼 때, 실제 거주를 이유로 한 갱신거절 가능 여부는 임차인이 계약갱신을 요구할 당시의 임대인을 기준으로 봄이 상당하다 할 것이다 (수원지방법원 2021. 3. 11. 선고 2020가단569230 판결).

주 문

1. 신청인 △△△ ☆☆☆과 피신청인은 별지 목록 기재 부동산에 관하여 2019. 5. ○. 체결된 임대차계약을 2021. 6. ○. 종료하는 것으로 합의한다.
2. 신청인 △△△. ☆☆☆은 2021. 6. ○. 공동하여,
가. 피신청인에게 금 5,000,000원을 지급하고,
나. 조정외 주식회사 □□□□에게 금 200,000,000원을 지급한다.
3. 피신청인은 2021. 6. ○. 신청인 △△△ ☆☆☆에게 별지 목록 기재 부동산을 인도한다.
4. 제2항과 제3항은 동시에 이행한다.
5. 신청인 △△△, ☆☆☆은 나머지 신청을 포기한다.
6. 신청인 △△△, ☆☆☆과 피신청인은 주택임대차보호법 제26조 제4항에 따라, 위 제2항, 제3항에 기재한 사항은 강제집행할 수 있음을 승낙한다.

조정 과정	1. 양 당사자에게 판례의 취지에 따라 임차인이 종전임대인에게 한 계약갱신요구권 행사는 적법하며, 이에 대해 정당하게 계약갱신을 거절할 수 있는지 여부는 임차인이 계약갱신요구 당시의 소유자인 종전임대인을 기준으로 판단해야한다고 설명한다. 2. 임차인의 계약갱신요구권을 행사할 당시 종전임대인에게는 실거주 사유가 없었기 때문에 갱신거절을 할 수 없고, 이후 종전임대인으로부터 소유권이전등기를 경료받은 임대인은 임차인의 종전임대인에 대한 계약갱신요구권 행사의 효력을 그대로 승계받음을 설명 3. 조정위원회의 중재 하에 임차인은 임대인에게 계약갱신요구권 행사에 따른 계약갱신의 효력을 주장하지 않는 대신, 이에 대한 보상비로 이사비 5,000,000원을 임대인으로부터 지급받고 임대차계약 종료일로부터 2개월을 추가 거주하기로 합의
조정 요지	1. 임차인의 계약갱신요구 당시의 종전 임대인에게 실거주 사유가 없어 계약을 갱신된 것으로 인정 가. 종전 임대인으로부터 주택을 매수한 현재 임대인은 계약갱신이 된 상태의 임대차 계약을 승계 받았음을 확인 2. 갱신요구권의 사용으로 계약은 갱신되었으나 임대인과 임차인이 합의하여 임차인이 상당한 보상을 지급받고 기존 임대차계약 기간 만료 후 2개월을 추가 거주하고 퇴거하기로 합의·조정

조정 결과	임차인이 2개월 추가 거주하는 대신 임대인이 임차인에게 상당한 보상을 지급하고, 임차인은 계약갱신의 효력을 주장하지 않기로 합의

[사례 10] 임대인의 실제 거주(8호) 갱신거절이 부정된 사례 2

사실 관계	1. 임차인과 임대인은 2019. 3. 5. 부터 2021. 3. 5.까지로 하는 임대차계약을 체결 2. 임차인은 2020. 12. 경 계약갱신청구권 행사를 임대인에게 전달한다. 3. 임대인은 2021. 1. 4. 실거주 예정임을 임차인에게 통보하여 계약갱신청구권을 거절하였다. 4. 2021. 1. 28. 임차인은 목적물에서 퇴거한다. 5. 2021.2.4. 신청인은 목적물이 부동산 매물로 나오게 된 것을 인지하였으며, 이에 대한 부동산 중개인의 확인 문자 및 목적물 방문도 완료하였다.		
신청인 임대인 이유	피신청인의 실거주 사유가 허위이며 정당한 사유 없이 제3자에게 목적주택을 임대하였으므로 손해배상 청구한다.	피신청인 임차인 이유	신청인은 월세 계약 당시 2년 거주 후 인천으로 돌아간다고 하였고, 피신청인의 사정으로 현 분쟁 소재지 임대차 목적물은 공실이다.
관련 법	☞ **주택임대차보호법** **제6조의3 (계약갱신 요구 등)** ① 제6조에도 불구하고 임대인은 임차인이 제6조제1항 전단의 기간 이내에 계약갱신을 요구할 경우 정당한 사유 없이 거절하지 못한다. 다만, 다음 각 호의 어느 하나에 해당하는 경우에는 그러하지 아니하다. 　3. 서로 합의하여 임대인이 임차인에게 상당한 보상을 제공한 경우 　8. 임대인(임대인의 직계존비속을 포함)이 목적 주택에 실제 거주하려는 경우 ⑤ 임대인이 제1항제8호의 사유로 갱신을 거절하였음에도 불구하고 갱신요구가 거절되지 아니하였더라면 갱신되었을 기간이 만료되기 전에 정당한 사유 없이 제3자에게 목적 주택을 임대한 경우 임대인은 갱신거절로 인하여 임차인이 입은 손해를 배상하여야 한다.		

주 문

1. 신청인과 피신청인은 목적물에 대하여 2019. 1. 27. 체결된 임대차계약에 관하여 다음과 같이 합의한다.
2. 피신청인은 2021. 5. 14.까지 신청인에게 1,600,000원을 지급한다.
3. 피신청인이 제2항 기재 의무의 이행을 완료하면, 신청인은 이후 동일한 신청원인을 이유로 피신청인에게 일체의 금원 지급(손해배상액 포함)을 청구하지 아니한다.
4 피신청인은 주택임대차보호법 제26조 제4항에 따라, 위 제2항에 기재한 사항에 대하

	여 강제집행을 할 수 있음을 승낙한다.
조정 과정	1. 피신청인이 실거주를 하지 않은 이유에 대하여 신청인은 피신청인의 재임대의 고의를, 피신청인은 사정변경에 의한 재임대를 주장하였다. 2. 조정과정에서 피신청인은 현재 목적물은 공실이고 부동산에 임대 매물로 올려 놓은 사실을 인정하였다. 3. 피신청인인 임대인이 이사비와 에어컨 이전설치 비용, 부동산 중개 수수료는 부담할 의사가 있다고 하여, 당사자 간 합의로 조정 성립
조정 요지	1. 임대인이 실거주를 이유로 임차인의 갱신요구를 거절하고 이에 임차인이 퇴거하였으나, 이후 주택이 부동산에 임대 매물로 올라온 것이 확인되어 임대인의 손해배상 의무를 인정 2. 임대인이 이사비와 에어컨 이전설치 비용, 부동산 중개수수료를 임차인에게 지급하는 것으로 합의·조정
조정 결과	임대인이 임차인의 이사비용 및 에어컨 이전설치 비용 및 중개 수수료를 부담하는 것으로 합의

[사례 11] 임대인의 실제 거주(8호) 갱신거절이 부정된 사례 3

사실 관계	1. 임차인이 임대차계약기간 만료 3개월 전에 임대인에게 임대차계약갱신을 요구하였는데 임대인이 실거주 사유를 이유로 계약갱신을 거절한다. 2. 임차인은 임대인이 수개월 전부터 이 사건 주택을 매도할 계획임을 수차례 밝혀왔기 때문에 실거주를 이유로 한 임대인의 계약갱신거절은 허위 갱신 거절에 해당한다고 주장한다.		
신청인 임대인 이유	임대차계약기간 만료 3개월 전에 계약 갱신요구의사표시를 하였고, 피신청인에게 갱신거절 사유가 없으므로 이매차계약은 갱신되어야 한다.	피신청인 임차인 이유	본인이 실거주할 예정이므로 신청인의 계약갱신을 거절한다.

관련 법	☞ 주택임대차보호법
	제6조의3 (계약갱신 요구 등) ① 제6조에도 불구하고 임대인은 임차인이 제6조제1항 전단의 기간 이내에 계약갱신을 요구할 경우 정당한 사유 없이 거절하지 못한다. 다만, 다음 각 호의 어느 하나에 해당하는 경우에는 그러하지 아니하다.
	    3. 서로 합의하여 임대인이 임차인에게 상당한 보상을 제공한 경우
	    8. 임대인(임대인의 직계존비속을 포함)이 목적 주택에 실제 거주하려는 경우		

주 문			
1. 신청인과 피신청인은 당사자 간에 체결된 임대차계약을 기간만료로 종료하기로 한다.			

2. 피신청인은 2021. 6. 4. 신청인으로부터 위 제1항 기재 주택을 인도받음과 동시에 신청인에게 163,500,000원(보증금 160,000,000원+ 이사비 명목 3,500,000원)을 지급한다.
3. 신청인은 2021. 6. 4. 피신청인으로부터 위 제2항 기재 금원을 지급받음과 동시에 피신청인에게 위 제1항 기재 주택을 인도한다.

조정 과정	1. 신청인이 임대차계약의 만료일 3개월 전에 계약갱신을 요구하였으므로 적법한 갱신요구에 해당함을 설명 2. 한편, 신청인의 계약갱신요구에 대해 피신청인은 실거주 사유(8호)'를 들어 갱신요구를 거절하였는데, 가. 당사자들이 제출한 자료 및 당사자들의 진술 등을 토대로 살펴본 결과 ① 임대인이 2020. 11. 경부터 신청인에게 이 사건 주택의 매수 의향을 타진하는 등 과세 문제로 이 사건 주택을 매도할 예정임을 수차례 밝혀온 점(이는 당사자가 공히 인정하고 있음), ② 타지역에 생활 근거를 둔 임대인이 굳이 이 사건 주택에 실거주할 이유가 없는 점, ③ 임대인이 이 사건 주택에 실거주할 사유가 있음을 소명할 자료를 제출하지 않은 점 등에 비추어 볼 때, 나. 실거주 사유가 충분이 입증되었다고 보여지지 않아 임대인의 '실거주'를 이유로 한 갱신거절이 인정되기 어려울 것으로 판단 3. 다만, 임대인이 세금 문제 등으로 이 사건 주택을 매도해야 하는 절박한 사정이 있음을 호소하고 임차인도 임대인으로부터 일정한 보상을 받는다면 임대차계약을 갱신하지 않겠다는 의사를 밝혔다. 4. 위원회에서 당사자 간 의사를 소율한 결과, 임차인이 이사비 지원 명목으로 3,500,000원을 지급받고 임대차계약을 갱신하지 않기로 합의
조정 요지	1. 임대인이 평소 임대목적물의 매도예정을 언급한 사실, 임대목적물 소재지가 임대인의 생활권역이 아닌 사실, 기타 소명자료를 제출하지 않은 사실에 비추어 임대인의 실거주 갱신거절의 정당성을 부정 2. 갱신요구권의 사용으로 계약은 갱신되었으나 임대인과 임차인이 합의하여 임차인이 이사비 상당의 보상을 지급받고 퇴거하기로 합의·조정
조정 결과	임차인이 임대인으로부터 이사 비용을 지급받고 계약갱신 요구를 하지 않은 것으로 합의

[사례 12] 실제 거주(8호) 갱신거절 후 제3자에 임대하여 손해배상한 사례 1

사실 관계	1. 임차인은 2019년 5월경 임대인과 보증금 3천만 원, 월차임 60만 원, 임대차 기간 2019년 6월경부터 2021년 6월경까지로 하는 임대차계약을 체결한다. 2. 임차인은 2021년 2월경 임대인에게 계약갱신을 원한다는 취지의 의사를 표명하였음에도 불구하고 임대인은 실거주를 이유로 거절하였다. 3. 이 사건 임대차계약 종료 이후 임차인은 임대인이 실거주가 아닌 제3자에게 임대한 것 같다며 손해배상을 청구한다.

신청인 임대인 이유	임대인이 실거주를 이유로 임차인의 계약갱신요구권 행사를 거절하였으나, 현재 이 사건 아파트를 제3자에게 임대한 사실이 있으므로, 주택임대차보호법에 따라 3개월 차임에 해당하는 180만 원 상당의 손해배상을 청구한다.	피신청인 임차인 이유	임차인이 명시적으로 계약갱신요구권을 행사한 사실이 없으며, 제3자에게 임대한 사실이 인정되더라도 임차인의 사정을 고려해 임대차계약 종료일 3개월 전 퇴거하였기 때문에 임차인이 원하는 손해배상 전부를 지급할 수는 없다.

관련
법
	☞ **주택임대차보호법**
	제6조의3 (계약갱신 요구 등) ① 제6조에도 불구하고 임대인은 임차인이 제6조제1항 전단의 기간 이내에 계약갱신을 요구할 경우 정당한 사유 없이 거절하지 못한다. 다만, 다음 각 호의 어느 하나에 해당하는 경우에는 그러하지 아니하다.
	    8. 임대인(임대인의 직계존속·직계비속을 포함한다)이 목적 주택에 실제 거주하려는 경우
	⑤ 임대인이 제1항제8호의 사유로 갱신을 거절하였음에도 불구하고 갱신요구가 거절되지 아니하였더라면 갱신되었을 기간이 만료되기 전에 정당한 사유 없이 제3자에게 목적 주택을 임대한 경우 임대인은 갱신거절로 인하여 임차인이 입은 손해를 배상하여야 한다.
	⑥ 제5항에 따른 손해배상액은 거절 당시 당사자 간에 손해배상액의 예정에 관한 합의가 이루어지지 않는 한 다음 각 호의 금액 중 큰 금액으로 한다.
	    1. 갱신거절 당시 월차임(차임 외에 보증금이 있는 경우에는 그 보증금을 제7조의2 각 호 중 낮은 비율에 따라 월 단위의 차임으로 전환한 금액을 포함한다. 이하 "환산월차임"이라 한다)의 3개월분에 해당하는 금액
	    2. 임대인이 제3자에게 임대하여 얻은 환산월차임과 갱신거절 당시 환산월차임 간 차액의 2년분에 해당하는 금액
	    3. 제1항제8호의 사유로 인한 갱신거절로 인하여 임차인이 입은 손해액

관련 판례	채무불이행이나 불법행위 등이 채권자 또는 피해자에게 손해를 생기게 하는 동시에 이익을 가져다 준 경우에는 공평의 관념상 그 이익은 당사자의 주장을 기다리

	지 아니하고 손해를 산정함에 있어서 공제되어야만 하는 것임(대법원 2002.5. 10. 선고2000다37296, 37302 판결). 손해배상액의 산정에 있어 손익상계가 허용되기 위해서는 손해배상책임의 원인이 되는 행위로 인하여 피해자가 새로운 이득을 얻었고, 그 이득과 손해배상책임의 원인인 행위 사이에 상당인과 관계가 있어야 한다(대법원 2007.11.30. 선고 2006다19603 판결).
	주 문 1. 피신청인은 2021. 8. 13.까지 신청인에게 주택임대차보호법 제6조의3 제5항에 의한 손해배상액 금 1,430,000원을 지급한다. 2. 신청인은 나머지 신청을 포기한다. 3. 신청인과 피신청인은 주택임대차보호법 제26조 제4항에 따라, 위 제1항에 기재한 사항은 강제집행할 수 있음을 상호 승낙한다.
조정 과정	1. 당사자 간 주장내용 및 통화목록 등을 통해 임차인의 임대인에 대한 계약갱신 요구가 있었다는 사실과 임대인이 제3자에게 이 사건 아파트를 임대하였다는 사실을 확인하였다. 2. 임차인이 이 사건 임대차계약 종료일로부터 3개월 전에 퇴거한 사실 등 임차인에게도 이익을 얻은 부분이 있다는 점(임대인이 실거주를 이유로 갱신거절하자 임차인은 다른 주택에 대한 임대차계약을 체결하였고, 이사 등을 고려하여 3개월 일찍 퇴거하고자 하여 3개월 분 차임을 내지 않기로 함)을 고려하여 당사자 간의 형평에 맞게 손해배상액 및 조정안을 제시하였다. 3. 3개월분 차임 180만원 중 약 20%인 37만원을 제외하고 손해배상 금액을 지급하기로 합의 4. 이에 당사자 모두 조정안을 수락함으로써 분쟁을 종결한다.
조정 요지	1. 임대인이 실거주 갱신거절하여 임차인이 퇴거한 이후 임대인이 제3자에 임대한 사실이 확인되어 임대인의 손해배상책임을 인정 2. 임차인의 사정에 따라 기존 임대차 계약 만료일 3개월 전에 임차인이 퇴거하였음을 고려하여 손해배상액을 조정
조정 결과	임대인이 갱신계약 거절에 대한 임차인의 손해배상 청구를 인정하되 임차인의 손익 부분을 상계하여 지급

[사례 13] 실제 거주(8호) 갱신거절 후 제3자에 임대하여 손해배상한 사례 2

사실 관계	1. 임대차기간 만료일 전에 임차인은 임대인에게 계약갱신요구를 하였으나, 임대인은 실거주를 이유로 갱신을 거절하였다. 2. 임대차 계약의 종료로 임차인은 이 사건 주택을 임대인에게 인도하고 다른 주택에서 거주 하고 있다. 3. 그러나 이후 임차인이 확정일자부를 열람한 결과 임대인이 제3자에게 이 사건 주택을 임대한 사실이 확인되었고, 이에 임차인이 손해배상을 주장한다.		
신청인 임대인 이유	임대인이 실거주 사유를 들어 계약갱신을 거절하였으나 제3자에게 임대하였는 바 임차인의 손해를 배상해야 한다.	피신청인 임차인 이유	실거주 예정이었으나 배우자의 해외 발령으로 제3자에게 임대할 수 밖에 없었던 정당한 사유가 존재하므로 손해배상 책임이 없다.
관련 법	☞ 주택임대차보호법 제6조의3 (계약갱신 요구 등) ① 제6조에도 불구하고 임대인은 임차인이 제6조제1항 전단의 기간 이내에 계약갱신을 요구할 경우 정당한 사유 없이 거절하지 못한다. 다만, 다음 각 호의 어느 하나에 해당하는 경우에는 그러하지 아니하다. 　　8. 임대인(임대인의 직계존속·직계비속을 포함한다)이 목적 주택에 실제 거주하려는 경우 ⑤ 임대인이 제1항제8호의 사유로 갱신을 거절하였음에도 불구하고 갱신요구가 거절되지 아니하였더라면 갱신되었을 기간이 만료되기 전에 정당한 사유 없이 제3자에게 목적 주택을 임대한 경우 임대인은 갱신거절로 인하여 임차인이 입은 손해를 배상하여야 한다. ⑥ 제5항에 따른 손해배상액은 거절 당시 당사자 간에 손해배상액의 예정에 관한 합의가 이루어지지 않는 한 다음 각 호의 금액 중 큰 금액으로 한다. 　　1. 갱신거절 당시 월차임(차임 외에 보증금이 있는 경우에는 그 보증금을 제7조의2 각호 중 낮은 비율에 따라 월 단위의 차임으로 전환한 금액을 포함한다. 이하 "환산월차임"이라 한다)의 3개월분에 해당하는 금액 　　2. 임대인이 제3자에게 임대하여 얻은 환산월차임과 갱신거절 당시 환산월차임 간 차액의 2년분에 해당하는 금액 　　3. 제1항제8호의 사유로 인한 갱신거절로 인하여 임차인이 입은 손해액 ※실거주 갱신거절 임차인의 확정일자 열람 제도('20.9월 개정) ① 임대인의 실제거주 갱신거절로 퇴거한 임차인은 계약이 갱신되었더라면 거주할 수 있었던 2년간 거주하던 목적물에 임대차계약이 존재하는지 여부를 확정일자 열람을 통해 확인할 수 있습니다(주택임대차보호법 제3조의6, 동법 시행		

령 제5조).

② 임차인은 계약증서 등 해당 주택의 임차인이었던 자임을 증명하는 서류를 갖고 주택 소재지 읍·면사무소, 동 주민센터를 방문하여 확정일자 열람을 신청할 수 있습니다(주택임대차계약 증서상의 확정일자 부여 및 임대차 정보제공에 관한 규칙 제7조).

② 확정일자 열람 신청 시 제공되는 정보는 임대차목적물, 임대인·임차인의 성명, 법인 또는 단체명, 확정일자 부여일, 해당 계약의 차임. 보증금, 임대차기간(주택임대차보호법 시행령 제6조)입니다.

	주 문
	1. 피신청인은 신청인에게 2021. ○. ○.까지 금 6,500,000원을 지급한다. 2. 신청인이 금원을 지급받고도 손해배상과 관련하여 이의를 제기하면 금원의 배액을 지급하고, 피신청인은 강제집행을 승낙한다.
조정 과정	1. 실거주 갱신거절당해 퇴거한 임차인이 확정일자 열람제도를 이용하여 임대인이 제3자에게 임대한 사실을 확인하였으므로, 주택임대차보호법상의 손해배상 청구 요건은 충족하였다 2. 갱신거절로 인해 임차인이 입은 손해액 산정, 임대인의 정당한 사유(배우자의 해외발령)가 있는지 여부를 조사하는 과정에서, 임대인과 임차인이 상호 간 일정 금원을 지급하는 것으로 합의
조정 요지	1. 임대인이 실거주 갱신거절하여 임차인이 퇴거한 이후 임대인이 제3자에 임대한 사실을 확인 2. 임대인이 제3자에 임대한 것이 정당한 사정에 의한 것인지 조사하는 과정에서 임차인에게 일정 금액을 지급하는 것으로 합의·조정
조정 결과	임대인이 임차인에게 650만원의 손해배상액을 지급

[사례 14] 실제 거주(8호) 갱신거절 후 제3자에 임대하여 손해배상한 사례 3

사실 관계	1. 임차인과 임대인은 2015. 4. 9. 임대차계약을 체결한 후 두 차례 재계약하였다. 2. 임차인은 임대차기간이 끝나기 6개월 전부터 1개월 전까지의 사이에 임대인에게 계약갱신 요구를 하였으나 임대인은 직계비속의 실제 거주를 이유로 이를 거절하여 임차인은 계약 종료일에 임차주택을 반환한다. 3. 그 후 임차인은 임대인이 임차주택을 제3자에게 임대한 사실을 알게 되어 임대인에게 손해 배상을 청구한다.

신청인 임대인 이유	임대인은 직계비속의 실제 거주를 이유로 갱신요구를 거절했으나, 임차주택의 확정일자를 열람으로 피신청인이 새로운 임차인과 임대차계약을 체결한 사실을 확인하였음. 이에 주택임대차보호법 제6조의3 제5항에 따라 갱신거절로 입은 손해액인 1,959,000원 (1,200,000원, 이사비용 + 759,000원, 공인중개사 수수료)의 지급을 청구한다	피신청인 임차인 이유	직계비속의 실거주를 이유로 계약갱신요구를 거절하고 제3자에게 임대한 사실을 인정하나, 이는 경제적 사정이 어려워져 제3자에게 임대할 수 밖에 없었다는 정당한 사유가 있었다.

관련
법
	☞ **주택임대차보호법**
	제6조의3 (계약갱신 요구 등) ① 제6조에도 불구하고 임대인은 임차인이 제6조제1항 전단의 기간 이내에 계약갱신을 요구할 경우 정당한 사유 없이 거절하지 못한다. 다만, 다음 각 호의 어느 하나에 해당하는 경우에는 그러하지 아니하다.
	    8. 임대인(임대인의 직계존속·직계비속을 포함한다)이 목적 주택에 실제 거주하려는 경우
	⑤ 임대인이 제1항제8호의 사유로 갱신을 거절하였음에도 불구하고 갱신요구가 거절되지 아니하였더라면 갱신되었을 기간이 만료되기 전에 정당한 사유 없이 제3자에게 목적 주택을 임대한 경우 임대인은 갱신거절로 인하여 임차인이 입은 손해를 배상하여야 한다.
	⑥ 제5항에 따른 손해배상액은 거절 당시 당사자 간에 손해배상액의 예정에 관한 합의가 이루어지지 않는 한 다음 각 호의 금액 중 큰 금액으로 한다.
	    1. 갱신거절 당시 월차임(차임 외에 보증금이 있는 경우에는 그 보증금을 제7조의2 각호 중 낮은 비율에 따라 월 단위의 차임으로 전환한 금액을 포함한다. 이하 "환산월차임"이라 한다)의 3개월분에 해당하는 금액
	    2. 임대인이 제3자에게 임대하여 얻은 환산월차임과 갱신거절 당시 환산월차임 간 차액의 2년분에 해당하는 금액
	    3. 제1항제8호의 사유로 인한 갱신거절로 인하여 임차인이 입은 손해액		

주 문

1. 피신청인은 신청인에게 2021. 3. 2.까지 1,700,000원을 지급한다.
2. 신청인은 나머지 신청을 포기한다.
3. 신청인과 피신청인은 이 사건과 관련하여 향후 서로에 대하여 일체의 재판상·재판외 청구 또는 이의제기를 하지 아니한다.
4. 피신청인은 위 제1항에 대하여 주택임대차보호법 제26조 제4항에 따라 강제 집행할 수 있음을 승낙한다.

조정 과정	1. 피신청인은 피신청인의 직계비속이 실제로 목적 주택에 거주하기 위하여 신청인의 갱신을 거절하였으나 갱신요구가 거절 되지 아니하였더라면 갱신되었을 기간이 만료되기 전에 제3자에게 재차 임대하였으므로 정당한 사유가 인정되지 않는 한 손해를 배상해야 한다. 2. 정당한 사유에 해당하는지 여부는 갱신 거절 당시 예측할 수 없었던 사정으로 인해 제3자에게 임대를 하게 된 불가피한 사유를 기준으로 판단해야 할 것인데 피신청인이 주장하는 단순히 경제적 사정이 어려워졌다는 것만으로는 이를 인정하기 어렵다. 3. 신청인과 피신청인 모두 조정절차 내에서 원만히 합의하기를 원하여 위와 같은 점을 양 당사자에게 설명하고 합의안을 도출해야 한다.
조정 요지	1. 임대인이 실거주 갱신거절하여 임차인이 퇴거한 이후 임대인이 제3자에 임대한 사실을 확인 2. 임대인의 단순 경제적 사정의 어려움은 실거주 갱신거절 후 제3자에 대한 임대를 정당화할 사정이 아닌 점을 확인하여 임대인의 손해배상 의무를 인정하고 일정 금액 배상하는 것으로 조정
조정 결과	임대인이 손해배상액 170만원을 지급하는 것으로 합의

[사례 15] 실제 거주(8호) 갱신거절 후 제3자에 매도하여 손해배상한 사례

사실 관계	1. 신청인(임차인)은 2018.0.0. 피신청인(임대인)과 위 목적물에 관하여 보증금 500,000,000원, 기간 2018.0.0.부터 2020.0.0.(24개월)로 정하여 임대차 계약을 체결 2. 신청인은 2020. 9. 경 계약갱신요구권을 사용하였으나, 피신청인이 실거주를 이유로 퇴거를 요청하여 계약만료 시 퇴거하였다. 3. 신청인이 2021. 3.경 등기부등본을 확인한 결과 피신청인이 실거주를 하지 않고 위 목적물을 매도한 사실을 알게 되었다. 4. 이에 이사에 수반된 일체의 비용에 대해 손해배상을 받고자 조정신청에 이름.		
신청인 임대인 이유	신청인은 피신청인이 직접 거주를 주장하여 계약만기일에 퇴거한 후 등기사항증명서를 발급해 보니 소유자가 변경되었다며, 임대인의 직접 거주가 아니면서 임차인의 계약갱신요구권을	피신청인 임차인 이유	주택임대차보호법에는 임대인이 제3자에게 임대하였을 경우 임차인이 손해배상을 청구할 수 있도록 되어 있으므로 이 사건 피신청인이 임대가 아닌 매매를 했으

	거절하였으니 손해를 배상하여야 한다며, 이사비, 중개수수료, 금전적 손해 합계 약 15,000,000원의 손해배상을 요구한다.	니 이에 해당하지 않는다. 또한, 임대인의 직접 입주와 관련하여 신청인 퇴거 후 피신청인이 잠시 거주하였으므로 실거주한 것이다.
관련법	☞ **민법** **제750조** 고의 또는 과실로 인한 위법행위로 타인에게 손해를 가한 자는 그 손해를 배상할 책임이 있다.	

주 문

1. 피신청인은 2021.00.00.까지 신청인에게 금6,000,000원을 지급한다.
2. 신청인은 나머지 신청을 포기한다.
3. 조정비용은 각자 부담한다.
4. 피신청인은 주택임대차보호법 제26조 제4항에 따라 제1항에 기재한 사항은 강제집행 할 수 있음을 승낙한다.

조정 과정	1. 신청인은 주택임대차보호법상 손해배상 규정을 근거로 약 15,000,000원의 손해배상을 주장함. 주택임대차보호법은 '매매'의 경우 손해배상책임을 정하고 있지 않음. 다만 실제 거주를 이유로 임차인의 갱신요구를 거절한 임대인이 주택을 제3자에 매매한 경우 처음부터 실제 거주 목적이 없었고 매매 행위에 불법성이 인정된다면 민법 제750조에 따른 손해배상책임을 질 수 있다. 2. 당사자의 입장차가 커 조정부 회의에서 신청인이 주장하는 15,000,000원의 타당성을 검토하여 그 중 피신청인이 6,000,000원을 배상하는 안을 작성하여 양 당사자에게 송부하고, 조정안 송부 후에도 양당사자와 계속적으로 연락하여 분쟁을 해결할 수 있도록 노력한다.
조정 요지	1. 임대인이 실거주 갱신거절하여 임차인이 퇴거한 이후 임대인이 제3자에 임차목적물을 매도한 사실을 확인 2. 임대인이 처음부터 실거주할 생각 없이 제3자에게 매매할 것을 예정하는 등 매매행위에 불법성이 인정된다면 민법 제750조상의 손해배상 책임을 인정할 수 있음을 설명 3. 임대인이 실거주한 기간이 짧은 점에 비춰 손해배상 책임을 인정하고 임차인 요구 손해배상액 중 일부 배상하기로 조정
조정 결과	임대인이 손해배상액 600만원을 지급하는 것으로 합의

제4절 계약해지 여부 및 주택의 반환

[사례 1] 계약해지 여부 및 주택의 반환

사실 관계	1. 신청인(임대인)과 피신청인(임차인)은 임대차계약을 체결한다. 2. 피신청인(임차인)이 월차임을 계속 연체하여 임차보증금에서 공제하더라도 추가 연체차임이 발생하는 상황에까지 이른데다 연락도 잘 되지 않아 다툼이 생긴다.		
신청인 임대인 이유	임차인이 월차임을 계속 연체하여 임차 보증금에서 공제하더라도 추가 연체차임이 있는 상태인바 임차인이 차임납부를 하지 않는다면 임대차를 종료하고 주택을 반환받기를 원한다.	피신청인 임차인 이유	현재 수입이 일정치 않은 상태로 차임 지급일자를 명시하기 어려운 상황이나 연체차임 지급의사는 있다.
요점 정리	임차인의 월차임 연체에 따른 임대차계약 해지 여부		
관련 법	☞민법 제640조 (차임연체와 해지) 건물 기타 공작물의 임대차에는 임차인의 차임연체액이 2기의 차임액에 달하는 때에는 임대인은 계약을 해지할 수 있다		

주 문

1. 신청인과 피신청인은, 피신청인의 신청인에 대한 차임연체액(2021. ○. ○.까지 차임연체액 2,150,000원) 중 2,000,000원에 대해 이 사건 임대차계약의 임차보증금 2,000,00,000원에서 공제하여 피신청인의 신청인에 대한 이 사건 임대차계약에 따른 임차보증금 2,000,000원 반환채권은 소멸하였음을 확인한다.
2. 신청인과 피신청인은 이 사건 임대차계약을 갱신하되, 갱신계약(이하 '이 사건 갱신계약'이라 한다)의 임차보증금은 2,000,000원, 월차임은 350,000원(선불, 매월 15일 입금), 임대차 기간은 2021. ○. ○.부터 2023. ○. ○.까지로 한다.
3. 신청인과 피신청인은, 피신청인이 신청인에게 2021. ○. ○. 금 1,500,000원을 지급하였는바 그 중 150,000원은 연체차임액(2021. ○. ○.까지의 차임연체액 2,150,000원 중 위 제2항 기재 임차보증금에서 공제되지 아니한 나머지 연체차임액 150,000원)을 지급한 것이고, 그 중 1,000,000원은 이 사건 갱신계약에 따른 임차보증금 2,000,000원 일부를 지급한 것이며, 그 중 350,000원은 이 사건 갱신계약에 따른 2021. ○. ○.부터 2021. ○. ○.까지의 월차임을 선지급한 것임을 확인한다.
4. 피신청인은 2021. ○. ○. 신청인에게 금 1,000,000원(이 사건 갱신계약에 따른 임차보증금 2,000,000원 중 미지급된 나머지 임차보증금)을 지급한다
5. 신청인과 피신청인은, 피신청인이 신청인에게 위 제5항 기재사항을 이행하지 아니하

는 경우 이 사건 갱신계약은 해지됨을 확인한다.
6. 위 제6항에 따라 이 사건 갱신계약이 종료된 경우 피신청인은 신청인으로부터 임차보증금 1,000,000원(단, 연체차임이 있는 경우 이를 공제함)을 지급받음과 동시에 신청인에게 별지 목록 기재 부동산을 인도하고, 신청인은 피신청인으로부터 별지 목록 기재 부동산을 인도받음과 동시에 피신청인에게 임차보증금 1,000,000원(단, 연체차임이 있는 경우 이를 공제함)을 지급한다.

조정결과	계약을 갱신하되 월차임을 선불로 지급하고, 나머지 보증금 미지급 시 계약을 해지하는 것으로 합의
조정의 성립	1. 조정절차 중 피신청인이 연락이 되지 않아 진행에 어려움이 있었으나 피신청인과 연락이 된 후 피신청인이 연체차임을 지급하였다. 2. 당사자 사이에 계약종료 보다는 계약을 갱신하는 방향으로 의견을 모아 계약을 갱신하는 합의를 함으로써 분쟁을 원만히 해결한다.

제5절　보증금·주택의 반환에 관한 분쟁

1. 관련법령

가. 쌍무계약의 당사자 일방은 상대방이 그 채무이행을 제공할 때까지 자기의 채무이행을 거절할 수 있습니다. 그러나 상대방의 채무가 변제기에 있지 않고 자기의 채무가 변제기에 있는 경우에는 자기의 채무를 이행해야 합니다. (민법 제536조 제1항, 동시이행의 항변권)[1].
나. 임차인은 계약 종료 후 주택을 원상회복하여 반환해야 합니다. 이에 부속시킨 물건은 철거할 수 있습니다(민법 제654조에 따라 제615조 준용)[2].
다. 임대인은 목적물을 임차인에게 인도하고 계약이 존속하는 동안 임차인이 주택을 사용하는데 필요한 상태를 유지하게 할 의무를 부담합니다(민법 제623조).
라. 임차물의 수리를 요하거나 임차물에 대하여 권리를 주장하는 자가 있는 때에는 임차인은 지체없이 임대인에게 알릴 의무가 있습니다. 그러나 이미 임대인이 이를 안 때에는 알릴 의무가 없습니다(민법 제634조).

---

1) (해설) 임대차 기간이 만료되면 임차인은 주택을 반환하여야 하며 임대인은 주택의 반환과 동시에 보증금을 반환해야 합니다. 임대인이 보증금 반환을 하지 않을 경우 임차인은 계속하여 주택에 거주할 수 있으며 이 때 월차임은 부담해야 하나 반환 의무 지체로 인한 손해는 배상하지 않습니다.
2) (해설) 주택사용에 따른 통상의 감가는 원상회복 대상이 아니며 임차인의 고의 또는 과실로 주택을 훼손한 경우 이를 복구 후 반환해야 합니다.

2. 조정절차

임대차계약 종료 후 임대인은 임차인의 주택에 대한 원상회복 비용이나 미지급한 차임 등을 정산하고 보증금을 반환해야 합니다.

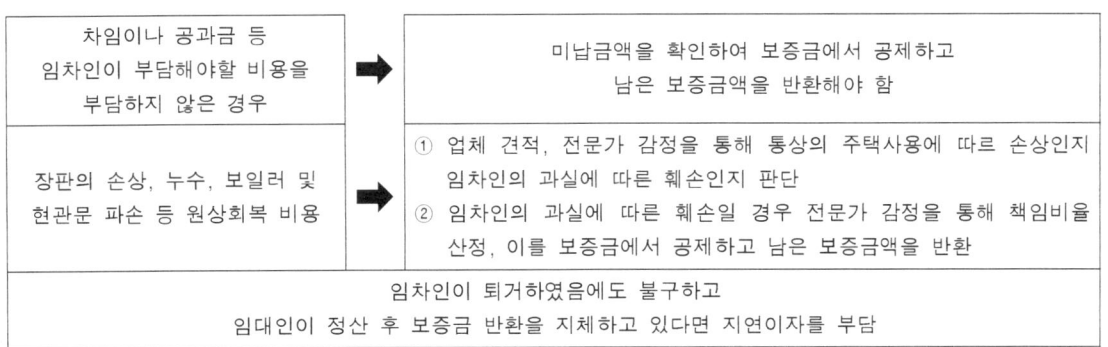

3. 보증금 반환에 관한 조정사례

가. 임대인이 계약만료일 보증금을 반환할 수 없어 보증금 반환일자를 연기하고 그 기간 동안 임차인의 계속 거주를 인정한 사례

사실관계	임대인이 자신의 경제사정이 어렵다는 이유로 계약만료일 보증금 반환할 수 없음을 주장
조정성립	임대인의 보증금 반환일자를 늦추되 그 기간 동안 임차인이 계속 거주하는 것으로 하고 연기된 반환일자에 보증금을 반환하지 않을 경우 강제집행 승낙하는 것으로 조정

나. 임대인이 합의해지 후 퇴거한 임차인에게 보증금을 일부 미반환하여 미반환 보증금에 대해 분할상환 및 지연이자를 지급하도록 한 사례

사실관계	임대인이 제3자인 신규임차인과 낮은 액수로 계약하여 보증금 마련이 어렵다며 보증금을 일부 반환하지 않음
조정성립	합의해지일 이후 미반환 보증금에 대한 지연이자 지급, 미반환 보증금을 분할상환 하고 이를 연체할 경우 지연손해금 및 강제집행 승낙하는 것으로 조정

다. 누수 등 주택하자에 대한 유지·수선의무는 임대인의 의무임을 확인하여 임대차계약 종료 후 보증금을 전액 반환하도록 한 사례

사실관계	임차인이 누수 등 주택의 하자로 계약 해지의사를 통보하고 보증금 반환을 요청하였고 임대인은 원상회복 비용 공제 후 보증금을 반환하겠다고 주장
조정성립	외관으로 누수가 확인되지 않아 임차인이 이를 미리 인지하고 있었다는 사정이 없고 임대차목적물을 사용·수익하기에 필요한 상태로 유지하여야 할 의무는 임대인의 의무 이므로 임대인이 보증금을 전액 반환하는 것으로 조정

라. 벽지, 바닥재 파손 등에 대한 업체 견적 결과 임차인의 과실이 일부 있음을 감안하여 해당 견적비용을 제외한 미반환 보증금을 반환하도록 한 사례

사실관계	임차인은 벽지와 바닥재 파손이 통상의 사용에 따른 손상이므로 원상회복할 의무가 없음을 주장
조정성립	훼손이 통상적인 사용으로 인한 것인지 여부를 공사 업체에 의뢰하여 조사한 결과, 임차인의 과실이 30% 정도 있는 것으로 판단되어 견적금액 190만원 중 30%인 55만원 상당을 임차인이 부담하기로 하고 해당 금액을 공제한 미반환 보증금 135만원을 반환하는 것으로 조정

마. 입주시 제공 물품과 임대차 계약 종료 시 반환 물품이 달라 임차인이 원상회복 비용을 일부 부담하고 미반환 보증금 및 장기수선충당금을 임대인이 반환한 사례

사실관계	임대인이 임차인 입주 전 임대목적물에 해당하는 것들을 새것으로 교체하여 제공하였는데 임차인이 종료 시 반환한 것과 다르고 가치손상 등이 있음을 이유로 원상 회복을 주장하며 보증금 일부를 미지급
조정성립	임차인이 입주할 당시 임대인이 제공한 물품 목록 자료를 검토한 결과 임차인에게 일부 원상회복비용이 있다고 판단, 임대인에게는 장기수선충당금은 주택의 소유자가 부담 함을 설명하고 원상회복 비용 일부를 임차인이 부담하고 미반환 보증금 및 장기수선 충당금을 임대인이 반환하는 것으로 조정

바. 바닥마루의 파손을 통상의 감가상각으로 보고 임차인에게 원상회복 의무 없음을 확인 하고 임대인에게 미반환 보증금을 반환하도록 한 사례

사실관계	임대인이 바닥마루의 파손에 대해 임차인이 원상회복할 것을 요구하며 보증금 일부를 반환하지 않음
조정성립	조사 결과 강마루 소재 자체가 찍힘에 약하고 4년 이상의 감가가 이미 진행된 상태였으며 신규 임차인이 마루 사용에 문제를 제기하지 아니하고 임차인이 다른 시설에 대해서도 쾌적하게 사용하였음에 비추어 통상의 손상이라 판단함. 임차인에게 원상회복 의무가 없음을 확인하고 임대인에게는 보증금 반환 지체 시 지연손해금을 배상하여야 함을 설명하여 조정

[사례 1] 보증금반환의무 및 동시이행관계

사실관계	1. 신청인(임차인)과 피신청인(임대인)이 임대차계약을 체결하였다. 2. 신청인(임차인)이 계약기간 만료에 따른 보증금의 반환을 요청하였다. 3. 피신청인(임대인)이 변제자력이 없다는 이유로 보증금을 반환할 수 없다고 하여 신청인(임차인)은 보증금을 반환받지 못한다.		
신청인 임대인 이유	임차인은 이 사건 주택의 임대차계약이 만료되더라도 보증금을 반환받기 어렵다고 판단하여 계약만료 전 미리 조정신청을 하여 계약 만료일에 보증금을 반환받기를 원한다.	피신청인 임차인 이유	임대인은 자신의 경제 사정이 어려워 임대차계약 만료일에 맞추어 보증금을 지급하기 어렵다고 주장한다.
요점 정리	임대인의 보증금반환의무 및 동시이행 관계		
관련 법	☞ 민법 제536조 (동시이행의 항변권) ① 쌍무계약의 당사자 일방은 상대방이 그 채무이행을 제공할 때까지 자기의 채무이행을 거절할 수 있다. 그러나 상대방의 채무가 변제기에 있지 아니하는 때에는 그러하지 아니하다.		
관련 판례	특별한 사정이 없는 한, 임대인의 임대차보증금반환채무는 장래에 실현되거나 도래할 것이 확실한 임대차계약의 종료시점에 이행기에 도달한다(대법원 2017. 3. 15. 선고 2015다252501 판결) 임대인의 보증금반환채무와 임차인의 목적물인도의무는 동시이행의 관계에 있다(대법원 1998. 5. 29. 선고 98다6497판결).		

주 문

1. 피신청인은 신청인에게 2021. 3. 29.까지 금150,000,000원을 지급한다.
2. 신청인은 피신청인으로부터 제1항 기재 금150,000,000원을 지급받음과 동시에 피신청인에게 별지 목록 기재 부동산을 인도한다.
3. 신청인은 나머지 신청을 포기한다.
4. 피신청인은 주택임대차보호법 제26조 제4항에 따라, 위 제1항에 기재된 사항을 강제집행할 수 있음을 승낙한다.

조정 결과	보증금 및 주택 반환 일자를 늦추기로 합의
조정의 성립	1. 임대인이 임대차 기간의 만료 및 보증금 반환의무의 발생에 대해서는 인정하나 계약만료일에 보증금을 반환하기 어려워, 보증금 반환일자를 늦추는 방향으로 합의점을 도출하고 그 기간 동안 임차인은 이 사건 주택에 계속 거주하기로 한다. 2. 임대인이 보증금을 반환하지 않을 경우 임차인은 소송을 통해 법원의 판결을 받아 임차주택에 대한 강제집행을 하는 등의 방법으로 보증금을 반환받을 수밖에 없는데, 당사자 간에 강제집행을 승낙하는 취지의 합의가 있었고 조정서 정본에 그 내용이 기재되었으므로 임차인이 약속한 기일 내에 보증금을 반환받지 못할 경우 법원의 판결없이도 임차주택에 대한 강제집행을 할 수 있게 된다.

[사례 2] 보증금반환의무 및 원상회복의무의 성부 및 범위

사실관계	1. 임차인과 임대인은 당사자 간 합의로 이 사건 임대차계약을 해지하였음. 2. 임차인은 주택을 임대인에게 반환하였음. 3. 임대인은 보증금 중 일부를 주택의 원상회복을 이유로 반환하지 않고 있음		
신청인 임대인 이유	임차인은 주택을 입주 전 상태와 동일하게 반환하였으며 임대인이 주장하는 원상회복 대상들은 통상의 손모로 봄이 타당하다고 주장한다.	피신청인 임차인 이유	임대인은 임차인 입주 전 임대목적물에 해당하는 것들을 새것으로 교체하여 제공하였는데 임차인이 임대차종료 시 반환한 것은 입주 시 제공했던 목록과 다른 점, 임대목적물의 가치 손상 등을 이유로 임차인의 원상회복의무를 주장한다.
요점 정리	1. 임대인의 보증금반환의무 2. 임차인의 원상회복의무 성부 및 범위		

관련법	☞ 민법 **제615조 (차주의 원상회복의무와 철거권)** 차주가 차용물을 반환하는 때에는 이를 원상에 회복하여야 한다. 이에 부속시킨 물건은 철거할 수 있다. ☞ 민법 **제654조 (준용규정)** 제610조제1항, 제615조 내지 제617조의 규정은 임대차에 이를 준용한다
관련판례	임차인은 임대차계약이 종료한 경우에는 임차목적물을 원상에 회복하여 임대인에게 반환할 의무가 있는데, 원상으로 회복한다고 함은 사회통념상 통상적인 방법으로 사용·수익을 하여 그렇게 될 것인 상태라면 사용을 개시할 당시의 상태보다 나빠지더라도 그대로 반환하면 무방하다는 것으로, 임차인이 통상적인 사용을 한 후에 생기는 임차목적물의 상태 악화나 가치의 감소를 의미하는 통상의 손모(損耗)에 관하여는 임차인의 귀책사유가 없으므로 그 원상회복비용은 채권법의 일반원칙에 비추어 특약이 없는 한 임대인이 부담한다고 해야 한다. 즉, 임대차계약은 임차인에 의한 임차목적물의 사용과 그 대가로서 임료의 지급을 내용으로 하는 것이고, 임차목적물의 손모의 발생은 임대차라고 하는 계약의 본질상 당연하게 예정되어 있다. 이와 같은 이유로 건물의 임대차에서는 임차인이 사회통념상 통상적으로 사용한 경우에 생기는 임차목적물의 상태가 나빠지거나 또는 가치 감소를 의미하는 통상적인 손모에 관한 투하자본의 감가는 일반적으로 임대인이 감가상각비나 수선비 등의 필요경비 산당음 임료에 포함시켜 이를 지급받음으로써 회수하고 있다. 따라서 건물의 임차인에게 건물임대차에서 생기는 통상의 손모에 관해 원상회복의무를 부담시키는 것은 임차인에게 예상하지 않은 특별한 부담을 지우는 것이 되므로 임차인에게 그와 같은 원상회복의무를 부담시키기 위해서는 적어도 임차인이 원상회복을 위해 그 보수비용을 부담하게 되는 손모의 범위가 임대차계약서의 조항 자체에서 구체적으로 명시되어 있거나 그렇지 아니하고 임대차계약서에서 분명하지 않은 경우에는 임대인이 말로써 임차인에게 설명하여 임차인이 그 취지를 분명하게 인식하고 그것을 합의의 내용으로 하였다고 인정되는 등 그와 같은 취지의 특약이 명확하게 합의되어 있어야 할 필요가 있다고 해석함이 상당하다(서울중앙지법 2005가합100279 판결).

주 문

1. 피신청인은 신청인에게 2021. ○. ○. 까지 금403,670원 (미반환 보증금 및 미반환 장기수선충당금을 합한 금액)을 지급한다.
2. 만일 이를 지체하면 피신청인은 신청인에게 위 금원 중 미지급금에 대하여 2021. ○.

	○.부터 다 갚는 날까지 연 5%의 비율로 계산한 돈을 가산하여 지급한다.
조정 결과	원상회복 비용 일부는 임차인 부담하고 미반환 보증금 및 장기 수선충당금은 임대인이 부담하는 것으로 합의
조정의 성립	1. 신청인과 피신청인은 조정절차 개시 당시부터 원상회복의 여부 및 그 범위에 대해 첨예하게 대립하여 다투었고 서로 의견 차이가 매우 컸다. 2. 그러나 제출된 자료 검토 결과를 바탕으로 통상의 손모 등 원상 회복의무의 범위에 대한 설명과 적극적인 설득으로 당사자 간 이견을 좁혀 서로의 양보 하에 분쟁을 원만히 해결한다.

[사례 3] 원상회복 비용을 명목으로 보증금 일부만 반환한 경우

사실 관계	1. 신청인(임차인, 외국인) 아내의 출산이 가까워진 시점에 피신청인이 신청인에게 계약 만료 전, 퇴거가 가능하냐고 물었고, 신청인은 출산 1개월 전까지 신규 임차인이 나타난다면 퇴거 가능하다는 의사표시를 한다. 2. 그러는 사이 신규 임차인이 나타났으나 피신청인은 신규 임차인과의 계약이 파기가 되어 다시 신청인에게 계약기간 연장이 가능하다 전달하였고, 이후 신청인 내외와 피신청인 내외 사이 이와 관련하여 여러 번 의사교환이 있었다. 3. 그러나 계약기간 만료 전, 신청인은 새로운 임차건물과 계약하여 이사를 하게 되었다. 4. 피신청인은 임차건물에 훼손부위가 있음을 발견하고 보증금 500만 원 중 200만 원을 공제한 뒤, 300만 원을 반환하였고, 추가로 훼손 부분을 발견하여, 약 80만 원의 원상회복 비용을 신청인에게 추가 청구한다			

신청인 임대인 이유	1. 피신청인의 임대차계약해지의 의사 표시에 따라 당사자 간 합의하여 해지되었으므로 계약서 특약에 따른 중개수수료, 추가 차임 부담의무 없다. 2. 피신청인이 주장하는 원상회복 비용이 과다할 뿐만 아니라 계약 당시 상태와 비교하여 통상적인 손모 수준이다	피신청인 임차인 이유	1. 신청인의 사정을 고려하였으나 최종적으로는 임대차계약이 신청인에 의한 일방적인 중도해지로 종료되었으므로 계약서 특약에 따라 신청인이 중개수수료 및 추가 차임을 부담하여야 한다. 2. 신청인의 고의·과실 등으로 인해 원상회복 비용을 부담할 의무가 있다.

요점 정리	1. 임대차계약의 합의해지 성립 여부
	   가. 신청인과 피신청인 사이 합의해지에 이를만한 의사표시 여부
	2. 원상회복의 범위 및 적정성
	   가. 피신청인이 주장하는 임차건물의 훼손부위가 통상손모의 범위이며, 비용 산정이 적정한지 여부

관련법	☞ **민법** **제390조 (손해배상의 범위)** ① 채무불이행으로 인한 손해배상은 통상의 손해를 그 한도로 한다. ② 특별한 사정으로 인한 손해는 채무자가 그 사정을 알았거나 알 수 있었을 때에 한하여 배상의 책임이 있다. ☞ **민법** **제615조 (차주의 원상회복의무와 철거권)** 차주가 차용물을 반환하는 때에는 이를 원상에 회복하여야 한다. 이에 부속시킨 물건은 철거할 수 있다. ☞ **민법** **제654조 (준용규정)** 제610조 제1항, 제615조 내지 제617조의 규정은 임대차에 이를 준용한다
관련판례	계약의 합의해지는 당사자가 이미 체결한 계약의 효력을 장래에 향하여 소멸시킬 것을 내용으로 하는 새로운 계약으로서, 이를 인정하기 위하여는 계약이 성립하는 경우와 마찬가지로 기존 계약의 효력을 장래에 행하여 소멸시키기로 하는 청약과 승낙이라는 서로 대립하는 의사표시가 합치될 것을 그 요건으로 하는 것이고, 이러한 합의가 성립하기 위하여는 쌍방 당사자의 표시행위에 나타난 의사의 내용이 서로 객관적으로 일치하여야 한다.(대법원 2000. 3. 10. 선고 99다70884 판결, 대법원 2003. 1. 24. 선고 2000다5336, 5343판결 등) 임차인이 통상적인 사용을 한 후에 생기는 임차목적물의 상태 악화나 가치의 감소를 의미하는 통상의 손모는 임차 목적물을 사용하는 것을 목적으로 하는 임대차계약의 본질상 당연하게 예정되어 있는 것이고, 이에 관하여는 임차인에게 귀책사유가 있다고 할 수 없으며, 시간의 경과에 따라 자연적으로 발생한 위와 같은 하자에 대하여 감가상각을 고려하지 아니한 채 임차인에게 원상회복의무를 부담하게 하는 것은 통상적으로 임대인에게 귀속되어야 할 이익을 초과하는 이익을 주게 되어 부담하므로 위와 같이 통상의 손모로 인한 부분에 대해서까지 임차인에게 원상회복 의무가 있다고 보기 어렵다(대법원 2019. 8. 30. 선고 2017다268142판결, 서울중앙지방법원 2021. 6. 2. 선고 2019가합4453판결)

주 문

1. 피신청인은 2021. 11. 5. 까지 신청인에게 503,000원을 지급한다.
2. 신청인은 나머지 신청을 포기한다.
3. 신청인과 피신청인은 이 사건과 관련하여 본 조정에서 합의된 것 이외에는 상호간에 더 이상 채권·채무 없음을 상호 확인하고, 이와 관련하여 향후 재판상, 재판외 청구

또는 이의제기를 하지 아니한다.
4. 신청인과 피신청인은 주택임대차보호법 제26조 제4항에 따라, 위 제1항에 기재한 사항은 강제집행할 수 있음을 상호 승낙한다

조정결과	임대인이 임차인에게 일정 금원을 지급하는 것으로 합의
조정의 성립	1. 당시 신청인의 아내는 만삭이었고, 신청인 측이 이 계약을 일방적으로 중도 해지 한다면 계약서 특약(중개보수료 및 추가 월차임부담)에 따라 불이익이 예상됨에도 불구하고, 계약기간이 남아 있는데 다른 지역으로 이사를 간다는 점은 이해하기 힘든 판단으로 피신청인의 최초 제안이 없었더라면 신청인은 본래 약정된 계약기간을 준수 할 것으로 예상된다. 2. 또한, 진행과정 속에서 양 당사자의 서면 또는 녹취록 등의 증빙 자료 없이 주장만이 대립하는 것으로 보아 본 임대차계약은 위의 기술된 정황으로 보아 합의해지 된 것으로 보는 것이 타당하다고 판단된다. 3. 양 당사자가 주장하는 원상회복 비용에 대해 우리 위원회에서는 현장조사 및 관련 업계 종사자와 논의한 결과, 피신청인이 주장하는 원상회복 비용이 과다하다고 판단하였고, 신청인이 원상회복비용에 대해 일부 부담할 의사가 있어, 이를 종합적으로 고려하여, 양 측이 수용할 수 있는 금액으로 원만히 조정이 성립된다.

[사례 4] 하자로 인한 계약해지에 따른 보증금의 반환

사실관계	1. 임차인과 임대인이 임대차계약을 체결하였다. 2. 욕실 누수, 세탁실 누수 등 임차 주택에 하자가 발생해 임차인이 하자보수를 요청하였다. 3. 임대인이 하자보수를 해주지 않아 임차인이 임대차계약의 해지의사를 통보하고 보증금의 반환을 요청하였다		
신청인 임대인 이유	임차인은 임대인과의 통화에서 임대인이 보증금과 이사비용을 지급하겠다고 하였으므로 임대차계약이 합의에 의해 종료되었고 임대인이 보증금을 반환하여야 한다고 주장한다.	피신청인 임차인 이유	임대인은 하자보수를 해주려 하였으나 임차인이 전화를 받지 않아 하자보수를 해줄 수가 없었고, 만일 계약이 종료된다 하여도 임차주택을 반환받은 후 원상회복비용을 공제한 뒤에 보증금을 반환하겠다고 주장한다.

제2편 주택임대차 실무　193

요점 정리	1. 임대차계약의 해지 가능 여부 (임대인의 하자담보책임) 2. 임차인의 원상회복의무 및 범위
관련 법	☞ 민법 제623조 (임대인의 의무) 임대인은 목적물을 임차인에게 인도하고 계약존속 중 그 사용, 수익에 필요한 상태를 유지하게 할 의무를 부담한다 ☞ 민법 제580조 (매도인의 하자담보책임) ① 매매의 목적물에 하자가 있는 때에는 제575조제1항의 규정을 준용한다. 그러나 매수인이 하자있는 것을 알았거나 과실로 인하여 이를 알지 못한 때에는 그러하지 아니하다. ② 생략 ☞ 민법 제575조 (제한물권 있는 경우와 매도인의 담보책임) 매매의 목적물이 지상권, 지역권, 전세권, 질권 또는 유치권의 목적이 된 경우에 매수인이 이를 알지 못한 때에는 이로 인하여 계약의 목적을 달성할 수 없는 경우에 한하여 매수인은 계약을 해제할 수 있다. 기타의 경우에는 손해배상만을 청구할 수 있다. ☞ 민법 제567조 (유상계약에의 준용) 본절의 규정은 매매 이외의 유상계약에 준용한다. 그러나 그 계약의 성질이 이를 허용하지 아니하는 때에는 그러하지 아니하다. ☞ 민법 제374조 (특정물인도채무자의 선관의무) 특정물의 인도가 채권의 목적인 때에는 채무자는 그 물건을 인도하기까지 선량한 관리자의 주의로 보존하여야 한다. ☞ 민법 제654조 (준용규정) 제610조제1항, 제615조 내지 제617조의 규정은 임대차에 이를 준용한다. ☞ 민법 제615조 (차주의 원상회복의무와 철거권) 차주가 차용물을 반환하는 때에는 이를 원상에 회복하여야 한다. 이에 부속시킨 물건은 철거할 수 있다
관련	임대차계약의 성립 당시 이미 목적물에 하자가 있었고 임차인이 이를 과실 없이

판례	알지 못한 경우(대법원 2000. 1. 18. 선고 98다18506 판결 참조), 임대인은 수선의무를 부담하는지 여부와는 별개로 민법 제580조 제1항, 제575조 제1항에 따른 하자담보책임을 지고, 그에 따라 임차인은 임대인을 상대로 목적물의 하자로 입은 손해배상을 청구할 수 있고, 나아가 목적물의 하자로 인하여 임대차의 목적을 달성할 수 없는 경우에는 임대차계약을 해지할 수 있다(서울중앙지법 2014. 6. 20. 선고 2014나13609 판결). 임대인은 목적물을 임차인에게 인도하고 임대차계약 존속 중에 그 사용, 수익에 필요한 상태를 유지하게 할 의무를 부담하므로(민법 제623조), 임대차계약 존속 중에 발생한 화재가 임대인이 지배·관리하는 영역에 존재하는 하자로 인하여 발생한 것으로 추단된다면, 그 하자를 보수·제거하는 것은 임대차 목적물을 사용·수익하기에 필요한 상태로 유지하여야 하는 임대인의 의무에 속하며, 임차인이 하자를 미리 알았거나 알 수 있었다는 등의 특별한 사정이 없는 한, 임대인은 화재로 인한 목적물 반환의무의 이행불능 등에 관한 손해배상책임을 임차인에게 물을 수 없다(대법원 2017. 5. 18. 선고 2012다86895, 86901, 전원합의체 판결).

주 문

1. 신청인과 피신청인 간 체결한 이 사건 임대차계약은 2021. 4. 26. 합의하에 해지되었음을 확인한다.
2. 피신청인은 신청인에게 2021. 4. 26.까지 금 5,000,000원을 지급하되, 만일 피신청인이 이를 이행하지 아니하는 경우 피신청인은 2021. 4. 27.부터 다 갚는 날까지 미지급액에 연 12%의 비율에 의한 돈을 가산하여 지급한다.
3. 신청인은 2021. 4. 26.까지 피신청인으로부터 제2항의 금원을 지급받음과 동시에 피신청인에게 별지 목록 기재 부동산을 인도한다.
4. 신청인은 나머지 신청을 포기한다.
5. 신청인과 피신청인은 주택임대차보호법 제26조 제4항에 따라, 위 제2항에 관한 강제집행을 할 수 있음을 상호 승낙한다.

조정 결과	임대차계약 종료 확인 및 주택·보증금을 반환하기로 합의
조정의 성립	1. 누수로 인해 공사가 필요하지만 임차목적을 달성할 수 없을 정도인지 판단하기는 어려운 상태여서 소송을 통할 경우 임차인에게 하자 입증의 어려움이 있었을 것이다. 2. 분쟁조정위원회가 조정 절차를 통하여 양 당사자를 설득하여 이사 비용은 제외하고 보증금만 반환하는 조건으로 임대차계약을 종료 하도록 합의를 도출한다.

	3. 원상회복의 경우, 외관으로 누수가 확인되지 않는 점을 보아 임차인이 하자를 미리 알았거나 알 수 있었다는 등의 특별한 사정이 없었던 것으로 판단된다. 4. 또한 하자를 보수·제거하는 것은 임대차 목적물을 사용·수익하기에 필요한 상태로 유지하여야 하는 임대인의 의무에 속하므로 임차인에게 원상회복의무가 인정되지 않는다고 임대인을 설득하여 임차주택의 인도와 동시에 보증금을 반환할 수 있도록 한다

[사례 5] 마룻바닥 등의 훼손에 관한 임대인의 수선의무

사실 관계	1. 임대인은 임대차종료에 따른 이 사건 주택반환 및 보증금반환에 있어 임차인에 의한 주택 파손에 따른 손해배상 공제를 주장하였다. 2. 임차인은 오히려 임대인이 수선비용 지급 및 손해배상을 지급하여야 한다며 다툼이 발생한다.		
신청인 임대인 이유	이 사건 주택의 마룻바닥, 현관문, 현관문 옆 석고보드, 화장실 세면대 등의 수리가 필요한 상황인데 이는 통상의 손모를 넘어선 것이고 피신청인의 관리 소홀이 원인이며 특히 마룻바닥은 피신청인이 통지의무를 이행하지 않아서 상태가 악화되었다. 대수선이 불가피하게 되었는바 피신청인이 손해배상해야 한다.	피신청인 임차인 이유	마룻바닥 역류는 공동배관 사용하는 위층 세대의 사용 부주의로 인한 것이며 건물 구조가 원인이다. 오히려 임대인이 이 사건 주택의 작은방 누수를 방치하고 보일러 및 현관문 파손을 수리해주지 않아 정상적인 사용을 못하였는바 임대인은 이에 대한 손해배상을 하여야 한다
요점 정리	피신청인의 손해배상책임 인정 여부 및 신청인의 수선의무에 따른 비용상환의무 인정 여부		
관련 법	☞ 민법 민법 제623조 (임대인의 의무) 임대인은 목적물을 임차인에게 인도하고 계약존속 중 그 사용, 수익에 필요한 상태를 유지하게 할 의무를 부담한다. ☞ 민법 제634조 (임차인의 통지의무) 임차물의 수리를 요하거나 임차물에 대하여 권리를 주장하는 자가 있는 때에는 임차인은 지체없이 임대인에게 이를 통지하여야 한다. 그러나 임대인이 이미 이를 안 때에는 그러하지 아니하다. ☞ 민법		

☞ 민법
제374조 (특정물인도채무자의 선관의무) 특정물의 인도가 채권의 목적인 때에는 채무자는 그 물건을 인도 하기까지 선량한 관리자의 주의로 보존하여야 한다.

☞ 민법
제390조 (채무불이행과 손해배상) 채무자가 채무의 내용에 좇은 이행을 하지 아니한 때에는 채권자는 손해배상을 청구할 수 있다. 그러나 채무자의 고의나 과실 없이 이행 할 수 없게 된 때에는 그러하지 아니하다.

☞ 민법
제615조 (차주의 원상회복의무와 철거권) 차주가 차용물을 반환하는 때에는 이를 원상에 회복하여야 한다. 이에 부속시킨 물건은 철거할 수 있다.

☞ 민법
제654조 (준용규정) 제610조제1항, 제615조 내지 제617조의 규정은 임대차에 이를 준용한다.

주 문

1. 신청인은 2021. ○. ○. 피신청인에게 금1,850,000원(미반환 임차보증금 중 일정 금원을 공제한 금원)을 지급한다. 만일 이를 지체하면, 신청인은 피신청인에게 2021. ○. ○.부터 다 갚는 날까지 미지급한 금액에 연 5%의 비율로 계산한 금액을 가산하여 지급한다.
2. 피신청인은 신청인으로부터 제2항 기재 금원을 지급받은 후 즉시 다른 주택으로 전입신고를 하면서 이 사건 주택에 대한 전출신고 절차를 이행한다.
3. 신청인과 피신청인은 주택임대차보호법 제26조제4항에 따라, 제1항에 관한 강제집행을 할 수 있음을 상호 승낙한다.

조정 결과	미반환보증금에서 원상회복 비용 일부를 공제한 나머지 금원을 임대인이 임차인에게 반환하는 것으로 합의
조정의 성립	1. 임대인에게는 임차인이 임차주택을 정상적으로 사용·수익할 수 있도록 수선해야 할 의무가 있음을 설명한다. 2. 임차인에게는 원상회복의무 및 임차물의 수리가 필요할 경우 지체 없이 임대인에게 통지하여야 하는 의무가 있음을 설명한다. 3. 상호 대립하는 상황에서 양보를 이끌어 내어 합의가 성립되었고 원만하게 분쟁을 종결한다.

[사례 6] 보증금의 반환 및 수도요금의 공제

사실 관계	1. 임차인과 임대인이 임대차계약을 체결한 뒤 임대차계약이 합의해지 되었다. 2. 임차인이 보증금의 반환을 요청하였으나 수도요금 공제에 관한 분쟁이 있어 임대인이 보증금의 반환을 거부한다		
신청인 임대인 이유	임차인은 임대차계약이 합의해지에 의하여 종료되었으므로 임대인이 보증금 전액을 반환하여야 하며 임대차 계약서에 특약사항으로 '수도세는 매달 10,000원으로 한다'고 기재되어 있으므로 수도 요금으로 160,000원을 공제하는 것은 부당하다고 주장한다	피신청인 임차인 이유	임대인은 임차인이 겨울철 동파 예방을 위해 수도를 한 달 내내 틀어놓았고 이로 인해 수도요금이 198,460원에 이르러 평상시 요금인 3만여 원을 제외한 160,000원을 임차인이 부담하여야 한다고 주장한다.
요점 정리	수도요금 공제의 적법 여부		
관련 법	☞ 민법 **제654조 (준용규정)** 제610조제1항, 제615조 내지 제617조의 규정은 임대차에 이를 준용한다. ☞ 민법 **제610조 (차주의 사용, 수익권)** ① 차주는 계약 또는 그 목적물의 성질에 의하여 정하여진 용법으로 이를 사용, 수익하여야 한다 ②~③ 생략		
관련 판례	임대차계약에서 임대차보증금은 임대차계약 종료 후 목적물을 임대인에게 명도할 때까지 발생하는 임대차에 따른 임차인의 모든 채무를 담보한다. 따라서 이러한 채무는 임대차관계 종료 후 목적물이 반환될 때에 특별한 사정이 없는 한 별도의 의사표시 없이 보증금에서 당연히 공제된다(대법원 2017. 3. 22. 선고 2016다218874 판결).		
주 문			
1. 신청인과 피신청인 간 체결한 이 사건 임대차계약은 2021. 3. 20. 합의해지되었음을 확인한다. 2. 피신청인은 신청인에게 2021. 4. 16.까지 금 48,000원을 지급한다. 3. 신청인과 피신청인 간 이 사건 임대차계약과 관련하여 위 조정조항 이외에는 더 이상 어떠한 채권채무도 없으며 향후 재판상, 재판외 청구 또는 이의제기를 하지 않는다			
조정 결과	임대인과 임차인이 7:3의 비율로 수도요금을 부담하기로 합의		

조정의 성립	1. 임차인이 조정 신청을 하기 전에는 수도요금에 대한 합의가 성립되지 않아 임대인이 보증금의 반환을 거부하였다. 2. 조정이 개시된 이후 우선 수도요금 160,000원을 공제한 보증금 잔액을 임차인에게 반환한다. 3. 임대차 계약서상 특약에 의하면 임차인이 10,000원의 수도요금만 부담하여야 할 것이나 아무리 동파방지 목적이라 하여도 수도를 너무 세게 틀어 요금이 과다하게 나온 경우서 임차인의 과실이 있었다고 볼 수 있다. 4. 조정 절차를 통해 임대인과 임차인이 7:3의 비율로 수도요금을 부담하기로 합의하여 분쟁이 원만히 해결된다.

[사례 7] 임대차계약의 합의해지 시점 및 보증금의 법적성질

사실 관계	1. 임차인은 2020년 11월경 이 사건 주택에 관하여 임대차기간 2020년 11월경부터 2021년 5월경까지로 하는 임대차계약을 체결하였다. 2. 임차인은 임차인의 사정에 의해서 2021. 2월경 이 사건 임대차계약기간보다 앞선 2021. 3월경에 퇴거하겠다고 임대인에게 고지하였고 2021. 3월경 퇴거하였다. 3. 이러한 과정에서 다음과 같은 임대인과 임차인 사이의 다툼이 발생하였다		
신청인 임대인 이유	임차인이 임대인에게 2021. 2월경 이 사건 임대차계약기간보다 앞선 시기에 퇴거하겠다고 고지할 때, 임대인은 이를 받아들이면서 새로운 임차인이 구해지면 이 사건 임대차계약을 해지한 것으로 보아 보증금을 반환하겠다고 했음에도 불구하고 현재까지 반환해주지 않고 있기 때문에 보증금을 반환해 달라는 입장이다.	피신청인 임차인 이유	임차인이 주장하는 조건부 해지 등의 합의한 사실이 없으며, 임차인이 주장하는 보증금반환청구에 대해서도 연체차임, 공과금, 입주청소비, 중개보수비 모두 공제하여 나머지 금액만 지급하겠다는 입장이다.
요점 정리	1. 이 사건 임대차계약의 합의해지 시점 2. 임대차보증금의 법적성질 및 보증금 공제 대상여부 판단		
관련 판례	계약의 합의해지는 계속적 채권채무관계에 있어서 당사자가 이미 체결한 계약의 효력을 장래에 향하여 소멸시킬 것을 내용으로 하는 새로운 계약으로서 이를 인정하기 위하여는 계약이 성립하는 경우와 마찬가지로 기존 계약의 효력을 장래에 향하여 소멸시키기로 하는 내용의 청약과 승낙이라는 서로 대립하는 의사표시가		

합치될 것을 그 요건으로 하는 것이고, 이러한 합의가 성립하기 위하여는 쌍방 당사자의 표시행위에 나타난 의사의 내용이 서로 객관적으로 일치하여야 하고, 또 계약의 합의해지는 묵시적으로 이루어질 수도 있으나, 이와 같은 묵시적 합의 해지는 계약에 따른 채무의 이행이 시작된 후에 당사자 쌍방의 계약실현 의사의 결여 또는 포기로 인하여 계약을 실현하지 아니할 의사가 일치되어야만 한다(대법원 2000. 3. 10. 선고 99다70884 판결).

부동산임대차에 있어서 임차인이 임대인에게 지급하는 보증금은 임대차관계가 종료 되어 목적물을 반환하는 때까지 그 임대차관계에서 발생하는 임차인의 모든 채무를 담보하는 것으로서 임차인의 채무불이행이 없으면 그 전액을 반환하고 만약 임차인이 차임을 지급하지 아니하거나 목적물을 멸실·훼손하여 부담하는 손해배상채무 또는 임대차종료 후 목적물 반환 시까지 목적물 사용으로 인한 손해배상 내지 부당이득 반환채무 등을 부담하고 있다면 임대인은 그 보증금 중에서 이를 공제하고 나머지 금액 만을 반환하면 되는 것이므로 임대인의 보증금 반환의무는 임대차관계가 종료되는 경우에 그 보증금 중에서 목적물을 반환받을 때까지 생긴 연체차임 등 임차인의 모든 채무를 공제한 나머지 금액에 관하여서만 비로소 이행기에 도달하여 임차인의 목적물 반환의무와 서로 동시이행의 관계에 있다(대법원 1987. 6. 23. 선고 87다카98 판결)

주 문

1. 신청인과 피신청인 사이에 ○○시 ○○구 ○○동에 관하여 체결 한 임대차계약이 2021. 4. ○. 종료되었음을 확인한다.
2. 피신청인은 신청인에게 금 99,400원을 지급한다.
3. 신청인은 나머지 신청을 포기한다.
4. 신청인과 피신청인은 주택임대차보호법 제26조제4항에 따라, 제2항에 기재한 사항은 강제집행할 수 있음을 상호 승낙한다.

조정 결과	합의해지 시점은 신규임차인이 입주한 때임을 확인, 보증금에서 연체차임·공과금만 공제하는 것으로 합의
조정의 성립	1. 조정위원회는 이 사건 사실관계 및 양 당사자의 주장 등을 종합적으로 검토한 결과, 첫 번째로, 이 사건 임대차계약의 합의해지 시점은 임대인이 신규임차인과 임대차계약을 체결하고, 신규 임차인이 이 사건 주택을 입주한 2021년 4월 말로 판단하였다. 2. 두 번째로, 임대차보증금 공제와 관련해서는 양 당사자가 작성한 임대차계약서 내용 및 문구, 임대차보증금의 법적 성질에 관한 판례의 취지 등을 종합하여 고려할 때, 임대차보증금에서 연체차임과 공과금은 공제하되, 입주청소비와 중개보수비는 공제하지 않는 것이 타당하다 판단하여 이를 양 당사자에게 충분히 설명하고 설득하여 조정안을 제시하였음. 이에 당사자 모두 조정안을 수락함으로써 분쟁을 종결한다.

제6절 전월세상한제 관련 분쟁

1. 관련법령

가. 계약갱신요구권에 의해 갱신되는 임대차는 차임과 보증금 각각을 5%의 범위 내에서 증액할 수 있습니다(주택임대차보호법 제6조의3 제3항, 동법 제7조).

나. 계약기간 내 혹은 계약 갱신 시에 보증금을 월세로 전환할 경우 임차인의 동의가 반드시 필요합니다. 이때 전환율은 한국은행이 정한 공시 기준금리에 대통령령으로 정하는 비율(주택임대차보호법 제7조의2, 동법 시행령 제9조)을 기준으로 계산합니다.

예) 현재 기준금리가 0.5%, 대통령령으로 정하는 비율이 2%일 경우 연 2.5%가 산정 률이 되며 보증금 1억원을 전환할 경우 250만 원이고 이를 12로 나누면 월 20.8만 원에 해당하는 금액으로 전환

① 계약갱신요구권을 사용하였음에도 불구하고 차임과 보증금을 5%의 범위를 초과하여 증액하였다면 임차인은 그 초과분에 대해 임대인에게 반환을 요구할 수 있으며 임대인은 이를 반환하여야 합니다.

② 혹은 5%의 범위를 초과 증액하여 갱신한 계약은 법 해석상 계약갱신요구권 사용에 따른 갱신계약으로 볼 수 없고 당사자 간 합의에 따른 갱신계약으로 보아 임차인은 계약만료 시점에 계약갱신요구권을 사용할 수 있습니다.

2. 조정절차

임대료 5%상한 규정이 있다고 하여 임대인이 임의로 임대료를 5%까지 증액할 수 있는 것은 아니며 계약서상 기존 임대료와 주변 임대계약 시세를 조사하여 비교한 후 임대인-임차인 간 합의를 통해 임대료 조정안이 도출됩니다.

[사례 1] 임대료 증액에 관한 사례

사실관계	1. 임대인은 이 사건 주택에 대하여 임차인과 임대차계약을 체결하였다. 2. 임대인은 계약갱신 시점이 되었을 때 보증금 및 차임 각각 5% 증액을 요구하였는데 임차인은 기존 계약내용 그대로를 요구하여 다툼이 발생하였다.		
신청인 임대인 이유	임차주택의 보증금 및 월차임을 각각 5%씩 인상하더라도 주변 시세보다 상당히 저렴한 상황이므로 계약갱신요구	피신청인 임차인 이유	계약갱신요구권을 사용하는 다른 임대차계약과 비교할 때 기존 보증금과 차임이 저렴하지 않으므

	권의 법적허용기준인 5% 인상이 필요하다.	로 기존 조건 그대로 계약갱신하여야 한다고 주장한다.
관련 법	☞ **주택임대차보호법** **제6조의3 (계약갱신 요구 등)** ③ 갱신되는 임대차는 전 임대차와 동일한 조건으로 다시 계약된 것으로 본다. 다만, 차임과 보증금은 제7조의 범위에서 증감할 수 있다. ☞ **주택임대차보호법** **제7조 (차임 등의 증감청구권)** ① 당사자는 약정한 차임이나 보증금이 임차주택에 관한 조세, 공과금, 그 밖의 부담의 증감이나 경제사정의 변동으로 인하여 적절하지 아니하게 된 때에는 장래에 대하여 그 증감을 청구할 수 있다. 이 경우 증액청구는 임대차계약 또는 약정한 차임이나 보증금의 증액이 있은 후 1년 이내에는 하지 못한다. ② 제1항에 따른 증액청구는 약정한 차임이나 보증금의 20분의 1의 금액을 초과하지 못한다.	

주 문

1. 신청인과 피신청인은 갱신된 임대차계약의 보증금을 2019. ○. ○.자 임대차계약에서 정한 금 350,000,000원에서 금 10,000,000원을 증액한 금 360,000,000원으로 하고, 갱신된 임대차계약의 월차임은 2019. ○. ○.자 임대차계약에서 정한 금 380,000원을 그대로 유지한다.
2. 신청인과 피신청인은 갱신된 임대차계약의 임대차기간이 2021.○. ○.부터 2023. ○. ○.까지임을 확인한다.
3. 신청인과 피신청인은 계약갱신이 피신청인의 계약갱신요구권 행사에 따른 갱신임을 확인한다.
4. 신청인과 피신청인은 갱신된 임대차계약에 관하여 2021. ○. ○.까지 계약서 작성 및 교부를 완료한다.
5. 계약서 작성 및 교부의 이행이 완료되면 같은 날 즉시 피신청인은 신청인에게 증액된 보증금 10,000,000원을 신청인이 지정하는 계좌로 송금하는 방법으로 지급한다.

조정 과정	1. 임차 주택의 주변 시세가 많이 상승하여 임대인이 보증금 및 월세 각각 5% 증액을 요구하고 임차인으로서는 납득할 수 없다고 하여 조정개시 2. 기존 임대료와 주변 임대계약 시세를 조사하여 비교한 후 월차임은 유지하고 보증금만 증액하는 것을 내용으로 하는 조정안 제시
조정 요지	임대인의 임대료 5% 증액 청구에 대하여 조정위가 주변 시세 등을 조사하여 월차임은 그대로 유지하고 보증금은 2.9% 증액하는 것으로 합의·조정

| 조정 결과 | 월차임은 그대로 유지하고 보증금만 2.9% 증액하는 것으로 합의 |

[사례 2] 차임의 보증금 전환과 임대료 증액에 관한 사례

사실관계	1. 임차인은 2019. ○. ○. 임대인과 서울 ○○에 위치한 목적물에 관하여 임대차 기간 2019. ○. ○. ~ 2021. ○. ○. (24개월)로 정하여 임대차계약을 체결하였음. 2. 임대인은 임차인이 재계약을 원해 임대료 5% 인상하고 월세를 전세로 전환하여 재계약하고자 하였음. 3. 그러나 임차인은 임대료 5% 인상은 동의하지만 차임의 보증금 전환(월세를 전세로 전환)을 거부함. 4. 이에 임대인은 전세 전환에 대한 합의가 이루지지 않으면 실거주를 이유로 계약해지 및 주택반환을 원함.		
신청인 임대인 이유	차임을 전액 보증금으로 전환하여 월세를 전세로 변경한 후 5% 증액하여 임대차계약을 체결하고자 한다. 전세로의 변경이 불가하다면 임대인 자녀의 실거주에 따른 이 사건 임대차계약 해지와 임차인의 퇴거를 희망한다.	피신청인 임차인 이유	임차인은 차임이나 보증금 중 하나만 5% 인상하기를 주장한다.
관련 법	☞ 주택임대차보호법 제6조의3 (계약갱신 요구 등) ② 임차인은 제1항에 따른 계약갱신요구권을 1회에 한하여 행사할 수 있다. 이 경우 갱신되는 임대차의 존속기간은 2년으로 본다. ③ 갱신되는 임대차는 전 임대차와 동일한 조건으로 다시 계약된 것으로 본다. 다만, 차임과 보증금은 제7조의 범위에서 증감할 수 있다. ☞ 주택임대차보호법 제7조 (차임 등의 증감청구권) ② 제1항에 따른 증액청구는 약정한 차임이나 보증금의 20분의 1의 금액을 초과하지 못한다. 다만, 특별시·광역시·특별자치시·도 및 특별자치도는 관할 구역 내의 지역별 임대차 시장 여건 등을 고려하여 본문의 범위에서 증액청구의 상한을 조례로 달리 정할 수 있다. ☞ 주택임대차보호법 제7조의2 (월차임 전환 시 산정률의 제한) 보증금의 전부 또는 일부를 월 단위의		

	차임으로 전환하는 경우에는 그 전환되는 금액에 다음 각호 중 낮은 비율을 곱한 월차임의 범위를 초과할 수 없다. 1. 「은행법」에 따른 은행에서 적용하는 대출금리와 해당 지역의 경제 여건 등을 고려하여 대통령령으로 정하는 비율 2. 한국은행에서 공시한 기준금리에 대통령령으로 정하는 이율을 더한 비율

주 문

1. 신청인과 피신청인은 2019. ○. ○.자 별지 목록 기재 부동산에 대한 임대차계약을 피신청인의 계약갱신요구권의 행사에 따라 갱신하되, 기간 2년(2021. ○. ○.부터 2023. ○. ○. 까지), 보증금과 차임은 기존 임대차 계약 대비 5% 증액한다.
2. 피신청인은 신청인에게 2021. ○. ○.까지 제1항 기재 보증금 증액분 금 ○○○원을 지급한다.
3. 피신청인은 2023. ○. ○.까지 신청인으로부터 금○○○○○원을 지급받음과 동시에 신청인에게 별지 목록 기재 부동산을 인도한다.
4. 신청인은 2023. ○. ○.까지 피신청인으로부터 별지 목록 기재 부동산을 인도받음과 동시에 피신청인에게 제3항 기재 금원을 지급한다.
5. 신청인은 나머지 신청을 포기한다.
6. 조정비용은 각자 부담한다.
7. 신청인과 피신청인은 주택임대차보호법 제26조제4항에 따라 제3항에 기재한 사항은 강제집행할 수 있음을 상호 승낙한다.

조정 과정	1. 임대인에게 월세를 전세로 전환할 시 임차인의 동의가 필요함을 설명하고, 임차인에게는 주변 시세 등 경제적 사정 변동이 있음을 알려주어 보증금과 차임을 각각 5% 인상하는 것이 가능함을 설명 2. 이에, 임차인은 2년 더 이 사건 목적물에 거주하게 하고, 임대인은 임대료를 5% 인상하고 2년 후 이 사건 목적물을 반환받을 수 있도록 하여 양 당사자 사이의 합의점을 도출
조정 요지	1. 임대인의 월세의 전액 보증금 전환 요구에 대하여 임차인이 동의하지 아니하여 기존 임대료 조건을 유지 2. 임대인의 임대료 5% 증액 청구에 대하여 주변시세를 고려하여 보증금, 월세 각각 5% 증액하는 것으로 조정
조정 결과	계약갱신 및 보증금. 월차임을 5% 인상하는 것으로 합의

제7절 임대차 계약기간 관련 분쟁

1. 관련법령

가. 기간을 정하지 아니하거나 2년 미만으로 정한 임대차는 그 기간을 2년으로 봅니다(주택임대차 보호법 제4조).
나. 다만 임차인은 2년 미만으로 정한 기간이 유효함을 주장할 수 있습니다.
다. 기간에 관한 규정은 신규·갱신계약을 불문하고 적용됩니다.
   예) 일시사용이 명백한 단기의 임대차계약은 주택임대차보호법이 적용되지 않고(주택 임대차보호법 제11조), 일시사용의 명백성은 구체적 사정을 고려하여 판단 합니다(서울동부1994.9.28.,94가단28353, 수원지법 2002.3.29.,2001가합4107).
라. 계약이 묵시적으로 갱신된 경우 혹은 계약갱신요구권이 사용되어 갱신된 경우에는 임대차 계약기간을 2년으로 봅니다.
   - (묵시적 갱신) 임대차계약이 끝나기 6개월 전부터 2개월 전까지의 기간에 갱신거절의 통지가 없는 경우 전 임대차와 동일한 임대료 조건으로 2년간 갱신된 것으로 보는 제도(주택임대차보호법 제6조)입니다. 단, 2020. 12. 10. 이전에 체결된 임대차계약의 경우 계약기간이 끝나기 1개월 전까지 통지하여야 합니다.
마. 묵시적·계약갱신요구권 사용에 따른 갱신은 언제든 계약을 해지할 수 있고 3개월이 지나면 효력이 발생합니다(동법 제6조의2).

2. 조정절차

가. 관련 법령에 따라 2년 미만 혹은 기간을 정하지 않은 임대차는 계약기간을 2년으로 봄을 설명하여 계약기간을 2년으로 하도록 조정합니다.
나. 임대차 계약기간 중 중도해지 가능여부는 갱신 방법에 따라 판단합니다. 임대인과 임차인이 갱신에 대해 논의 후 계약이 갱신되었다면 합의갱신에 해당하고, 논의가 없었다면 묵시적 갱신에 해당합니다. 합의·묵시적 갱신은 갱신요구권 사용에 따른 갱신이 아니므로 계약 종료 후 1회의 계약갱신요구권을 사용할 수 있습니다.

합의갱신	계약종료 2개월 전 임대인과 임차인 간 전화통화, 문자, 서면 등 임대차 계약의 갱신에 대해 논의한 내역을 확인 ▸ 합의한 계약기간을 준수해야 함이 원칙, 중도 해지 시 합의 필요
묵시적갱신	계약종료 2개월 전 임대인과 임차인 간 임대차 계약의 갱신에 대해 논의한 내역이 없고, 임대인이 갱신거절 의사를 밝히지 않은 경우 ▸ 언제든지 계약해지할 수 있으나 3개월이 지나야 효력이 발생

[사례 1] 임대차 계약기간에 관한 사례

사실 관계	1. 임차인은 신청외인(기존 임대인)과 이 사건 주택에 관하여 임대차계약을 체결 2. 임대차기간 중 임대인(현재 임대인)은 신청외인으로부터 이 사건 주택을 매수하여 임대인의 지위를 승계 3. 기존 임대차 기간 만료 후 임차인과 임대인은 임대차 기간을 1년으로 하는 계약 (이하 '이 사건 계약'이라 함)을 하였음. 4. 임차인은 위 계약의 임대차 기간이 주택임대차보호법 제4조에 의하여 2년임을 주장하나 임대인이 인정하지 아니하여 다툼이 발생함.		
신청인 임대인 이유	이 사건 계약은 기존의 임대차계약 내용과 동일한 조건으로 계약을 갱신하기로 하면서 임대차기간은 1년으로 약정한 재계약이고 2년 미만으로 기간을 정한 임대차계약에 해당하는바 주택임대차보호법에 따라 2년의 임대차 기간을 주장한다.	피신청인 임차인 이유	이 사건 계약은 합의의 실질이 계약의 갱신이 아닌 기존 계약의 만기를 변경하는 합의인바 합의된 1년이 되는 시점에 임차인이 주택을 인도해야 함을 주장한다.
관련 법	☞ 주택임대차보호법 제4조 (임대차 기간 등) ① 기간을 정하지 아니하거나 2년 미만으로 정한 임대차는 그 기간을 2년으로 본다. 다만, 임차인은 2년 미만으로 정한 기간이 유효함을 주장할 수 있다.		
	주 문 신청인과 피신청인은 이 사건 주택에 대한 임대차계약의 임대차기간이 2019. ○. ○.부터 2021. ○. ○.까지임을 상호 확인한다.		
조정 과정	기존 임대차계약기간 만료 후 이 사건 계약을 체결함에 비추어 만기의 변경이 아닌 임대차 계약의 갱신으로 보고 2년 미만의 임대차는 2년으로 본다는 점을 설명		
조정 요지	1. 기존 임대차계약 기간 만료 후 체결한 임대차 계약은 만기의 변경이 아닌 갱신된 임대차 계약으로 인정 가. 2년 미만의 임대차 계약의 계약기간을 2년으로 인정		
조정 결과	임대차 계약기간 2년임을 확인하고 합의		

[사례 2] 갱신된 임대차 계약기간에 관한 사례

사실 관계	1. 임차인과 임대인은 2018. 3. 1. 임대차계약(임대차기간 2018. 4. 5.부터 2020. 4. 4.까지 24개월)을 체결하였고, 2020. 3. 29. 위 임대차계약을 갱신하였음(임대차기간 2020. 4. 5. 부터 2021. 4. 4.까지 12개월). 2. 임대인은 임차인에게 갱신계약 기간만료일인 2021. 4. 4.까지 이 사건 주택에서 퇴거 할 것을 요구하였고, 임차인은 주택임대차보호법 제4조 제1항에 따라 이 사건 주택에서 1년 더 거주하겠다고 주장함.		
신청인 임대인 이유	2년 미만으로 정한 임대차는 그 기간을 2년으로 본다고 규정한 주택임대차보호법 제4조 제1항에 따라 갱신계약의 임대차 기간은 1년이 아니라 2년이라고 봄이 타당하므로, 임대인의 퇴거요구를 받아들일 수 없다.	피신청인 임차인 이유	합의 하에 임대차기간을 1년 연장한 갱신계약의 경우에는 주택임대차보호법 제4조 제1항이 적용될 수 없으므로, 임차인이 이제 와서 2년의 임대차기간을 주장하는 것은 부당한다.
관련 법	☞ 주택임대차보호법 제4조 (임대차 기간 등) ① 기간을 정하지 아니하거나 2년 미만으로 정한 임대차는 그 기간을 2년으로 본다. 다만, 임차인은 2년 미만으로 정한 기간이 유효함을 주장할 수 있다. ☞ 주택임대차보호법 제10조 (강행규정) 이 법에 위반된 약정으로서 임차인에게 불리한 것은 그 효력이 없다.		
관련 판례	'이 사건 임대차는 2012. 4. 23. 자 갱신합의에서 임대차기간을 1년으로 정하였음은 1.의 나.항에서 본 바와 같으나, 주택임대차보호법 제4조 제1항, 제10조에 따라 위 갱신에 따른 임대차기간은 2년으로 보아야 하므로, 2012. 4. 23. 갱신된 이 사건 임대차의 임대차 기간은 2012. 4. 23.부터 2014. 4. 22.까지이다' (서울중앙지방법원 2017. 11. 14. 선고 2017나21748 건물명도 판결)		

주 문

신청인과 피신청인은 이 사건 주택에 관하여 2020. 3. 29. 갱신한 임대차계약의 임대차 기간은 2020. 4. 5.부터 2022. 4 .4.까지(24개월)임을 확인한다.

조정 과정	1. 양 당사자가 갱신계약의 임대차기간을 2년 미만으로 정하였다고 하더라도, 해당 약정이 임차인에게 불리하다면 주택임대차보호법 제10조에 의해 효력이 없다고 봄이 타당함. 2. 따라서, 임차인이 갱신계약의 임대차기간을 2년으로 주장하는 한, 이 사건 갱

	신계약의 임대차기간은 2년으로 봄이 상당하다고 판단된다. 3. 조정절차 진행 중, 임대인은 임대차기간을 2년 미만으로 정한 갱신계약의 경우에도 임차인이 2년의 임대차기간을 주장할 수 있다는 점을 수긍하여 분쟁이 종료되었다
조정 요지	임대차계약 갱신 시 계약기간을 1년으로 정하였더라도 주택임대차보호법 제4조에 따라 2년의 계약기간이 보장됨을 확인
조정 결과	1년 연장한 갱신계약의 임대차 기간이 2년임을 확인·합의

[사례 3] 임대차 계약기간 중 중도해지에 관한 사례

사실 관계	1. 임차인은 2018. 1월경 임대인과 이 사건 아파트에 관하여 2018. 1월경부터 2020. 1월경 까지로 계약기간으로 하는 임대차계약을 체결한다. 2. 이후, 이 사건 임대차계약이 연장되었는데 임차인이 2021. 3월경 임대인에게 계약해지를 통보한다.		
신청인 임대인 이유	이 사건 임대차계약이 연장된 것은 묵시적 갱신에 의한 것이며, 임차인이 2021년 3월경에 임대인에게 계약해지를 통보하였기 때문에 이로부터 3개월 후인 2021년 6월경에 해지의 효력이 발생하였다는 입장이다.	피신청인 임차인 이유	이 사건 임대차계약을 종료하기 1개월 전에 유선 통화를 통해 새로운 임대차계약을 체결하였기 때문에 연장된 임대차계약은 합의에 의한 갱신에 의한 것으로써 재계약을 체결한 것이지, 묵시적 갱신된 것이 아니라는 입장임. 따라서 임차인의 해지 통보는 부적법하다고 주장한다.
관련 법	☞ 주택임대차보호법 제6조 (계약의 갱신) ① 임대인이 임대차기간이 끝나기 6개월 전부터 2개월 전까지의 기간에 임차인에게 갱신거절의 통지를 하지 아니하거나 계약조건을 변경하지 아니하면 갱신하지 아니한다는 뜻의 통지를 하지 아니한 경우에는 그 기간이 끝난 때에 전 임대차와 동일한 조건으로 다시 임대차한 것으로 본다. 임차인이 임대차 기간이 끝나기 2개월 전까지 통지하지 아니한 경우에도 또한 같다. ② 제1항의 경우 임대차의 존속기간은 2년으로 본다. ③ 2기의 차임액에 달하도록 연체하거나 그 밖에 임차인으로서의 의무를 현저히 위반한 임차인에 대하여는 제1항을 적용하지 아니한다.		

☞ **주택임대차보호법**
제6조의2 (묵시적 갱신의 경우 계약의 해지) ① 제6조제1항에 따라 계약이 갱신된 경우 같은 조 제2항에도 불구하고 임차인은 언제든지 임대인에게 계약해지를 통지할 수 있다.
② 제1항에 따른 해지는 임대인이 그 통지를 받은 날부터 3개월이 지나면 그 효력이 발생한다.

주 문

1. 신청인과 피신청인 사이에 별지 목록 기재 부동산에 관하여 2019. 12. ○. 체결된 임대차계약을 2021. 7. ○. 종료한다.
2. 신청인은 2021. 7. ○. 피신청인으로부터 금 247,000,000원(보증금 250,000,000원 중 신청인과 피신청인이 제1항에 의한 임대차계약 합의해지에 따라 발생한 신청인의 피신청인에 대한 손해배상액 3,000,000원을 공제한 나머지 금액임.)을 지급받음과 동시에, 피신청인에게 별지 목록 기재 부동산을 인도한다.
3. 피신청인은 2021. 7. ○. 신청인으로부터 별지 목록 기재 부동산을 인도받음과 동시에, 신청인에게 금 247,000,000원(보증금 250,000,000원 중 신청인과 피신청인이 제1항에 의해 임대차계약을 합의해지함에 따라 발생한 신청인의 피신청인에 대한 손해배상액 3,000,000원을 공제한 나머지 금액)을 지급한다.

조정 과정	1. 위원회 조사 결과, 임대인과 임차인 사이에 연장된 임대차계약에 대해 임대차계약서는 작성하지 않았지만, 유선상으로 임대차계약을 합의로 갱신되었다는 사실에 대해 임차인이 자인하고 있다는 점, 임대인이 녹취록을 보유하고 있다고 하면서 대화내용을 구체적이고 상세하게 진술하고 있어 합의에 의한 갱신으로 판단한다. 2. 다만, 임차인의 사정을 고려하여 조정위우너회의 중재 하에 임대인과 임차인 사이의 임대차계약을 합의 해지하는 대신, 이에 따라 발생하는 손해배상(이에 대해서도 손해배상액이 적정한지 검토함)은 임차인이 부담하기로 하면서 당사자의 원만한 합의를 이끌어낸다
조정 요지	1. 임대차계약 종료 전 전화통화를 통해 계약의 갱신에 관한 합의를 하였다면 묵시적 갱신이 아닌 합의에 의한 갱신으로 인정 2. 합의 갱신된 임대차계약의 경우 임차인의 일방적 의사로 계약을 해지할 수 없으나, 임대인과의 합의 하에 일정 금원을 지급하고 계약을 해지하는 것으로 조정
조정 결과	합의에 의해 갱신된 계약으로 확인되었으나, 당사자 간 합의해지 및 임차인이 손해배상액을 지급하는 것으로 합의

제8절 임대차 계약상 의무

1. 관련법령

가. 임대차는 당사자 일방이 상대방에게 목적물을 사용, 수익할 것을 약정하고 상대방이 이에 대하여 차임을 지급할 것을 약정함으로써 그 효력이 생깁니다(민법 제618조).
나. 임대차보증금이 교부되어 있더라도 보증금에서 연체차임을 충당할 것인지는 임대인이 선택 할 수 있으며, 임차인은 임대차보증금의 존재를 이유로 차임 지급을 거절할 수 없습니다(대법원 2016. 11. 25. 선고 2016다211309 판결).
다. 임대인은 목적물을 임차인에게 인도하고 계약존속 중 그 사용, 수익에 필요한 상태를 유지 하게 할 의무를 부담합니다(민법 제623조).
라. 임차인이 임차물의 보존에 관한 필요비를 지출한 때에는 임대인에 대하여 그 상환을 청구할 수 있습니다(민법 제626조).

2. 임대차계약상 의무에 관한 조정사례

가. 임차인이 보증금의 존재를 이유로 차임을 지급하지 않아 관련 판례를 들어 차임 지급이 의무임을 설명하고 이에 임차인이 연체 차임을 지급한 사례

사실관계	임차인이 연체 차임액을 상회하는 보증금이 있음을 이유로 차임 지급을 거절 하고 이에 임대인이 연체 차임 지급을 구하는 조정 신청
조정성립	보증금이 있더라도 임차인이 차임을 지급하는 것이 의무임을 관련 판례를 들어 설명하고 조정 과정 중 임차인이 연체 차임을 지급함

나. 임차인이 보일러 수리비용을 지출한 것에 대해 이는 임대인이 부담할 비용임을 확인하고 임차인이 지급할 월차임에서 상계한 사례

사실관계	임차인이 보일러를 수선하고 수선비용은 원래 임대인이 부담할 성질의 것이 므로 그 비용을 월차임에서 공제하는 것을 주장
조정성립	보일러 수선의무는 임대인에게 있음을 확인하고 임차인이 지출한 비용과 임차인이 미납한 차임 간 상계 후 남은 차임을 임차인이 지급하는 것으로 조정

다. 임차인이 보일러가 고장이 났음을 고지하고 곧바로 수리한 행위는 정당하며 해당 보일러 수리비용은 임대인이 부담할 성질의 것임을 확인한 사례

사실관계	임차인이 토요일 오후 보일러가 고장이 나 임대인에게 고지하고 곧바로 수리를 하였으며, 임대인은 자신의 동의 없이 수리함을 이유로 임차인에게 퇴거를 요구
조정성립	보일러 수리는 임대인의 유지·수선의무에 속하며 임차인이 부담한 보일러 수리 비용은 주택의 보존에 관한 필요비용에 해당하여 임대인이 부담하는 것으로 조정

라. 건물 구조상의 문제로 임차목적물에 발생한 곰팡이에 대해 임대인의 제거의무를 확인 하고 이에 대해 임대인이 제거 조치를 이행한 사례

사실관계	임차인이 집 내부에 발생한 곰팡이에 대한 조치를 취해줄 것을 요청하였으나 임대인은 임차인의 관리부족으로 곰팡이가 발생한 것이라며 특별한 조치를 취하지 않는다
조정성립	곰팡이 발생원인 조사결과, 건물 구조상의 문제로 인한 것임을 규명하여 임대인 에게 제거의무가 있음을 확인하였고 임대인이 곰팡이 제거 조치를 취하는 것으로 조정

마. 녹물 하자에 대해 임대인이 수리의사를 밝혔음에도 임차인이 일방적으로 계약해지. 퇴거한 것은 부당하다 판단해 미납차임을 일부 지급하도록 한 사례

사실관계	임차인이 붉은 수돗물(녹물)이 나오자 임대인에게 수리를 요청하고 이를 이유로 일방적으로 퇴거하고 보증금 반환 및 손해배상 지급을 요구
조정성립	녹물에 대해 임대인이 수리 의무를 부담하여야 하나, 임대인이 수리를 위해 방문 하겠다하였으나 임차인이 이를 거부하고 일방적으로 퇴거한 점에 비추어 계약해지는 부당하다 판단하고 임차인이 미납 차임을 일부 지급하는 것으로 조정

바. 도어락 파손은 임차인의 행위에 의한 것이므로 이를 보증금에서 공제한 것은 정당하고 장기 수선충당금은 주택 소유자가 부담할 성질의 것이므로 임대인이 임차인에게 반환하여야 함을 확인한 사례

사실관계	기존 임대차계약기간 존속 중 해당 주택이 매도되어 매수인이 기존 임대차 관계를 승계하였고, 임차인이 계약기간 만료 후 바뀐 임대인에게 보증금 반환을 청구 하였으나 임대인이 도어락 파손을 이유로 보증금을 일부 미반환하고 장기수선충당금도 반환하지 않는다.
조정성립	임차인이 도어락을 해체한 사실 및 해체된 도어락의 원상회복이 어려운 점에 비추어 도어락 교체비용은 임차인이 부담하고, 장기수선충당금은 주택의 소유자가 부담하는 성질의 것으로 임대인이 부담하는 것으로 조정

제9절 유치·수선의무에 관한 분쟁

[사례 1] 보일러 동파에 관한 임대인의 수선의무

사실관계	1. 피신청인은 주거취약계층의 주거생활 안정을 위하여 정부에서 지원하는 전세임대자금으로 주택소유자와 전세계약을 체결하고, 지원 대상 입주자에게 전세임내주택을 시원하는 전세임대사업을 진행하고 있음. 2. 신청인(입주자)은 피신청인(임차인) 및 조정외인(임대인)과의 사이에 월차임은 입주자인 신청인이 임대인인 조정외인에게 직접 지급하기로 하는 전세임대계약을 체결하였음. 이후 참가인이 이 사건 주택을 매수하여 임대인의 지위를 승계함. 3. 이 사건 전세임대계약의 내용에 따르면 이 사건 주택의 하자에 관한 사항은 임대인과 입주자 사이에서 직접 해결하도록 하고 있음. 이후 보일러 배관이 동파되어 신청인은 보일러 수리비 등으로 금 400,000원을 지출하였음. 4. 신청인은 이 사건 주택의 보일러 파손에 대하여 참가인에게 수선의무가 있음을 주장하며 보일러 수리비 등으로 지출한 금 400,000원을 이 사건 임대차계약의 차임과 상계하겠다는 의사표시를 하였고 참가인인 임대인이 이를 인정할 수 없다고 하여 다툼이 발생함.
신청인 임대인	보일러는 임대인의 임대차목적물의 수선의
참가인 임대인	보일러실이 작은 규모이기는 하나 구조상
피신청인 임차인	이 사건 하자보수에 관한 문제는 참가인과 입

이유	무 범위안에 속하므로 월차임에서 본인이 지출한 해당 수리비용만큼 공제하는 것이 옳다고 주장한다.	이유	신청인이 보일러를 가동하지 않아 동파가 된 것이다.	이유	주자가 해결하도록 하고 있으므로 조정에 적극적으로 개입하기 어렵다.
요점 정리	1. 이 사건 주택의 보일러 배관 동파에 대하여 임대인의 수선의무가 인정되는지 여부 2. 차임채권과 수리비채권의 상계가부					
관련 법	☞ 민법 **제623조 (임대인의 의무)** 임대인은 목적물을 임차인에게 인도하고 계약존속 중 그 사용, 수익에 필요한 상태를 유지하게 할 의무를 부담한다. ☞ 민법 **제492조 (상계의 요건)** 쌍방이 서로 같은 종류를 목적으로 한 채무를 부담한 경우에 그 쌍방의 채무의 이행기가 도래한 때에는 각 채무자는 대등액에 관하여 상계할 수 있다. 그러나 채무의 성질이 상계를 허용하지 아니할 때에는 그러하지 아니하다. ☞ 민법 **제493조 (상계의 방법, 효과)** 상계는 상대방에 대한 의사표시로 한다. 이 의사표시에는 조건 또는 기한을 붙이지 못한다.					
관련 판례	임대차계약에서 임대인은 목적물을 계약 존속 중 사용·수익에 필요한 상태를 유지할 의무를 부담하므로, 목적물에 파손 또는 장해가 생긴 경우 그것이 임차인이 별 비용을 들이지 아니하고도 손쉽게 고칠 수 있을 정도의 사소한 것이어서 임차인의 사용·수익을 방해할 정도의 것이 아니라면 임대인은 수선의무를 부담하지 않지만, 그것을 수선하지 아니하면 임차인이 계약에 의하여 정해진 목적에 따라 사용·수익할 수 없는 상태로 될 정도의 것이라면 임대인은 수선의무를 부담한다.(대법원 2010다 89876, 89883 판결 참조).					

주 문

1. 신청인의 참가인에 대한 이 사건 임대차계약에 기한 2021. 1.분 금300,000원의 지급채무 및 2021. 2. 분 금300,000원 중 기 지급한 금200,000원을 제외한 나머지 금 100,000원의 지급채무 중 금 20,000원의 지급채무는 신청인의 2021. 1. ○.자 상계의사표시로 소멸되었음을 확인한다.
2. 참가인의 신청인에 대한 이 사건 주택 보일러 하자(2021. 1. ○. 발생)로 인한 수선비

용금 320,000원 지급채무는 신청인의 2021. 1. ○.자 상계 의사표시로 소멸되었음을 확인한다.
3. 신청인은 2021. ○. ○. 까지 참가인에게 금 80,000원(이 사건 임대차 계약에 기한 2021. 2. 분 차임채무 금300,000원 중 기 지급한 금 200,000원 및 신청인의 2021. 1. ○.자 상계의 의사표시에 의하여 소멸한 제2항 기재 금20,000원을 제외한 나머지 금액임)을 지급한다.
4. 신청인과 피신청인 및 참가인은 본 조정합의에서 정한 것 이외에는 2021. 1. ○. 발생한 이 사건 주택의 보일러 하자로 인한 수선비용, 손해배상액 및 2021. 1. 분 및 같은 해 2. 분 차임에 대해 당사자 간에 더 이상 채권·채무가 없음을 확인한다.
5. 신청인과 피신청인 및 참가인은, 제2항 기재 상계에 의해 소멸한 차임액은 차임연체에 포함되지 아니함을 확인하고, 제4항 기재 금액에 대하여는 본 조정합의에서 정한 기한까지 지급이 이루어질 경우 이 사건 임대차계약의 차임연체 사실의 산정 시에 이를 포함 하지 않기로 상호 합의한다.

조정 결과	임대인인 참가인에게 보일러 수선비용 지급의무가 있는 것으로 합의
조정 성립	1. 현장조사를 통해 보일러 하자 발생의 원인을 살펴본 후 당사자 간의 합의로 양 당사자 사이의 수리비채권, 미지급 차임과 상계로 소멸한 부분을 특정하여 이를 확인함으로써 수선 관련 분쟁을 해결한다. 2. 또한 이 사건 조정신청에서 다투어진 금액은 연체차임에 포함하지 않는 합의를 함으로써 향후 발생할 여지가 있는 분쟁을 미연에 방지한다.

[사례 2] 세탁기 배관 동파에 관한 임대인의 수선의무

사실 관계	1. 임대차 목적물(아파트)의 베란다 세탁기 냉수급수 배관이 한파로 인해 동파되어, 배관 교체비용 30만 원 및 침수 피해 세대에 대한 손해배상금 1,800,000원이 소요됨. 2. 임대인과 임차인 사이에 이 사건 배관 파열로 인해 발생된 총 비용 2,100,000원에 대한 분담 비율에 관하여 분쟁이 발생함.		
신청인 임대인 이유	동파 방지를 위한 선량한 관리자의 주의의무를 다하였으므로 수선의무가 있는 임대인이 비용 전액을 부담해야 한다.	피신청인 임차인 이유	동파 방지 조치를 게을리 한 임차인의 과실에 기인한 것이므로, 임차인이 비용 전액을 부담해야 한다.
요점 정리	임차인이 선량한 관리자의 주의의무를 다하였는지 여부 및 이 사건 배관 파열이 임대인의 수선의무 범위에 속하는지 여부		

관련법	☞ 민법 **제374조 (특정물인도채무자의 선관의무)** 특정물의 인도가 채권의 목적인 때에는 채무자는 그 물건을 인도 하기까지 선량한 관리자의 주의로 보존하여야 한다. ☞ 민법 **제654조 (준용규정)** 제610조제1항, 제615조 내지 제617조의 규정은 임대차에 이를 준용한다. ☞ 민법 **제623조 (임대인의 의무)** 임대인은 목적물을 임차인에게 인도하고 계약존속 중 그 사용 수익에 필요한 상태를 유지하게 할 의무를 부담한다.
관련 판례	겨울철 혹한기에 위 세탁기용 수도꼭지 내 배관이 동파되지 않도록 세탁기 연결호스와 수도꼭지를 분리하는 등의 관리의무를 다하였음이 증명되지 않는 한 위층 아파트 소유자인 피고 공사(임대인)는 그 손해를 배상할 책임이 없다 (중략) 피고 추○○(임차인)이 위층 아파트를 임차하여 거주하던 중 겨울철 혹한기에 세탁기 연결호스와 수도꼭지를 분리하지 않는 등 베란다에 있던 세탁기용 시설물 관리의무를 소홀히 한 과실로 수도배관이 동파하여 발생한 것으로 봄이 타당하므로, 피고 추○○(임차인)은 이 사건 사고로 인하여 원고(아래층 세대)가 입은 손해를 배상할 책임이 있다(서울중앙지방법원 2016. 7. 12. 선고 2015가단5019288 판결).

주 문

1. 신청인과 피신청인은, 이 사건 임대차목적물의 2021. 1. 11.자 세탁기 냉수급수 배관 파열 사고와 관련하여 발생한 비용 2,100,000원{(수리비 300,000원) + (피해세대 손해배상금 1,800,000원)} 중 1,380,000원{(수리비 300,000원) + (피해 세대 손해배상금 1,080,000원)}은 피신청인이, 나머지 돈은 신청인이 부담함을 상호 확인한다.
2. 신청인과 피신청인은, 피신청인이 2021. 3. 8. 신청인에게 330,000원 {(제1호에 따른 부담금 1,380,000원)-(피신청인이 기지급한 부담금 1,050,000원)}을 지급하였음을 상호 확인한다.

조정 결과	수선비를 임대인, 임차인 공동 분담하는 것으로 합의
조정의 성립	당사자가 상호 양보하여 배관 파열에 따른 책임을 분담함으로써 감정비용 등 추가적인 지출을 피하고 분쟁을 원만히 해결한다.

[사례 3] 도어락 수리비용 등의 부담 주체

사실관계	1. 임차인은 이 사건 임차주택 현관문에 설치되어 있는 도어락, 주방에 있는 세탁기, 거실 천장에 있는 에어컨에 하자가 있다고 수선을 요청하였다. 2. 임대인은 이를 거부하여 다툼이 발생함		
신청인 임대인 이유	임대인으로부터 주택을 인도받기 전부터 이 사건 주택의 도어락 손잡이가 파손되어 있었으며, 전 임차인이 고양이를 키워 에어컨 필터 및 내부 냉각 쿨러 등을 업체를 불러 수리하였음. 세탁기는 사용이 불가할 정도로 곰팡이가 피어 새로 구매하여 사용 중임. 임대인은 수선의무가 있으므로 지출된 비용을 지급하여야 한다	피신청인 임차인 이유	에어컨 청소가 필요하고 세탁기 곰팡이가 있었다는 사실은 인정한다. 그러나 임차인에게 주택을 인도할 당시 도어락 손잡이는 이상이 없었으므로 수선의무가 없다.
요점정리	임대인의 유지·수선의무		
관련법	☞ 민법 제623조 (임대인의 의무) 임대인은 목적물을 임차인에게 인도하고 계약 존속 중 그 사용, 수익에 필요한 상태를 유지하게 할 의무를 부담한다.		

주 문

1. 피신청인은 2021. ○. ○. 까지 신청인에게 금72,510원(이 사건 주택 현 관문에 설치된 도어락 교체비용)을 지급한다.
2. 신청인과 피신청인은 위 제2항의 이행이 완료된 이후에는 이 사건 주택의 현관문에 설치된 도어락 하자, 거실 천장에 있는 에어컨청소, 주방에 있는 세탁기 청소에 관하여 당사자 간에 더 이상 채권·채무가 없음을 확인한다.
3. 향후 이 사건 주택의 현관문에 설치된 도어락에 파손이 발생하는 경우 그 원인이 임차목적물 자체의 하자가 아닌 신청인의 고의 또는 과실로 인한 경우에는 신청인이 수선비용을 부담한다.

조정결과	도어락 교체비용은 임대인이 부담하는 것으로 합의
조정의 성립	1. 조정개시 당시에는 당사자 사이에 의견 차이가 컸으나 조정절차를 진행하면서 서로 양보하여 분쟁을 해결하는 것으로 한다. 2. 에어컨, 세탁기 수선문제에 관하여는 임대인에게 수선책임을 묻지 않기로 하고, 도어락 문제에 관하여는 교체비용을 임대인이 지급하는 것으로 당사자 간 합의되어 분쟁이 해결된다.

제10절 계약 이행 및 내용의 해석에 관한 분쟁

[사례 1] 계약 체결 조건의 불이행을 원인으로 한 금전반환청구

사실관계	임차인은 임대인과 전세보증금반환보증보험가입을 조건으로 보증금 147,000,000원으로 하는 내용의 채권적 전세계약을 체결하기에 앞서 2,000,000원을 임대인에게 지급하였음. 그러나 이후 임차인은 이 사건 주택에 대한 전세보증금반환보증보험 가입 불가를 이유로 임대인에게 위 금전의 반환을 요구하였으나, 임대인이 이를 거부한다.		
신청인 임대인 이유	임대인이 처음부터 전세보증금반환보증보험 약관에서 정한 주채무자의 지위가 인정되지 않아 전세보증금반환보증보험 가입은 이행불능인 조건이므로 임차인이 지급한 이 사건 금전을 반환하여야 한다.	피신청인 임차인 이유	전세보증금반환보증보험 가입을 조건으로 한다는 약정을 한 사실이 없으며, 설령 그렇다고 하더라도 위 약관에서 정한 방법 외에 다른 방법(4대보험완납증명서 제출 등)으로 전세보증금반환보증보험가입이 가능하므로 임차인의 주장은 이유없다
요점정리	전세금반환보증보험 가입 약정의 존부 및 전세금반환보증보험 가입 불능을 이유로 계약해제가 가능한 지 여부		
관련법	☞ 민법 제105조 (임의규정) 법률행위의 당사자가 법률중의 선량한 풍속 기타 사회질서에 관계 없는 규정과 다른 의사를 표시한 때에는 그 의사에 의한다. ☞ 민법 제618조 (임대차의 의의) 임대차는 당사자일방이 상대방에게 목적물을 사용, 수익하게 할 것을 약정하고 상대방이 이에 대하여 차임을 지급할 것을 약정함으로써 그 효력이 생긴다.		
관련판례	계약이 성립하기 위하여는 당사자의 서로 대립하는 수개의 의사표시의 객관적 합치가 필요하고 객관적 합치가 있다고 하기 위하여는 당사자의 의사표시에 나타나 있는 사항에 관하여는 모두 일치하고 있어야 하는 한편, 계약 내용의 '중요한 점' 및 계약의 객관적 요소는 아니더라도 특히 당사자가 그것에 중대한 의의를 두고 계약성립의 요건으로 할 의사를 표시한 때에는 이에 관하여 합치가 있어야 계약이 적법·유효하게 성립한다(대법원 2003. 4. 11. 선고 2001다53059 판결 등). 부동산 거래에 있어 상대방이 일정한 사정에 관한 고지를 받았더라면 그 거래를		

	하지 않았을 것임이 경험칙상 명백한 경우에는 신의성실의 원칙상 사전에 상대방에게 그와 같은 사정을 고지할 의무가 있으며, 그와 같은 고지의무의 대상이 되는 것은 직접적인 법령의 규정뿐 아니라 널리 계약상, 관습상 또는 조리상의 일반 원칙에 의하여도 인정될 수 있다(대법원 2006. 10. 12. 선고 2004다48515판결 등) 민법 제544조에 의하여 채무불이행을 이유로 계약을 해제하려면, 당해 채무가 계약의 목적 달성에 있어 필요불가결하고 이를 이행하지 아니하면 계약의 목적이 달성되지 아니하여 채권자가 그 계약을 체결하지 아니하였을 것이라고 여겨질 정도의 주된 채무이어야 하고 그렇지 아니한 부수적 채무를 불이행한 데에 지나지 아니한 경우에는 계약을 해제할 수 없다. 또한 계약상의 의무 가운데 주된 채무와 부수적 채무를 구별함에 있어서는 급부의 독립된 가치와는 관계없이 계약을 체결할 때 표명되었거나 그 당시 상황으로 보아 분명하게 객관적으로 나타난 당사자의 합리적 의사에 의하여 결정하되, 계약의 내용·목적·불이행의 결과 등의 여러 사정을 고려하여야 한다(대법원 1997. 4. 7.자 97마575결정, 대법원 2001. 11. 13. 선고 2001다20394,20400판결 등).

주 문

1. 신청인과 피신청인 사이에 ○○시 ○○구 ○○아파트 ○○○동 ○○○호에 관하여 체결한 임대차계약이 합의해제 되었음을 확인한다.
2. 피신청인은 2021. 9. 30.까지 신청인에게 금1,000,000원을 지급한다.
3. 신청인과 피신청인 사이에 이 사건 임대차계약에 관하여 더 이상의 채권·채무관계가 없음을 확인한다.
4. 신청인은 나머지 신청을 포기한다.
5. 신청인과 피신청인은 주택임대차보호법 제26조 제4항에 따라, 위 제2항에 기재한 사항은 강제집행할 수 있음을 상호 승낙한다.

조정의 성립	1. 임차인과 임대인 사이에 채권적 전세계약 체결에 있어서 전세보증금 반환보증보험 가입을 조건으로 한다는 의사표시가 객관적으로 합치에 이르렀다거나 전세보증금반환보증보험가입이 계약의 목적달성을 위하여 필수불가결한 조건이라고 볼만한 근거가 없어 계약해제의 조건을 충족하지 못하였다고 하더라도, 해제권의 유무를 불문하고 계약 당사자 쌍방이 합의에 의하여 계약을 해소하는 내용의 합의해제는 가능하다 할 것이어서 당사자들 주장의 입증책임 공방보다는 상호 양보를 통해 합의점을 도출하고자 노력한 결과, 임대인이 임차인으로부터 지급받은 금전 중 일부를 임차인에게 반환하고 상호간 더 이상의 채권채무관계가 부존재함을 확인하는 내용의 조정이 성립한다. 2. 이 사건 조정이 성립함에 따라 이 사건 전세계약과 관련된 신청 외인들(공인중개사 등)의 책임관계도 일괄하여 해결된다.

제11절 계약 갱신 및 종료에 관한 분쟁

[사례 1] 계약갱신요구 및 거절의 적법 여부

사실관계	1. 임대인과 임차인은 2019. 4. 이 사건 주택에 관하여 임대차계약을 체결하였음. 2. 임대차 기간 만료를 앞두고 임대인이 실거주를 이유로 계약갱신을 거절하였음. 3. 임차인은 임대인의 실거주 주장이 허위이므로 효력이 없어 계약이 갱신되어야 한다고 주장하여 다툼이 발생함.		
신청인 임대인 이유	피신청인에게 적법한 갱신요구 기간 내에 계약갱신 요구하였으며 피신청인의 갱신거절 사유는 허위이므로 효력이 없다.	피신청인 임차인 이유	피신청인은 직장 출퇴근 문제, 투병 중인 가족 간호 등의 사유로 인하여 이 사건 주택에 실거주 해야 하는 상황이다.
요점 정리	계약갱신 요구 및 거절의 적법 여부		

관련
법
	☞ 주택임대차보호법
	제6조의3 (계약갱신 요구 등) ① 제6조에도 불구하고 임대인은 임차인이 제6조제1항 전단의 기간 이내에 계약갱신을 요구할 경우 정당한 사유 없이 거절하지 못한다. 다만, 다음 각 호의 어느 하나에 해당하는 경우에는 그러하지 아니하다.
	    1~7. 생략
	    8. 임대인(임대인의 직계존속·직계비속을 포함한다)이 목적 주택에 실제 거주하려는 경우
	    9. 생략
	② ~ ⑥ 생략
	
	☞ 주택임대차보호법
	제6조 (계약의 갱신) ① 임대인이 임대차기간이 끝나기 6개월 전부터 2개월 전까지의 기간에 임차인에게 갱신거절(更新拒絶)의 통지를 하지 아니하거나 계약 조건을 변경하지 아니하면 갱신하지 아니한다는 뜻의 통지를 하지 아니한 경우에는 그 기간이 끝난 때에 전 임대차와 동일한 조건으로 다시 임대차한 것으로 본다. 임차인이 임대차기간이 끝나기 2개월 전까지 통지하지 아니한 경우에도 또한 같다.
	② ~ ③ 생략		

주 문

1. 피신청인은 신청인에게 2021. ○. ○.까지 금89,000,000원(보증금 890,000,000원 중 일부임)을 지급한다.
2. 만일 이를 지체하면, 피신청인은 신청인에게 위 금원에 대하여 2021. ○. ○.부터 다 갚는 날까지 연 5%의 비율로 계산한 돈을 가산하여 지급한다.
3. 피신청인은 2021. ○. ○. 신청인으로부터 별지 목록 기재 부동산을 인도받음과 동시에 신청인에게 금801,000,000원(보증금 890,000,000원 중 미리 지급된 제1항 기재 금원을 제외한 나머지 금액)을 지급한다.
4. 신청인은 2021. ○. ○. 피신청인으로부터 금801,000,000원을 지급 받음과 동시에 피신청인에게 별지 목록 기재 부동산을 인도한다.
5. 신청인과 피신청인은 주택임대차보호법 제26조제4항에 따라, 제3항에 관한 강제집행을 할 수 있음을 상호 승낙한다.

조정 결과	임대차 계약을 종료하되, 보증금 일부를 미리 지급하는 것으로 합의
조정의 성립	1. 이 사건 피신청인은 실거주 의사가 있었으나 임차인에게 실거주 사유를 알리길 원하지 않아 오해가 있었던 상황이다. 2. 그렇지만 조정절차를 진행하면서 실거주 해야 하는 사유를 진술 하였고 신청인이 피신청인의 실거주 사유를 납득하여 분쟁이 원만하게 해결된다

[사례 2] 계약 갱신 요구에 대한 거절의 정당성

사실 관계	1. 임차인은 2021. 1. 8. 임대인에게 임대차계약 갱신요구를 한다. 2. 임대인은 같은 날 임차인이 차임을 2기 연체한 사실이 있음을 이유로 계약갱신을 거절하였다. 3. 그 후 임대인은 임차인에게 임대차보증금에 대한 채권양도통지서를 송달받았다는 사유로 전화 및 내용증명의 방법으로 수차례 계약갱신 거절의 의사표시를 하였으나, 임차인은 계약갱신하여 줄 것을 요구한다.		
신청인 임대인 이유	신청인은 피신청인이 2기의 차임액에 해당하는 금액에 이르도록 차임을 연체한 사실이 있고, 피신청인이 임대차보증금에 대한 반환청구채권을 일부 양도하였으므로 계약갱신 거절이 정당하다.	피신청인 임차인 이유	피신청인은 차임연체 금액이 2기의 차임액에 이른 사실이 없고, 임대차보증금반환채권을 양도한 것이 아니라 질권을 설정하였으므로 계약갱신 거절이 정당하지 않다.
요점	1. 피신청인이 2기의 차임액에 해당하는 금액에 이르도록 차임을 연체한 사실이		

정리	있는지 여부 2. 임대차보증금반환채권의 일부 양도를 주택임대차보호법 제6조의3 제1항제9호에서 정한 '임대차를 계속하기 어려운 중대한 사유가 있는 경우'로 볼 수 있는지 여부
관련법	☞ **주택임대차보호법** **제6조의3 (계약갱신 요구 등)** ① 제6조에도 불구하고 임대인은 임차인이 제6조제1항 전단의 기간이내에 계약갱신을 요구할 경우 정당한 사유 없이 거절하지 못한다. 다만, 다음 각 호의 어느 하나에 해당하는 경우에는 그러하지 아니하다. 1. 임차인이 2기의 차임액에 해당하는 금액에 이르도록 차임을 연체한 사실이 있는 경우 2~8. 생략 9. 그 밖에 임차인이 임차인으로서의 의무를 현저히 위반하거나 임대차를 계속하기 어려운 중대한 사유가 있는 경우

주 문

1. 신청인은 2021. 5. 30. 피신청인으로부터 별지 목록 기재 부동산을 인도받음과 동시에 보증금 10,000,000원 중 4,000,000원은 조정외 주식회사 ○○○○○에게, 그 중 4,000,000원은 조정외 주식회사 □□□□□에게, 그 중 2,000,000원(연체차임 및 원상회복청구권에 따른 손해배상금이 있는 경우에는 이를 공제한 금액)은 피신청인에게 각 지급한다.
2. 피신청인은 2021. 5. 30. 신청인으로부터 조정외 주식회사 ○○○○○가 금 4,000,000원을, 조정외 주식회사 □□□□□가 금 4,000,000원을, 피신청인이 금 2,000,000원(연체차임 및 원상회복 청구권에 따른 손해배상금이 있는 경우에는 이를 공제한 금액)을 각 지급받음과 동시에 신청인에게 별지 목록 기재 부동산을 인도한다.
3. 다만 조정외 주식회사 ○○○○○ 및 조정외 주식회사 □□□□□가 2021. 5. 29.까지 신청인에게 채권양도 해제사실을 통지한 경우에는, 신청인은 2021. 5. 30. 피신청인으로부터 별지 목록 기재부동산을 인도받음과 동시에 피신청인에게 보증금 10,000,000원 (연체차임 및 원상회복청구권에 따른 손해배상금이 있는 경우에는 이를 공제한 금액)을 지급하고, 피신청인은 2021. 5. 30. 신청인으로부터 금10,000,000원(연체차임 및 원상회복청구권에 따른 손해배상금이 있는 경우에는 이를 공제한 금액)을 지급받음과 동시에 신청인에게 별지 목록 기재 부동산을 인도한다.
4. 신청인과 피신청인은, 상호 합의에 의해 제1항, 제2항, 제3항 기재기일을 그보다 앞선 날짜로 변경할 수 있다.
5. 신청인과 피신청인은 주택임대차보호법 제26조제4항에 따라, 제1항 및 제2항에 관한 강제집행을 할 수 있음을 상호 승낙한다.

조정 결과	임대인은 임차인으로부터 주택을 인도받음과 동시에 보증금 중 일부는 채권을 양도받은 주식회사에게, 일부는 채권을 양도받은 주식회사에게, 나머지 금액은 임차인에게 지급하기로 하고 채권양도가 해제될 경우 임차인에게 보증금 전체를 모두 지급하기로 합의
조정의 성립	1. 피신청인이 2기의 차임액에 해당하는 금액에 이르도록 차임을 연체한 사실이 있으므로 신청인이 임대차계약갱신을 거절할 정당한 사유가 존재한다. 2. 그러나 신청인은 피신청인이 이사할 주택을 구할 수 있도록 임대차 기간 종료일보다 1달 후 퇴거하도록 배려하여 조정이 성립한다. 3. 임대차보증금채권이 일부 양도된 상황에서 임대차보증금반환일 전 채권양도가 해제될 경우를 가정하여 임대차보증금을 누구에게 반환하여야 하는지를 조정주문으로 명확하게 정리하여 임대차보증금 반환 객체의 혼란을 해결한다

[사례 3] 정당한 계약갱신 거절 사유의 존부

사실 관계	1. 임차인은 임대인에게 계약갱신요구를 하였다. 2. 임대인은 실거주할 것을 사유로 갱신요구를 거절하였으며, 임차인에게 이 사건 임대차계약의 만료일인 2021. 10. 10. 이 사건 주택을 반환할 것을 요구하였다. 3. 임차인은 임대인의 주택 반환 요구에 응하지 않는다.		
신청인 임대인 이유	현재 거주하고 있는 주택을 매도하고 (2021. 10월 초 부동산에 매물로 내놓음) 이 사건 주택에 실제 거주할 예정이므로 정당한 계약갱신 거절사유가 있다.	피신청인 임차인 이유	신청인이 현재 거주하고 있는 주택에 대한 매도 계획이 구체적이지 않아 이 사건 주택에 실제 거주할 필요성이나 의사가 불분명하므로 정당한 계약갱신 거절사유가 없는 것으로 보인다
요점 정리	주택임대차보호법 제6조의3제1항제8호에 따른 계약갱신 거절사유의 존부		
관련 법	☞ 주택임대차보호법 제6조의3 (계약갱신 요구 등) ① 제6조에도 불구하고 임대인은 임차인이 제6조제1항 전단의 기간이내에 계약갱신을 요구할 경우 정당한 사유 없이 거절하지 못한다. 다만, 다음 각 호의 어느 하나에 해당하는 경우에는 그러하지 아니하다. 1. 임차인이 2기의 차임액에 해당하는 금액에 이르도록 차임을 연체한 사실이 있는 경우 2~8. 생략 9. 그 밖에 임차인이 임차인으로서의 의무를 현저히 위반하거나 임대차를 계속하기 어려운 중대한 사유가 있는 경우		

관련 판례	주택임대차보호법 제6조의3 제1항 단서 제8호에서 정한 계약갱신 거절 사유인 '임대인(임대인의 직계존속·직계비속을 포함한다)이 목적주택에 실제 거주하려는 경우'는 나머지 각호와 달리 임차인 측에서 예측하기 어려운 임대인의 주관적 사유(수원지방법원 2021. 3. 11. 선고 2020가단569230 판결 참조)

주 문

1. 신청인과 피신청인은 별지 목록 기재 주택에 관하여 2019. 9. 7. 체결한 임대차계약에 관하여 다음과 같이 합의한다.
2. 신청인과 피신청인은 제1항 기재 임대차계약을 2022. 7. 12. 종료하기로 합의한다.
3. 신청인은 2022. 7. 12.까지 피신청인으로부터 별지 목록 기재 주택을 인도받음과 동시에 피신청인에게 금30,000,000원(보증금)을 지급한다.
4. 피신청인은 2022. 7. 12.까지 신청인으로부터 금30,000,000원(보증금)을 지급받음과 동시에 신청인에게 별지 목록 기재 주택을 인도한다.
5. 신청인과 피신청인은 주택임대차보호법 제26조 제4항에 따라, 위 제3항에 기재된 사항에 대하여 강제집행 할 수 있음을 상호 승낙한다

조정 결과	계약종료 확인 및 주택 반환 합의
조정의 성립	1. 신청인은 피신청인이 신청인의 실거주 계획을 신뢰할 수 없다는 이유로 퇴거 불응 의사를 고집하는 상황에서 해당 조정을 통해 원활하게 계약을 종료하고 주택을 반환받을 수 있게 된다. 2. 피신청인은 계약의 종기를 1학기 종료 이후인 2022. 7. 12.로 조정함으로써 학기 중 자녀를 전학시키는 부담을 피할 수 있게 된다.

[사례 4] 계약갱신 거절사유 존부 및 손해배상의 예정 ①

사실 관계	1. 임차인은 2019. 3월경 임대인과 이 사건 아파트에 관하여 채권적 전세계약을 체결한다. 2. 전세계약만료 2개월 전 임차인이 임대인에게 계약갱신요구권을 행사하였으나, 임대인이 실거주를 이유로 계약갱신을 거절한다
신청인 임대인 이유	임대인이 실거주 주장을 증명할 수 있는 자료를 제시하지 않는 한, 임대인의 실거주 주장만을 믿고 퇴거할 수 없으며, 만약 임대인이 자신에게 이 사건 아파트를 인도받고자 한다면 이사비 20,000,000원을 지급해야한다는 입장이다.
피신청인 임차인 이유	임차인이 주장하는 임대인의 실거주에 대한 객관적인 증명자료 요구에 대해서 어디에도 법적근거가 존재하지 않으며, 자신이 임차인에게 실거주한다고 통지한 이상, 임차인은 전세계약종료일에 이 사건 아파트를 인도하여야 한다는 입장이다.

요점정리	1. 임대인이 실거주를 이유로 임차인의 계약갱신요구권 행사에 대한 갱신거절 시, 임대인의 실거주 주장만으로 적법하게 거절한 것으로 볼 수 있는지 여부 2. 임대인이 실거주하지 않을 경우를 대비하여 이에 대한 임대인과 임차인 사이의 손해배상예정액 합의가 가능한지 여부

관련법	☞ **주택임대차보호법**
	제6조의3 (계약갱신 요구 등) ① 제6조에도 불구하고 임대인은 임차인이 제6조제1항 전단의 기간이내에 계약갱신을 요구할 경우 정당한 사유 없이 거절하지 못한다. 다만, 다음 각 호의 어느 하나에 해당하는 경우에는 그러하지 아니하다.
	   1. 임차인이 2기의 차임액에 해당하는 금액에 이르도록 차임을 연체한 사실이 있는 경우
	   2~8. 생략
	   9. 그 밖에 임차인이 임차인으로서의 의무를 현저히 위반하거나 임대차를 계속하기 어려운 중대한 사유가 있는 경우
	②~④ 생략
	⑤ 임대인이 제1항제8호(실거주)의 사유로 갱신을 거절하였음에도 불구하고 갱신요구가 거절되지 아니하였더라면 갱신되었을 기간이 만료되기 전에 정당한 사유 없이 제3자에게 목적 주택을 임대한 경우 임대인은 갱신거절로 인하여 임차인이 입은 손해를 배상하여야 한다.
	⑥ 생략
	☞ **(참고) 국토교통부·법무부 刊 주택임대차보호법 해설집 31면**
	임대인이 위 주택임대차보호법 규정되어 있는 정당한 사유 없이 제3자에게 임대하는 것 이외에 주택을 제3자에게 매매하거나 공실로 두는 등 실제로는 거주의사 없이 허위로 임차인의 계약갱신요구를 거절한 것으로 판단된 경우에는 임대인은 임차인에게 민법 750조 일반불법행위책임을 지게 될 수 있음.
	
	☞ **민법**
	제398조 (배상액의 예정) ① 당사자는 채무불이행에 관한 손해배상액을 예정할 수 있다.
	②~⑤ 생략

주 문

1. 신청인은 2021. 5. ○. 피신청인 △△△, ☆☆☆으로부터 공동하여 금190,000,000원(보증금)을 지급받음과 동시에, 피신청인 △△△, ☆☆☆에게 별지 목록 기재 부동산을 인도한다.
2. 피신청인 △△△, ☆☆☆은 2021. 5. ○. 신청인으로부터 제1항 기재 부동산을 인도받음과 동시에, 신청인에게 공동하여 금190,000,000원(보증금)을 지급한다.

3. 신청인과 피신청인 △△△, ☆☆☆ 사이에 별지 목록 기재 부동산에 관하여 2019. 3. ○. 체결된 전세계약은 주택임대차보호법 제6조의3 제1항제8호의 사유로 갱신되지 아니함을 상호 확인한다. 단, 피신청인 △△△, ☆☆☆이 2019. 5. ○. 부터 2023. 3. ○. 까지 주택임대차보호법 제6조의3제1항제8호 사유가 존재하지 아니하여 신청인이 피신청인 △△△, ☆☆☆에게 손해배상을 청구하는 경우 손해배상액은 금20,000,000원으로 한다.

4. 신청인의 나머지 신청은 포기한다.

5. 신청인과 피신청인 △△△, ☆☆☆은 주택임대차보호법 제26조 제4항에 따라 위 제2항에 기재된 사항에 대하여 강제집행을 할 수 있음을 상호 승낙한다.

조정 결과	실거주를 하지 않을 경우 손해배상액 20,000,000원을 지급하기로 합의
조정의 성립	1. 임대인의 실거주 주장에 대한 증명책임 및 증명의 정도에 대해서 아직 법리적으로 정립되어있지 않은 점 등을 고려할 때, 조정위원회에서 이에 대한 판단을 하여 어떠한 결론을 내리기보다는 임대인이 실거주를 하지 아니한다는 객관적인 사실이 발생하는 경우 임대인이 임차인에게 손해배상액 20,000,000원을 지급하기로 하는 내용의 손해배상예정액 합의를 하는 것도 당사자 간 분쟁해결의 하나의 방법이라고 판단한다.. 2. 비록 민법에는 당사자 간 채무불이행에 관해서만 손해배상액 예정에 대해서 규정되어있지만, 불법행위에도 충분히 준용가능하다고 판단 하였다.. 3. 구체적으로는 1) 임차인은 계약갱신요구권을 행사하였음에도 불구하고 전세계약종료일로부터 2개월 후에 이 사건 아파트를 인도하는 대신 ① 향후 전세계약 계약종료일부터 2년 이내에 임대인의 실 거주가 사실이 아닌 경우에는 임차인으로서는 손해발생액의 증명없이 금 20,000,000원의 금전을 즉시 피신청인에게 청구할 수 있는 점, ② 만일 임대인의 실거주가 사실인 경우에는 추후 예상된 이 사건 아파트에 관한 인도소송에서 임차인의 패소로 인한 신청인이 부담하여야할 법률비용에 대한 위험을 임차인이 직접 부담하지 않아도 된다는 점, 2) 임대인 역시 신청인에게 이 사건 아파트를 조기에 인도받고 추후 주임법상의 실거주 요건을 약정한 기간 동안 충족하는 경우에는 피신청인이 신청인에게 별도의 손해배상을 해주지 아니한다는 점 등을 종합하여 볼 때, 양 당사자에게 유·불리하지 않으며 합리적인 조정안이다.

[사례 5] 계약갱신 거절사유 존부 및 손해배상의 예정 ②

사실관계	1. 신청인은 이 사건 계약의 임대차기간이 만료하기 전 피신청인에 대하여 계약갱신 요구를 하였다. 2. 이에 대하여 피신청인이 갱신거절의 의사표시를 하였으나 신청인이 갱신거절이 적법하지 않다고 주장하여 다툼이 발생한다.		
신청인 임대인 이유	신청인은 자신이 적법하게 계약갱신 요구를 하였고, 피신청인의 갱신거절은 허위라고 주장한다.	피신청인 임차인 이유	신청인들은 자신이 현재 임차하여 살고 있는 주택에 대하여 갱신거절을 당하였고, 이 사건 주택에 실제 입주하여야 하므로 갱신거절이 적법하다고 주장한다.
요점정리	신청인과 피신청인들 사이의 각 계약갱신 요구 및 거절이 적법하게 이루어진 것인지 여부		

관련법	☞ 주택임대차보호법
	제6조의3 (계약갱신 요구 등) ① 제6조에도 불구하고 임대인은 임차인이 제6조제1항 전단의 기간이내에 계약갱신을 요구할 경우 정당한 사유 없이 거절하지 못한다. 다만, 다음 각 호의 어느 하나에 해당하는 경우에는 그러하지 아니하다.
	   1. 임차인이 2기의 차임액에 해당하는 금액에 이르도록 차임을 연체한 사실이 있는 경우
	   2~8. 생략
	   9. 그 밖에 임차인이 임차인으로서의 의무를 현저히 위반하거나 임대차를 계속하기 어려운 중대한 사유가 있는 경우
	②~⑥ 생략
	
	☞ 주택임대차보호법
	제6조 (계약의 갱신) ① 임대인이 임대차기간이 끝나기 6개월 전부터 2개월 전까지의 기간에 임차인에게 갱신거절(更新拒絶)의 통지를 하지 아니하거나 계약조건을 변경하지 아니하면 갱신하지 아니한다는 뜻의 통지를 하지 아니한 경우에는 그 기간이 끝난 때에 전 임대차와 동일한 조건으로 다시 임대차한 것으로 본다. 임차인이 임대차기간이 끝나기 2개월 전까지 통지하지 아니한 경우에도 또한 같다.
	② ③ 생략		

주 문

1. 신청인과 피신청인들은, 2019. ○. ○. 체결된 별지 목록 기재 부동산에 대한 임대차계약이 피신청인들의 갱신거절로 인하여 종료됨을 상호 확인한다.

2. 피신청인들은 공동하여 2021. ○. ○.까지 신청인에게 금30,500,000원을 지급한다. 만일 이를 지체하면 피신청인들은 신청인에게 2021. ○. ○.부터 다 갚는 날까지 연 5%의 비율로 계산한 돈을 가산하여 지급한다.

3. 신청인은 2021. ○. ○. 피신청인들로부터 금579,500,000원(제1항 기재 임대차계약의 임차보증금 610,000,000원 중 위 2항 기재 금액을 제외한 나머지 금액)을 지급받음과 동시에 피신청인들에게 별지 목록 기재 부동산을 인도한다

4. 피신청인들은 2021. ○. ○. 신청인으로부터 별지 목록 기재 부동산을 인도받음과 동시에 공동하여 신청인에게 금579,000,000원을 지급한다.

5. 피신청인들이 별지 목록 기재 부동산에 대하여 정당한 이유 없이 2023. ○. ○. 이전에 제3자에게 임대하여 거주하게 하거나 피신청들인의 실거주사유가 허위임이 밝혀진 경우 피신청인들은 공동하여 신청인에게 금20,000,000원을 지급한다.

6. 신청인과 피신청인들은 주택임대차보호법 제26조 제4항에 따라, 위 제3항에 대하여 강제집행 할 수 있음을 상호 승낙한다.

조정요지	실거주 사유가 허위일 경우 손해배상액 20,000,000원 지급 합의
조정의 성립	1. 조정절차 진행 과정에 임대인이 실거주 사유에 대한 소명자료를 임차인에게 제시함으로써 임차인이 실거주 필요성을 납득하여 임대차를 종료하는 것으로 한다.. 2. 만일 실거주 사유가 허위인 점이 밝혀지는 경우를 대비하여 손해배상액을 미리 예정함으로써 분쟁을 원만히 해결한다.

[사례 6] 주임법 부칙 제2조제2항 관련 계약갱신 여부 확인

사실관계	1. 신청인이 피신청인에 대하여 계약갱신을 요구하자, 피신청인은 주택임대차보호법 개정 이전 제3자와 임대차계약을 체결하였음을 이유로 갱신을 거절하였다. 2. 이에 신청인은 피신청인의 위 주장이 적법하지 아니하다고 주장하여 다툼이 발생한다		
신청인 임대인 이유	피신청인은 개정법 시행 전 제3자와 임대차계약을 체결하였다면서 갱신을 거절하나 이는 부당하다.	피신청인 임차인 이유	피신청인은 개정법 시행 전 제3자와 임대차계약을 체결하였는바 신청인은 피신청인에게 갱신요구를 할 수 없다.
요점정리	피신청인이 개정된 주택임대차보호법 부칙 제2조제2항에 의해 개정 법의 적용이 배제되는'법 시행 전에 임대인이 갱신을 거절하고 제3자와 임대차계약을 체결한 경우'에 해당하는지 여부		

관련 법	○ 주택임대차보호법 부칙[2020.7.31. 제17470호] 제2조 (계약갱신 요구 등에 관한 적용례) ① 제6조의3 및 제7조의 개정규정은 이 법 시행 당시 존속 중인 임대차에 대하여도 적용한다. ② 제1항에도 불구하고 이 법 시행 전에 임대인이 갱신을 거절하고 제3자와 임대차계약을 체결한 경우에는 이를 적용하지 아니한다.
주 문	

1. 신청인과 피신청인은, 2019. ○. ○.자 임대차계약이 신청인의 갱신 요구에 의하여 2021. ○. ○. 갱신되었음을 확인한다.
2. 신청인과 피신청인은 제1항 기재 갱신된 임대차계약의 임대차기간이 2021. ○. ○.부터 2023. ○. ○.임을 확인한다.
3. 신청인과 피신청인은 제1항 기재 갱신된 임대차계약의 임차보증금을 이 사건 임대차계약의 임차보증금인 430,000,000원에서 21,000,000원을 증액한 451,000,000원으로 한다.
4. 신청인은 피신청인에게 2021. ○. ○.까지 금21,000,000원(이 사건 임대차 계약의 임차보증금액에서 증액된 부분)을 지급한다. 이를 지체할 경우 신청인은 피신청인에게 위 금원에 대하여 2021. ○. ○.부터 다 갚는 날까지 연 5%의 비율로 계산한 돈을 가산하여 지급한다.
5. 신청인은 피신청인이 이 사건 주택에 대한 새로운 임대차계약 체결을 위해 집을 보여줄 것을 요구할 경우 이에 응하는 등 새로운 임대차계약의 원활한 체결을 위해 적극 협조한다.
6. 신정인과 피신정인은 수택임대차보호법 제26조제4항에 따라, 제4항에 관한 강제집행을 할 수 있음을 상호 승낙한다.

조정 결과	계약갱신이 된 것을 확인하고 보증금 5% 증액하는 것으로 합의
조정의 성립	1. 당초 개정법 부칙 규정의 적용여부에 관하여 양 당사자 간에 대립되는 주장이 있었다. 2. 그러나 피신청인이 개정법 시행 전 갱신거절의 의사표시를 신청인에 대하여 한 사실이 인정되지 않는 이상 제3자와 임대차계약을 체결한 사실이 있다는 점만으로는 계약갱신요구에 관한 개정법 규정의 적용이 배제되는 경우에 해당한다고 보기에는 어려움이 있다. 3. 따라서 당사자 사이에 임대차계약이 갱신되었다는 점을 확인하고 보증금은 5% 증액하되, 추후 임대차 기간 만료 시 새로운 임차인을 구하는 것에 임차인이 적극적으로 협조하는 것으로 합의됨으로써 분쟁이 원만히 해결된다.

[사례 7] 묵시적 갱신 또는 합의에 의한 갱신인지의 여부

사실 관계	1. 임차인은 2018. 1월경 임대인과 이 사건 아파트에 관하여 2018. 1월경부터 2020. 1월경까지로 계약기간으로 하는 채권적 전세계약을 체결한다. 2. 이후, 이 사건 전세계약이 연장되었는데 임차인이 2021. 3월경 임대인에게 계약 해지를 통보한다.		
신청인 임대인 이유	이 사건 전세계약이 연장된 것은 묵시적 갱신에 의한 것이며, 임차인이 2021년 3월경에 임대인에게 계약해지를 통보하였기 때문에 이로부터 3개월 후인 2021년 6월경에 해지의 효력이 발생하였다는 입장이다.	피신청인 임차인 이유	이 사건 전세계약을 종료하기 1개월 전에 유선통화를 통해 새로운 전세계약을 체결하였기 때문에 연장된 전세계약은 합의에 의한 갱신에 의한 것으로써 재계약을 체결한 것이지, 묵시적 갱신된 것이 아니라는 입장임. 따라서 임차인의 해지 통보는 부적법하다고 주장한다.
요점 정리	연장된 임대차계약이 묵시적 갱신 또는 합의에 의한 갱신인지 여부		
관련 법	☞ 주택임대차보호법 제6조 (계약의 갱신) ① 임대인이 임대차기간이 끝나기 6개월 전부터 2개월 전까지의 기간에 임차인에게 갱신거절(更新拒絶)의 통지를 하지 아니하거나 계약조건을 변경하지 아니하면 갱신하지 아니한다는 뜻의 통지를 하지 아니한 경우에는 그 기간이 끝난 때에 전 임대차와 동일한 조건으로 다시 임대차한 것으로 본다. 임차인이 임대차 기간이 끝나기 2개월 전까지 통지하지 아니한 경우에도 또한 같다 ② 제1항의 경우 임대차의 존속기간은 2년으로 본다. ③ 2기(期)의 차임액(借賃額)에 달하도록 연체하거나 그 밖에 임차인으로서의 의무를 현저히 위반한 임차인에 대하여는 제1항을 적용하지 아니한다. ☞ 주택임대차보호법 제6조의2 (묵시적 갱신의 경우 계약의 해지) ① 제6조제1항에 따라 계약이 갱신된 경우 같은 조 제2항에도 불구하고 임차인은 언제든지 임대인에게 계약해지(契約解止)를 통지할 수 있다. ② 제1항에 따른 해지는 임대인이 그 통지를 받은 날부터 3개월이 지나면 그 효력이 발생한다.		

주 문

1. 신청인과 피신청인 사이에 별지 목록 기재 부동산에 관하여 2019. 12. O. 체결된 전

세계약을 2021. 7. O. 종료한다.
2. 신청인은 2021. 7. O. 피신청인으로부터 금247,000,000원(보증금 250,000,000원 중 신청인과 피신청인이 제1항에 의한 전세계약 합의해지에 따라 발생한 신청인의 피신청인에 대한 손해배상액 3,000,000원을 공제한 나머지 금액)을 지급받음과 동시에, 피신청인에게 별지 목록 기재 부동산을 인도한다.
3. 피신청인은 2021. 7. O. 신청인으로부터 별지 목록 기재 부동산을 인도 받음과 동시에, 신청인에게 금247,000,000원(보증금 250,000,000원 중 신청인과 피신청인이 제1항에 의한 전세계약 합의해지함에 따라 발생한 신청인의 피신청인에 대한 손해배상액 3,000,000원을 공제한 나머지 금액)을 지급한다.
4. 신청인은 나머지 신청을 포기한다.

조정 결과	합의에 의해 갱신된 계약으로 확인되었으나, 합의해지 및 임차인이 손해배상액을 지급하는 것으로 합의
조정의 성립	1. 조정위원회의 조사 결과, 임대인과 임차인 사이에 연장된 전세계약에 대해 비록 임대차계약서는 작성하지 않았지만, 임대인과 임차인 사이에 유선상으로 전세계약을 합의로 갱신되었다는 사실에 대해 임차인 스스로 부인하지 못하고 자인하고 있다는 점, 임대인이 녹취록을 보유하고 있다고 하면서 임차인의 대화 내용 및 과정 등 구체적이고 상세하게 진술하고 있다는 점 등을 비추어볼 때, 합의에 의한 갱신으로 판단한다. 2. 다만, 임차인의 사정을 고려하여 조정위원회의 중재 하에 임대인과 임차인 사이의 전세계약을 합의해지하는 대신, 이에 따라 발생하는 손해배상액(이에 대해서도 손해배상액이 적정한지 검토함)은 임차인이 부담하기로 하면서 당사자의 원만한 합의를 이끌어낸다.

[사례 8] 계약갱신요구권 행사의 상대방 및 그 효력

사실 관계	1. 임차인(피신청인)은 2019년 5월경 종전임대인과 이 사건 아파트에 관하여 임대차 기간 2019년 6월경부터 2021년 6월경까지로 하는 임대차계약을 체결한다. 2. 이후 2021년 1월경 임대인(신청인)은 종전임대인과 이 사건 아파트에 관하여 매매계약을 체결하였고 2021년 3월말 소유권이전등기하였다. 3. 그 사이에 2021년 3월초 임차인이 종전임차인에게 계약갱신요구권을 행사하였다		
신청인 임대인 이유	임대인이 종전임대인으로부터 이 사건 아파트를 매수할 당시 임차인은 이러한 사실을 이미 인지하고 있었으며,	피신청인 임차인 이유	임차인은 임대인의 이 사건 아파트 소유권 이전등기완료하기 전에 2021년 3월초에 당시 임대인

	그럼에도 불구하고 임차인은 2021년 3월초에 종전임대인에게 계약갱신요구권을 행사하였는데 종전임대인이 실거주를 이유로 정당하게 거절하였기 때문에 임차인은 종전임대인과의 임대차계약 종료일에 퇴거해야한다는 입장이다	인 종전임대인에게 계약갱신요구권을 정당하게 행사하였고 임대인은 2021년 3월 말에 이 사건 아파트에 대한 소유권이전등기를 완료하였기 때문에 임차인이 종전임대인에게 한 계약갱신요구권의 효력을 임대인도 그대로 승계받은 것이라는 입장이다.
요점 정리	임차인이 종전임대인에게 한 계약갱신요구권 행사의 효력을 현재 소유자인 임대인에게 주장하며 대항할 수 있는지 여부	
관련 법	☞ **주택임대차보호법** **제6조의3 (계약갱신 요구 등)** ① 제6조에도 불구하고 임대인은 임차인이 제6조제1항 전단의 기간 이내에 계약갱신을 요구할 경우 정당한 사유 없이 거절하지 못한다. 다만, 다음 각 호의 어느 하나에 해당하는 경우에는 그러하지 아니하다. 　　1~7. 생략 　　8. 임대인(임대인의 직계존속·직계비속을 포함한다)이 목적 주택에 실제 거주하려는 경우 　　9. 생략 ②~⑥ 생략	
관련 판례	임차인의 주거권 강화를 위한 갱신 조항의 도입 취지, 계약갱신요구권의 법적 성질, 실제 거주 사유라는 거절 사유의 특성, 매수인으로서는 매매계약 체결 당시 기존 임차인의 계약갱신요구권 행사 유무 및 그 행사 기간을 사전에 확인하여 매매계약 체결 여부를 결정할 수 있는 반면, 임차인이 자신의 계약갱신요구권 행사 이후 임차목적물이 양도되어 그 양수인이 실제 거주를 이유로 이를 거절할 수 있다고 할 경우에는 주거권 강화를 위한 주택임대차보호법의 개정 사유가 퇴색되게 되는 점 등에 비추어 볼 때, 실제 거주를 이유로 한 갱신거절 가능 여부는 임차인이 계약갱신을 요구할 당시의 임대인을 기준으로 봄이 상당하다 할 것이다(수원지방법원 2021. 3. 11. 선고 2020가단569230 판결)	

주　　문

1. 신청인 △△△, ☆☆☆과 피신청인은 별지 목록 기재 부동산에 관하여 2019. 5. ○. 체결된 임대차계약을 2021. 6. ○. 종료하는 것으로 합의한다.
2. 신청인 △△△, ☆☆☆은 2021. 6. ○. 공동하여,
가. 피신청인에게 금5,000,000원을 지급하고,
나. 조정외 주식회사 □□□□에게 금200,000,000원을 지급한다.

3. 피신청인은 2021. 6. ○. 신청인 △△△, ☆☆☆에게 별지 목록 기재 부동산을 인도한다.
4. 제2항과 제3항은 동시에 이행한다.
5. 신청인 △△△, ☆☆☆은 나머지 신청을 포기한다.
6. 신청인 △△△, ☆☆☆과 피신청인은 주택임대차보호법 제26조 제4항에 따라, 위 제2항에 기재한 사항은 강제집행할 수 있음을 승낙한다

조정 결과	임대인이 임차인에게 상당한 보상을 지급하고, 임차인이 일정 기간 주택에 거주하는 것을 허용하는 대신 계약갱신의 효력을 주장하지 않기로 합의
조정의 성립	1. 양 당사자에게 판례의 취지에 따라 임차인이 종전임대인에게 한 계약갱신요구권 행사는 적법하며, 이에 대해 정당하게 계약갱신을 거절할 수 있는지 여부는 임차인이 계약갱신요구 당시의 소유자인 종전임대인을 기준으로 판단해야한다고 설명한다. 2. 임차인의 계약갱신요구권을 행사할 당시 종전임대인에게는 실거주 사유가 없었기 때문에 임차인의 계약갱신거절을 할 수 없었고, 이후 종전임대인으로부터 소유권이전등기를 경료받은 임대인은 임차인의 종전임대인에 대한 계약갱신요구권 행사의 효력을 그대로 승계 받을 수밖에 없는 사정임을 충분히 설명한다. 3. 다만, 조정위원회의 중재 하에 양당사자의 사정 및 입장을 고려하여, 임차인은 이 사건 아파트를 이 사건 임대차계약 종료일로부터 2개월만 더 거주하고 이에 대한 보상비를 임대인으로부터 지급받기로 하는 합의를 이끌어낸다. 4. 구체적으로는 조정위원회의 중재 하에 임차인은 임대인에게 계약 갱신요구권 행사에 따른 계약갱신의 효력을 수상하지 않는 대신, 이에 대한 보상비로 이사비 5,000,000원을 임대인으로부터 지급 받게 되었으며, 더 나아가 임대차계약 종료일로부터 2개월을 더 거주할 수 있었다. 5. 임대인 역시 임차인에게 인도소송이 아닌 조정으로 소송절차에서 발생할 수 있는 시간과 비용의 절감하였으며, 조기에 이 사건 아파트에 거주할 수 있게 된다.

[사례 9] 합의해지 성부 및 계약해지 여부

사실 관계	1. 신청인(임대인)과 피신청인(임차인)은 2021. 4. 초에 피신청인(임차인)이 5월 말에 퇴거하겠다는 의사를 밝힌다. 2. 신청인(임대인)이 이에 승낙을 함으로써 합의해지가 성립하였으나 이후 피신청인이 이를 철회한다. 3. 임차인은 2기 차임을 연체한 사실이 있어 임대차종료 여부에 관해 당사자 간 다툼이 발생한다.

신청인 임대인 이유	합의해지에 따라 임차인의 조속한 임차주택인도를 요구하며, 합의해지가 성립하지 않는다 하더라도 2기 차임연체에 따른 계약해지로 이 사건 임대차는 종료되었다.	피신청인 임차인 이유	합의해지를 철회하였고 임대인이 이에 동의하였는바 임대인 주장은 부당하며, 2기 연체차임은 이미 모두 변제하였는바 이를 이유로 한 임대인 주장은 부당하다.
요점 정리	합의해지 성부 및 차임연체를 이유로 한 계약 해지 여부			
관련 법	☞ 민법 제640조 (차임 연체와 해지) 건물 기타 공작물의 임대차에는 임차인의 차임연체액이 2기의 차임액에 달하는 때에는 임대인은 계약을 해지할 수 있다.			

주 문

1. 피신청인은 2022. ○. ○. 신청인으로부터 보증금 100,000,000원을 지급받음과 동시에 신청인에게 별지 목록 기재 부동산을 인도한다.
2. 신청인은 피신청인으로부터 별지 목록 기재 부동산을 인도받음과 동시에 보증금 100,000,000원을 지급한다.
3. 피신청인은 2022. ○. ○. 보다 앞선 날짜로 정할 수 있다. 다만 이 경우 피신청인은 신청인에게 변경된 이행기일에 대하여 변경된 이행기일이 도래하기 1개월 전까지 미리 통지하여야 한다.
4. 신청인과 피신청인은 주택임대차보호법 제26조제4항에 따라, 제2항에 관한 강제집행을 할 수 있음을 상호 승낙한다.

조정 결과	임대차계약을 기간 만료일 이전에 종료하는 것으로 합의
조정의 성립	1. 합의해지 또는 차임연체에 따른 해지가 어려운 상황임을 임대인이 납득하고 임차인도 임차주택을 조속히 인도받고자 하는 임대인의 입장을 이해하였다. 2. 기간만료일 이전의 날을 이행기일로 합의하고, 합의된 이행기일 이전에라도 사정이 되는대로 임차주택 인도에 적극 협조하기로 하여 당사자 간 합의로 분쟁을 해결한다.

제12절 계약의 불이행 등에 따른 손해배상청구에 관한 분쟁

[사례 1] 허위 갱신거절에 대한 손해배상 ①

사실관계	1. 임차인은 2019년 5월경 임대인과 보증금 3천만 원, 월차임 60만 원, 임대차기간 2019년 6월경부터 2021년 6월경까지로 하는 임대차계약을 체결한다. 2. 임차인은 2021년 2월경 임대인에게 계약갱신을 원한다는 취지의 의사를 표명하였음에도 불구하고 임대인은 실거주를 이유로 거절하였다. 3. 이 사건 임대차계약 종료 이후 임차인은 임대인이 실거주가 아닌 제3자에게 임대한 것 같다며 손해배상을 청구한다.		
신청인 임대인 이유	임대인이 실거주를 이유로 임차인의 계약갱신요구권 행사를 거절하였으나, 현재 이 사건 아파트를 제3자에게 임대한 사실이 있으므로, 주택임대차보호법에 따라 3개월 차임에 해당하는 1,800,000원 상당의 손해배상을 청구한다.	피신청인 임차인 이유	임차인이 명시적으로 계약갱신요구권을 행사한 사실이 없으며, 제3자에게 임대한 사실이 인정되더라도 임차인의 사정을 고려해 임대차계약 종료일 3개월 전 퇴거 하였기 때문에 임차인이 원하는 손해배상 전부를 지급할 수는 없다
요섬 정리	1. 주택임대차보호법 제6조의3제1항에 의한 임차인의 계약갱신요구권 행사가 있었는지 여부 2. 주택임대차보호법 제6조의3제5항에 해당하여 임대인이 제3자에게 임대한 사실이 있는지 여부 3. 주택임대차보호법 제6조의3제6항에 의한 임대인이 임차인에게 지급하여야할 손해배상액의 범위		

관련 법	☞ 주택임대차보호법
	제6조의3 (계약갱신 요구 등) ① 제6조에도 불구하고 임대인은 임차인이 제6조제1항 전단의 기간 이내에 계약갱신을 요구할 경우 정당한 사유 없이 거절하지 못한다. 다만, 다음 각 호의 어느 하나에 해당하는 경우에는 그러하지 아니하다.
	    1~7. 생략
	    8. 임대인(임대인의 직계존속·직계비속을 포함한다)이 목적 주택에 실제 거주하려는 경우
	    9. 생략
	②~④ 생략		

	⑤ 임대인이 제1항제8호의 사유로 갱신을 거절하였음에도 불구하고 갱신요구가 거절되지 아니하였더라면 갱신되었을 기간이 만료되기 전에 정당한 사유 없이 제3자에게 목적 주택을 임대한 경우 임대인은 갱신거절로 인하여 임차인이 입은 손해를 배상하여야 한다.
	⑥ 제5항에 따른 손해배상액은 거절 당시 당사자 간에 손해배상액의 예정에 관한 합의가 이루어지지 않는 한 다음 각 호의 금액 중 큰 금액으로 한다.
	   1. 갱신거절 당시 월차임(차임 외에 보증금이 있는 경우에는 그 보증금을 제7조의2 각 호 중 낮은 비율에 따라 월 단위의 차임으로 전환한 금액을 포함한다. 이하 "환산월차임"이라 한다)의 3개월분에 해당하는 금액
	   2. 임대인이 제3자에게 임대하여 얻은 환산월차임과 갱신거절 당시 환산월차임 간 차액의 2년분에 해당하는 금액
	   3. 제1항제8호의 사유로 인한 갱신거절로 인하여 임차인이 입은 손해액

관련 판례	채무불이행이나 불법행위 등이 채권자 또는 피해자에게 손해를 생기게 하는 동시에 이익을 가져다 준 경우에는 공평의 관념상 그 이익은 당사자의 주장을 기다리지 아니하고 손해를 산정함에 있어서 공제되어야만 하는 것임(대법원 2002. 5. 10. 선고 2000다37296, 37302 판결). 손해배상액의 산정에 있어 손익상계가 허용되기 위해서는 손해배상책임의 원인이 되는 행위로 인하여 피해자가 새로운 이득을 얻었고, 그 이득과 손해배상책임의 원인인 행위 사이에 상당인과관계가 있어야 한다(대법원 2007. 11. 30. 선고 2006다19603 판결).

주 문

1. 피신청인은 2021. 8. 13.까지 신청인에게 주택임대차보호법 제6조의3 제5항에 의한 손해배상액 금1,430,000원을 지급한다.
2. 신청인은 나머지 신청을 포기한다.
3. 신청인과 피신청인은 주택임대차보호법 제26조 제4항에 따라, 위 제1항에 기재한 사항은 강제집행할 수 있음을 상호 승낙한다.

조정 결과	임차인의 손해배상청구를 인정하되 임차인의 손익 부분을 상계하여 지급
조정의 성립	1. 당사자 간 주장내용 및 통화목록 등을 통해 임차인의 임대인에 대한 계약갱신요구가 있었다는 사실과 임대인이 제 자에게 이 사건 아파트를 임대하였다는 사실을 확인하였다. 2. 임차인이 이 사건 임대차계약 종료일로부터 3개월 전에 퇴거한 사실 등 임차인에게도 이익을 얻은 부분이 있다는 점을 고려하여 당사자 간의 형평에 맞게 손해배상액 및 조정안을 제시하였다. 3. 이에 당사자 모두 조정안을 수락함으로써 분쟁을 종결한다.

[사례 2] 허위 갱신거절에 대한 손해배상 ②

사실관계	1. 임대차기간 만료일 전에 임차인은 임대인에게 계약갱신요구를 하였으나, 임대인은 실거주를 이유로 갱신을 거절하였다. 2. 임대차 계약의 종료로 임차인은 이 사건 주택을 임대인에게 인도하고 다른 주택에서 거주하고 있다. 3. 그러나 이후 임차인이 확정일자부를 열람한 결과 임대인이 제3자에게 이 사건 주택을 임대한 사실이 확인되었고, 이에 임차인이 손해배상을 주장한다.		
신청인 임대인 이유	임대인이 실거주 사유를 들어 계약갱신을 거절하였으나 제3자에게 임대하였는바 임차인의 손해를 배상해야 한다.	피신청인 임차인 이유	실거주 예정이었으나 배우자의 해외 발령으로 제3자에게 임대할 수밖에 없었던 정당한 사유가 존재하므로 손해배상 책임이 없다.
요점정리	피신청인에게 주택임대차보호법 제6조의3 제5항에 따른 손해배상 책임이 인정되는지 여부 및 손해배상액 산정		

관련법	☞ **주택임대차보호법**
	제6조의3 (계약갱신 요구 등) ① 제6조에도 불구하고 임대인은 임차인이 제6조제1항 전단의 기간 이내에 계약갱신을 요구할 경우 정당한 사유 없이 거절하지 못한다. 다만, 다음 각 호의 어느 하나에 해당하는 경우에는 그러하지 아니하다.
	    1~7. 생략
	    8. 임대인(임대인의 직계존속·직계비속을 포함한다)이 목적 주택에 실제 거주하려는 경우
	    9. 생략
	②~④ 생략
	⑤ 임대인이 제1항제8호의 사유로 갱신을 거절하였음에도 불구하고 갱신요구가 거절되지 아니하였더라면 갱신되었을 기간이 만료되기 전에 정당한 사유 없이 제3자에게 목적 주택을 임대한 경우 임대인은 갱신거절로 인하여 임차인이 입은 손해를 배상하여야 한다.
	⑥ 생략		

주 문			
1. 피신청인은 신청인에게 2021. ○. ○.까지 금6,500,000원을 지급한다. 2. 신청인이 금원을 지급받고도 손해배상과 관련하여 이의를 제기하면 금원의 배액을 지급한다. 3. 신청인과 피신청인은 주택임대차보호법 제26조제4항에 따라, 제1항에 관한 강제집행을 할 수 있음을 상호 승낙한다.			
조정결과	임대인이 임차인에게 손해배상액을 지급하는 것으로 합의		

236 민사·행정·조정 작성사례집

조정의 성립	신청인의 손해액, 피신청인의 정당한 사유 존부 등에 관한 조사 과정에서 신청인과 피신청인이 서로의 양보 하에 분쟁을 원만히 해결하기로 하면서 피신청인이 신청인에게 일정 금원을 지급하는 것으로 합의가 성립되어 분쟁이 해결된다.

[사례 3] 허위 갱신거절에 대한 손해배상 ③

사실관계	1. 신청인(종전 임대인)은 실거주를 이유로 피신청인(종전 임차인)의 계약갱신요구를 거절하였으나 목적 주택을 제3자에게 매도하였다. 2. 이에 피신청인이 손해배상으로 33,000,000원의 지급을 요구하자 그 액수가 과다하다며 조정을 신청한다.		
신청인 임대인 이유	허위의 사유로 갱신거절한 것은 인정하나, 피신청인이 주장하는 손해배상금은 과도하다.	피신청인 임차인 이유	신청인의 허위 갱신거절로 발생한 금융비용, 이사 비용 기타 손해액은 35,733,332원이므로 신청인은 이를 배상하여야 함. 이와 별도로 신청인에 대한 형사고소를 검토 중이다.
요점 정리	허위의 갱신거절에 따른 손해배상의 범위		
관련법	☞ **주택임대차보호법** **제6조의3 (계약갱신 요구 등)** ① 제6조에도 불구하고 임대인은 임차인이 제6조제1항 전단의 기간 이내에 계약갱신을 요구할 경우 정당한 사유 없이 거절하지 못한다. 다만, 다음 각 호의 어느 하나에 해당하는 경우에는 그러하지 아니하다. 　　1~7. 생략 　　8. 임대인(임대인의 직계존속·직계비속을 포함한다)이 목적 주택에 실제 거주하려는 경우 　　9. 생략 ②~④ 생략 ⑤ 임대인이 제1항제8호의 사유로 갱신을 거절하였음에도 불구하고 갱신요구가 거절되지 아니하였더라면 갱신되었을 기간이 만료되기 전에 정당한 사유 없이 제3자에게 목적 주택을 임대한 경우 임대인은 갱신거절로 인하여 임차인이 입은 손해를 배상하여야 한다. ⑥ 제5항에 따른 손해배상액은 거절 당시 당사자 간에 손해배상액의 예정에 관한 합의가 이루어지지 않는 한 다음 각 호의 금액 중 큰 금액으로 한다. 　　1. 갱신거절 당시 월차임(차임 외에 보증금이 있는 경우에는 그 보증금을 제7조의2 각호 중 낮은 비율에 따라 월 단위의 차임으로 전환한 금액을 포		

	함한다. 이하 "환산월차임"이라 한다)의 3개월분에 해당하는 금액 2. 임대인이 제3자에게 임대하여 얻은 환산월차임과 갱신거절 당시 환산월차임 간 차액의 2년분에 해당하는 금액 3. 제1항제8호의 사유로 인한 갱신거절로 인하여 임차인이 입은 손해액 ☞ **민법** **제750조(불법행위의 내용)** 고의 또는 과실로 인한 위법행위로 타인에게 손해를 가한 자는 그 손해를 배상할 책임이 있다.
	주 문
	1. 신청인과 피신청인은 이 사건 주택에 관하여 2019. 6. 1. 체결한 임대차계약(이하 '이 사건 임대차계약'이라 한다)에 관하여 다음과 같이 합의한다. 2. 신청인과 피신청인은, 가. 신청인이 2021. 8. 31. 피신청인에게 20,000,000원을 지급하였음을 상호 확인한다. 나. 이 사건 임대차계약의 종료 및 갱신과 관련하여 더 이상 채권채무가 없음을 확인한다. 다. 이 사건 신청원인과 관련하여 향후 서로에 대하여 일체의 민·형사상의 재판상, 재판외 청구 또는 이의제기를 하지 아니한다.
조정 결과	손해배상액 20,000,000원을 지급하는 것으로 합의한다.
조정의 성립	실거주를 이유로 갱신을 거절한 후 제3자에게 임대한 경우와 달리 매도한 경우의 손해배상범위에 관한 규정이 없는 상황에서, 주택임대차보호법의 규정을 준용하여 합리적인 손해배상범위를 도출함으로써 당사자 간의 분쟁을 종식시킨다

[사례 4] 실거주를 이유로 갱신거절 후 제3자에게 매도

사실 관계	임차인의 계약갱신요구권 행사에 대하여 임대인들이 실거주를 사유로 갱신거절 통지를 하여 임대차가 종료됨. 임차인이 이 사건 주택을 임대인들에게 인도한 후 약3개월 뒤 임대인들이 제3자에게 주택을 매도한 사실이 확인됨. 이에 임차인이 임대인에게 허위갱신을 주장하며 손해배상을 청구한 사안이다		
신청인 임대인 이유	임대차 종료 후 임대인들이 이 사건 주택에 실제 거주하지 아니하고 제3자와 매매계약을 체결하고 이전등기를 경료하였는바 임대인들이 허위갱신거	피신청인 임차인 이유	이 사건 주택에 실제 거주하려고 하였으나 갑자기 다른 곳으로 직장 인사발령이 났고, 이 사건 주택에서 새로운 발령지까지 통근

	절을 한 것이라고 주장한다.		이 어렵게 되어 이 사건 주택을 매도한 것이지 허위로 갱신거절을 한것은 아니라고 주장한다.
요점 정리	임대인들에게 허위갱신거절을 이유로 한 손해배상책임이 인정되는지 여부			

관련 법	☞ **주택임대차보호법**
	제6조의3 (계약갱신 요구 등) ① 제6조에도 불구하고 임대인은 임차인이 제6조제1항 전단의 기간 이내에 계약갱신을 요구할 경우 정당한 사유 없이 거절하지 못한다. 다만, 다음 각 호의 어느 하나에 해당하는 경우에는 그러하지 아니하다.
	    1~7. 생략
	    8. 임대인(임대인의 직계존속·직계비속을 포함한다)이 목적 주택에 실제 거주하려는 경우
	    9. 생략
	②~⑥ 생략
	
	☞ **민법**
	제750조(불법행위의 내용) 고의 또는 과실로 인한 위법행위로 타인에게 손해를 가한 자는 그 손해를 배상할 책임이 있다.			

주 문
피신청인들은 공동하여 신청인에게 2021. ○. ○. 금1,000,000원을 지급한다. 만일 이를 지체하면, 피신청인들은 공동하여 신청인에게 위 금원에 대하여 2021. ○. ○.부터 다 갚는 날까지 연 5%의 비율로 계산한 돈을 가산하여 지급한다.

조정 결과	임대인이 임차인에게 일정금원 지급하는 것으로 합의
조정의 성립	임차인의 실제 손해액 및 임대인의 허위갱신 여부에 대한 조사 과정에서 임대인과 임차인이 상호 양보하여 분쟁을 해결하기로 하고 임대인이 임차인이 손해라고 주장하는 금원 중 일부를 지급하는 것으로 합의함으로써 해당 분쟁이 재판 절차를 거치지 않고 조기에 해결되는 성과가 있었다.

[사례 5] 임대차계약 파기에 따른 손해배상금

사실관계	임대차계약 체결 이후, 임차인은 임대인이 주선해준 은행에서 전세자금대출을 진행하려 함. 그러나 은행에서 대출을 거절하였고, 임차인은 임대인에게 은행에서 전세 잔금 대출을 승인해줄 때까지 일단 월세를 지급하며 거주하겠다는 의사를 밝히며 예정된 날에 이사를 실행함. 임대인은 임차인의 위 제안을 거절하여 결국 임차인은 이 사건 주택을 인도받지 못했고, 이 사건 임대차계약은 파기된다.

신청인 임대인 이유	피신청인 임차인 이유
① 임대인이 주도적으로 대출을 알아봐 주겠다고 했으면서도 여러 은행에서 승인이 거절되고 있다는 사실을 고지하지 않아 자신은 이에 대비할 수 없었고, ② 대출 승인시까지는 월세로 거주하는 것으로 협의하였음에도 임대인이 돌연 보증금 일부를 요구하여 계약이 파기 되었으므로 임대인에게 이사비용 등의 손해배상을 구한다.	① 대출이 은행에서 거절된 이유는 임차인의 소득 및 신용도 때문이고, ② 대출 승인시까지 월세로 거주하는 데 합의한 사실이 없으므로 자신이 임차인에게 손해배상금을 지급할 이유가 없다고 한다.

요점정리	이 사건 임대차계약 파기의 책임 소재
관련법	☞ 민법 제618조 (임대차의 의의) 임대차는 당사자 일방이 상대방에게 목적물을 사용, 수익하게 할 것을 약정하고 상대방이 이에 대하여 차임을 지급할 것을 약정함으로써 그 효력이 생긴다. ☞ 민법 제623조(임대인의 의무) 임대인은 목적물을 임차인에게 인도하고 계약존속 중 그 사용, 수익에 필요한 상태를 유지하게 할 의무를 부담한다.

주 문

1. 피신청인은 까지 신청인에게 원을 지급한다
2. 신청인과 피신청인은 주택임대차보호법 제26조제4항에 따라, 제1항 및 제2항에 관한 강제집행을 할 수 있음을 상호 승낙한다.

조정결과	임대인이 임차인에게 일정금원을 지급하는 것으로 합의
조정의 성립	이 사건 임대차계약의 파기의 책임이 어느 한 쪽에만 있다고 단정하기 어려운 상황에서 임차인이 입은 피해의 일부를 보전 받게 된다.

[사례 6] 원상회복의무 불이행에 따른 손해배상

사실 관계	신청인(전차인)은 참가인(전대인, 임차인)과 '청년 전세임대주택' 임대차계약을 체결하고 참가인과 피신청인(임대인)이 체결한 임대차계약의 목적물에 입주함. 계약 만기를 앞두고 피신청인이 참가인에 대하여 목적주택 인도 시 원상회복비용 3,500,000원을 공제한 보증금을 지급하겠다고 하자, 신청인은 원상회복비용의 감액을 구한다.		
신청인 임대인 이유	피신청인이 주장하는 원상회복비용은 과다하므로 감액을 구한다.	피신청인 임차인 이유	피신청인이 고의·중과실로 임대 목적물의 일부분을 훼손시켰으므로 원상회복 비용을 전부 지급할 책임이 있다.
요점 정리	임대차 목적물의 훼손에 따른 임차인의 원상회복의무		
관련 법	☞ 민법 **제654조(준용규정)** 제610조제1항, 제615조 내지 제617조의 규정은 임대차에 이를 준용한다. ☞ 민법 **제615조 (차주의 원상회복의무와 철거권)** 차주가 차용물을 반환하는 때에는 이를 원상에 회복하여야 한다. 이에 부속시킨 물건은 철거할 수 있다		
관련 판례	임대차계약에 있어 임대차보증금은 임대차계약 종료 후에 발생하는 임료 상당의 부당이득반환 채권뿐만 아니라 훼손된 건물부분의 원상복구비용 상당의 손해배상 채권 등도 담보하는 것이므로, 임대인으로서는 임대차보증금에서 그 피담보채무를 공제한 나머지만을 임차인에게 반환할 의무가 있다고 할 것인데, 임대인으로서는 그 임대차보증금에 의하여 담보되는 부당이득반환채권 및 손해배상 채권의 발생에 관하여 주장·입증책임을 부담하는 것이고, 다만 그 발생한 채권이 변제 등의 이유로 소멸하였는지에 관하여는 임차인이 주장·입증책임을 부담한다[대법원 1995. 7. 25. 선고 95다14664, 14671(반소) 판결].		

주 문

1. 신청인과 피신청인은 별지 목록 기재 주택에 관하여 2019. 9. 23. 체결한 임대차계약(이하 '이 사건 임대차계약'이라 한다)에 관하여 다음과 같이 합의한다.
   가. 피신청인은 2021. 9. 30. 참가인에게 119,000,000원(보증금 120,000,000원에서 제2의 나.항 기재 금원을 공제한 금액임)을 지급한다.
   나. 신청인은 2021. 9. 30. 피신청인에게 별지 목록 기재 주택을 인도한다.
   다. 위 가.항과 나.항은 동시에 이행한다.
2. 신청인과 피신청인은 다음 각 목의 사항을 상호 확인한다.
   가. 신청인은 2021. 9. 8. 별지 목록 기재 주택의 인터폰 및 방충망 수선(원상회복)을

완료하였다.
나. 별지 목록 기재 주택의 원상회복과 관련하여 신청인이 피신청인에게 지급할 손해배상금은 1,000,000원이다.
다. 신청인은 별지 목록 기재 주택을 피신청인에게 인도할 때까지 제2의 가.항 기재 수선을 완료한 상태를 유지·보존하여야 한다.
3. 신청인과 피신청인은 주택임대차보호법 제26조 제4항에 따라, 위 제1의 가.항, 제1의 나.항에 기재된 사항에 대하여 강제집행 할 수 있음을 상호 승낙한다.

조정 결과	임대인은 임차인에게 보증금 중 일정금원을 제외한 금액을 반환하고, 임차인은 주택을 반환하기로 합의
조정의 성립	피신청인이 원상회복을 구하는 항목 중 일부는 신청인이 직접 수리하도록 함으로써 신청인이 부담하여야 할 손해배상의 액수를 줄이고, 해당 항목에 대한 피신청인의 직접 수선 부담을 덜었다.

제13절 중개사 보수 등에 관한 분쟁

[사례 1] 기존 임차인의 중개보수지급의무

사실관계	1. 임차인은 임대인들에게 임대차계약 종료의사를 통지하여 임대차기간 만료일에 이 사건 주택을 인도할 예정이었다. 2. 임차인이 신규 임차인의 사정을 배려하여 임대차기간 만료일보다 2개월 전에 퇴거한다. 3. 이에 임대인들이 중도 퇴실이라고 하면서 임차인에게 임대인들과 신규 임차인 사이의 임대차계약에 관한 중개보수 중 일부를 부담할 것을 요구한다. 4. 임차인은 임대인들과 신규 임차인 사이에 체결된 새로운 임대차계약에 관한 중개보수 중 일부를 부담하였다. 5. 임차인은 임대인들에게 납부한 중개보수가 부당하다고 하여 반환을 요구한다
신청인 임대인 이유	임대차기간 만료 2개월 전에 이사를 한 것은 신규 임차인의 이사 날짜를 맞춰주기 위한 것인데, 이를 중도 퇴실에 해당한다며 신규 임차인과의 계약에 따른 중개보수를 부담하게 한 것은 부당함. 지급한 중개보수의 반환을 요구한다.
피신청인 임차인 이유	신청인이 기간 만료 2개월 전에 먼저 퇴거하였고, 신청인이 중개보수를 부담한 것은 합의에 따른 것이므로 신청인의 주장은 부당하다.

요점 정리	임차인이 임대인과 신규 임차인 사이에 체결된 임대차계약에 관한 중개보수를 지급할 의무가 있는지 여부
관련 판례	임대인이 새 임차인과 임대차계약을 체결하면서 지출한 중개보수는 기존 임차인이 부담하기로 하는 특별한 약정이 없는 한 기존 임차인이 부담할 성질의 것이 아니다. 임대인은 기존 임차인이 약정한 임대차기간이 종료되기 전에 계약관계의 청산을 요구하였기 때문에 기존 임차인이 중개보수를 부담하여야 한다고 주장하나, 기존 임차인과의 임대차계약이 정상적으로 종료된 경우에도 임대인은 어차피 새로운 임차인과의 임대차계약 체결을 위하여 중개보수를 지출하여야 할 것이니 위와 같은 사정만으로 중개보수를 기존 임차인이 부담하여야 한다고 볼 수 없다 (서울중앙지방법원 97나55316 판결).
주 문	피신청인들은 공동하여 2021. ○. ○.까지 신청인에게 금100,000원을 지급한다. 만일 이를 지체하면 피신청인들은 공동하여 신청인에게 위 금원 중 미지급 금원에 대해 2021. ○. ○.부터 다 갚는 날까지 연 5%의 비율로 계산한 돈을 가산하여 지급한다.
조정 결과	임차인이 부담하였던 중개보수 중 일부 금액을 임대인이 반환하는 것으로 합의
조정의 성립	조정신청 후 애초 신청인이 부담할 성격의 금원이 아닌데도 신청인이 부담하기로 한 경위, 신청인이 보증금 반환이 이루어지지 않을까봐 불가피하게 중개보수 일부를 지급한 것인지 조사과정에서 피신청인이 신청인에게 일정금원을 반환하는 것을 제안하였고, 신청인이 이에 동의하여 분쟁이 신속하고 원만하게 종결된다.

[사례 2] 임대차를 계속하기 어려운 중대한 사유(9호)가 부정된 사례

사실관계	1. 임대인과 임차인은 2019. 1. 23.부터 2021. 1. 22.까지 임대차계약을 체결 2. 임대인은 2020. 4. 13. 임차인에게 이 사건 주택을 매도할 의사를 전달한 후, 2020. 9. 4. 매매를 진행하면서 매수인으로부터 가계약금을 받았다. 3. 임차인은 2020. 9. 10. 임대인에게 계약갱신요구를 하였다. 4. 임대인이 임차주택의 매도를 이유로 갱신거절하고 임차인은 이는 갱신거절 사유가 될 수 없다고 하면서 상당한 보상(이사비용 및 중개수수료)을 요구
신청인 임대인 이유	신청인은 이 사건 계약이 만료되기 약 9개월 전인 2020. 4. 13. 피신청인의 배우자를 통해 이 사건 주택을 매도할 의사를 밝혔고, 피신청인의 계약 갱신
피신청인 임차인 이유	신청인은 이 사건 주택의 매매계약도 체결하지 않은 상태로 가계약금만 지급받은 상태이며 매도를 진행할 예정임을 단순히 피신

	요구권 행사 전에 이 사건 주택의 매매계약이 성립하였으므로 이는 주택임대차보호법 제6조의3 제1항 제9호의 갱신 거절 사유인 임대차를 계속 하기 어려운 중대한 사유에 해당한다.	청인의 배우자에게 통지하였을 뿐 피신청인과 갱신요구권 미행사 및 퇴거에 대한 어떠한 합의도 하지 않았음. 이에 신청인은 피신청인의 계약갱신요구를 거절할 정당한 사유가 없고, 다만 신청인이 피신청인에게 상당한 보상(이사비용 및 중개수수료 상당액) 4,500,000원을 제공할 경우 합의하여 이 사건 계약을 종료할 의사가 있다..
관련법	☞ **주택임대차보호법** **제6조의3 (계약갱신 요구 등)** ① 제6조에도 불구하고 임대인은 임차인이 제6조제1항 전단의 기간 이내에 계약갱신을 요구할 경우 정당한 사유 없이 거절하지 못한다. 다만, 다음 각 호의 어느 하나에 해당하는 경우에는 그러하지 아니하다. 9. 그 밖에 임차인이 임차인으로서의 의무를 현저히 위반하거나 임대차를 계속 하기 어려운 중대한 사유가 있는 경우	
주 문 1. 신청인과 피신청인은 당사자 간 2018. 12. 13.자 별지 목록 기재 건물의 임대차계약에 관하여 2021. 1. 11. 종료됨을 상호 확인한다. 2. 피신청인은 2021. 1. 11. 신청인으로부터 252,500,000원(보증금 250,000,000원 + 합의금 2,500,000원)을 지급받음과 동시에 신청인에게 위 제1항 기재 건물을 인도한다. 3. 신청인은 2021. 1. 11. 피신청인으로부터 위 제1항 기재 건물을 인도받음과 동시에 피신청인에게 252,500,000원을 지급한다. 4. 신청인과 피신청인은 위 제3항에 대하여 주택임대차보호법 제26조 제4항에 따라 강제 집행할 수 있음을 상호 승낙한다.		
조정 과정	1. 단순히 매매 진행예정임을 통지하였을 뿐, 임차인의 계약갱신여부 등을 묻고 합의를 한 것이 아니어서 제6조의3제1항제9호의 거절 사유가 있다고 보기 어렵다고 판단된다. 2. 다만 신청인은 실제 거주 목적의 매수인과 매매계약을 진행하고 있던 사안으로 계약의 종료를 원하고 피신청인도 상당한 보상을 제공받을 경우 계약을 종료할 의사가 있어, 신청인이 피신청인에게 상당한 보상(이사비용 및 중개수수료)을 제공하고 임대차계약을 종료하는 것으로 합의한다.	

조정 요지	1. 개정 주택임대차보호법 시행(2020. 7. 31)전에 임대인이 임차인과 계약갱신여부 등에 대한 합의 없이 단순 매매계약을 체결할 것임을 통지만한 경우 갱신거절의 정당성 부정 2. 임대인이 임차인에게 상당한 보상(이사비용, 중개수수료)을 지급하고 임대차계약 종료하는 것으로 합의·조정
조정 결과	갱신거절은 정당하지 않으나, 임차인이 임대인에게 상당한 보상을 제공받고 임대차계약을 종료하기로 합의

제14절 임대차 분쟁 기타 조정사례

1. 외국인에게도 주택임대차보호법이 적용됨을 확인하고, 임대차 계약기간이 종료하였더라도 보증금 반환 전까지는 임대차계약이 존속하며 주택의 매수인은 임대차계약을 승계하여 보증금을 반환할 책임이 있음을 확인한 사례

사실관계	외국인인 임차인이 종전 임대인과 체결한 임대차계약기간이 종료한 이후에도 보증금이 반환되지 않아 계속 거주하고 있었는데, 이후 주택을 매수한 새로운 소유자에게 보증금 반환을 요구함. 새로운 소유자인 현재 임대인은 외국인이 주택임대차보호법의 적용을 받을 수 없으며 적용된다하더라도 자신은 계약 종료 이후 주택을 양수하였으므로 보증금 반환 의무가 없음을 주장
조정성립	외국인에게도 주택임대차보호법이 적용됨을 판례(대법원 2016. 10. 13. 선고 2014다218030, 218047)를 통해 설명함. 아울러 기존 계약기간이 종료하였더라도 보증금 반환 전까지는 임대차계약이 존속하며 주택 매수인은 이러한 임대차 계약관계를 승계함을 판례(대법원 2002. 9. 4 선고 2001다64615)를 통해 설명함. 이에 임대차 계약 종료일을 합의하고 해당 일자에 보증금, 주택의 반환을 동시 이행하는 것으로 조정

제15절 주택임대차 조정 관련서식

[서식 1] 대표자선정서 (주택임대차분쟁조정위원회 운영 및 사무 처리에 관한 요강 시행세칙 [별지 제12호 서식])

대 표 자 선 정 서

접수번호		접수일		
사 건	20 주택조정K		사 건 명	
신 청 인		외 명		
피신청인				
선 정 대 표 자	성명	(서명 또는 인)		생년월일
	주소 (전화번호:)			
	성명	(서명 또는 인)		생년월일
	주소 (전화번호:)			
	성명	(서명 또는 인)		생년월일
	주소 (전화번호:)			

「주택임대차보호법」 제21조와 관련하여 위 사람들을 분쟁조정 신청인들의 대표자로 선정합니다.

년   월   일

신청인   외   명

한국부동산원   주택임대차분쟁조정위원회 귀중

※ 대표자는 공동의 이해관계에 있는 당사자들 중의 한 사람(또는 여러 사람)만이 될 수 있으므로 제3자는 대표자가 될 수 없습니다.

구비서류	신청인들이 성명·주소 및 생년월일을 적고 서명·날인 또는 손도장을 찍은 동의서 1부	수수료 없음

210mm×297mm(백상지 80g/㎡)

[서식 2] 대표자 (해임서·변경서) (주택임대차분쟁조정위원회 운영 및 사무 처리에 관한 요강 시행세칙 [별지 제13호 서식])

대 표 자 [ ] 해 임 서
[ ] 변 경 서

※ [ ]에는 해당되는 곳에 √표를 합니다.

접수번호		접수일		
사　　건	20　　주택조정K		사 건 명	
신청인		외　　　　명		
피신청인				
당초 선정 대표자	성명　　　　　　　　　　　　(서명 또는 인)			생년월일
	주소 (전화번호:　　　　　　　　　)			
	성명 　(서명 또는 인)			생년월일
	주소 (전화번호:　　　　　　　　　)			
	성명 　(서명 또는 인)			생년월일
	주소 (전화번호:　　　　　　　　　)			
[ ]해임 [ ]변경 된 대표자	성명　　　　　　　　　(서명 또는 인)			생년월일
	주소 (전화번호:　　　　　　　　　)			
	성명 　(서명 또는 인)			생년월일
	주소 (전화번호:　　　　　　　　　)			
	성명 　(서명 또는 인)			생년월일
	주소 (전화번호:　　　　　　　　　)			

「주택임대차보호법」 제21조와 관련하여 주택임대차 분쟁조정 신청인들의 대표자로 선정하였던 위 사람들을 [ ] 해임 [ ] 변경 합니다.

년   월   일

신청인   외   명

한국부동산원   주택임대차분쟁조정위원회 귀중

구비서류	신청인들이 성명·주소 및 생년월일을 적고 서명·날인 또는 손도장을 찍은 동의서 1부	수수료 없음

※ 대표자는 공동의 이해관계에 있는 당사자들 중의 한 사람(또는 여러 사람)만이 될 수 있으므로 제3자는 대표자가 될 수 없습니다.

210mm×297mm(백상지 80g/㎡)

[서식 3] 주택임대차분쟁조정신청서 (주택임대차분쟁조정위원회 운영 및 사무 처리에 관한 요강 시행세칙 [별지 제9호 서식])

주택임대차분쟁조정신청서

※ 뒤쪽의 작성방법을 읽고 작성하시기 바랍니다. (전면)

사건번호 20 주택조정K		접수일	처리기간 60일 이내 (30일 연장가능)
신 청 인	성명		생년월일 (법인번호)
	주소		(전화번호:) (휴대전화번호:) (전자우편주소:)
	송달 장소		
대표자 또는 대리인	성명		생년월일 (법인번호)
	주소		(전화번호:) (휴대전화번호:) (전자우편주소:)
피신청인	성명		생년월일 (법인번호)
	주소		(전화번호:) (휴대전화번호:)
사건명			
신청의 취지 (조정목적의 값)		(산정근거)	
신청의 이유 (분쟁의 내용)		(필요시 뒤쪽이나 별지를 사용할 수 있습니다)	
증거서류 또는 증거물			

「주택임대차보호법」 제21조제1항, 같은 법 시행령 제30조제1항에 따라 위와 같이 조정을 신청합니다.

년   월   일

신청인   (서명 또는 인)

한국부동산원   주택임대차분쟁조정위원회 귀중

접수 처리	산정수수료		(인)	담당직원	
	수 납		(인)	조사관	심사관
	면 제		(대상자) (인)		
	보정권고				

210mm×297mm(백상지 80g/㎡)

(중면)

환 급 계 좌	[신청인 본인 명의 계좌]
예 금 주	
은 행 명	
계좌정보	

※ 조정신청을 하는 경우 「주택임대차보호법 시행령」 제33조에 따라 아래 표에서 정하는 수수료를 내야 합니다.

조정목적의 값	수수료
1억원 미만	10,000원
1억원 이상 3억원 미만	20,000원
3억원 이상 5억원 미만	30,000원
5억원 이상 10억원 미만	50,000원
10억원 이상	100,000원

※ 조정목적의 값을 산정할 수 없는 경우 신청인이 내야 하는 수수료는 1만원으로 합니다.
※ 조정목적의 값은 「민사소송 등 인지법」에 따른 소송목적의 값에 관한 산정방식을 준용 합니다.

※ 신청인이 다음 각 호의 어느 하나에 해당하는 경우에는 수수료를 면제할 수 있습니다.
1. 법 제8조에 따라 우선변제를 받을 수 있는 임차인
2. 「국민기초생활 보장법」 제2조제2호에 따른 수급자
3. 「독립유공자예우에 관한 법률」 제6조에 따라 등록된 독립유공자 또는 그 유족(선순위자 1명만 해당된다. 이하 이 조에서 같다)
4. 「국가유공자 등 예우 및 지원에 관한 법률」 제6조에 따라 등록된 국가유공자 또는 그 유족
5. 「고엽제후유의증 등 환자지원 및 단체설립에 관한 법률」 제4조에 따라 등록된 고엽제후유증환자, 고엽제후유의증환자 또는 고엽제후유증 2세환자
6. 「참전유공자 예우 및 단체설립에 관한 법률」 제5조에 따라 등록된 참전유공자
7. 「5·18민주유공자예우에 관한 법률」 제7조에 따라 등록 결정된 5·18민주유공자 또는 그 유족
8. 「특수임무유공자 예우 및 단체설립에 관한 법률」 제6조에 따라 등록된 특수임무유공자 또는 그 유족
9. 「의사상자 등 예우 및 지원에 관한 법률」 제5조에 따라 인정된 의상자 또는 의사자유족
10. 「한부모가족지원법」 제5조에 따른 지원대상자
11. 그 밖에 제1호부터 제10호까지의 규정에 준하는 사람으로서 법무부장관과 국토교통부장관이 공동으로 정하여 고시하는 사람 또는 시·도 조례로 정하는 사람

공지사항

이 사건의 처리 결과에 대한 만족도 및 관련 제도 개선에 필요한 의견조사를 위하여 귀하의 전화번호 또는 휴대전화번호로 전화조사를 할 수 있습니다.

(후면)

주택임대차분쟁조정신청을 위한 개인정보 수집·이용 및 제3자 제공 동의서

한국부동산원은 주택임대차분쟁조정을 위하여 아래와 같이 개인정보를 수집·이용 및 제공하고자 합니다. 내용을 자세히 읽으신 후 동의 여부를 결정하여 주십시오.

☐ 개인정보 수집·이용 내역(필수사항 및 선택사항)

구분	항목	수집 및 이용목적	보유기간	
필수사항	성명, 생년월일, 연락처, 주소(송달주소 포함) 및 신청내용 (대리인이 있는 경우 대리인의 성명, 생년월일, 연락처, 주소(송달주소 포함), 신청인과의 관계)	분쟁조정사건 조사 및 안건 심의, 수수료 징구	10년	
	조정서 원본	조정서 재발급	영구	
	※ 위 개인정보를 이용하여 **귀하께 연락을 드릴 수 있습니다.** 귀하께서는 개인정보 수집·이용에 대한 동의를 거부할 권리가 있으나, 동의를 거부할 경우 서비스 제공에 제한을 받으실 수 있습니다.	☞ 위와 같이 개인정보를 수집·이용하는 데 동의하십니까?	동의	
			미동의	
선택사항	☐ 수수료 면제 사유(소득소명자료 등) ☐ 전자우편(E-mail) ☐ 계좌번호	수수료 면제 및 환급, 분쟁조정절차 안내	10년	
	※ 위 개인정보를 이용하여 **귀하께 연락을 드릴 수 있습니다.** 귀하께서는 개인정보 수집·이용에 대한 동의를 거부할 권리가 있으나, 동의를 거부할 경우 서비스 제공에 제한을 받으실 수 있습니다.	☞ 위와 같이 개인정보를 수집·이용하는 데 동의하십니까?	전체동의	
			일부동의 (항목선택)	
			미동의	

☐ 개인정보 제3자 제공(필수사항)

구분	제3자	항목	제공 및 이용목적	보유기간	
필수사항	피신청인	신청인 성명, 생년월일, 연락처, 주소 및 신청내용	분쟁조정사건 조사 및 안건 심의	10년	
	타 기관 조정위원회	신청인 성명, 생년월일, 연락처, 주소 및 신청내용	조정신청 중복 확인	10년	
	※ 위의 개인정보 수집·이용에 대한 동의를 거부할 권리가 있습니다. 그러나 동의를 거부할 경우 서비스 제공에 제한을 받을 수 있습니다.		☞ 위와 같이 개인정보를 수집·이용하는 데 동의하십니까?	동의	
				미동의	

<기타 고지사항>
제3자(정부기관, 국회, 법원 등)가 정당한 절차를 거쳐 조정사례를 요구하는 경우, 개인이 특정될 우려가 있는 정보는 비식별처리 후 제공될 수 있으며, 분쟁조정제도 활성화를 위하여 임대차분쟁조정위원회 홈페이지 게시 및 사례집 제작, 홍보 등에 활용될 수 있음을 미리 알려드립니다.

본인은 위 동의서 내용과 같이 개인정보의 수집·이용에 관한 본인의 권리에 대하여 이해하고 서명합니다.

년   월   일

본인   성명   (서명 또는 인)
(정보주체가 만14세 미만인 경우) 법정대리인 성명   (서명 또는 인)

한국부동산원 원장 귀중

[서식 4] 위임장 (주택임대차분쟁조정위원회 운영 및 사무 처리에 관한 요강 시행세칙 [별지 제15호 서식])

위 임 장

접수번호		접수일	
사 건	20 주택조정K	사 건 명	
신 청 인		외 명	
피신청인			

위 사건에 관하여 아래와 같이 조정절차에 있어 일체의 행위에 대하여 위임합니다.

대리할 사람	성명 (서명 또는 인) 생년월일
	주소 (전화번호:)
위임할 사항	주택임대차분쟁조정의 신청, 답변 및 의견진술, 변제의 영수, 합의 및 조정안수락, 조정서송달, 신청의 취하, 대리인선임 등을 포함한 조정절차에 있어 일체의 행위
첨부서류	[ ] 재직증명서 [ ] 가족관계증명서 [ ] 주민등록등본 [ ] 신분증 [ ] 기타

년   월   일

위임인 (신청인, 피신청인)   (서명·날인 또는 손도장)
        주소
        전화번호

한국부동산원   주택임대차분쟁조정위원회 귀중

210mm×297mm(백상지 80g/㎡)

[서식 5] (제척·기피) 신청서 (주택임대차분쟁조정위원회 운영 및 사무 처리에 관한 요강 시행세칙 [별지 제3호 서식])

[ ] 제 척
[ ] 기 피 신청서

※ [ ]에는 해당되는 곳에 √표를 합니다.

접수번호		접수일		처리기간	3일
사 건	20 주택조정K		사 건 명		
신 청 인					
피신청인					
신청취지	「주택임대차보호법」 제20조에 따라 위 사건의 조정위원에 대하여 아래와 같이 제척·기피를 신청하오니 직무의 집행에서 제척·기피하여 주시기 바랍니다 제척 · 기피 할 위원 :				
제척사유 기피사유	해당란에 ✔ 해 주시기 바랍니다 [ ] 조정위원 또는 그 배우자나 배우자이었던 사람이 해당 분쟁사건의 당사자가 되는 경우에 해당함 [ ] 조정위원이 해당 분쟁사건의 당사자와 친족관계에 있거나 있었던 경우에 해당함 [ ] 조정위원이 해당 분쟁사건에 관하여 진술, 감정 또는 법률자문을 한 경우에 해당함 [ ] 조정위원이 해당 분쟁사건에 관하여 당사자의 대리인으로서 관여하거나 관여하였던 경우에 해당함 [ ] 담당한 조정위원에게 공정한 직무 집행을 기대하기 어려운 사정이 있는 경우 (구체적인 사정을 기재해 주시기 바랍니다)				
첨부서류	제척·기피 사유를 소명하는 자료 1부				

「주택임대차보호법」 제20조에 따라 위와 같이 ([ ] 제척 [ ] 기피)를 신청합니다.

년   월   일

[ ] 신청인   [ ] 피신청인   성 명   (서명 또는 인)

한국부동산원   주택임대차분쟁조정위원회   귀중

※ 제척·기피 신청에 관한 결정은 조정위원회가 하고, 해당 조정위원 및 당사자 쌍방은 그 결정에 불복하지 못합니다.

수수료
없음

210mm×297mm(백상지 80g/㎡)

[서식 6] 조정대리허가신청과 위임장 (주택임대차분쟁조정위원회 운영 및 사무 처리에 관한 요강 시행세칙 [별지 제11호 서식])

조정대리허가신청과 위임장

접수번호		접수일	
사 건	20 주택조정K	사건명	
신청인	외 명		
피신청인			
대리할 사 람	위 사건에 관하여 아래와 같이 조정대리허가신청과 조정에 관하여 위임합니다. 성명 (서명 또는 인) 생년월일 주소 (전화번호:)		
신청 이유	□ 당사자의 배우자 또는 4촌 안의 친족으로서 밀접한 생활관계를 맺고 있음 □ 당사자와 고용 등의 계약관계를 맺고 그 사건에 관한 일반사무를 처리·보조하여 왔음		
위임할 사 항	* 위임할 사항에 체크하여 주시기 바랍니다. 1. [ ] 주택임대차분쟁조정의 신청 2. [ ] 답변 및 의견진술 3. [ ] 변제의 영수 4. [ ] 합의 및 조정안수락 5. [ ] 조정서 송달 6. [ ] 신청의 취하 7. [ ] 대리인선임 8. [ ] 기타 (특정사항 기재요) 9. [ ] 위 사항 모두를 포함한 조정절차에 있어 일체의 행위 ※ [ ]에는 해당되는 곳에 √표를 합니다. 9.에 체크한 경우에는 1.~8.에 체크하지 않습니다.		
첨부 서류	[ ] 재직증명서 [ ] 주민등록표등본 [ ] 가족관계증명서 [ ] 신분증 [ ] 기타		

년   월   일

위임인 (신청인, 피신청인)   (서명·날인 또는 손도장)
주소
전화번호

한국부동산원   주택임대차분쟁조정위원회 귀중

◇ 유의사항 ◇

1. 연락처란에는 언제든지 연락 가능한 전화번호나 휴대전화번호를 기재하고, 그 밖에 팩스번호, 이메일 주소 등이 있으면 함께 기재하기 바랍니다.
2. 원칙적으로 변호사만이 위임에 따른 조정절차에 있어서 대리인이 될 수 있습니다.

210㎜×297㎜(백상지 80g/㎡)

[서식 7] 조정서 송달증명원 (주택임대차분쟁조정위원회 운영 및 사무 처리에 관한 요강 시행세칙 [별지 제44호 서식])

조 정 서 송 달 증 명 원

사 건		20 주택조정K		사 건 명	
신 청 인	성명			생년월일	
	주소				(전화)
피신청인	성명			생년월일	
	주소				(전화)

위 조정사건의 조정서 정본이 (신청인, 피신청인)에게 20 . . .자로 상대방에게 송달되었음을 증명하여 주시기 바랍니다.

    20 . . .신청인, 피신청인   (서명 또는 인)

한국부동산원 주택임대차분쟁조정위원회 위원장 귀중

※ 해당사항에 각 ○표를 하시기 바랍니다.

위 송달 사실을 증명합니다.

    20 . . .

한국부동산원 주택임대차분쟁조정위원회 위원장 (인)

210mm×297mm(백상지 80g/㎡)

[서식 8] 조정신청 취하서 (주택임대차분쟁조정위원회 운영 및 사무 처리에 관한 요강 시행세칙 [별지 제45호 서식])

조 정 신 청 취 하 서

사 건	20 주택조정K	사건명	
신 청 인			
대표자 또는 대 리 인			
피신청인			

이 사건 주택임대차 분쟁조정신청에 대하여 신청인은 아래와 같은 사유로 인하여 조정신청을 취하합니다.(□에 √또는 기타에 사유 기재)

◦ 취하사유 :　□ 당사자 간 원만히 합의되었으므로
　　　　　　　□ 소송 등 다른 절차에 의하여 처리하기 위하여
　　　　　　　□ 기타 (　　　　　　　　　　　　　　　)

년　월　일

신청인　　　　　　(서명 또는 인)

제 출 자 :
관　　계 :
생년월일 :
제출자의 신분확인　　　　　　㊞

한국부동산원　　주택임대차분쟁조정위원회　귀중

210mm×297mm(백상지 80g/㎡)

[서식 9] 주택임대차 표준 계약서

이 계약서는 법무부가 국토교통부·서울시 및 관련 전문가들과 함께 민법, 주택임대차보호법, 공인중개사법 등 관계법령에 근거하여 만들었습니다. 법의 보호를 받기 위해 【중요확인사항】(별지1)을 꼭 확인하시기 바랍니다.

주택임대차표준계약서

☐ 보증금 있는 월세
☐ 전세   ☐ 월세

임대인(이름 또는 법인명 기재)과 임차인(이름 또는 법인명 기재)은 아래와 같이 임대차 계약을 체결한다

[임차주택의 표시]

소재지	(도로명주소)			
토지	지목		면적	㎡
건물	구조·용도		면적	㎡
임차할부분	상세주소가 있는 경우 동·층·호 정확히 기재		면적	㎡
계약의종류	☐ 신규 계약		☐ 합의에 의한 재계약	
	☐ 「주택임대차보호법」 제6조의3의 계약갱신요구권 행사에 의한 갱신계약 * 갱신 전 임대차계약 기간 및 금액 계약 기간: . . . ~ . . . 보증금: 원, 차임: 월 원			

미납 국세·지방세	선순위 확정일자 현황	
☐ 없음 (임대인 서명 또는 날인 ㉘)	☐ 해당 없음 (임대인 서명 또는 날인 ㉘)	확정일자 부여란
☐ 있음(중개대상물 확인·설명서 제2쪽 Ⅱ. 개업공인중개사 세부 확인사항 '⑨ 실제 권리관계 또는 공시되지 않은 물건의 권리사항'에 기재)	☐ 해당 있음(중개대상물 확인·설명서 제2쪽 Ⅱ.개업공인중개사 세부 확인사항 '⑨ 실제 권리관계 또는 공시되지 않은 물건의 권리사항'에 기재)	※ 주택임대차계약서를 제출하고 임대차 신고의 접수를 완료한 경우에는 별도로 확정일자 부여를 신청할 필요가 없습니다.

[계약내용]

제1조 (보증금과 차임 및 관리비) 위 부동산의 임대차에 관하여 임대인과 임차인은 합의에 의하여 보증금과 차임 및 관리비를 아래와 같이 지불하기로 한다.

보증금	금 원정(₩)
계약금	금 원정(₩)은 계약시에 지불하고 영수함. 영수자 (인)
중도금	금 원정(₩)은 년 월 일에 지불하며
잔금	금 원정(₩)은 년 월 일에 지불한다
차임(월세)	금 원정은 매월 일에 지불한다(입금계좌:)
관리비	(정액인 경우) 금 원정(₩) (정액이 아닌 경우) 관리비의 항목 및 산정방식을 기재

제2조 (임대차기간) 임대인은 임차주택을 임대차 목적대로 사용·수익할 수 있는 상태로   년   월   일
까지 임차인에게 인도하고, 임대차기간은 인도일로부터   년   월   일까지로 한다.

수리 필요 시설	☐ 없음 ☐ 있음(수리할 내용:)
수리 완료 시기	☐ 잔금지급 기일인 년 월 일까지 ☐ 기타 ( )
약정한 수리 완료 시기까지 미 수리한 경우	☐ 수리비를 임차인이 임대인에게 지급하여야 할 보증금 또는 차임에서 공제 ☐ 기타( )

제3조 (입주 전 수리) 임대인과 임차인은 임차주택의 수리가 필요한 시설물 및 비용부담에 관하여 다음과 같이 합의한다.

임대인부담	(예컨대, 난방, 상·하수도, 전기시설 등 임차주택의 주요설비에 대한 노후·불량으로 인한 수선은 민법 제623조, 판례상 임대인이 부담하는 것으로 해석됨)
임차인부담	(예컨대, 임차인의 고의·과실에 기한 파손, 전구 등 통상의 간단한 수선, 소모품 교체 비용은 민법 제623조, 판례상 임차인이 부담하는 것으로 해석됨)

제4조 (임차주택의 사용·관리·수선) ① 임차인은 임대인의 동의 없이 임차주택의 구조변경 및 전대나 임차권 양도를 할 수 없으며, 임대차 목적인 주거 이외의 용도로 사용할 수 없다.
② 임대인은 계약 존속 중 임차주택을 사용·수익에 필요한 상태로 유지하여야 하고, 임차인은 임대인이 임차주택의 보존에 필요한 행위를 하는 때 이를 거절하지 못한다.
③ 임대인과 임차인은 계약 존속 중에 발생하는 임차주택의 수리 및 비용부담에 관하여 다음과 같이 합의한다. 다만, 합의되지 아니한 기타 수선비용에 관한 부담은 민법, 판례 기타 관습에 따른다.
④ 임차인이 임대인의 부담에 속하는 수선비용을 지출한 때에는 임대인에게 그 상환을 청구할 수 있다.

제5조 (계약의 해제) 임차인이 임대인에게 중도금(중도금이 없을 때는 잔금)을 지급하기 전까지, 임대인은 계약금의 배액을 상환하고, 임차인은 계약금을 포기하고 이 계약을 해제할 수 있다.

제6조 (채무불이행과 손해배상) 당사자 일방이 채무를 이행하지 아니하는 때에는 상대방은 상당한 기간을 정하여 그 이행을 최고하고 계약을 해제할 수 있으며, 그로 인한 손해배상을 청구할 수 있다. 다만, 채무자가 미리 이행하지 아니할 의사를 표시한 경우의 계약해제는 최고를 요하지 아니한다.

제7조 (계약의 해지) ① 임차인은 본인의 과실 없이 임차주택의 일부가 멸실 기타 사유로 인하여 임대차의 목적대로 사용할 수 없는 경우에는 계약을 해지할 수 있다.
② 임대인은 임차인이 2기의 차임액에 달하도록 연체하거나, 제4조 제1항을 위반한 경우 계약을 해지할 수 있다.

제8조 (갱신요구와 거절) ① 임차인은 임대차기간이 끝나기 6개월 전부터 2개월 전까지의 기간에 계약갱신을 요구할 수 있다. 다만, 임대인은 자신 또는 그 직계존속·직계비속의 실거주 등 주택임대차보호법 제6조의3 제1항 각 호의 사유가 있는 경우에 한하여 계약갱신의 요구를 거절할 수 있다.   ※ 별지2) 계약갱신 거절통지서 양식 사용 가능
② 임대인이 주택임대차보호법 제6조의3 제1항 제8호에 따른 실거주를 사유로 갱신을 거절하였음에도 불구하고 갱신요구가 거절되지 아니하였더라면 갱신되었을 기간이 만료되기 전에 정당한 사유 없이 제3자에게 주택을 임대한 경우, 임대인은 갱신거절로 인하여 임차인이 입은 손해를 배상하여야 한다.
③ 제2항에 따른 손해배상액은 주택임대차보호법 제6조의3 제6항에 의한다.

제9조 (계약의 종료) 임대차계약이 종료된 경우에 임차인은 임차주택을 원래의 상태로 복구하여 임대인에게 반환하고, 이와 동시에 임대인은 보증금을 임차인에게 반환하여야 한다. 다만, 시설물의 노후화나 통상 생길 수 있는 파손 등은 임차인의 원상복구의무에 포함되지 아니한다.

제10조 (비용의 정산) ① 임차인은 계약종료 시 공과금과 관리비를 정산하여야 한다.
② 임차인은 이미 납부한 관리비 중 장기수선충당금을 임대인(소유자인 경우)에게 반환 청구할 수 있다. 다만, 관리사무소 등 관리주체가 장기수선충당금을 정산하는 경우에는 그 관리주체에게 청구할 수 있다.

제11조 (분쟁의 해결) 임대인과 임차인은 본 임대차계약과 관련한 분쟁이 발생하는 경우, 당사자 간의 협의 또는 주택임대차분쟁조정위원회의 조정을 통해 호혜적으로 해결하기 위해 노력한다.

제12조 (중개보수 등) 중개보수는 거래 가액의   %인   원(□ 부가가치세 포함 □ 불포함)으로 임대인과 임차인이 각각 부담한다. 다만, 개업공인중개사의 고의 또는 과실로 인하여 중개의뢰인간의 거래행위가 무효·취소 또는 해제된 경우에는 그러하지 아니하다.

제13조 (중개대상물확인·설명서 교부) 개업공인중개사는 중개대상물 확인·설명서를 작성하고 업무보증관계증서(공제증서등) 사본을 첨부하여   년   월   일 임대인과 임차인에게 각각 교부한다.

[특약사항]

- 주택을 인도받은 임차인은 _____년 ___월 ___일까지 주민등록(전입신고)과 주택임대차계약서상 확정일자를 받기로 하고, 임대인은 위 약정일자의 다음날까지 임차주택에 저당권 등 담보권을 설정할 수 없다.
- 임대인이 위 특약에 위반하여 임차주택에 저당권 등 담보권을 설정한 경우에는 임차인은 임대차계약을 해제 또는 해지할 수 있다. 이 경우 임대인은 임차인에게 위 특약 위반으로 인한 손해를 배상하여야 한다.
- 임대차계약을 체결한 임차인은 임대차계약 체결 시를 기준으로 임대인이 사전에 고지하지 않은 선순위 임대차 정보(주택임대차보호법 제3조의6 제3항)가 있거나 미납 또는 체납한 국세·지방세가 _____원을 초과하는 것을 확인한 경우 임대차기간이 시작하는 날까지 제5조에도 불구하고 계약금 등의 명목으로 임대인에게 교부한 금전 기타 물건을 포기하지 않고 임대차계약을 해제할 수 있다.
- 주택 임대차 계약과 관련하여 분쟁이 있는 경우 임대인 또는 임차인은 법원에 소를 제기하기 전에 먼저 주택임대차분쟁조정위원회에 조정을 신청한다 (□ 동의   □ 미동의)
- ※ 주택임대차분쟁조정위원회 조정을 통할 경우 60일(최대 90일) 이내 신속하게 조정 결과를 받아 볼 수 있습니다.
- 주택의 철거 또는 재건축에 관한 구체적 계획 (□ 없음 □ 있음 ※공사시기 :   ※ 소요기간 :   개월)
- 상세주소가 없는 경우 임차인의 상세주소부여 신청에 대한 소유자 동의여부 (□ 동의   □ 미동의)
- ※ 기타

본 계약을 증명하기 위하여 계약 당사자가 이의 없음을 확인하고 각각 서명·날인 후 임대인, 임차인, 개업공인중개사는 매 장마다 간인하여, 각각 1통씩 보관한다.

년   월   일

임대인	주 소						서명 또는 날인㊞
	주민등록번호		전 화		성 명		
	대 리 인	주소		주민등록번호		성 명	
임차인	주 소						서명 또는 날인㊞
	주민등록번호		전 화		성 명		
	대 리 인	주소		주민등록번호		성 명	
개업공인중개사	사무소소재지			사무소소재지			
	사무소명칭			사무소명칭			
	대 표	서명 및 날인	㊞	대 표	서명 및 날인		㊞
	등 록 번 호		전화	등 록 번 호		전화	
	소속공인중개사	서명 및 날인	㊞	소속공인중개사	서명 및 날인		㊞

[별지 1]

법의 보호를 받기 위한 중요사항! 반드시 확인하세요

< 계약 체결 시 꼭 확인하세요 >

【 대항력 및 우선변제권 확보 】
① 임차인이 **주택의 인도와 주민등록**을 마친 때에는 그 다음날부터 제3자에게 임차권을 주장할 수 있고, 계약서에 **확정일자**까지 받으면 후순위권리자나 그 밖의 채권자에 우선하여 변제받을 수 있으며, 주택의 점유와 주민등록은 임대차 기간 중 계속 유지하고 있어야 합니다.
② **등기사항증명서, 미납국세·지방세, 다가구주택 확정일자 현황** 등을 반드시 확인하여 선순위 권리자 및 금액을 확인하고 계약 체결여부를 결정하여야 보증금을 지킬 수 있습니다. 계약을 체결할 때 임대인은 납세증명서 및 확정일자 부여일, 차임 및 보증금 등 정보를 임차인에게 제시하여야 합니다.
※ 임차인은 임대인의 동의를 받아 미납국세·지방세는 관할 세무서에서, 확정일자 현황은 관할 주민센터·등기소에서 확인할 수 있습니다. 다만, 「국세징수법」 제109조제2항 및 「지방세징수법」 제6조제3항의 요건을 충족하는 임차인의 경우에는 임대차계약일부터 임대차기간 개시일까지 임대인의 동의 없이도 미납국세·지방세 열람이 가능합니다.

【 임대차 신고의무 및 확정일자 부여 의제 】
① 수도권 전역, 광역시, 세종시 및 도(道)의 시(市) 지역에서 보증금 6천만원 또는 월차임 30만원을 초과하여 주택임대차계약을 체결(금액의 변동이 있는 재계약·갱신계약 포함)한 경우, 임대인과 임차인은 계약체결일로부터 30일 이내에 시군구청에 해당 계약을 공동(계약서를 제출하는 경우 단독신고 가능)으로 신고하여야 합니다.
② 주택임대차계약서를 제출하고 임대차 신고의 접수를 완료한 경우, 임대차 신고필증상 접수완료일에 확정일자가 부여된 것으로 간주되므로, 별도로 확정일자 부여를 신청할 필요가 없습니다.

< 계약기간 중 꼭 확인하세요 >

【 차임증액청구 】
계약기간 중이나 임차인의 계약갱신요구권 행사로 인한 갱신 시 차임·보증금을 증액하는 경우에는 기존 차임·보증금의 5%를 초과하여 증액하지 못하고, 계약체결 또는 약정한 차임 등의 증액이 있은 후 1년 이내에는 하지 못합니다.

【 묵시적 갱신 등 】
① 임대인은 임대차기간이 끝나기 6개월부터 2개월* 전까지, 임차인은 2개월 전까지 각 상대방에게 계약을 종료하겠다거나 조건을 변경하여 재계약을 하겠다는 취지의 통지를 하지 않으면 종전 임대차와 동일한 조건으로 자동 갱신됩니다.
* 기존 규정은 1개월이고, '20. 12. 10. 이후 최초로 체결되거나 갱신된 계약의 경우 2개월이 적용됩니다.
② 제1항에 따라 갱신된 임대차의 존속기간은 2년입니다. 이 경우, 임차인은 언제든지 계약을 해지할 수 있지만 임대인은 계약서 제7조의 사유 또는 임차인과의 합의가 있어야 계약을 해지할 수 있습니다.

【 계약갱신요구 등 】
① 임차인이 임대차기간이 만료되기 6개월 전부터 2개월* 전까지 사이에 계약갱신을 요구할 경우 임대인은 정당한 사유 없이 거절하지 못하고, 갱신거절 시 별지 2에 게재된 계약갱신 거절통지서 양식을 활용할 수 있습니다.
* 기존 규정은 1개월이고, '20. 12. 10. 이후 최초로 체결되거나 갱신된 계약의 경우 2개월이 적용됩니다.
② 임차인은 계약갱신요구권을 1회에 한하여 행사할 수 있고, 이 경우 갱신되는 임대차의 존속기간은 2년, 나머지 조건은 전 임대차와 동일한 조건으로 다시 계약된 것으로 봅니다. 다만, 차임과 보증금의 증액은 청구 당시의 차임 또는 보증금 액수의 100분의 5를 초과하지 아니하는 범위에서만 가능합니다.
③ 묵시적 갱신이나 합의에 의한 재계약의 경우 임차인이 갱신요구권을 사용한 것으로 볼 수 없으므로, 임차인은 주택임대차보호법에 따라 임대기간 중 1회로 한정되어 인정되는 갱신요구권을 차후에 사용할 수 있습니다.

[서식 10] 계약갱신 거절통지서

계약갱신 거절통지서

임대인	성 명		임차인	성 명	
	주 소			주 소	
	연 락 처			연 락 처	
임차목적물 주소					
임대차계약 기간					

임대인(_____)은 임차인(_____)로부터 ___년 ___월 ___일 주택임대차계약의 갱신을 요구받았으나, 아래와 같은 법률상 사유로 위 임차인에게 갱신요구를 거절한다는 의사를 통지합니다.

계약갱신거절 사유
(주택임대차보호법 제6조의3 제1항 각 호)

1. 임차인이 2기의 차임액에 해당하는 금액에 이르도록 차임을 연체한 사실이 있는 경우 □
2. 임차인이 거짓이나 그 밖의 부정한 방법으로 임차한 경우 □
3. 서로 합의하여 임대인이 임차인에게 상당한 보상을 제공한 경우 □
   (상당한 보상의 내용 :   )
4. 임차인이 임대인의 동의 없이 목적 주택의 전부 또는 일부를 전대(轉貸)한 경우 □
5. 임차인이 임차한 주택의 전부 또는 일부를 고의나 중대한 과실로 파손한 경우 □
6. 임차한 주택의 전부 또는 일부가 멸실되어 임대차의 목적을 달성하지 못할 경우 □
7. 주택의 전부 또는 대부분을 철거·재건축하기 위하여 점유를 회복할 필요가 있는 경우
7-1. 임대차계약 체결 당시 공사시기 및 소요기간 등을 포함한 철거 또는 재건축 계획을 임차인에게 구체적으로 고지하고 그 계획에 따르는 경우 □
7-2. 건물이 노후·훼손 또는 일부 멸실되는 등 안전사고의 우려가 있는 경우 □
7-3. 다른 법령에 따라 철거 또는 재건축이 이루어지는 경우 □
8. 임대인 또는 임대인의 직계존비속이 목적 주택에 실제 거주하려는 경우 □
   (실거주자 성명: , 임대인과의 관계 : □ 본인 □ 직계존속 □ 직계비속)
9. 그 밖에 임차인이 임차인으로서의 의무를 현저히 위반하거나 임대차를 계속하기 어려운 중대한 사유가 있는 경우 □

* 위 계약갱신거절 사유를 보충설명하기 위한 구체적 사정

※ 선택하신 사유를 소명할 수 있는 문서 등 별도의 자료가 있는 경우, 해당 자료들을 본 통지서에 첨부하여 임차인에게 전달해주시기 바랍니다.

작성일자 : 년 월 일	임대인 : (서명 또는 날인)

* 거절통지의 효력은 위 계약갱신 거절통지서를 작성 및 발송한 후, 임차인에게 통지가 도달한 때에 발생합니다.

제3장 상가건물 임대차분쟁조정사례

제1절 상가건물 조정절차

1. 조정 신청

<조정 절차>

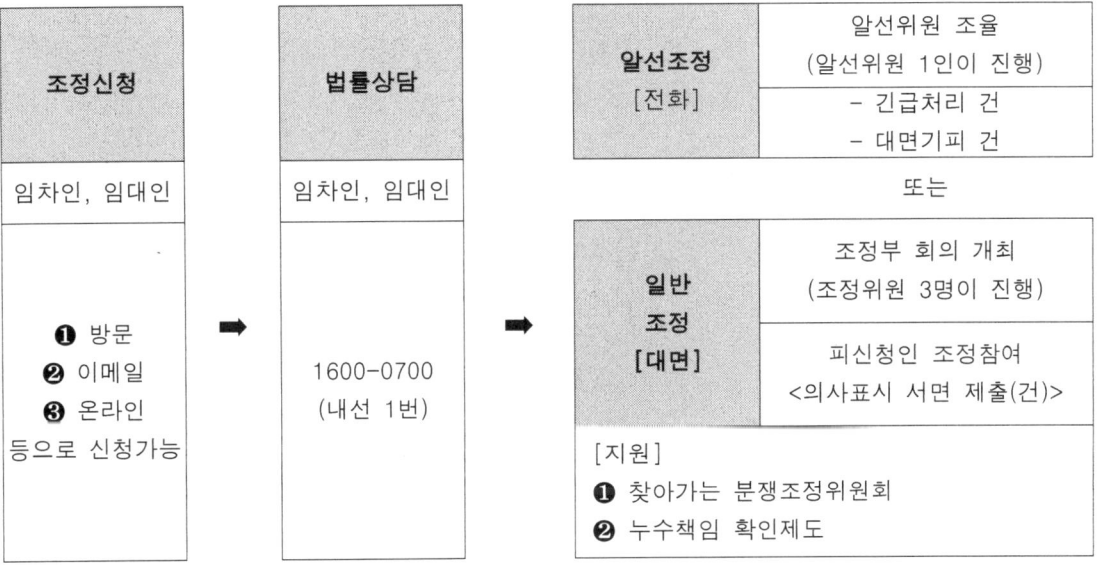

질의 1. 서울시 상가건물 임대차분쟁조정은 어떤 제도인가요?

서울시 상가건물임대차 분쟁조정위원회는 상가건물 임대차보호법 제20조에 의거 설치된 법정 행정형 조정기구입니다. 이에 서울시 소재 상가임대차 계약이 신청 대상이며, 임대·차인 간 차임 또는 보증금 증감에 관한 분쟁, 임대차 기간에 관한 분쟁, 보증금 또는 임차상가 건물의 반환에 관한 분쟁, 임차상가 건물의 유지·수선 의무에 관한 분쟁, 권리금에 관한 분쟁, 기타 등 상가임대차 분쟁 건으로 조정 신청이 가능하며, 심의·조정은 조정위원 주관으로 이루어집니다.

질의 2. 서울시 상가건물임대차 분쟁조정위원회는 다른 조정기관과 어떤 차이점이 있나요?

서울시 상가건물임대차 분쟁조정위원회의 조정 신청 내용과 효력은 다른 조정 신청 기관(대한법률구조공단, 한국부동산원)과 동일합니다. 그러나 서울시는 행정기관으로서 행정력을 발휘하여 법정 조정기구와 별개로 '알선 조정'을 추가적으로 운용하고 있습니다. 알선 조정 제도는 긴급성을 요하거나 상대방과의 대면을 기피하는 경우에 당사자 간 신속하게 분쟁을 해결하기 위한 제도입니다. 이외에도 다른 조정기관과 달리 서울시에서는 분쟁 지역으로 '찾아가는 분쟁조정위원회'와 원인미상으로 발생하는 누수의 '누수책임 확인' 제도도 운영하고 있습니다.

질의 3. 조정 신청은 임차인만 신청 가능한가요?

조정 신청은 임차인뿐만 아니라 임대인도 신청 가능합니다.
또한, 당사자 본인 참석이 불가능할 경우에는 가족에 한해 대리서류(위임장, 인감증명서, 신청인과 대리인 신분증)를 준비하여 본인이 대리인으로 지정한 자도 신청이 가능합니다.

질의 4. 조정 신청은 방문만 가능한가요?

아닙니다.
상가영업 등 여러 가지 사유로 방문이 어려운 임대·차인은 이메일(jinjin4407@seoul.go.kr), 온라인 조정 신청(https://sftc.seoul.go.kr) 등의 방법으로도 조정 신청이 가능합니다. 또한, 서울시 공정거래종합상담센터(1600-0700, 내선1번)에서 상가임대차 상담을 하는 과정 중에 상담위원에게 대리 신청을 요청하여 조정을 신청하는 방법도 있습니다. 신청서는 서울시 공정거래종합상담센터(https://sftc.seoul.go.kr) 공지사항 또는 자료실에서 다운로드 받을 수 있습니다.

질의 5. 조정 신청 시 어떤 서류가 필요한가요?

행정형 조정은 당사자 간 양보와 타협의 방법으로 합의를 하는 분쟁해결 방법이다.
즉, 조정은 양 당사자의 주장과 증거자료를 판단하기보다는 당사자의 해결하고자 하는 의지와 의사표시가 매우 중요합니다. 이에 우리시가 마련한 조정 신청서와 임대차계약서로 조정 신청이 가능합니다. 다만, 조정위원들이 원활한 조정진행을 위하여 기타 증빙서류를 요구할 수 있습니다

질의 6. 조정 신청 시 수수료가 발생하나요?

상가임대차분쟁으로 조정 신청하는 경우 서울특별시 상가임차인 보호를 위한 조례에 따라 수수료는 발생하지 않습니다. 상가임대차에서 당사자 간 분쟁이 발생하였을 경우에 상가임차인의 영업안정성과 당사자 간 상생을 위하여, 우리시는 민간전문가를 조정위원으로 위촉하여 무료로 당사자 간 분쟁을 조정·지원하고 있습니다. 이에 신청비용을 고민하지 말고 상가임대차에서 분쟁이 발생하였을 경우에는 언제든지 우리시 조정 신청을 통하여 분쟁해결을 시도해 보시기 바랍니다

질의 7. 소송을 제기해도 조정 신청이 가능한가요?

각하 대상입니다.
상가임대차보호법 제21조에 따라 당사자 중 어느 일방이 관할법원에 분쟁건으로 소송을 제기한 경우에는 "각하한다"는 법률규정이 존재하여 서울시를 포함한 모든 조정기관에서는 조정을 진행할 수 없습니다. 사법부 집행기관인 법원에 소송을 제기한 경우, 행정기관이 관여할 수 없습니다. 이에 분쟁에 따른 감정이 고조되어 법원에 소송을 제기하기 전에 행정형 조정을 통한 분쟁해결 시도를 권해드립니다

2. 조정 진행

질의 1. 상대방(피신청인) 의사와 무관하게 조정이 진행될 수 있나요?

각하 대상입니다.
상가임대차보호법 제21조에서는 조정 신청 이후 상대방이 조정절차를 거부한 경우에는 "각하한다"고 규정되어 조정을 진행할 수가 없습니다. 이에 분쟁이 발생하였을 경우에는 상대방과 논의하여 분쟁을 장기화하지 말고 서울시 상가건물임대차 분쟁조정위원회를 통해 분쟁을 해결해보자는 의견을 교환한 후에 조정 신청을 한다면 당사자간 합의(성립)가 대체로 용이합니다. 각하 대상은 이러한 사유말고도 민사조정법에 의한 조정 신청, 이 법에 따른 조정 신청, 상가임대차 분쟁 미대상, 신청인이 정당한 사유없이 조사에 응하지 않는 경우 등도 각하 대상으로 규정하고 있습니다.

질의 2. 조정이 진행될 경우 서울시에 무조건 방문해야 하나요?

아닙니다.
우리시에서는 영업을 위해 방문이 어려운 임대·차인을 위해서 "찾아가는 상가건물분쟁조정위원회"를 운영하여 영업 현장과 가까운 장소에서 조정위원회를 개최하기도 하고, 당사자 간 대면이 불편한 경우에는 알선 조정을 통한 전화로도 분쟁을 조정하기도 합니다.

질의 3. 조정위원은 어떤 분들로 구성이 되나요?

서울시의 조정은 알선 조정(행정형)과 일반 조정(법정형)으로 구성되어 있습니다. 알선 조정의 경우 조정기관의 실무자를 위촉하여 1인이 전화로 조정하게 되는데, 보통 상호간 대면이 불편하거나 긴급성 또는 당사자의 요구, 조정 진행 담당자 판단에 의해 진행됩니다. 일반 조정은 상대방이 조정에 응하는 의사를 표시하고 조정부와의 대면을 요구한 경우에 진행이 됩니다. 조정부 조정위원 구성은 법에서 6개 분야에서 활동하고 있는 자를 규정하고 있어, 신청 대상을 선별하여 위촉한 자 중 3명이 조정부 회의를 구성하고 대면방식으로 당사자의 의견을 듣고 조정을 합니다.

질의 4. 조정 진행 시 상대방(피신청인)의 협조가 필요한가요?

필요합니다.
알선 조정은 상대방의 의사와는 무관하게 진행될 수 있으나, 일반 조정의 경우 조정 회의를 진행하기 위해서는 상대방의 조정에 응하는 의사표시가 필수입니다. 이후에도 조정위원들이 제시한 합의안(조정안)으로 합의를 하는데 합의된 조정서로 의결되기까지는 당사자의 협조가 필요합니다. 조정서 발급 후에는 조정서에 따라 이행해야 합니다. 그러나 어느 일방이 불이행한 경우에는 관할법원에 강제 집행을 신청할 수 있습니다.

질의 5. 조정신청 시 조정이 바로 진행되나요?

임대·차인 중 어느 일방이 조정을 신청한 경우에 조정 신청 내용을 상대방에게 우편으로 통보하는 기간과 피신청인으로부터 답변을 받아야 하는 회신 기간이 소요됩니다. 그동안 분쟁 조정 사례를 확인한 결과, 피신청인으로부터 답변을 확인하는 기간은 보통 10일 이상 소요됩니다. 이 기간을 통하여 조정 진행 여부가 결정되기 때문에 조정 신청과 동시에 조정 진행은 어렵습니다. 10일이상 경과를 본 후 각하 또는 조정 진행 여부가 결정됩니다.

질의 6. 조정 처리기간은 얼마나 걸리나요?

상가임대차보호법 제20조에서 조정 처리기간은 조정 신청을 받은날 부터 60일 이내에 종료하는 것으로 규정되어 있고, 예외적으로 30일의 범위에서 그 기간을 연장할 수 있다고 규정되어 있습니다. 이에 상대방(피신청인)이 조정절차에 협조한다면 최대 90일까지 조정이 진행될 수 있습니다. 그동안 서울시 사례를 봤을 때 조정 성립에 이르기까지 평균 40일 전후가 소요되어, 법원의 소송으로 해결하는 기간보다도 상당히 적은 기간으로 확인되었습니다.

3. 조정 효력

질의 1. 조정은 법원과 같이 판결을 해주나요?

행정형 조정은 법원과 같이 증거 중심의 판결을 하는 것이 아닌 당사자 간 의견을 조율하여 합의를 하는 대화의 해결 방법입니다. 이에 조정은 증거보다는 각자 입장과 해결 방안을 듣고 조정위원의 의견을 결합하여 도출한 조정안을 가지고 합의에 이르는 분쟁해결 방법입니다. 결과적으로 조정은 상대방의 의견과 조정위원의 의견을 경청하고 양보와 화합에 이르는 자세가 중요합니다

질의 2. 조정이 성립하면 어떤 결과물을 주나요?

서울시 상가건물임대차 분쟁조정위원회의 경우 다른 조성기관과 날리 내년 중심의 소정 방식을 취하고 있습니다. 이는 서로 얼굴을 맞대고 분쟁해결을 고민할 수 있고, 제3자인 조정위원의 도움으로 당사자 간 분쟁성립률을 높이는데 아주 효과가 크기 때문입니다. 또한, 다른 기관처럼 중간 과정의 조정안에 대한 의사표시를 기다릴 필요없이 대면 조정 시 조정의 최종 결과물이고 강제 집행할 수 있는 조정서를 우편이 아닌 조정부 회의에서 바로 드립니다

질의 3. 조정 성립 시 소송을 제기 안해도 강제 집행이 가능한가요?

가능합니다.
조정이 성립되면 상가임대차보호법 제20조에 따라 집행력이 부여됩니다. 일반 계약에서 집행력을 가지려면 별도 소송을 통해 판결문이 있어야 가능하지만, 조정의 최종산물인 조정서는 집행권원이기 때문에 소송이 생략됩니다. 소송의 경우 원고 일방만의 집행력을 가질 수가 있다면 조정은 이행의 이익이 있는 경우 양 당사자 모두에게 집행력이 주어집니다. 집행의 예를 들면 부동산 경매, 건물 인도, 예금 및 채권, 주식 등 압류 등이 있습니다.

질의 4. 강제 집행은 서울시에서 신청하는 건가요?

아닙니다.

당사자 간 강제 집행을 승낙하는 취지의 내용을 합의하고 이를 조정서에 기재하여 조정위원들이 조정서를 발급한 다음에, 어느 일방이 합의 내용을 이행하지 않을 경우에 조정서를 근거로 강제 집행할 수 있습니다. 그런데 강제 집행은 조정서를 발급한 서울시에 신청하는 것이 아니라 관할법원에 강제 집행을 신청해야 합니다. 제출서류는 강제 집행 신청서 1부, 조정서 1부, 집행할 대상 목록 및 도면 1부, 기타 법원이 요구하는 서류 등이 있습니다

제2절 차임 또는 보증금의 증감에 관한 분쟁

[사례 1] 차임 또는 보증금 증액

사실관계	신청인과 피신청인은 2014년 상가건물에 대하여 최초 임대차계약 이후 재계약을 진행하였고 현재는 묵시적 갱신으로 진행되고 있음. 묵시적 갱신 기간만료일이 다가오자 신청인은 인건비 및 기타 관리비의 인상으로 인한 경제적 상황을 반영하여 차임 5% 증액을 요청하였는데 피신청인은 묵시적 갱신은 임대차기간이 2년이므로 계약이 종료되지 않았다고 주장하면서 신청인의 요청을 거부하여 다툼이 발생한다.		
신청인 임대인 이유	상가건물 임대차계약의 묵시적 갱신 시 임대차기간은 1년이므로 이 사건 임대차계약은 돌아오는 기간만료일에 종료되어 재계약 및 차임 5% 증액이 필요하다.	피신청인 임차인 이유	묵시적 갱신은 임대차기간이 2년이므로 이 사건 임대차계약의 기간만료일은 아직 종료되지 않고 1년이 더 남아있으며 차임 증액 이유 없다
요점 정리	1. 상가건물 임대차보호법상 임대차가 묵시적 갱신된 경우의 임대차기간 2. 신청인의 갱신거절 가부		
관련 법	☞ 상가건물 임대차보호법 제10조 (계약갱신 요구 등) ① 임대인은 임차인이 임대차기간이 만료되기 6개월 전부터 1개월 전까지 사이에 계약 갱신을 요구할 경우 정당한 사유 없이 거절하지 못한다. ②~③ 생략 ④ 임대인이 제1항의 기간 이내에 임차인에게 갱신 거절의 통지 또는 조건 변경의 통지를 하지 아니한 경우에는 그 기간이 만료된 때에 전 임대차와 동일		

	한 조건으로 다시 임대차한 것으로 본다. 이 경우에 임대차의 존속기간은 1년으로 본다. ⑤ 생략

주 문

1. 신청인과 피신청인은, 양자 간의 이 사건 임대차계약을 갱신(이하 '이 사건 갱신계약'이라 한다)하되 이 사건 갱신계약의 임차보증금은 60,000,000원, 월차임은 3,050,000원, 관리비는 950,000원, 임대차기간은 2021. ○. ○.부터 2022. ○. ○.로 한다.
2. 신청인과 피신청인은, 제2항 기재 이 사건 갱신계약의 월차임 3,050,000원은 제1항 기재 2018. ○. ○.자 갱신계약에서 정한 월차임 2,930,000원에서 120,000원을 증액한 금액이고, 제2항 기재 이 사건 갱신계약에서 정한 관리비 950,000원은 제1항 기재 2018. ○. ○. 자 갱신계약에서 정한 관리비 920,000원에서 30,000원을 증액한 금액인 사실을 확인한다.
3. 신청인과 피신청인은 이 사건 갱신계약의 그 밖의 나머지 계약 조건은 제2항 기재 내용을 제외하고는 제1항 기재 2018. ○. ○.자 갱신계약에서 정한 내용을 그대로 유지한다.

조정 결과	계약을 갱신하고 월차임 및 관리비 일부 증액하는 것으로 합의
조정의 성립	상가건물 임대차의 경우 묵시적 갱신의 임대차기간은 1년이어서 곧 기간만료가 도래한다는 점, 임차인이 차임을 연체한 사실이 있음에 비추어 임차인이 갱신요구를 하더라도 신청인의 갱신거절이 가능할 것으로 보이고, 해당 상가건물의 인근지역의 임대차 차임내역과 비교하여 판단할 때 이 사건 차임이 현저히 낮은 가액에 해당하는 점, 인건비의 증가가 현저히 높은 점을 보아 임대인의 차임증액청구는 과도한 청구로 보이지 않는 점을 설명하여 당사자 간에 합의가 원만히 이루어져 분쟁이 해결된다.

[사례 2] 계약갱신요구와 보증금의 증액

사실 관계	임대인과 임차인은 2017. 4. 5. 이 사건 상가건물에 관하여 보증금 20,000,000원, 차임 1,500,000원, 임대차기간 2017. 4. 5.부터 2018. 4. 4.까지로 정하여 임대차계약을 체결하였음. 이후 2019년 4월 경 한 차례 임대차계약이 갱신되었고, 2021. 4. 5. 추가 갱신을 앞두고 당사자 사이에 차임 인상기준에 대한 분쟁이 발생한다.

신청인 임대인 이유	2019년에 이루어진 임대차 재계약시, 임대인은 일방적인 차임 증액 통지를 하였으나 임차인은 이에 대해 거부하고 최초 임대차계약과 동일하게 월차임 1,500,000원을 지급해왔다고 주장함. 따라서 2021년에 갱신되는 계약의 법정 증액 한도는 1,500,000원에서 5%를 증액한 1,575,000원이라고 주장한다.	피신청인 임차인 이유	임대인은 임차인에게 2019년 이 사건 임대차계약의 갱신 재계약 체결을 앞두고, 이 사건 최초 임대차계약상의 월 차임 1,500,000원에서 5% 증액할 된 차임인 것을 통지했다고 주장함. 따라서 이번에 갱신되는 재계약은 2019년에 증액한 월차임 1,575,000원에서 5% 증액한 금액인 1,653,750원을 월차임으로 산정해야 한다고 주장함. 또한 이번에 갱신되는 재계약은, 월차임에 대한 부가세를 임차인이 부담해야한다고 주장한다.
요점 정리	임차인의 갱신요구권 행사로 갱신되는 계약에 있어서, 임대인과 임차인 쌍방의 협의 없이 임대인의 일방적 통보만으로 차임을 증액할 수 있는지 여부			

관련 법	☞ 상가건물 임대차보호법
	제10조 (계약갱신 요구 등) ① 생략
	  ② 임차인의 계약갱신요구권은 최초의 임대차기간을 포함한 전체 임대차기간이 10년을 초과하지 아니하는 범위에서만 행사할 수 있다.
	  ③ 갱신되는 임대차는 전 임대차와 동일한 조건으로 다시 계약된 것으로 본다. 다만, 차임과 보증금은 제11조에 따른 범위에서 증감할 수 있다.
	  ④~⑤ 생략
	
	☞ 상가건물 임대차보호법
	제11조 (차임 등의 증감청구권) ① 차임 또는 보증금이 임차건물에 관한 조세, 공과금, 그 밖의 부담의 증감이나 「감염병의 예방 및 관리에 관한 법률」 제2조제2호에 따른 제1급감염병 등에 의한 경제사정의 변동으로 인하여 상당하지 아니하게 된 경우에는 당사자는 장래의 차임 또는 보증금에 대하여 증감을 청구할 수 있다. 그러나 증액의 경우에는 대통령령으로 정하는 기준에 따른 비율을 초과하지 못한다.
	  ② 제1항에 따른 증액 청구는 임대차계약 또는 약정한 차임 등의 증액이 있은 후 1년 이내에는 하지 못한다.
	  ③ 생략			

	☞ 상가건물 임대차보호법 시행령 **제4조 (차임 등 증액청구의 기준)** 법 제11조 제1항의 규정에 의한 차임 또는 보증금의 증액청구는 청구당시의 차임 또는 보증금의 100분의 5의 금액을 초과하지 못한다.
	주 문
	1. 신청인과 피신청인이 이 사건 상가건물에 관하여 2017. 4. 5. 체결한 임대차계약의 기간을 신청인의 갱신요구권 행사에 따라 2022. 4. 4.까지로 연장한다. 2. 제1항의 임대차계약의 보증금을 2021. 4. 5.부터 21,000,000원으로 하며, 신청인은 증액된 보증금 1,000,000원을 2021. 5. 15.까지 피신청인에게 지급한다. 3. 제1항의 임대차계약의 월차임을 2021. 4. 5.부터 2022. 4. 4.까지 1,575,000원, 지급시기를 매월 5일(후불)로 한다. 4. 신청인과 피신청인은 상가건물 임대차보호법 제21조 및 주택임대차보호법 제26조 제4항에 따라, 위 제2항에 기재된 사항에 대하여 강제집행 할 수 있음을 상호 승낙한다.
조정 결과	현재 보증금 및 차임은 최초 계약과 동일함을 확인하고, 추후 금액을 다소 증액하기로 합의
조정의 성립	1. 당사자 간 보증금 및 차임 증액에 관한 합의를 한 증거가 없는 이상 현재 보증금 및 차임은 최초 계약과 동일한 금액인 보증금 20,000,000원, 차임 1,500,000원이라고 보는 것이 타당함을 당사자들에게 충분히 설명하고 설득한다. 2. 임대인은 이번 조정을 통해 차임이 동일하게 유지되어 오던 계약의 보증금과 차임 모두를 인상하여 받게 되고, 임차인은 갱신협의 시 임대인이 주장하던 금액에 비해 적은 차임을 지급하게 된 실익이 있다.

제3절 보증금 또는 주택의 반환에 관한 분쟁

[사례 1] 사정변경에 따른 계약해지 가부

사실 관계	이 사건 상가는 아파트 단지 상가였는데 갑자기 아파트와 분리되는 울타리 설치로 고립 되어 영업을 할 수가 없게 되었다며 임차인이 계약해지를 원인으로 보증금의 1/2에 해당하는 금원의 반환을 임대인에게 요구하였고 이에 대해 임대인은 거부하여 다툼이 발생한다.

신청인 임대인 이유	신청인은 이 사건의 상가가 아파트 단지 상가임을 전제로 계약을 하였는데 갑작스럽게 아파트와 분리되는 울타리 설치로 고립된 상가로 전락되어 폐점을 하였는바 이를 이유로 계약해지를 주장하며 보증금 중 절반 금액이라도 반환을 해달라고 주장한다.	피신청인 임차인 이유	아파트 단지에 울타리가 설치되었지만 단지에서 놀이터를 통해 상가 접근이 용이하며, 상가 내 다른 공인중개사사무소가 여전히 성업 중인 바 임차인의 계약해지 주장은 부당하다.
요점 정리	사정변경에 따른 계약해지 가부			
관련 판례	이른바 사정변경으로 인한 계약해지는 계약성립 당시 당사자가 예견할 수 없었던 현저한 시점의 변경이 발생하였고 그러한 시점의 변경이 해제권을 취득하는 당사자에게 책임 없는 사유로 생긴 것으로서, 계약내용대로의 구속력을 인정한다면 신의칙에 현저히 반하는 결과가 생기는 경우에 계약준수 원칙의 예외로서 인정되는 것이고, 여기에서 말하는 사정이라 함은 계약의 기초가 되었던 객관적인 사정으로서, 일방 당사자의 주관적 또는 개인적인 사정을 의미하는 것은 아니다(대법원 2007.3.29. 선고. 2004다31302 판결).			

주 문

1. 신청인과 피신청인은 당사자 간 합의로 이 사건 임대차계약을 2021. ○. ○. 종료하기로 한다.
2. 피신청인은 2021. ○. ○. 신청인으로부터 원상복구된 별지 목록기재 각 건물을 인도받음과 동시에 신청인에게 금8,798,600원(임차보증금에서 미납 차임 및 미납 관리비를 공제한 금액)을 지급한다.
3. 신청인은 2021. ○. ○. 피신청인으로부터 금8,798,600원(임차보증금에서 미납 차임 및 미납관리비를 공제한 금액)을 지급받음과 동시에 별지 목록 기재 각 건물을 원상복구한 상태로 인도한다.

조정 결과	임대차를 종료하고, 피신청인이 보증금 중 미납차임 및 관리비 공제한 금원을 지급하는 것으로 합의
조정의 성립	1. 임대인의 연락두절로 절차진행에 어려움이 있었으나 일단 현장 조사를 통해 해지사유 해당여부를 파악하여 이를 근거로 임차인을 설득하고, 임대인에게 지속적으로 연락을 하여 임대인의 진정한 의사를 파악한 후 양 당사자 설득을 통해 양 당사자 간 합의에 따른 원만한 분쟁해결을 이루어냈다.

[사례 2] 계약 종료 여부 및 갱신거절의 정당성

사실관계	임대인은 임대차기간만료 2개월 전부터 임차인에게 보증금 및 월차임 인상을 요구하였으나 협의성립에 이르지 못하였고 임차인이 계약갱신요구를 한 상태로 현재에 이르러 임대인은 자동만료 특약을 근거로 이 사건 상가건물 반환을 요구하고 임차인은 계약갱신요구에 따른 갱신을 이유로 이를 거부하여 다툼이 발생한다.		
신청인 임대인 이유	이 사건 임대차계약의 계약서 특약사항 제2조 즉 '본 계약의 만료 1개월 전에 임대인과 임차인은 상호 협의로 보증금, 월차임을 정한 후 새로운 계약을 체결할 수 있다. 단, 협의가 되지 아니한 경우 본 계약은 계약갱신 없이 자동으로 만료된다'는 약정을 근거로 이 사건 임대차계약의 종료를 주장함. 위 특약이 무효라 하더라도 임차인은 3기 차임을 연체하였는바 갱신요구는 부당하다.	피신청인 임차인 이유	임대인이 주장하는 임대차계약서 약정은 강행법규 위반으로 무효이며, 임차인의 갱신요구권 행사에 따라 이 사건 임대차계약이 갱신되었음을 주장한다. 3기의 차임액에 해당하는 금액에 이르도록 차임을 연체한 사실은 없다.
요점정리	1. 임대차계약서의 특약 내용을 근거로 임대차 종료를 주장할 수 있는지 여부 2. 임차인의 갱신요구 및 임대인의 갱신거절의 적법성 여부		

관련법	☞ 상가건물 임대차보호법
	제10조 (계약갱신 요구 등) ① 임내인은 임차인이 임대치기간이 만료되기 6개월 전부터 1개월 전까지 사이에 계약갱신을 요구할 경우 정당한 사유 없이 거절하지 못한다. 다만 다음 각 호의 어느 하나의 경우에는 그러하지 아니하다.
	   1. 임차인이 3기의 차임액에 해당하는 금액에 이르도록 차임을 연체한 사실이 있는 경우
	   2~8. 생략
	③~⑤ 생략		

주 문

1. 신청인과 피신청인은, 2019. ○. ○. 서울 ○○구 ○○로, ○○호에 대하여 양자 간에 체결한 임대차계약(이하 '이 사건 임대차계약'이라 한다)이 2020. ○. ○. 갱신되었음(이하 '이 사건 갱신된 임대차계약'이라 한다)을 확인한다.
2. 신청인과 피신청인은, 위 제1항 기재 이 사건 갱신된 임대차계약의 임차보증금이 15,000,000원, 월차임이 742,500원, 임대차기간이 2020. ○. ○.부터 2021. ○. ○.인 사실을 확인한다.

3. 신청인과 피신청인은 위 제1항 기재 이 사건 갱신된 임대차계약을 2021. ○. ○. 갱신하되, 임차보증금은 15,000,000원, 월차임은 742,500원, 임대차기간은 2021. ○. ○. ~ 2022. ○. ○.으로 한다.
4. 피신청인은 신청인에게 위 제1항 기재 갱신된 임대차계약의 임대차 기간 및 제3항 기재 2021. ○. ○. 갱신되는 임대차계약의 임대차기간 동안에는 보증금 및 월차임의 증액을 청구하지 않는다.
5. 신청인과 피신청인은 위 제1항 기재 이 사건 갱신된 임대차계약 및 위 제3항 기재 2021. ○. ○. 갱신되는 임대차계약의 그 밖의 나머지 계약조건에 관하여 제2항, 제3항, 제4항 기재 내용을 제외하고는 제1항 기재 2019. ○. ○.자 이 사건 임대차계약에서 정한 내용을 그대로 유지한다.
6. 피신청인은 신청인에게 2021. ○. ○. 까지 금297,500원(2020. ○. ○.부터 2021. ○. ○.까지 월차임 증액 소급분)을 지급한다. 만일 이를 지체하면 피신청인은 신청인에게 위 금원 중 미지급금에 대하여 2021. ○. ○.부터 다 갚는 날까지 연 6%의 비율로 계산한 돈을 가산하여 지급한다.
7. 신청인과 피신청인은, 피신청인이 신청인에게 위 제6항의 지급 의무를 부담하는 것을 제외하고는 피신청인이 2020. ○. ○.부터 2021. ○. ○.까지 월차임 증액분을 지급하지 아니한 것으로 인해 어떠한 불이익도 당하지 않음을 확인한다.
8. 피신청인은 상가건물 임대차보호법 제21조에서 준용하는 주택임대차보호법 제26조제4항에 따라 위 제6항에 기재된 사항에 대하여 강제집행 할 수 있음을 승낙한다

조정 결과	계약이 갱신된 사실을 확인하되, 월차임을 일정 금액 증액하는 것으로 하고, 합의 갱신된 계약을 다시 갱신하는 것에도 합의하되 추가 증액은 하지 않는 것으로 합의
조정의 성립	1. 강행법규 위배 소지가 있는 특약을 근거로 임대차계약 종료를 주장하는 임대인을 지속적으로 설득하여 신청인과 피신청인이 분쟁을 원만히 해결하는데 의견을 모으고 신청인과 피신청인은 이 사건 임대차계약이 갱신된 사실을 확인한다. 2. 다만 월차임을 일정 금액 증액하는 것으로 합의하면서 이 사건 갱신된 계약을 다시 갱신하는 것에도 합의하되 추가 증액은 더 이상 하지 않는 것으로 합의를 함으로써 현재 임대차계약의 법률관계를 정리함과 아울러 향후 임대차계약 내용까지 합의함으로써 분쟁을 일거에 해결한다.

[사례 3] 보증금 등 반환의무의 발생

사실 관계	임차인은 상가건물 임대차계약 종료 후 임대인에게 보증금의 반환을 요구하였으나, 임대인이 임대차보증금을 바로 반환할 수 없으니 보증금을 반환할 때까지 지연이자의 명목으로 보증금 외에 매월 200,000원을 지급하기로 약속함. 그러나 그 후 임대인은 임차인의 원상회복 미이행을 이유로 보증금을 반환할 수 없다고 주장한다.	
신청인 임대인 이유	피신청인이 신청인에게 보증금 외에 월 200,000원을 보증금 반환 시까지 지연이자의 명목으로 지급하기로 약정하였으나, 현재까지 계속하여 신청인에게 보증금 및 지연이자 전액을 지급하지 못하고 있으므로 보증금 20,000,000원 및 계약종료일부터 다 갚는 날까지의 월 200,000원의 비율에 의한 돈을 지급하여야 한다.	**피신청인 임차인 이유** 신청인에게 보증금을 지급하기 전까지 매월 200,000원의 이자를 지급하기로 한 부분은 인정하나, 피신청인의 보증금 반환의무는 신청인의 건물인도의무와 동시이행 관계가 있으므로, 신청인으로부터 이 사건 상가건물을 원상회복하여 인도받을 때까지는 보증금반환 및 지연이자를 지급할 수 없다.
요점 정리	1. 이 사건 약정의 존부 및 유효성에 대한 판단 2. 이 사건 상가건물 인도 여부 및 원상회복에 대한 판단	
관련 법	☞ 민법 제618조 (임대차의 의의) 임대차는 당사자일방이 상대방에게 목적물을 사용, 수익하게 할 것을 약정하고 상대방이 이에 대하여 차임을 지급할 것을 약정함으로써 그 효력이 생긴다. ☞ 민법 제654조 (준용규정) 제610조제1항, 제615조 내지 제617조의 규정은 임대차에 이를 준용한다. ☞ 민법 제615조 (차주의 원상회복의무와 철거권) 차주가 차용물을 반환하는 때에는 이를 원상에 회복하여야 한다. 이에 부속시킬 물건은 철거할 수 있다.	
관련 판례	동시이행의 항변권은 근본적으로 공평의 관념에 따라 인정되는 것인데, 임차인이 불이행한 원상회복의무는 사소한 부분이고, 그로 인한 손해배상액 역시 근소한 금액인 경우에까지 임대인이 그를 이유로, 임차인이 그 원상회복의무를 이행할 때까지, 혹은 임대인이 현실로 목적물의 명도를 받을 때까지 원상회복의무 불이행으로 인한 손해배상액 부분을 넘어서서 거액의 잔존 임대차보증금 전액에 대하	

| | 여 그 반환을 거부할 수 있다고 하는 것은 오히려 공평의 관념에 반하는 것이 되어 부당하고, 그와 같은 임대인의 동시이행의 항변은 신의칙에 반하는 것이 되어 허용할 수 없다(대법원 1999. 11. 12. 선고 99다34697 판결 참조). 임차인에게 임대차 종료로 인한 원상회복의무가 있는데도 이를 지체한 경우 이로 인하여 임대인이 입은 손해는 이행지체일로부터 임대인이 실제로 자신의 비용으로 원상회복을 완료한 날까지의 임대료 상당액이 아니라 임대인 스스로 원상회복을 할 수 있었던 기간까지의 임대료 상당액이다(대법원 1990. 10. 30. 선고 90다카12035 판결 참조). 임차인이 임차목적물을 수리하거나 변경한 때에는 원칙적으로 수리·변경 부분을 철거하여 임대 당시의 상태로 사용할 수 있도록 해야 한다. 다만 원상회복의무의 내용과 범위는 임대차계약의 체결 경위와 내용, 임대 당시 목적물의 상태, 임차인이 수리하거나 변경한 내용 등을 고려하여 구체적·개별적으로 정해야 한다 (대법원 2019. 8. 30. 선고 2017다268142 판결 참조) |

주 문

1. 피신청인은 2021. 11. 30.까지 신청인에게 금20,000,000원을 지급한다.
2. 신청인과 피신청인 사이에 이 사건 임대차계약에 관하여 더 이상의 채권·채무관계가 없음을 확인한다.
3. 신청인은 나머지 신청을 포기한다.
4. 신청인과 피신청인은 주택임대차보호법 제26조제4항에 따라 제1항에 기재한 사항은 강제집행할 수 있음을 상호 승낙한다.

조정 결과	임대인이 임차인에게 보증금을 반환하는 것으로 합의
조정의 성립	이 사건 상가건물의 원상회복비용과 임대인이 지급하여야 할 지연이자를 비교할 때 금액이 크게 차이나지 않으므로, 당사자들 사이에 보증금 지급에 관한 내용 외에는 더 이상의 채권·채무관계가 없음을 확인하는 내용으로 서로의 채권·채무에 관한 입증책임을 면할 수 있도록 하고 조속한 해결을 이끌어 냈다.

[사례 4] 보증금반환의무 및 원상회복의무의 성부 및 범위

사실 관계	1. 임차인은 임대인과 보증금 2,000만원, 월차임 75만원, 임대차기간을 2년으로 정하여 상가건물 임대차계약을 체결하고 음식점을 운영한다. 2. 한편, 임대차 계약은 기간만료로 종료(임차인은 계약만료 전 영업을 중단)되었으나, 양 당사자 간에 원상회복 문제가 발생하여 임대인은 원상복구 비용 등을 공제 한 후 보증금 일부를 임차인에게 반환하였다. 3. 이에 임차인은 보증금 일부반환(임대차 종료 후 원상복구기간 동안의 3개월치 차임 공제)은 부당하다고 주장하며, 이를 반환받고자 조정을 신청한다.

신청인 임대인 이유	임대차 기간 종료 후 원상복구기간 동안 월세를 보증금에서 공제하는 것은 부당하다.	피신청인 임차인 이유	임차인의 원상복구가 늦어진 기간 동안의 월차임을 공제한 것이며, 임차인이 원상복구를 제대로 이행하지 않아 발생한 손해이므로 이를 배상받고자 한다
요점 정리	1. 임대인의 임대차계약 종료 이후 원상복구 기간 동안의 월차임을 보증금에서 공제할 수 있는지 여부 2. 임차인의 원상복구 의무 및 범위			
관련 법	☞ 민법 **제615조 (차주의 원상회복의무와 철거권)** 차주가 차용물을 반환하는 때에는 이를 원상에 회복하여야 한다. 이에 부속시킨 물건은 철거할 수 있다. ☞ 민법 **제654조 (준용규정)** 제610조제1항, 제615조 내지 제617조의 규정은 임대차에 이를 준용한다. ☞ 민법 **제741조 (부당이득의 내용)** 법률상 원인 없이 타인의 재산 또는 노무로 인하여 이익을 얻고 이로 인하여 타인에게 손해를 가한 자는 그 이익을 반환하여야 한다.			
관련 판례	법률상 원인 없이 이익을 얻고 이로 인하여 타인에게 손해를 가한 때에는 그 이익을 반환하여야 한다(민법 제741조). 여기에서 이익이라 함은 실질적인 이익을 의미하므로, 임대차계약관계가 소멸된 이후에 임차인이 임차건물 부분을 계속 점유하기는 하였으나 이를 본래의 임대차계약상의 목적에 따라 사용·수익하지 아니하여 실질적인 이득을 얻은 바 없는 경우에는, 그로 인하여 임대인에게 손해가 발생하였다고 하더라도 임차인의 부당이득반환의무는 성립하지 않는다. 이는 임차인의 사정으로 인하여 임차건물 부분을 사용·수익하지 못하였거나 임차인이 자신의 시설물을 반출하지 않았다고 하더라도 마찬가지이다(대법원 1998. 7. 10. 선고 98다8554 판결 등 참조) 임차인은 임대차계약이 종료한 경우에는 임차목적물을 원상에 회복하여 임대인에게 반환할 의무가 있는데, 원상으로 회복한다고 함은 사회통념상 통상적인 방법으로 사용·수익을 하여 그렇게 될 것인 상태라면 사용을 개시할 당시의 상태보다 나빠지더라도 그대로 반환하면 무방하다는 것으로, 임차인이 통상적인 사용을 한 후에 생기는 임차목적물의 상태 악화나 가치의 감소를 의미하는 통상의 손모(損耗)에 관하여는 임차인의 귀책사유가 없으므로 그 원상회복비용은 채권법의 일반			

	원칙에 비추어 특약이 없는 한 임대인이 부담한다고 해야 한다. (서울중앙지법 2007. 5. 31., 선고, 2005가합100279,2006가합62053, 판결)
주 문	
1. 신청인과 피신청인은 이 사건 건물에 관하여 체결한 임대차계약이 2021. 5. 31. 기간만료로 종료되었음을 확인한다. 2. 신청인은 피신청인이 임차보증금에서 공제한 연장 월세 2,250,000원을 반환청구하지 않기로 하고, 피신청인은 신청인에게 추가적인 원상회복비용을 청구하지 않기로 상호 합의한다. 3. 신청인과 피신청인은 이 사건 신청원인과 원상회복과 관련하여 향후 서로에 대하여 일체의 재판상, 재판 외 청구 또는 이의제기를 하지 아니한다.	
조정 결과	임차인은 연장월세 반환청구를 하지 않고, 임대인은 별도의 원상회복비용 청구를 하지 않기로 합의
조정의 성립	1. 신청인이 임대차 종료 후 이 사건 상가건물을 음식점을 용도로 사용·수익하지 아니하여 실질적인 이득을 얻은 바가 없음에도 피신청인이 연장월세를 보증금에서 공제한 것은 부당하였다. 2. 그러나 현장조사결과 신청인이 원상복구 의무를 다하지 않았고 그 금액이 피신청인이 보증금에서 공제한 금액보다 컸던 사건으로, 피신청인은 분쟁의 빠른 해결을 원하고, 신청인이 연장월세 반환청구만 하지 않는다면 추가 원상복구 비용을 청구하지 않겠다고 하였다. 3. 조정절차를 통해 양 당사자를 설득하여, 신청인은 연장월세 반환청구를 하지 않기로 하고, 피신청인은 별도로 원상회복 비용을 청구하지 않기로 합의를 이끌어냈다.

제4절 권리금에 관한 분쟁

[사례 1] 임대인의 권리금 회수 방해로 인한 손해배상청구

사실 관계	임차인과 임대인은 이 사건 임대차계약을 체결 후 묵시적 갱신으로 계약을 유지하여 왔으나 임대인이 직접 상가운영을 이유로 계약갱신을 거절함. 이후 임차인은 권리금을 회수하고자 임대인에게 신규 임차인을 주선하려고 하였으나 거절당하였고 이를 이유로 임대인에게 권리금 회수 방해로 인한 손해배상을 청구한다.

신청인 임대인 이유	임대인은 본인이 직접 상가를 운영한다는 이유로 계약갱신을 거절한 후 신규 임차인을 주선해도 거절하고 있음. 따라서 임대인은 권리금 회수 방해로 인한 손해 배상을 해야 한다.	피신청인 임차인 이유	임차인은 원상회복도 제대로 마무리하지 않고 퇴거했으며 이 사건 임대차계약에 권리금 규정이 적용되는지 의문이다. 권리금 규정이 적용된다 하여도 이 사건 상가는 현재 전혀 권리금이 인정되지 않은 상권이기때문에임차인의 주장은 부당하다
요점 정리	1. 임대인이 임차인의 권리금 회수기회를 방해하였는지 여부 2. 임차인의 원상회복의무가 인정되는지 여부 및 원상회복의 범위			

관련
법
	☞ 상가건물 임대차보호법
	제10조의4 (권리금 회수기회 보호 등) ① 임대인은 임대차기간이 끝나기 6개월 전부터 임대차 종료 시까지 다음 각 호의 어느 하나에 해당하는 행위를 함으로써 권리금 계약에 따라 임차인이 주선한 신규임차인이 되려는 자로부터 권리금을 지급받은 것을 방해하여서는 아니 된다.
	    1~3. 생략
	    4. 그 밖에 정당한 사유 없이 임대인이 임차인이 주선한 신규임차인이 되려는 자와 임대차계약의 체결을 거절하는 행위
	② 생략
	③ 임대인이 제1항을 위반하여 임차인에게 손해를 발생하게 한 때에는 그 손해를 배상할 책임이 있다. 이 경우 그 손해배상액은 신규 임차인이 임차인에게 지급하기로 한 권리금과 임대차 종료 당시의 권리금 중 낮은 금액을 넘지 못한다.
	④~⑤ 생략
	
	☞ 민법
	제615조 (차주의 원상회복의무와 철거권) 차주가 차용물을 반환하는 때에는 이를 원상에 회복하여야 한다. 이에 부속시킨 물건은 철거할 수 있다.
	
	☞ 민법
	제654조 (준용규정) 제610조 제1항, 제615조 내비 제617조의 규정은 임대차에 이를 준용한다			

관련 판례	상가 임차인인 甲이 임대차기간 만료 전 임대인인 乙에게 甲이 주선하는 신규 임차인과 임대차계약을 체결하여 줄 것을 요청하였으나, 乙이 상가를 인도받은 후			

	직접 사용할 계획이라고 답변하였고, 이에 甲이 임대차기간 만료일에 乙에게 상가를 인도한 후 乙을 상대로 권리금 회수 방해로 인한 손해배상을 구한 사안에서, 乙이 甲에게 임대차 종료 후에는 신규 임차인과 임대차계약을 체결하지 않고 자신이 상가를 직접 이용할 계획이라고 밝힘으로써 甲의 신규임차인 주선을 거절하는 의사를 명백히 표시하였고, 이러한 경우 甲에게 신규임차인을 주선하도록 요구하는 것은 부당하다고 보이므로 특별한 사정이 없는 한 甲은 실제로 신규임차인을 주선하지 않았더라도 임대인의 권리금 회수기회보호의무 위반을 이유로 乙에게 손해배상을 청구할 수 있다고 보아야 하는데도, 이와 달리 본 원심판단에 법리오해의 잘못이 있다(대법원 2018다 284226 판결).
주 문	
1. 피신청인은 신청인에게 2021. ○. ○.까지 금5,000,000원을, 2021. ○. ○.까지 금 5,000,000원을 각 지급한다. 2. 미지급금에 대한 연 6% 지연이자 지급 3. 신청인과 피신청인은 주택임대차보호법 제26조제4항에 따라, 제1항에 관한 강제집행을 할 수 있음을 상호 승낙한다.	
조정 결과	임대인이 임차인에게 일정 금원 지급하되, 분할 지급하는 것으로 합의
조정의 성립	1. 신청인과 피신청인은 조정절차 개시 당시부터 권리금 상당의 손해배상청구권 성부, 손해액, 원상회복의무 여부 및 그 범위에 대해 첨예하게 대립하여 다투었고 서로 의견 차이가 매우 컸다. 2. 그러나 담당 조사관 및 심사관의 적극적인 설득으로 이견을 좁혀 서로의 양보 하에 분쟁을 원만히 해결하는데 의견을 모으고 피신청인이 신청인에게 일정 금원을 지급하되, 피신청인의 자금 마련 시간을 고려 분할하여 지급하기로 합의함으로써 당사자간 분쟁을 해결했다.

제5절　계약 이행 및 내용의 해석에 관한 분쟁

[사례 1] 재계약 성립 관련 당사자 사이 의사합치의 부존재

사실 관계	1. 임차인은 임대인과 보증금 3000만원, 월차임 220만원, 임대차기간 '19.4.30. 부터 '21.4.30.까지(2년)로 정하여 상가건물 임대차계약을 체결한다. 2. 이 사건 임대차계약 [특약사항]에는 '6)계약만료일 후 21년 이후의 월세는 같은 건물의 같은 층 옆 상가 임대금액과 동일하게 임대료를 인상하여 재계약하기로 한다.'라고 기재되어 있었고, 임대인은 '21.3.31. 특약사항에 따라 재계약 시 2년에 월차임(종전 임차인과의 월차임 기준) 15%인상을 요청, 임차인은 '21.4.17. 임대인에게 2년에 기존 월차임에서 10%인상을 요청한다. 3. '21.4.30. 임대차기간이 종료된 이후, 임차인은 기존 월차임의 10%인상된 차임을 지급하며 영업을 계속하였다. 4. '21.5. 재계약서를 작성하는 과정에서 임대인과 임차인 사이에 월차임 인상분이 10%인지 15%인지, 월차임 인상기준이 계약서를 기준인지 전임차인과의 월 차임을 기준인지 분쟁이 발생하여, 신청인은 재계약내용을 확인받고자 분쟁조정을 신청한다.		
신청인 임대인 이유	피신청인과 '계약서'상의 기존 월차임(2,200,000원)을 기준으로 10% 인산, 계약기간을 2년 연장하기로 구두로 재계약을 체결하였다고 주장한다.	피신청인 임차인 이유	신청인이 주장하는 재계약을 체결한 적이 없고, 계약체결당시 21년 이후 월세는 특약사항에서 정한 주변시세와 동일하게 인상하기로 약정한 이상, '전 임차인과의 월차임(2,500,000원)'을 기준으로 15% 인상이 필요하다고 주장한다.
요점 정리	1. 신청인과 피신청인 사이에 재계약이 성립된 것으로 볼 수 있는지 여부 2. 재계약이 성립된 것이 아니라면, 계약갱신요구에 따라 법정갱신된 것으로 볼 수 있는지 여부 및 묵시적 갱신에 해당하는지 여부		
관련 법	☞ 상가건물 임대차보호법 제10조 (계약갱신 요구 등) ① 임대인은 임차인이 임대차기간이 만료되기 6개월 전부터 1개월 전까지 사이에 계약갱신을 요구할 경우 정당한 사유 없이 거절하지 못한다. 다만, 다음 각 호의 어느 하나의 경우에는 그러하지 아니하다. (단서 생략) ②~③ 생략 ④ 임대인이 제1항의 기간 이내에 임차인에게 갱신 거절의 통지 또는 조건 변		

	경의 통지를 하지 아니한 경우에는 그 기간이 만료 된 때에 전 임대차와 동일한 조건으로 다시 임대차한 것으로 본다. 이 경우에 임대차의 존속기간은 1년으로 본다. ⑤ 생략
관련 판례	계약이 성립하기 위해서는 당사자 사이에 의사의 합치가 있을 것이 요구되고 이러한 의사의 합치는 당해 계약의 내용을 이루는 모든 사항에 관하여 있어야 하는 것은 아니지만 그 본질적 사항이나 중요 사항에 관하여는 구체적으로 의사의 합치가 있거나 적어도 장래 구체적으로 특정할 수 있는 기준과 방법 등에 관한 합의는 있어야 하고, 그러한 정도의 의사의 합치나 합의가 이루어지지 아니한 경우에는 특별한 사정이 없는 한 계약은 성립하지 아니한 것으로 보는 것이 타당하다.(대법원 2017. 10. 26. 선고, 2017다242867 판결) 처분문서는 성립의 진정함이 인정되는 이상 법원은 기재 내용을 부인할 만한 분명하고도 수긍할 수 있는 반증이 없으면 처분문서에 기재된 문언대로 의사표시의 존재와 내용을 인정하여야 한다(대법원 2021. 3. 11. 선고, 2020다253430 판결)
주 문	
\multicolumn{2}{l	}{1. 신청인과 피신청인은, 신청인과 피신청인 사이에 이 사건 임대차계약을 임대차기간을 2021. 5. 1.부터 2022. 4. 30.까지(1년), 임차보증금을 30,000,000원, 월차임을 2,420,000원(부가세 별도)으로 연장하는 재계약을 체결하는데 상호 합의한다.}
\multicolumn{2}{l	}{2. 신청인과 피신청인은, 이 사건 임대차계약에서 '[특약사항] 6) 계약만료일 후 2021년 이후의 월세는 같은 건물의 같은 층 옆 상가 임대금액과 동일하게 임대료를 인상하여 재계약하기로 한다' 부분을 삭제하기로 상호 합의한다.}
조정 결과	월차임을 인상하되 임대차계약 기간을 1년 연장하기로 하였으며 특약사항은 삭제하기로 합의
조정의 성립	1. 재계약이 성립되기 위해서는 당사자 간의 의사의 합치가 있어야 하는데, 임차인의 주장하는 재계약은 주장만 있을 뿐 소명자료가 부존재하다.. 2. 한편, 임대인이 주장하는 재계약(특약사항6)적용)관련 '옆 상가 임대 금액'이 계약체결 당시 임차인에게 제공되지 않았고 알기도 어려워 계약의 내용으로 편입되었다고 보기 어려운 점이 있었다. 3. 또한 임대인에게 처분문서인 계약서 내용과 다른 종전 임차인과의 계약 내용을 현임차인에게 주장할 수 없어 이 부분을 설명한다. 4. 이와 같이 재계약이 성립되었다고 볼 수 없는 경우, 현 법률관계를 계약갱신요구에 따른 법정갱신된 것인지 살펴보았으나 갱신요구권 행사기간 내에 임차인의 유효한 의사표시가 부존재한 것으로 보였고, 묵시적 갱신되었다고 볼 수 있었던 사건이었다.

| | 5. 그러나 조정절차 진행 중 임대인과 임차인은 서로 양보하기로 하고, 월차임은 종전 월차임(2,200,000원)의 10%를 인상하되, 임대차기간은 1년 연장하기로 하고, 문제되었던 계약서 특약사항6)은 삭제하기로 합의하여 사건을 원만히 해결했다. |

제6절 계약 갱신 및 종료에 관한 분쟁

[사례 1] 계약의 묵시적 갱신 여부

사실관계	임차인은 임대인의 동의를 받은 전차인이 임대차계약 만료일에 임박하여 영업종료를 결정하자, 임대차계약 만료일 2일 전 임대인에게 임대차계약 갱신거절의 의사표시를 하였으나, 임대인은 이 사건 임대차계약이 묵시적 갱신되었으므로 임대차보증금에서 월차임 3개월분을 공제하여야 한다고 주장한다.		
신청인 임대인 이유	신청인은 이 사건 임대차계약기간 만료 전 피신청인에게 갱신 거절의 통지를 하였으므로 이 사건 임대차계약이 기간 만료일에 적법하게 종료되었다.	피신청인 임차인 이유	피신청인은 신청인이 임대차계약기간 만료 6개월 전부터 1개월 전까지 사이에 갱신 거절의 통지를 하지 않았으므로, 이 사건 임대차계약이 상가건물 임대차보호법 제10조 제4항에 따라 묵시적 갱신되었다.
요점 정리	임차인이 임대차기간 만료 1개월 전부터 만료일 사이에 임대인에게 갱신 거절의 통지를 한 경우, 상가건물 임대차보호법 제10조 제4항 규정에도 불구하고 임대차계약이 종료되는지 여부		
관련 법	☞ 상가건물 임대차보호법 제10조 (계약갱신 요구 등) ① 임대인은 임차인이 임대차기간이 만료되기 6개월 전부터 1개월 전까지 사이에 계약갱신을 요구할 경우 정당한 사유 없이 거절하지 못한다. 다만, 다음 각 호의 어느 하나의 경우에는 그러하지 아니하다 ②~③ 생략 ④ 임대인이 제1항의 기간 이내에 임차인에게 갱신 거절의 통지 또는 조건 변경의 통지를 하지 아니한 경우에는 그 기간이 만료된 때에 전 임대차와 동일한 조건으로 다시 임대차한 것으로 본다. 이 경우에 임대차의 존속기간은 1		

	년으로 본다. ⑤ 제4항의 경우 임차인은 언제든지 임대인에게 계약해지의 통고를 할 수 있고, 임대인이 통고를 받은 날부터 3개월이 지나면 효력이 발생한다.
관련 판례	전차인인 원고가 전대차의 기간만료 6개월 전부터 1개월 전까지 사이에 갱신 거절의 통지 또는 조건 변경의 통지를 하지 않았다는 사정만으로 이 사건 전대차가 묵시적으로 갱신되었다고 볼 수 없으므로, 결국 이 사건 전대차는 묵시적으로 갱신되지 않고 기간 만료로 종료하였다(의정부지방법원 2020. 10. 22. 선고 2019나215051(본소), 2020나208912(반소) 판결).

주 문

1. 신청인과 피신청인은 ○○시 ○○동 ○○ 상가에 관하여 2020. 3. 28. 양자 간에 체결된 임대차계약에 대하여 다음과 같이 합의한다.
2. 신청인과 피신청인은 제1항 기재 임대차계약이 2021. 5. 9. 임대차 기간의 만료로 종료되었음을 확인한다.
3. 신청인은 피신청인에게 손해보전금으로 1개월분 차임 금2,300,000원을 지급한다. 다만 그 지급방법은 피신청인이 신청인에게 반환할 보증금에서 공제하는 것으로 한다
4. 피신청인은 신청인에게 2021. 6. 11.까지 금15,740,000원(보증금 30,000,000원에서 연체차임 금11,960,000원 및 제3항에서 공제하기로 한 금2,300,000원을 공제한 금액)을 지급한다.
5. 피신청인은 상가건물 임대차보호법 제21조, 주택임대차보호법 제26조 제4항에 따라, 위 제4항에 관한 강제집행을 할 수 있음을 승낙한다.

조정 결과	임대차계약은 기간 만료일에 종료되었음을 합의
조정의 성립	1. 조사 결과 이 사건 임대차계약은 묵시적으로 갱신되지 않고 기간만료로 종료되었으므로 이 사건 월차임 3개월분을 임대차보증금에서 공제할 수는 없다고 보았다. 2. 그러나 이러한 사안에 대한 확정적인 법리가 형성되지 않았다는 점, 임대인에게도 다른 임차인을 구할 시간적 여유가 필요한 점 등을 종합할 때 원만한 합의가 절실하다고 판단하여 당사자들을 설득한 결과 당사자들이 서로 양보하여 분쟁을 원만히 해결하는데 성공한다

[사례 2] 사정변경을 이유로 한 계약해지 가부

사실관계	1. 신청인(임차인)이 임대차 기간 중 코로나19로 인한 매출감소를 이유로 피신청인에게 계약해지를 요청하였다. 2. 피신청인(임대인)이 이를 차임감액을 거부하여 다툼이 발생한다.		
신청인 임대인 이유	신청인은 계약해지 사유로 코로나로 인한 매출급감 등을 주장하고 있다.	피신청인 임차인 이유	피신청인은 계약은 준수되어야 하고, 매출 감소의 원인이 코로나로 인한 것도 있겠지만 영업전략에도 이유가 있다고 주장하면서 해지 사유는 존재하지 않는다고 주장하고 있다.
요점 정리	사정변경을 이유로 한 계약해지 가부		
관련 판례	사정변경을 이유로 한 계약해제 또는 계약해지는 민법의 일반원칙인 계약준수 원칙에서 벗어나 계약의 내용을 바꿀 수 있도록 해 주는 것이다. 이는 구체적 타당성을 위하여 법적 안정성을 일부 훼손하는 것이므로, 그 해석과 적용을 엄격하게 할 필요가 있다. 따라서 사정변경을 이유로 한 계약해지는 ① 계약 성립의 기초가 된 객관적 사정이 현저히 변경되고, ② 당사자가 계약의 성립 당시 이를 예견하지 않았고 예견할 수도 없었으며, ③ 그 사정변경이 계약의 구속력에서 벗어나고자 하는 당사자에게 책임 없는 사유로 생긴 것으로서, ④ 당초의 계약 내용대로의 구속력을 인정한다면 공평의 원칙에 현저히 반하는 부당한 결과가 생기거나 신의칙에 현저히 반하는 결과가 생기는 경우에, 비로소 계약준수 원칙의 예외로서 인정된다. (서울중앙지방법원 2021. 5. 25. 선고 2020가단5261441 판결, 대법원 2007. 3. 29. 선고 2004다31302 판결, 대법원 2013. 9. 26. 선고 2012다13637 전원합의체 판결 등 참조)		

주 문

1. 신청인과 피신청인은 2021. ○. ○.~ 2022. ○. ○.까지의 기간 동안의 월차임에 관하여, 신청인이 피신청인에게 해당 월의 9일 이전에 월차임을 지급하는 경우에는 월차임을 8,800,000원(부가세 포함)으로, 신청인이 피신청인에게 해당 월의 10일 이후 월차임을 지급하는 경우에는 월차임을 11,550,000원 (부가세 포함)으로 한다.
2. 신청인과 피신청인은, 이 사건 임대차계약의 기간만료일 이전에 피신청인이 이 사건 상가에 대하여 새로운 임차인과 임대차계약을 체결하는 경우 신청인과 피신청인 사이의 이 사건 임대차계약은 피신청인과 새로운 임차인 사이에 체결된 임대차계약의 임대차기간 개시일에 해지로 종료됨을 확인한다.
3. 다만, 피신청인과 새로운 임차인 사이에 체결된 임대차계약에 따른 중개보수는 신청인이 부담한다.
4. 신청인과 피신청인은 새로운 임대차계약의 원활한 체결을 위해 상호 적극 협조한다.
5. 신청인과 피신청인은, 피신청인과 새로운 임차인 사이의 임대차 계약이 해제 또는 취

소되는 경우에도 신청인과 피신청인 사이의 이 사건 임대차계약은 피신청인과 새로운 임차인 사이의 임대차 계약에서 정한 임대차기간 개시일에 해지로 종료됨을 확인한다.
6. 신청인과 피신청인은 본 조정합의사항 이외에는 이 사건 임대차계약 내용이 그대로 유지됨을 확인한다.

조정 결과	월차임을 감액하고, 새로운 임차인이 들어오는 경우 계약을 해지 하는 것으로 합의
조정의 성립	사정변경을 이유로 계약해지를 인정하기에는 다소 무리가 있는 사건이었으나 조정절차 진행 중 임대인이 임차인의 개인적인 사정과 경제적 어려움을 이해하여 차임을 감액하고 새로운 임차인이 구해지면 계약을 해지하는 것으로 당사자 간 합의가 이루어져 분쟁이 원만하게 해결된다.

[사례 3] 계약갱신요구권 행사기간 및 기산점

사실 관계	임대인 측과 임차인은 이 사건 상가에 관하여 2015년 6월경부터 2017년 5월 말까지, 2017년 9월경부터 2019년 9월경까지로 하는 각 임대차계약을 체결하였고, 이후 묵시적 갱신이 되어 계약이 유지되고 있었음. 그러던 중, 임차인이 2020년 9월경 계약갱신요구권을 행사하였는데 당사자 간에 계약갱신요구권 행사 기간 및 계약갱신요구권 행사기간의 기산점에 대한 다툼이 발생하였다.		
신청인 임대인 이유	계약갱신요구권의 행사기간의 기산점은 임대인측과 최초로 계약을 체결한 2015년 6월경이며, 계약갱신요구권 행사 기간은 위 2015년 6월경부터 10년 기간인 2025년 6월경까지라는 입장이다.	피신청인 임차인 이유	임대인 측은 임차인과 임대차계약을 체결하기 전에 2014년 5월경 종전임차인과 임대차계약을 체결한 적이 있었는데 임차인은 종전임차인의 계약을 그대로 승계한 것이기 때문에 2014년 5월경을 계약갱신요구권 행사기간의 기산점으로 삼아야하며, 설사 임차인과 계약을 체결한 시점인 2015년 6월경을 계약갱신요구권 행사기간의 기산점으로 보더라도 계약갱신요구권 행사기간은 5년으로 봐야한다는 입장이다.
요점 정리	1. 임차인의 계약갱신요구권 행사할 수 있는 기간 2. 위 계약갱신요구권 행사할 수 있는 기간의 기산점		
관련 법	☞ 상가건물 임대차보호법 제10조 (계약갱신 요구 등) ① 생략 　② 임차인의 계약갱신요구권은 최초의 임대차기간을 포함한 전체 임대차기간이 　　　10년을 초과하지 아니하는 범위에서만 행사할 수 있다. 　③~⑤ 생략		

	☞ **부칙** [2018. 10. 16. 제15791호] 제2조 (계약갱신요구 기간의 적용례) – 제10조제2항의 개정규정은 이 법 시행 후 최초로 체결되거나 갱신되는 임대차부터 적용한다.
관련 판례	개정 상임법 부칙 제2조의'이 법 시행 후 최초로 체결되거나 갱신되는 임대차'는 개정 상가임대차법이 시행되는 2018. 10. 16. 이후 처음으로 체결된 임대차 또는 2018. 10. 16. 이전에 체결되었지만 2018. 10. 16. 이후 그 이전에 인정되던 계약 갱신 사유에 따라 갱신되는 임대차를 가리킨다고 보아야 한다(대법원 2020. 11. 5. 선고 2020다241017 판결). 임차명의인의 변경에도 불구하고 기존에 임대인에게 지급된 임차보증금은 반환된 적이 없었고, 임차인 역시 이 사건 점포에서 계속 동일한 영업을 운영하여 왔다. 임차명의인 변경에도 불구하고, 기존에 지급한 보증금은 계속 보증금으로 남겨 둔 채 이 사건 점포에서 자신이 영업을 하여 왔는바, 사정이 이와 같다면 종전 임차인, 변경된 임차인 명의로 임대인과 사이에 체결된 각 임대차계약은 각각 별개의 임대차계약이 아니라, 실질적 임차인이 단지 임차명의인만 변경하면서 계속 유지, 갱신되어 온 것이라고 할 것이므로, 계약갱신요구권을 행사할 수 있는 기간을 산정함에 있어서도 임차인이 최초로 임대인과 사이에 임대차계약을 체결한 시점부터 기산하여야 할 것이다(서울동부지방법원 2005나1068 점포명도 등 판결).
	주 문 1. 신청인과 피신청인 ☆☆☆, △△△, □□□는 ○○시 ○○구 ○○동 ○○○ ○층에 관하여 체결된 임대차계약을 다음 각 호와 같이 확인한다. 가. 상가건물 임대차보호법 제10조제2항에 의한 신청인의 계약갱신 요구권 행사 기간의 기산점은 2014. 5. ○○.이다. 나. 상가건물 임대차보호법 부칙 제2조 (2018. 10. 16. 법률 제15791호로 개정된 것) 「이 법 시행 후 최초로 체결되거나 갱신되는 임대차」에 해당한다. 2. 신청인의 나머지 신청은 포기한다.
조정 결과	계약갱신요구권 행사기간의 기산점을 2014. 5월경으로 합의
조정의 성립	1. 임대인에게 상가건물 임대차보호법 제 조제 항 및 위 판례를 근거하여 이 사건 임대차계약이 년 월경 묵시적 갱신되었기 때문에 임차인의 계약갱신요구권 행사기간이 년임을 충분히 설명하였다. 2. 다만 임차인의 사업자등록일 등을 비추어볼 때 임대인측과 임차인의 계약이 임대인측과 종전임차인과의 계약을 실질적으로 계속 유지 갱신된 것으로 보아 임대인측과 종전임차인의 최초 임대차계약의 체결일을 임차인의 계약갱신요구권 행사기간의 기산점으로 판단한다. 3. 위 조정 결과에 따라 임차인은 년 월경까지는 안정적으로 점포를 운영할 수 있게 되었고 임대인 역시 임차인과의 복잡한 법률관계에 대한 불확실성이 매우 컸는데 소송이 아닌 조정으로 시간과 비용을 절감하면서 조기에 해소할 수 있게 되었다.

제7절 상가건물임대차 조정 관련서식

[서식 1] 대표자 선정서 (상가건물임대차분쟁조정위원회 운영 및 사무 처리에 관한 요강 시행세칙 [별지 제12호 서식])

대 표 자 선 정 서

접수번호		접수일		
사 건	20 상가조정K		사 건 명	
신청인	외 명			
피신청인				
선 정 대표자	성명 (서명 또는 인)			생년월일
	주소 (전화번호:)			
	성명 (서명 또는 인)			생년월일
	주소 (전화번호:)			
	성명 (서명 또는 인)			생년월일
	주소 (전화번호:)			

「상가건물임대차보호법」 제21조와 관련하여 위 사람들을 분쟁조정 신청인들의 대표자로 선정합니다.

년   월   일

신청인   외   명

한국부동산원   상가건물임대차분쟁조정위원회 귀중

※ 대표자는 공동의 이해관계에 있는 당사자들 중의 한 사람(또는 여러 사람)만이 될 수 있으므로 제3자는 대표자가 될 수 없습니다.

구비서류	신청인들이 성명·주소 및 생년월일을 적고 서명·날인 또는 손도장을 찍은 동의서 1부	수수료 없음

210㎜×297㎜(백상지 80g/㎡)

[서식 2] 대표자 (해임서·변경서) (상가건물임대차분쟁조정위원회 운영 및 사무 처리에 관한 요강 시행세칙 [별지 제13호 서식])

대 표 자 [ ] 해 임 서
[ ] 변 경 서

※ [ ]에는 해당되는 곳에 √표를 합니다.

접수번호		접수일		
사 건	20 상가조정K		사 건 명	
신청인		외 명		
피신청인				
당초 선정 대표자	성명 (서명 또는 인)			생년월일
	주소 (전화번호:)			
	성명 (서명 또는 인)			생년월일
	주소 (전화번호:)			
	성명 (서명 또는 인)			생년월일
	주소 (전화번호:)			
[ ]해임 [ ]변경 된 대표자	성명 (서명 또는 인)			생년월일
	주소 (전화번호:)			
	성명 (서명 또는 인)			생년월일
	주소 (전화번호:)			
	성명 (서명 또는 인)			생년월일
	주소 (전화번호:)			

「상가건물임대차보호법」 제21조와 관련하여 상가건물임대차 분쟁조정 신청인들의 대표자로 선정하였던 위 사람들을 [ ] 해임 [ ] 변경 합니다.

년   월   일

신청인   외   명

한국부동산원   상가건물임대차분쟁조정위원회 귀중

구비서류	신청인들이 성명·주소 및 생년월일을 적고 서명·날인 또는 손도장을 찍은 동의서 1부	수수료 없음

※ 대표자는 공동의 이해관계에 있는 당사자들 중의 한 사람(또는 여러 사람)만이 될 수 있으므로 제3자는 대표자가 될 수 없습니다.

210㎜×297㎜(백상지 80g/㎡)

[서식 3] 상가건물임대차분쟁조정신청서 (상가건물임대차분쟁조정위원회 운영 및 사무 처리에 관한 요강 시행세칙 [별지 제9호 서식])

상가건물임대차분쟁조정신청서

※ 뒤쪽의 작성방법을 읽고 작성하시기 바랍니다. (전면)

사건번호 20 상가조정K	접수일	처리기간 60일 이내 (30일 연장가능)

신청인	성명		생년월일 (법인번호)	
	주소		(전화번호:) (휴대전화번호:) (전자우편주소:)	
	송달 장소			

대표자 또는 대리인	성명		생년월일 (법인번호)	
	주소		(전화번호:) (휴대전화번호:) (전자우편주소:)	

피신청인	성명		생년월일 (법인번호)	
	주소		(전화번호:) (휴대전화번호:)	

사건명	
신청의 취지 (조정목적의 값)	(산정근거)
신청의 이유 (분쟁의 내용)	(필요시 뒤쪽이나 별지를 사용할 수 있습니다)
증거서류 또는 증거물	

「상가건물임대차보호법」 제21조제1항, 같은 법 시행령 제30조제1항에 따라 위와 같이 조정을 신청합니다.

년 월 일

신청인 (서명 또는 인)

한국부동산원 상가건물임대차분쟁조정위원회 귀중

접수 처리	산정수수료		(인)	담당직원	
				조사관	심사관
	수 납		(인)		
	면 제		(대상자) (인)		
	보정권고				

210mm×297mm(백상지 80g/㎡)

(중면)

환 급 계 좌	[신청인 본인 명의 계좌]
예 금 주	
은 행 명	
계좌정보	

※ 조정신청을 하는 경우 「주택임대차보호법 시행령」 제33조에 따라 아래 표에서 정하는 수수료를 내야 합니다.

조정목적의 값	수수료
1억원 미만	10,000원
1억원 이상 3억원 미만	20,000원
3억원 이상 5억원 미만	30,000원
5억원 이상 10억원 미만	50,000원
10억원 이상	100,000원

※ 조정목적의 값을 산정할 수 없는 경우 신청인이 내야 하는 수수료는 1만원으로 합니다.
※ 조정목적의 값은 「민사소송 등 인지법」에 따른 소송목적의 값에 관한 산정방식을 준용 합니다.

※ 신청인이 다음 각 호의 어느 하나에 해당하는 경우에는 수수료를 면제할 수 있습니다.
1. 법 제8조에 따라 우선변제를 받을 수 있는 임차인
2. 「국민기초생활 보장법」 제2조제2호에 따른 수급자
3. 「독립유공자예우에 관한 법률」 제6조에 따라 등록된 독립유공자 또는 그 유족(선순위자 1명만 해당된다. 이하 이 조에서 같다)
4. 「국가유공자 등 예우 및 지원에 관한 법률」 제6조에 따라 등록된 국가유공자 또는 그 유족
5. 「고엽제후유의증 등 환자지원 및 단체설립에 관한 법률」 제4조에 따라 등록된 고엽제후유증환자, 고엽제후유의증환자 또는 고엽제후유증 2세환자
6. 「참전유공자 예우 및 단체설립에 관한 법률」 제5조에 따라 등록된 참전유공자
7. 「5·18민주유공자예우에 관한 법률」 제7조에 따라 등록 결정된 5·18민주유공자 또는 그 유족
8. 「특수임무유공자 예우 및 단체설립에 관한 법률」 제6조에 따라 등록된 특수임무유공자 또는 그 유족
9. 「의사상자 등 예우 및 지원에 관한 법률」 제5조에 따라 인정된 의상자 또는 의사자유족
10. 「한부모가족지원법」 제5조에 따른 지원대상자
11. 그 밖에 제1호부터 제10호까지의 규정에 준하는 사람으로서 법무부장관과 국토교통부장관이 공동으로 정하여 고시하는 사람 또는 시·도 조례로 정하는 사람

공지사항

이 사건의 처리 결과에 대한 만족도 및 관련 제도 개선에 필요한 의견조사를 위하여 귀하의 전화번호 또는 휴대전화번호로 전화조사를 할 수 있습니다.

(후면)

상가건물임대차분쟁조정신청을 위한 개인정보 수집·이용 및 제3자 제공 동의서

한국부동산원은 상가건물임대차분쟁조정을 위하여 아래와 같이 개인정보를 수집·이용 및 제공하고자 합니다. 내용을 자세히 읽으신 후 동의 여부를 결정하여 주십시오.

☐ 개인정보 수집·이용 내역(필수사항 및 선택사항)

구분	항목	수집 및 이용목적	보유기간	
필수사항	성명, 생년월일, 연락처, 주소(송달주소 포함) 및 신청내용 (대리인이 있는 경우 대리인의 성명, 생년월일, 연락처, 주소(송달주소 포함), 신청인과의 관계)	분쟁조정사건 조사 및 안건 심의, 수수료 징구	10년	
	조정서 원본	조정서 재발급	영구	
	※ 위 개인정보를 이용하여 **귀하께 연락을 드릴 수 있습니다.** 귀하께서는 개인정보 수집·이용에 대한 동의를 거부할 권리가 있으나, 동의를 거부할 경우 서비스 제공에 제한을 받으실 수 있습니다.	☞ 위와 같이 개인정보를 수집·이용하는 데 동의하십니까?	동의	
			미동의	
선택사항	☐ 수수료 면제 사유(소득소명자료 등) ☐ 전자우편(E-mail) ☐ 계좌번호	수수료 면제 및 환급, 분쟁조정절차 안내	10년	
	※ 위 개인정보를 이용하여 **귀하께 연락을 드릴 수 있습니다.** 귀하께서는 개인정보 수집·이용에 대한 동의를 거부할 권리가 있으나, 동의를 거부할 경우 서비스 제공에 제한을 받으실 수 있습니다.	☞ 위와 같이 개인정보를 수집·이용하는 데 동의하십니까?	전체동의	
			일부동의 (항목선택)	
			미동의	

☐ 개인정보 제3자 제공(필수사항)

구분	제3자	항목	제공 및 이용목적	보유기간	
필수사항	피신청인	신청인 성명, 생년월일, 연락처, 주소 및 신청내용	분쟁조정사건 조사 및 안건 심의	10년	
	타 기관 조정위원회	신청인 성명, 생년월일, 연락처, 주소 및 신청내용	조정신청 중복 확인	10년	
	※ 위의 개인정보 수집·이용에 대한 동의를 거부할 권리가 있습니다. 그러나 동의를 거부할 경우 서비스 제공에 제한을 받을 수 있습니다.		☞ 위와 같이 개인정보를 수집·이용하는 데 동의하십니까?	동의	
				미동의	

<기타 고지사항>
제3자(정부기관, 국회, 법원 등)가 정당한 절차를 거쳐 조정사례를 요구하는 경우, 개인이 특정될 우려가 있는 정보는 비식별처리 후 제공될 수 있으며, 분쟁조정제도 활성화를 위하여 임대차분쟁조정위원회 홈페이지 게시 및 사례집 제작, 홍보 등에 활용될 수 있음을 미리 알려드립니다.

본인은 위 동의서 내용과 같이 개인정보의 수집·이용에 관한 본인의 권리에 대하여 이해하고 서명합니다.
　　　　　　　　　　　　　년　　　월　　　일
　　　　　　　　　　　　본인　　　　성명　　　　　　(서명 또는 인)
　　(정보주체가 만14세 미만인 경우) 법정대리인　　성명　　　　　　(서명 또는 인)

한국부동산원 원장 귀중

[서식 4] 위임장 (상가건물임대차분쟁조정위원회 운영 및 사무 처리에 관한 요강 시행세칙 [별지 제15호 서식])

위 임 장

접수번호		접수일	
사 건	20 상가조정K	사 건 명	
신 청 인		외	명
피신청인			

위 사건에 관하여 아래와 같이 조정절차에 있어 일체의 행위에 대하여 위임합니다.

대리할 사람	성명 (서명 또는 인)	생년월일
	주소 (전화번호:)	
위임할 사항	상가건물임대차분쟁조정의 신청, 답변 및 의견진술, 변제의 영수, 합의 및 조정안수락, 조정서송달, 신청의 취하, 대리인선임 등을 포함한 조정절차에 있어 일체의 행위	
첨부서류	[ ] 재직증명서 [ ] 가족관계증명서 [ ] 주민등록등본 [ ] 신분증 [ ] 기타	

년   월   일

위임인 (신청인, 피신청인)   (서명·날인 또는 손도장)
　　　　주소
　　　　전화번호

한국부동산원　　상가건물임대차분쟁조정위원회 귀중

210mm×297mm(백상지 80g/㎡)

[서식 5] (제척·기피) 신청서 (상가건물임대차분쟁조정위원회 운영 및 사무 처리에 관한 요강 시행세칙 [별지 제3호 서식])

[ ] 제 척
[ ] 기 피   신청서

※ [ ]에는 해당되는 곳에 √표를 합니다.

접수번호		접수일		처리기간	3일
사 건	20 상가조정K		사건명		
신 청 인					
피신청인					
신청취지	「상가건물임대차보호법」 제21조에 따라 위 사건의 조정위원에 대하여 아래와 같이 제척·기피를 신청하오니 직무의 집행에서 제척·기피하여 주시기 바랍니다 제척 · 기피 할 위원 :				
제척사유 기피사유	해당란에 ✔ 해 주시기 바랍니다 [ ] 조정위원 또는 그 배우자나 배우자이었던 사람이 해당 분쟁사건의 당사자가 되는 경우에 해당함 [ ] 조정위원이 해당 분쟁사건의 당사자와 친족관계에 있거나 있었던 경우에 해당함 [ ] 조정위원이 해당 분쟁사건에 관하여 진술, 감정 또는 법률자문을 한 경우에 해당함 [ ] 조정위원이 해당 분쟁사건에 관하여 당사자의 대리인으로서 관여하거나 관여하였던 경우에 해당함 [ ] 담당한 조정위원에게 공정한 직무 집행을 기대하기 어려운 사정이 있는 경우 (구체적인 사정을 기재해 주시기 바랍니다)				
첨부서류	제척·기피 사유를 소명하는 자료 1부				

「상가건물임대차보호법」 제21조에 따라 위와 같이 ([ ] 제척 [ ] 기피)를 신청합니다.

년   월   일

[ ] 신청인   [ ] 피신청인   성 명   (서명 또는 인)

한국부동산원   상가건물임대차분쟁조정위원회   귀중

※ 제척·기피 신청에 관한 결정은 조정위원회가 하고, 해당 조정위원 및 당사자 쌍방은 그 결정에 불복하지 못합니다.   수수료 없음

210mm×297mm(백상지 80g/㎡)

[서식 6] 조정대리허가신청과 위임장 (상가건물임대차분쟁조정위원회 운영 및 사무 처리에 관한 요강 시행세칙 [별지 제11호 서식])

조정대리허가신청과 위임장

접수번호		접수일	
사 건	20 상가조정K	사건명	
신청인	외 명		
피신청인			

대리할 사 람	위 사건에 관하여 아래와 같이 조정대리허가신청과 조정에 관하여 위임합니다.
	성명 (서명 또는 인) 생년월일
	주소
	(전화번호:)

신청 이유	☐ 당사자의 배우자 또는 4촌 안의 친족으로서 밀접한 생활관계를 맺고 있음
	☐ 당사자와 고용 등의 계약관계를 맺고 그 사건에 관한 일반사무를 처리·보조하여 왔음

위임할 사 항	* 위임할 사항에 체크하여 주시기 바랍니다. 1. [ ] 상가건물임대차분쟁조정의 신청 2. [ ] 답변 및 의견진술 3. [ ] 변제의 영수 4. [ ] 합의 및 조정안수락 5. [ ] 조정서 송달 6. [ ] 신청의 취하 7. [ ] 대리인선임 8. [ ] 기타 (특정사항 기재요) 9. [ ] 위 사항 모두를 포함한 조정절차에 있어 일체의 행위 ※ [ ]에는 해당되는 곳에 √표를 합니다. 9.에 체크한 경우에는 1.~8.에 체크하지 않습니다.

첨부 서류	[ ] 재직증명서 [ ] 주민등록표등본 [ ] 가족관계증명서 [ ] 신분증 [ ] 기타

년   월   일

위임인 (신청인, 피신청인)   (서명·날인 또는 손도장)
주소
전화번호

한국부동산원   상가건물임대차분쟁조정위원회 귀중

◇ 유의사항 ◇

1. 연락처란에는 언제든지 연락 가능한 전화번호나 휴대전화번호를 기재하고, 그 밖에 팩스번호, 이메일 주소 등이 있으면 함께 기재하기 바랍니다.
2. 원칙적으로 변호사만이 위임에 따른 조정절차에 있어서 대리인이 될 수 있습니다.

210㎜×297㎜(백상지 80g/㎡)

[서식 7] 조정서 송달증명원 (상가건물임대차분쟁조정위원회 운영 및 사무 처리에 관한 요강 시행세칙 [별지 제44호 서식])

조 정 서 송 달 증 명 원

사 건	20 상가조정K		사 건 명	
신 청 인	성명		생년월일	
	주소		(전화)	
피신청인	성명		생년월일	
	주소		(전화)	

　위 조정사건의 조정서 정본이 (신청인, 피신청인)에게 20 . . .자로 상대방에게 송달되었음을 증명하여 주시기 바랍니다.

　20 . . .신청인, 피신청인　　　　　　　　　　　(서명 또는 인)

한국부동산원　　　상가건물임대차분쟁조정위원회 위원장 귀중

※ 해당사항에 각 ○표를 하시기 바랍니다.

　위 송달 사실을 증명합니다.

　　　　　　　　　　　　　　20 . . .

한국부동산원　　　상가건물임대차분쟁조정위원회 위원장 (인)

210mm×297mm(백상지 80g/㎡)

[서식 8] 조정신청 취하서 (상가건물임대차분쟁조정위원회 운영 및 사무 처리에 관한 요강 시행세칙 [별지 제45호 서식])

조정신청취하서

사 건	20 상가조정K	사건명	
신 청 인			
대표자 또는 대 리 인			
피신청인			

이 사건 상가건물임대차 분쟁조정신청에 대하여 신청인은 아래와 같은 사유로 인하여 조정신청을 취하합니다.(□에 √또는 기타에 사유 기재)

∘ 취하사유 :   □ 당사자 간 원만히 합의되었으므로
　　　　　　　□ 소송 등 다른 절차에 의하여 처리하기 위하여
　　　　　　　□ 기타 (　　　　　　　　　　　　　　　)

년   월   일

신청인　　　　　　(서명 또는 인)

제 출 자 :
관　　계 :
생년월일 :
제출자의 신분확인　　　　　　㊞

한국부동산원   상가건물임대차분쟁조정위원회   귀중

210mm×297mm(백상지 80g/㎡)

제4장 관련 판례

1. 임차인의 계약갱신 요구에 대하여 매수인이 실거주를 사유로 거절할 수 있는지 여부 (소극)

【사건번호 및 확정 여부】

○ 수원지방법원 2021. 3. 11. 2020가단569230 판결 [건물인도]
○ 항소

【판결요지】

○ 주택임대차보호법 제6조의3에서 정한 계약갱신요구권은 임차인이 거주할 수 있는 기간을 안정적으로 연장하여 임차인의 주거권을 더욱 강화하기 위해 도입된 것으로서, 임차인의 계약갱신 요구 시 임대인은 정당한 사유 없이 거절하지 못한다고 규정하고 있어 위 계약갱신요구권은 임차인이 계약갱신의 의사를 표시함으로써 바로 그 효과가 발생하는 형성권이라고 할 것이고, 주택임대차보호법 제6조의3제1항 단서 제8호에서 정한 계약갱신 거절 사유인 '임대인(임대인의 직계존속·직계비속을 포함한다)이 목적 주택에 실제 거주하려는 경우'는 나머지 각호와 달리 임차인 측에서 예측하기 어려운 임대인의 주관적 사유로서, 임차인이 계약갱신요구권을 행사하였음에도 이후 임차목적물이 양도되어 그 양수인이 자신의 실제 거주를 이유로 계약갱신을 거절할 수 있다고 한다면 주거권 강화를 위한 주택임대차보호법의 개정 취지가 퇴색되므로, 실제 거주를 이유로 한 갱신거절 가능 여부는 임차인이 계약갱신을 요구할 당시의 임대인을 기준으로 봄이 타당한데, 피고가 계약갱신요구권을 행사할 당시의 임대인에게는 주택임대차보호법 제6조의3제1항 각호의 정당한 사유가 존재하지 아니하므로, 위 임대차계약은 피고의 계약갱신요구권 행사로 인하여 주택임대차보호법 제6조의3제3항에 따라 갱신되었고, 그 후에 임차목적물을 양수한 매수인은 자신이 실제 거주할 것이라는 이유로 계약갱신을 거절할 수 없다.

【전 문】

【원고】 A. B
【피고】 C

【주 문】

1. 원고의 청구를 기각한다.
2. 소송비용은 원고가 부담한다.

【청구취지】

피고는 2021. 2. 21.이 도래하면 원고들로부터 305,000,000원을 지급받음과 동시에 원고들에게 별지 목록 기재 부동산을 인도하라.

【이 유】

1. 기초사실

가. 피고는 2019. 2. 19. 최○○, 김○○로부터 별지 목록 기재 부동산(이하 '이 사건 부동산'이라고 한다)을 임대차보증금 305,000,000원, 기간 2019. 2. 22.부터 2021. 2. 21.까지로 정하여 임차하였다(이하 '이 사건 임대차계약'이라고 한다).

나. 원고들은 2020. 8. 11. 최○○, 김○○와 이 사건 부동산에 관하여 매매계약을 체결하고(이하 '이 사건 매매계약'이라고 한다), 2020. 11. 12. 위 부동산에 관하여 각 1/2 지분에 관하여 소유권이전등기를 마쳤다.

다. 피고는 2020. 9. 20. 최○○, 김○○ 측에게 '알아보니 전세계약 갱신청구가 가능하다고 한다. 형편이 여의치 않아 전세계약 연장했으면 한다.'고 문자를 보냈고, 최○○, 김○○ 측은 '매매계약이 되어서.. 새 주인과의 관계이다. 매수인(원고들)이 세입자분(피고)이 안 나간다고 하니 많이 당황스러워 한다. 아까 말한대로 계약체결하고 저녁에 전화드릴 때 만기 전에 집을 알아보신다고 하셔서 나가시는 줄 알고 있었는데, 매수인이 꼭 이사오셔야 하는 형편인가 보다. 다시 한번 생각해달라'고 답문을 보냈다. 이에 피고는 다시 '사정은 이해하지만 저희도 사정이 아주 어렵다. 그래서 계약갱신청구권을 행사한 것이다'라고 문자를 보내었다.

라. 원고들은 2020. 10. 23., 2020. 11. 13., 피고에게 '피고가 임대차기간 만기가 되면 이사할 것이라는 의사를 통지하였고, 원고들이 실제 거주할 것이므로 피고의 계약갱신청구를 거절한다'는 취지로 내용증명을 보냈다.

【인정근거】 갑 제1 내지 6, 10호증의 각 기재, 을 제1, 2, 3호증의 각 기재, 변론 전체의 취지

2. 원고들의 주장

가. 이 사건 매매계약 당시, 원고들은 실거주 목적으로 부동산을 매수하는 것임을 반복하여 고지하였고, 피고가 임대차계약기간 만료 이후 계약을 갱신하지 않고 이사를 갈 것이라는 의사를 표시하였다. 원고들은 이를 신뢰하여 매매계약을 체결하고 소유권 이전등기를 경료한 것이다.

나. 이후 피고가 의사를 번복하여 계약갱신을 요구하였으나, 원고들은 이 사건 부동산에 실제 거주할 것이어서 피고의 위 계약갱신요구를 거절할 수 있다.

다. 따라서 피고는 원고들로부터 임대차보증금을 반환받음과 동시에 이 사건 부동산을 원고들에게 인도할 의무가 있다.

3. 판단

가. 피고가 계약갱신요구권을 행사하지 아니하기로 전 임대인 내지 원고들과 합의하였는지 여부

살피건대, 임차인의 계약갱신요구권(제6조의3)이 신설된 개정 주택임대차보호법(2020. 7. 31. 법률 제17470호로 개정)은 2020. 7. 31. 시행되었고, 해당 조항은 위 법 시행 당시 존속 중인 임대차에 대하여도 적용되는 점(부칙 제17470호 제2조), 원고들의 매매계약 체결일은 2020. 8. 11.로 위 법이 시행된 지 얼마 지나지 아니한 시점이었고 피고의 계약갱신요구가 가능한 시기 이전이었던 점들의 사정에 비추어 보면, 원고들의 제출 증거들만으로는 피고가 자신이 계약갱신요구권을 취득하여 행사할 수 있음을 인지하고도 계약만료일에 퇴거하기로 상대방과 합의하여 원고들에게 신뢰를 부여하였다고 보기 부족하다. 또한 이러한 상태에서의 임차인이 계약갱신요구권을 행사하지 않기로 하는 사전 약정은 법에 따라 임차인에게 인정되는 권리를 배제하는 임차인에게 불리한 약정이므로 주택임대차보호법 제10조에 의해 효력이 없다고 할 것인바, 어느모로 보나 원고들의 해당 주장은 받아들이지 아니한다.

나. 원고들이 피고의 계약갱신요구를 거절할 수 있는지 여부

1) 임차인의 계약갱신요구권에 관한 개정 주택임대차보호법 제6조의3의 도입 취지에 관하여 본다. 종전 주택임대차보호법의 경우에도 임차목적물이 양수되어도 그 양수인은 임대인의 지위

를 승계하는 것으로 보아 대항력 있는 임차인의 경우 양수인에게 종전 임대차계약의 효력을 주장할 수 있었고 이를 통해 임차인의 주거권을 보장하였다. 개정 임대차보호법의 계약갱신 요구권은 임차인이 거주할 수 있는 기간을 안정적으로 연장하여 임차인의 주거권을 더욱 강화하기 위해 도입되었다할 것이다

2) 임차인의 계약갱신요구권은 그 문언 및 체계와 아울러 그 입법취지에 비추어, 임차인의 주도로 임대차계약의 갱신을 달성하려는 것이고, 임차인의 계약갱신 요구 시 임대인은 정당한 사유 없이 거절하지 못한다고 규정하고 있어 이러한 갱신요구권은 임차인이 계약갱신의 의사를 표시함으로써 바로 그 효과가 발생하는 형성권이라 할 것이다.

3) 임대인의 계약갱신 거절 사유는 임대차보호법 제6조의2제1항 단서의 각 호에 기재되어 있고, 위 8호에서 '임대인(임대인의 직계존속·직계비속을 포함한다)이 목적 주택에 실제 거주하려는 경우'를 규정하고 있다. 위 8호를 제외한 나머지 각 호의 경우는 임차인의 차임 연체나 부정행위 등 임차인 측의 사정 또는 임대차목적물 자체의 안전사고 우려나 임대차계약 체결 당시부터의 철거·재건축 계획 등이 고지된 경우 등이나, 반면 임대인의 실제 거주 사유는 임차인측에서 예측하기 어려운 임대인의 주관적 사유이고 임차목적물이 매도되어 새로운 임대인이 실제 거주하는 경우는 더욱 그러하다.

4) 앞서 본 임차인의 주거권 강화를 위한 갱신 조항의 도입 취지, 계약갱신요구권의 법적 성질, 실제 거주 사유라는 거절 사유의 특성, 매수인으로서는 매매계약 체결 당시 기존 임차인의 계약갱신요구권 행사 유무 및 그 해사 기간을 사전에 확인하여 매매계약 체결 여부를 결정할 수 있는 반면, 임차인이 자신의 계약갱신요구권 행사 이후 임차목적물이 양도되어 그 양수인이 실제 거주를 이유로 이를 거절할 수 있다고 할 경우에는 주거권 강화를 위한 주택임대차보호법의 개정 사유가 퇴색되게 되는 점 등에 비추어 볼 때, 실제 거주를 이유로 한 갱신거절 가능 여부는 임차인이 계약갱신을 요구할 당시의 임대인을 기준으로 봄이 상당하다 할 것이다.

5) 이 사건의 경우 피고는 원고들이 이 사건 부동산에 관한 소유권이전등기를 경료하기 이전에 계약갱신요구권을 행사하였고, 당시의 임대인인 최○○, 김○○ 측에는 주택임대차보호법 제6조의3제1항 단서 각 호의 정당한 사유가 존재하지 아니하였다. 따라서 이 사건 임대차계약은 피고의 계약갱신요구권의 행사로 인하여 주택임대차보호법 제6조의3제3항에 따라 행신되었다 할 것이고, 그 후에 임차목적물을 양수한 원고들은 자신들의 실제 거주를 이유로 이를 거절할 수 없다 할 것인바, 원고들의 해당 주장은 받아들이지 아니한다.

4. 결론

그렇다면, 원고들의 청구는 이유 없으므로 이를 기각하기로 하여 주문과 같이 판결한다

2. 임대차계약 종료 합의 및 계약갱신 거절이 유효한지의 여부 (소극)

【사건번호 및 확정 여부】

○ 의정부지방법원 2021. 4. 13. 2020가단137798 판결 [건물인도]
○ 확정

【판결요지】

○ 원고가 제출한 자료 및 원고가 주장하는 사유만으로는 피고가 명시적으로 주택임대차보호법이 정하는 계약갱신요구권을 포기할 의사를 표시하였다고 보기 어렵고, 따라서 피고가 구 주택임대차보호법(2009. 5. 8. 법률 제9653호로 개정된 것) 제6조제1항 전단의 기간(임대차기간이 끝나기 6개월 전부터 1개월 전까지)[3]에 해당하는 2020. 8. 10. 이 사건 임대차계약의 갱신을 요구함으로써 이 사건 임대차계약은 갱신되었다고 봄이 상당하다.

○ 임대차보호법 제6조의3제1항은 '임차인이 제6조제1항 전단의 기간(임대차기간이 끝나기 6개월 전부터 1개월 전까지, 현재 개정된 법에 의하면 6개월 전부터 2개월 전까지) 이내에 계약갱신을 요구할 경우' 단서 조항에 해당하는 사유 없이는 이를 거절하지 못하는 것으로 규정하고 있으므로, 위 단서 제8호가 정하는 '임대인이 목적 주택에 실거주하려는 경우'에 해당한다는 의사표시 역시 위 제6조제1항 전단이 정하는 기간 내에 표시되어야 한다고 봄이 상당하다. 만약 이와 같이 해석하지 않는다면, 임차인으로서는 계약갱신청구권을 행사했음에도 임대차계약이 갱신되어 새로운 임대차계약이 시작할 때까지[4] 또는 새로운 임대차계약이 시작되더라도[5] 언제든지 임대인의 실거주 의사표시에 의하여 즉시 임대차계약이 종료되는 결과가 되고, 이는 임차인의 주거안정을 보호하고자 하는 위 법의 취지를 몰각시키는 결과가 되기 때문이다.

한편, 원고는 2020. 7. 30.경 피고에게 실거주하겠다는 의사를 밝히기는 하였으나(갑 제7호증 오후 6:06), 이는 원고가 당일 오○○과 임대차 계약을 체결한 점에 비추어 '임대인이 실제 거주하려는 경우'에 해당하지 않음이 명백하고, 이후 원고가 다시 실거주 의사를 밝힌 것은 이 사건 임대차계약이 갱신된 이후인 2020. 10. 9.(갑 제13호증)이므로, 원고는 '임대인이 실제 거주하려는 경우'에 해당함을 이유로 이 사건 임대차계약의 갱신을 거절할 수 없다.

【전 문】

【원고】 원고
【피고】 피고

【주 문】

1. 원고의 청구를 기각한다.
2. 소송비용은 원고가 부담한다.

【청구취지】

피고는 원고에게 별지 목록 기재 건물을 인도하라.

【이 유】

1. 기초사실

---

[3] 현행 주택임대차보호법 제6조제1항은 '임대차기간이 끝나기 6개월 전부터 2개월 전까지'로 되어 있으나, 이 규정은 개정일인 2020. 6. 9.로부터 6개월 후에 시행되는 것이므로(부칙 제17363호, 2020. 6. 9. 제1조, 제2조 참조), 이 사건에는 구 주택임대차보호법(2009. 5. 8. 법률 제9653호로 개정된 것) 제6조제1항에 따라 '임대차기간이 끝나기 6개월 전부터 1개월 전까지'가 된다.
[4] 실거주 의사표시가 임대차계약의 종료일까지 표시되어야 한다고 보는 경우
[5] 실거주 의사표시에 기간의 제한이 없다고 보는 경우

가. 원고는 2018. 9. 9. 피고에게 별지 목록 기재 건물(이하 '이 사건 건물'이라 한다)을 보증금 3억 3,000만 원, 기간 2018. 10. 4.부터 2020. 10. 4.까지로 정하여 임대(이하 '이 사건 임대차계약'이라 한다)하였고, 2018. 10. 4. 피고에게 이 사건 건물을 인도하였다.

나. 피고는 2020. 7. 30.경 원고의 형부인 홍○○과 통화를 하면서 '이 사건 임대차계약의 연장여부'에 관한 통화를 하였다.

다. 원고는 2020. 7. 30. 오○○과의 사이에 이 사건 건물에 관한 임대차계약(보증금 5억 5,000만 원)을 체결한 후 2020. 8. 3. 피고에게 위 임대차계약 체결사실을 통지하였으나 피고는 이 사건 임대차계약의 종료에 관한 협의가 되지 않았다고 주장하였고, 2020. 8. 10. 이 사건 임대차계약의 갱신을 요구하였다.

라. 원고는 오○○에게 지급받은 금원에 가계약금 1,000만 원을 더하여 배상하고 임대차계약을 해제하였다.

【인정근거】 다툼 없는 사실, 갑 제1 내지 8, 14호증, 을 제1, 2호증의 각 기재, 변론 전체의 취지

2. 주장 및 판단

가. 원고 주장의 요지

(1) 피고는 2020. 7. 30.경 원고의 대리인인 홍○○에게 이 사건 임대차 계약을 종료하겠다는 의사를 전달하여 원고와 피고 사이에 임대차계약 종료에 관한 합의가 이루어졌고, 이 사건 임대차계약 기간이 도과함에 따라 이 사건 임대차계약은 종료되었다.

(2) 원고는 이 사건 건물에 실거주할 의사로 피고의 임대차계약 갱신을 거부하였으므로 이 점에서도 임대차계약은 종료되었다.

나. 판단

(1) 임대차계약 종료에 관한 합의 여부에 관한 판단 앞서 인정한 사실에 갑 제3, 4, 7, 8호증, 을 제2호증의 각 기재 및 변론 전체의 취지를 종합하여 인정되는 다음과 같은 사정, 즉 ① 2020. 7. 30. 이전에 원고와 피고 사이에 이 사건 임대차계약의 연장 및 보증금(전세금) 인상에 관한 협의가 있었고, 2020. 7. 30. 피고는 홍○○에게 기존 보증금에서 1억 원을 추가로 지급하겠다는 의사를 표시한 점, ② 이후 피고는 홍○○에게 전화를 하면서 보증금을 어느 정도 올려줘야 되는지에 관하여 문의하였고, 홍○○이 정부에서 말이 많아 원고가 들어가야 되나 고민된다는 취지의 말을 하자, 피고는 지금 결정을 해줘야 다른 곳에 봐둔 곳(새로 임대차계약을 체결하여 이주할 곳)이 있어서 말을 해줄 수 있다는 취지의 말을 하였고, 이에 홍○○이 그럼 그곳에 말을 하라는 취지의 말을 하여 피고가 알았다고 대답한 점, ③ 위 대화내용에 의하면 피고가 표면적으로는 이 사건 임대차계약을 종료할 의사를 표시한 것으로 볼 수는 있으나, 피고의 진정한 의사는 피고가 새로운 임대차계약을 체결하게 되는 경우에 이 사건 임대차계약을 종료하겠다는 것이라 할 것이고, 임대차계약을 체결하지 못하여 이주할 곳이 없게 되더라도 여전히 이 사건 임대차계약을 종료하겠다는 의사를 확정적으로 표시한 것으로 보기는 어려우며, 상대방인 홍○○ 역시 그 대화내용의 흐름에 비추어 이러한 피고의 의사를 충분히 알았을 것인 점, ④ 위 통화 당시 원고(또는 홍○○)는 새로운 임차인을 구하겠다는 의사를 표시한 것이 아니라 원고 자신이 실거주할 수 있다는 의사를 표시하여, 피고로서는 새로 시행되는 주택임대차보호법에 의하더라도(시행일이 2020. 7. 31.로 다음날이었고, 변경되는 내용은 이미 언론을 통하여 알려진 후였다)[6] 임대차계약을 연

---

[6] 주택임대차보호법 부칙 제2조는 제6조의3 개정규정은 이 법 시행 당시 존속 중인 임대차에 대하여도 적용한다고

장할 수 없으리라는 판단 아래 이와 같은 말을 하였을 가능성도 큰 점(그럼에도 불구하고 원고는 당일 새로운 임차인과 임대차계약을 체결하였다), ⑤ 주택임대차보호법 제6조의3이 정하는 임차인의 계약갱신요구권은 국민 주거생활의 안정을 위하여 특별히 임차인을 보호하고자 하는 규정이므로, 위 규정의 취지에 비추어 임차인이 위 계약갱신요구권을 행사하지 아니할 의사를 명시적이고 종국적으로 표시한 경우에만 위 계약갱신요구권의 포기를 인정할 수 있는 것이고, 원고가 주장하는 임대차계약의 종료합의는 바로 위 계약갱신요구권의 포기를 의미하는 점 등에 비추어보면, 원고가 제출한 자료 및 원고가 주장하는 사유만으로는 피고가 명시적으로 주택임대차보호법이 정하는 계약갱신요구권을 포기할 의사를 표시하였다고 보기 어렵고, 따라서 피고가 구 주택임대차 보호법(2009. 5. 8. 법률 제9653호로 개정된 것) 제6조제1항 전단의 기간 (임대차기간이 끝나기 6개월 전부터 1개월 전까지)[7]에 해당하는 2020. 8. 10. 이 사건 임대차계약의 갱신을 요구함으로써 이 사건 임대차계약은 갱신되었다고 봄이 상당하다.

(2) 원고의 실거주 의사표시로 임대차계약 갱신이 거절되는지 여부에 관한 판단

살피건대, 임대차보호법 제6조의3제1항은 '임차인이 제6조제1항 전단의 기간(임대차기간이 끝나기 6개월 전부터 1개월 전까지, 현재 개정된 법에 의하면 6개월 전부터 2개월 전까지) 이내에 계약 갱신을 요구할 경우' 단서 조항에 해당하는 사유 없이는 이를 거절하지 못하는 것으로 규정하고 있으므로, 위 단서 제8호가 정하는 '임대인이 목적 주택에 실거주하려는 경우'에 해당한다는 의사표시 역시 위 제6조제1항 전단이 정하는 기간 내에 표시되어야 한다고 봄이 상당하다. 만약 이와 같이 해석하지 않는다면, 임차인으로서는 계약갱신청구권을 행사했음에도 임대차계약이 갱신되어 새로운 임대차계약이 시작할 때까지[8] 또는 새로운 임대차계약이 시작되더라도[9] 언제든지 임대인의 실거주 의사표시에 의하여 즉시 임대차계약이 종료되는 결과가 되고, 이는 임차인의 주거안정을 보호하고자 하는 위 법의 취지를 몰각시키는 결과가 되기 때문이다.

한편, 원고는 2020. 7. 30.경 피고에게 실거주하겠다는 의사를 밝히기는 하였으나(갑 제7호증 오후 6:06), 이는 원고가 당일 오○○과 임대차계약을 체결한 점에 비추어 '임대인이 실제 거주하려는 경우'에 해당하지 않음이 명백하고, 이후 원고가 다시 실거주 의사를 밝힌 것은 이 사건 임대차계약이 갱신된 이후인 2020. 10. 9.(갑 제13호증)이므로, 원고는 '임대인이 실제 거주하려는 경우'에 해당함을 이유로 이 사건 임대차계약의 갱신을 거절할 수 없다. 따라서 이 사건 임대차계약은 갱신되어 존속 중이므로, 이 사건 임대차계약의 종료를 전제로 한 원고의 주장은 이유 없다.

3. 결론

그렇다면 원고의 피고에 대한 이 사건 청구는 이유 없으므로 이를 기각 하기로 하여 주문과 같이 판결한다.

규정하고 있으므로, 이 사건 임대차계약에도 적용된다.
[7] 현행 주택임대차보호법 제6조제1항은 '임대차기간이 끝나기 6개월 전부터 2개월 전까지'로 되어 있으나, 이 규정은 개정일인 2020. 6. 9.로부터 6개월 후에 시행되는 것이므로(부칙 제17363호, 2020. 6. 9. 제1조, 제2조 참조), 이 사건에는 구 주택임대차보호법(2009. 5. 8. 법률 제9653호로 개정된 것) 제6조제1항에 따라 '임대차기간이 끝나기 6개월 전부터 1개월 전까지'가 된다
[8] 실거주 의사표시가 임대차계약의 종료일까지 표시되어야 한다고 보는 경우
[9] 실거주 의사표시에 기간의 제한이 없다고 보는 경우

3. 양수인이 소유권이전등기를 마치기 전 임차인이 갱신요구권을 행사한 경우, 이를 실거주 목적으로 거절할 수 있는지 여부 (적극)

【사건번호 및 확정 여부】
○ 서울동부지방법원 2021. 8. 12. 2020가단105843 판결 [건물인도]
○ 확정

【판결요지】
○ 주택임대차보호법 제3조제4항은 임차주택의 양수인은 임대인의 지위를 승계한 것으로 본다고 규정한바, 법률상의 당연승계 규정으로 보아야 한다. 이 사건 임대차에서도 상속이나 합병과 마찬가지의 법률효과가 발생하므로, 승계되는 권리·의무의 범위는 임대차 관계에 한해 포괄적으로 승계된다.
○ 실거주를 목적으로 매매가 이루어질 경우, 임차인 주장대로 예기치 않은 불이익을 입을 우려는 있으나 이는 임차인을 보호하고자 하는 방편으로 임대인의 지위를 주택의 소유권과 결합시킨 주택임대차보호법의 근본구조상의 부득이한 결과로 판단되는바, 개정 임대차보호법이 주로 임차인의 주거생활 안정을 목적으로 한다고 하여 쟁점이 되는 모든 국면에서 법 전체의 체계를 무시하고 임차인에게 유리한 결론만을 도출할 수는 없다.
○ 피고의 주장대로 원고(양수인)가 소유권이전등기를 마치기 전, 이미 갱신요구권이 행사되었다는 점에서 원고(양수인)가 갱신거절권을 행사할 수 없다고 본다면 이는 임차건물 소유자의 처분권을 갱신요구권 행사 가능 기간동안 사실상 제한하는 결과가 초래될 수 있다. 따라서 원고는 종전임대인의 지위를 승계했고, 주택임대차보호법 제6조의3제1항제8호 요건인 실거주 목적을 갖추고 있었다고 봄이 상당하므로 원고의 갱신거절권 행사는 적법하다.

【전 문】

【원고】 A. B
【피고】 C

【주 문】
1. 피고는 원고들로부터 510,000,000원을 지급받음과 동시에 원고들에게 별지 목록 기재 건물을 인도하라.
2. 소송비용은 피고가 부담한다.
3. 제1항은 가집행할 수 있다.

【청구취지】

주문과 같다.

【이 유】

1. 기초 사실관계
   가. 소외 D는 2019. 2. 17. 자신의 소유인 별지 목록 기재 건물(이하 '이 사건 아파트')을 피고에게 임대차보증금 5억 1,000만 원, 임대차 기간 2019. 4. 8.부터 2021. 4. 8.까지로 정하여 임대하였다 (이하 '이 사건 임대차계약').

나. 피고는 위 임대차 기간 개시일 무렵 D에게 위 임대차보증금을 지급한 다음 이 사건 아파트를 인도받고 전입신고를 마쳐 주택임대차보호법(이하 '주택임대차법')상의 대항력을 갖췄다.

다. 원고들은 이 사건 임대차계약 기간 중인 2020. 8. 12. D로부터 이 사건 아파트를 대금 14억 원에 매수하는 계약을 체결하였는데(이하 '이 사건 매매계약'), 피고는 원고들이 위 매매계약에 따른 소유권이전등기를 마치기 전인 2020. 10. 9. D에게 '이 사건 임대차계약 기간 만료 6개월 전인 지금 계약갱신청구권을 행사하고자 한다'는 취지의 문자메시지를 보냈다.

라. 그러자 D는 2020. 10. 12. 피고에게 '요청하신 계약갱신청구권 수용을 거절한다'는 취지의 답신을 보냈고, 이에 다시 피고는 같은 날 '정당한 사유 없이 계약갱신청구권을 거부할 수 없다'고 답변 하였다.

마. 원고들은 2020. 10. 29. 이 사건 매매계약에 따른 소유권이전등기를 마친 다음(원고들 지분 각 1/2), 2020. 11. 2. 피고에게 내용증명 우편을 보내 '매매계약 교섭 중 실거주 목적으로 매수하는 것이니 임대차 기간 만료일에 목적물을 인도하여 달라고 요청하였고 임차인 피고도 이에 동의한 바 있으므로, 약속대로 2021. 4. 8. 이 사건 아파트를 인도하여 달라'는 취지로 통보하였다(2020. 11. 3. 도달).

바. 이에 대하여 피고는 '2022. 1. 또는 2022. 2.경이 되어야 이사를 할 수 있다'는 취지로 원고들의 요청을 거절하였고, 원고들 측은 2021. 1. 2. 피고에게 재차 내용증명 우편을 보내 '이 사건 임대차계약 기간 만료일에 목적물을 인도하여 달라'고 요청하였다(2021. 1. 6. 도달).

사. 한편 원고들은 2020. 8. 12.경 이 사건 아파트 인근에 있는 어린이집에 자녀를 입소시키기 위해 대기신청을 하고 나중에 인근 유치원에 자녀를 입학시키는 등, 가족이 이 사건 아파트에 실제 거주하기 위하여 이를 매수한 것이었다.

【인정근거】 다툼 없는 사실, 갑 제1, 2, 4 내지 9, 11호증, 을 제3, 6호증의 각 기재, 변론 전체의 취지

2. 쟁점 법률 조항과 당사자의 주장

가. 이 사건 쟁점과 관련한 주택임대차보호법 조항

제3조 (대항력 등) ① 임대차는 그 등기가 없는 경우에도 임차인이 주택의 인도와 주민등록을 마친 때에는 그 다음 날부터 제삼자에 대하여 효력이 생긴다. 이 경우 전입신고를 한 때에 주민등록이 된 것으로 본다.

②~③ 생략

④ 임차주택의 양수인(그 밖에 임대할 권리를 승계한 자를 포함한다)은 임대인의 지위를 승계한 것으로 본다.

⑤~⑥ 생략

제6조 (계약의 갱신)[10] ① 임대인이 임대차 기간이 끝나기 6개월 전부터 1개월 전까지의 기간에 임차인에게 갱신거절의 통지를 하지 아니하거나 계약조건을 변경하지 아니하면 갱신하지 아니한다는 뜻의 통지를 하지 아니한 경우에는 그 기간이 끝난 때에 전 임대차와 동일한 조건으로 다시 임대차한 것으로 본다. 임차인이 임대차 기간이 끝나기 1개월 전까지 통지하지 아니한 경우에도 같다.

②~③ 생략

---

[10] 2020. 6. 9. 법률 제17363호로 개정된 법에서는 제1항의 기간이 '6개월 전부터 2개월 전'으로 변경되었으나, 이 사건에 적용되는 법은 위 개정법 시행 전인 위 구 법 규정이다.

제6조의3 (계약갱신 요구 등)[11] ① 제6조에도 불구하고 임대인은 임차인이 제6조제1항 전단의 기간 이내에 계약갱신을 요구할 경우 정당한 사유 없이 거절하지 못한다. 다만, 다음 각 호의 어느 하나에 해당하는 경우에는 그러하지 아니하다.

  1~7. 생략
  8. 임대인(임대인의 직계존속·직계비속을 포함한다)이 목적 주택에 실제 거주하려는 경우 [본조신설 2020. 7. 31.]
  9. 생략

②~⑥ 생략

제10조 (강행규정) 이 법에 위반된 약정으로서 임차인에게 불리한 것은 그 효력이 없다.

나. 원고들의 주장 요지

① 피고의 이 사건 임대차계약에 관한 갱신요구에 대하여, 전(前) 임대인이자 원고들의 대리인인 D가 2020. 10. 12.(제1의 라.항), 원고들이 2020. 11. 2.(제1의 마.항), 2021. 1. 2.(제1의 바.항)에 각 주택임대차법 제6조의3제1항 단서 제8호에 따른 실거주 목적을 이유로 한 갱신거절을 하였으므로 위 임대차계약은 기간 만료일인 2021. 4. 8. 종료되었고, ② 피고가 이 사건 매매계약 체결 전후인 2020. 8.경 D와 원고들에게 위 임대차계약에 관하여 갱신을 요구하지 않고 기간 만료 시 퇴거하겠다는 의사를 밝혔으므로 이후의 갱신요구권 행사는 금반언 원칙에 따라 무효이며, ③ 다른 한편 피고의 갱신요구권 행사는 이미 임대인의 지위를 채권적으로 승계한 원고들을 상대로 이루어졌어야 함에도 전 임대인 D를 상대로 하였으므로 무효이다.

결국 어느모로 보나 이 사건 임대차계약은 종료되었으므로, 피고는 그 원상회복으로서 원고들로부터 이 사건 임대차계약상 임대차 보증금을 지급받음과 동시에 원고들에게 이 사건 아파트를 인도할 의무가 있다.

다. 피고의 주장 요지

㉮ 피고는 주택임대차법 제6조의3제1항에 규정된 계약갱신요구권을 정당하게 행사하였으므로(제1의 다.항) 같은 조 제3항에 따라 이 사건 임대차계약은 동일한 조건으로 다시 계약된 것으로 간주되었고(이에 반하여 D의 갱신거절은 '실거주 목적'이 없는 갱신거절로 무효이고, 원고들의 갱신거절은 이미 피고의 갱신요구권이 행사된 이후의 거절로서 무효이다),

㉯ D 또는 원고들에게 피고가 갱신요구권을 행사하지 않기로 약정한 사실이 없을 뿐 아니라 설령 그러한 약정을 하였다고 하더라도 강행법규인 주택임대차법 제10조에 따라 무효이므로, 결국 이 사건 임대차계약은 아직 종료되지 않아 원고들의 청구에 응할 수 없다

3. 쟁점에 관한 판단

가. 주택임차인의 계약갱신요구권과 주택임대인의 갱신거절권의 성격

1) 일방적인 법률행위 또는 소송을 통해 자신 또는 타인의 구체적인 법률관계를 직접적으로 변동시키는 힘을 그 내용으로 하는 권리를 일반적으로 형성권(形成權, Gestaltungsrecht)이라 부른다.

여기서 말하는 법률관계의 변동이란 구체적으로 법률관계를 성립시키거나, 변경시키거나, 소

---

[11] 2020. 7. 31. 법률 제17470호(현행법)로 신설된 규정이다.

멸시키는 것을 가리키는 것인바, 주택임대차법 제6조의3제1항 본문이 규정하고 있는 주택임차인의 계약갱신요구권(이하 단순히 '갱신요구권')은 일정한 요건 하에 행사될 경우 같은 조 제3항에 따라 임대차계약의 체결이 간주되는 것을 내용으로 하므로 형성권이다.
2) 위와 같은 형성권도 소멸하거나 제한될 수 있는데, 그 제한 사유 중 하나로 강학상의 이른바 형성반권(形成反權, Gestaltungsgegenrecht)을 들 수 있다.
형성반권이란 형성상대방으로 하여금 형성권자의 형성을 어렵게 만들거나, 형성력을 저지시키거나, 형성권을 무효화시켜서 결과적으로 형성을 방해할 수 있게 하는 권리를 말하는 것으로, 주택임대차법 제6조의3제1항 단서가 규정하고 있는 주택임대인의 갱신거절권(이하 단순히 '갱신거절권')은 형성권인 갱신요구권을 무력화 시킬 수 있다는 점에서 형성반권에 해당한다[12].

나. 주택임대차법 제3조제4항의 임대인 지위 승계
1) 주택임대차법 제3조제4항은 임차주택의 양수인은 임대인의 지위를 승계한 것으로 본다고 규정하고 있는바, 이는 법률상의 당연승계 규정으로 보아야 하므로 임차주택이 양도된 경우 그 양수인은 주택의 소유권과 결합하여 임대인의 임대차계약상의 권리·의무 일체를 그대로 승계하며, 그 결과 양수인이 임대차보증금반환채무를 면책적으로 인수하고, 양도인은 임대차관계에서 탈퇴하여 임차인에 대한 임대차보증금반환채무를 면하게 된다(대법원 2013. 1. 17. 선고 2011다49523 전원합의체 판결 취지 참조).
따라서 당해 임대차를 둘러싼 법률문제만 놓고 본다면 상속이나 합병과 마찬가지의 법률효과가 발생하며(위 전원합의체 판결의 다수의견에 대한 보충의견), 위 임대인 지위의 이전은 그 자체가 실체법상의 '포괄승계'는 아니로되 승계되는 권리·의무의 범위는 임대차관계에 한해서는 '포괄적'이다.
2) 따라서 특별한 사정이 없는 한 종전 임대차의 보증금, 차임 금액, 지급시기, 지급방법, 존속기간, 특약 등이 그대로 승계되고, 다만 이미 발생한 연체차임채권은 따로 채권양도의 요건을 갖추지 않는 한 승계되지 않는다(대법원 2008. 10. 9. 선고 2008다3022 판결).

다. 양수인(임대인 지위 승계인)의 갱신거절권 행사 가능성
1) 위 나.항에서 살펴 본 바와 같이 임차주택이 양도된 경우 그 양수인은 주택의 소유권과 결합하여 임대인의 임대차계약상의 권리·의무 일체를 포괄적으로 승계하는 것이므로, 형성반권인 갱신거절권 또한 양수인에게 승계된다고 보아야 한다.
2) 피고는 갱신요구권이 형성권임을 이유로 위 권리가 행사되면 그 즉시 이에 따른 법률관계가 형성되어 상대방이 갱신거절권을 행사할 수 없다는 취지로 해석될 수 있는 주장을 하나, 이는 임차인에게 위와 같은 형성권을 부여하면서 한편으로 임대인에게 소정의 형성반권을 부여한 주택임대차법의 명문 규정에 반하는 주장이다.

라. 이 사건에의 적용
1) 위 가.~다.항에서 살펴본 바에 의하면 임대인의 지위를 승계한 원고들은 주택임대차법 제6조의3제1항 단서의 요건을 갖춘 경우 갱신거절권을 행사할 수 있고, 이와 달리 볼 법리상 근거가 없다.
2) 피고는 임차주택 양수인의 갱신거절권이 인정되어서는 안된다는 근거로, 임대인의 실제 거주

---

[12] 주택임대차법 제6조의3제1항 단서와 같은 구조인 상가건물 임대차보호법 제10조제1항 단서의 갱신거절권이 형성반권에 해당한다는 점은 학설상 이설이 없는 것으로 보인다

사유는 임차인 측에서 예측하기 어려운 임대인의 주관적 사유이고 임차목적물이 매도되어 새로운 임대인이 실제 거주하는 경우는 더욱 그러하다는 점, 위 갱신요구권의 신설이 임차인의 주거권 강화를 목적으로 한 법 개정이라는 점을 들고 있으나, 이는 임대인의 갱신거절권을 명시한 법 규정에 반하는 해석이어서 채택하기 어렵다(위와 같은 해석은 임대인의 갱신거절권을 전면 부인하는 논리와 크게 다를 바 없어 보인다).

물론 피고가 지적하는 바와 같이 갱신거절권의 요건을 갖추지 못한 양도인이 갱신거절권의 요건을 갖춘 양수인에게 임차주택을 매도 할 경우 임차인의 입장에서 예기치 않은 불이익을 입을 우려는 있다. 그러나 이는 임차인을 보호하고자 하는 방편으로 임대인 지위를 주택의 소유권과 결합시킨 주택임대차법의 근본 구조상 부득이한 결과로 판단되는바, 위 법이 주로 임차인의 주거생활 안정을 목적으로 한다고 하여 쟁점이 되는 모든 국면에서 법 전체의 체계를 무시하고 임차인에게 유리한 결론만을 도출할 수는 없다고 할 것이다(임차주택의 매도에 의해 임차인에게 일정한 국면에서 불리한 결과가 발생할 가능성이 있는 것은 임대차보증금의 보호와 관련하여도 마찬가지인바, 예컨대 양수인의 자력이 양도인의 자력에 비하여 열위에 있는 경우 임차인에게 예기치 않은 손해가 발생할 가능성이 있다[13])

그리고 이는 임차주택의 매매가 없는 경우로서 임대인이 임차인의 갱신요구권 행사 당시 갱신거절권의 요건을 갖추지 못하고 있다가 나중에 그 요건을 갖추어 갱신거절권을 행사하는 것(이 경우 갱신 거절권을 부정할 근거가 없다)과 근본적으로 다르지 않다고 할 것이다

3) 또한 피고는, ⓐ 임차주택 양도인인 D는 주택임대차법 제6조의3 제1항 단서 제8호의 요건(이하 단순히 '8호 요건')을 충족시키지 못하므로 갱신요구권을 행사할 수 없고, ⓑ 양수인은 원고들은 이 사건 아파트에 관한 소유권이전등기를 마쳐야 갱신요구권을 행사할 수 있는데 그 전에 이미 임차인인 피고의 갱신요구권이 행사되었기 때문에 결과적으로 위 아파트의 양도인, 양수인 모두 갱신거절권을 행사할 수 없다는 취지로 주장한다.

살피건대 피고의 위 주장 중 ⓐ 부분은 주택임대차법의 해당 규정에 비추어 타당하나, ⓑ 부분은 앞서 다.의 2)항에서 본 바와 같은 이유로 타당하지 않다. 그리고 법이 명문으로 인정한 갱신거절권이 '임대차목적물의 매도'와 '소유권이전등기 전 갱신요구권 행사'라는 사유에 의하여 전·후 소유자 중 어느 누구도 행사할 수 없는 상태로 소멸한다고 볼 근거가 없는바, 만일 이를 인정한다면 임차건물 소유자의 처분권을 갱신요구권 행사 가능 기간 동안 사실상 제한하는 결과가 초래될 수 있다.

4) 다만 이 사건에서 원고들의 갱신거절권이 실체적, 절차적으로 적법하게 행사되었는지는 검토의 필요성이 있다.

우선 제1의 라.항에서 본 D의 갱신거절권 행사는 그가 당시 8호 요건 내지 주택임대차법 제6조의3제1항 단서의 다른 요건을 갖추고 있었다고 볼 증거가 없으므로, 피고가 3)항 ⓐ에서 지적한 바와 같이 부적법하다. 원고들은 D가 원고들의 대리인 지위에서 갱신거절권을 행사하였다고 주장하나, 위 대리권의 존재를 뒷받침할 증거가 없고, 무엇보다 당시 원고들은 이 사건 아파트의 소유권을 취득하지 못하여 갱신거절권을 취득하지 못한 상태였다(매수인이라는 채권자의 지위에서 곧바로 갱신거절권을 취득할 수 있다는 원고들 주장 또한 법적 근거가 없는 주장이다). 그러나 원고들은 2020. 10. 29. 이 사건 아파트에 관한 소유권이전등기를

---

[13] 다만 이 경우 임차인으로서는 상당한 기간 내에 이의를 제기하여 승계되는 임대차관계의 구속으로부터 벗어날 수 있다(대법원 2002. 9. 4. 선고 2001다64615 판결 참조).

마침으로써 임대인 지위를 승계하였고, 제1의 사.항 인정사실에 의하면 당시 원고들은 8호 요건을 갖추고 있었다고 봄이 상당하므로, 원고들의 2020. 11. 2. 갱신거절권 행사는 적법하다.

라. 여론(餘論)

1) 피고의 주장 중 국토교통부의 법령 해석과 관련한 주장이 있으므로 살펴본다.
2) 주택임대차법에 신설된 위 갱신요구권, 갱신거절권과 관련하여 국토교통부가 '임차인의 주거권 강화를 위한 개정 법의 취지와 계약갱신요구권의 법적 성격을 고려할 때, 실거주를 이유로 한 갱신거절 가능 여부는 임차인의 계약갱신요구 당시의 임대인을 기준으로 판단해야 한다'는 취지의 자료를 게시한 사실은 공지의 사실이다.
그러나 행정청의 행정해석이 법원의 법 해석 권한을 기속하지 않음은 명백하고, 위에 제시된 행정해석의 내용을 살펴보아도 앞서의 판단을 뒤집을 만한 법리적 근거가 제시되지 않고 있음을 알 수 있으므로, 이는 따를 것이 못된다.
3) 그리고 입법자의 의사를 탐색함에 있어 개정 법 제안자인 행정청의 행정해석이 하나의 참고 자료는 될 수 있다 할 것이나, 삼권분립의 원칙상 행정청의 의사와 입법자의 의사를 동일시 할 수는 없는 것이고, 위 법 개정과 관련한 제반 자료들을 살펴보아도 입법과정에서 이 사건 쟁점 부분에 관하여 진지한 논의가 이루어졌다는 내용을 찾아 볼 수 없으므로, 이와 관련한 입법자의 의사가 명확하였다고 볼 수도 없다(또한 법원의 법 해석은 법률에 사용된 문언의 통상적인 의미에 충실하게 해석하는 것이 원칙이고, 입법자의 의사에만 기속되는 것이 아니다).

마. 쟁점에 관한 결론

따라서 원고들의 제2의 나.항 ① 주장을 결과적으로 받아들이고, 피고의 제2의 다. 항 ㉮ 주장은 받아들이지 않는다(나머지 주장에 관한 판단은 생략한다)

그러므로 이 사건 임대차계약은 원고들의 적법한 갱신거절권 행사에 따라 원래의 임대차기간 만기인 2021. 4. 8. 종료되었고, 피고는 임대차계약 종료에 따른 원상회복으로서 원고들로부터 이 사건 임대차계약의 임대차보증금 5억 1,000만 원을 지급받음과 동시에 원고들에게 이 사건 아파트를 인도할 의무가 있다.

4. 결론

그렇다면 원고들의 이 사건 청구는 정당하므로, 이를 인용하기로 한다

4-1. 개정법 시행 전 매매계약을 한 매수인이 세입자의 갱신요구를 거절할 수 있는지의 여부 (적극)

【사건번호 및 확정 여부】

○ 서울중앙지방법원 2021. 4. 8. 2020가단5302250 판결 [건물인도]
○ 항소

【판결요지】

○ 주택임대차보호법 제6조의3제1항 각 호에서는 임대인이 임차인의 계약갱신요구를 정당하게 거절할

수 있는 사유를 규정함으로써 임대인과 임차인 사이의 형평을 도모하고 있으며, 그 중 제8호는 '임대인이 목적 주택에 실제 거주하려는 경우'를 규정하고 있고, 또한 제9호에서는 '그 밖에 임차인이 임차인으로서의 의무를 현저히 위반하거나 임대차를 계속하기 어려운 중대한 사유가 있는 경우'라고 규정함으로써 제1호 내지 제8호의 구체적 열거 규정으로 규율하지 못하는 경우에 대한 보충적 일반 조항을 두고 있다. 원고는 개정 임대차법이 도입되기 전 매매계약을 체결하였으며, 계약금의 지급도 계좌 송금의 방법으로 지급된 것이 확인되었는바, 원고들로서는 매매계약 당시 이 사건 임대차계약 기간이 종료되면 당연히 자신들이 실제 거주할 수 있다고 믿었을 것으로 보이고, 그러한 믿음에 어떠한 잘못이 있다고 인정할 만한 사정이 존재하지 아니한다. 또한 매매계약 체결 당시 그 도입을 알 수 없었던 임차인의 계약갱신요구권이 실행되기 전에 먼저 소유권이전등기를 마치지 않았다는 사정만으로 임차인의 계약갱신요구를 거절할 수 없다고 한다면 이는 형평에 반하는 것으로 보이므로, 이 사건 임대인의 계약갱신요구 거절은 주택임대차보호법 제6조의3제1항제9호 중 '그 밖에 임대차를 계속하기 어려운 중대한 사유가 있는 경우'에 해당한다.

【전 문】

【원고】 A. B
【피고】 C, D, E

【주 문】

1. 피고들은 2021. 4. 14.이 도래하면 피고 C가 원고들로부터 50,000,000원을 지급받음과 동시에 원고들에게 별지 목록 기재 건물을 인도하라.
2. 이 사건 나머지 청구를 기각한다.
3. 소송비용은 각자 부담한다.
4. 제1항은 가집행할 수 있다.

【청구취지】

피고들은 2021. 4. 14.이 도래하면 원고들에게 별지 목록 기재 건물을 인도하라.

【이 유】

1. 인정사실
   가. 피고 C는 2019. 3. 6. F로부터 별지 목록 기재 건물(이하 '이 사건 아파트'라 한다)을 보증금 50,000,000원, 차임 월 1,300,000원, 기간 2019. 4. 15.부터 2021. 4. 14.까지로 정하여 임차(이하 '이 사건 임대차'라 한다)하였고, 현재 이 사건 아파트에는 피고 C의 부모인 피고 D, E가 거주하고 있다.
   나. 2020년경 결혼한 부부인 원고들은 2020. 7. 5. 이 사건 임대차 기간 종료 후 직접 거주할 목적으로(원고 B는 2021년 6월경 출산예정이다) F와 이 사건 아파트를 1,350,000,000원에 매수하는 계약(이하 '이 사건 매매계약'이라 한다)을 체결하고, F에게 130,000,000원의 계약금을 지급하였으며(2020. 7. 3.자 가계약금 30,000,000원 포함), 2020. 10. 30. 이 사건 아파트에 관하여 각 1/2 지분에 관하여 위 매매를 원인으로 한 소유권이전등기를 마쳤다.
   다. 그런데 2020. 7. 31.자로 아래와 같은 주택임차인의 계약갱신요구권을 도입하는 개정 주택임대차보호법(법률 제17470호)이 시행되었다.

   제6조 (계약의 갱신)14) ① 임대인이 임대차 기간이 끝나기 6개월 전부터 1개월 전까지의 기간

에 임차인에게 갱신거절의 통지를 하지 아니하거나 계약조건을 변경하지 아니하면 갱신하지 아니한다는 뜻의 통지를 하지 아니한 경우에는 그 기간이 끝난 때에 전 임대차와 동일한 조건으로 다시 임대차한 것으로 본다. 임차인이 임대차 기간이 끝나기 1개월 전까지 통지하지 아니한 경우에도 같다.

②~③ 생략

제6조의3 (계약갱신 요구 등)[15] ① 제6조에도 불구하고 임대인은 임차인이 제6조제1항 전단의 기간 이내에 계약갱신을 요구할 경우 정당한 사유 없이 거절하지 못한다. 다만, 다음 각 호의 어느 하나에 해당하는 경우에는 그러하지 아니하다.

1~7. 생략

8. 임대인(임대인의 직계존속·직계비속을 포함한다)이 목적 주택에 실제 거주하려는 경우
9. 그 밖에 임차인으로서의 의무를 현저히 위반하거나 임대차를 계속하기 어려운 중대한 사유가 있는 경우

②~⑥ 생략

라. F는 피고 C가 2020. 10. 5.경부터 이 사건 임대차계약에 대한 2년 기간 연장을 요구하는 문자 메시지를 보내자 위 요구를 거절하는 답신을 하고, 이 사건 임대차기간이 끝나기 6개월 전 이후인 2020. 10. 15.경 피고 C에게 내용증명우편으로 이 사건 임대차에 대한 갱신거절의 통지를 하였다.

마. 피고 C는 2020. 10. 16. 임대인인 F에게 '임대차 기간 만료 후 임대차 기간을 2년 연장, 거주하고자 계약 갱신을 청구한다'며 위 주택임대차보호법상의 계약갱신을 요구하였고, 이에 대하여 F는 이 사건 매매계약을 체결하였다는 이유로 위 계약갱신 요구를 거절 하였다.

【인정근거】 다툼 없는 사실, 갑 제1 내지 5, 7 내지 9, 12, 13, 23호증(가지번호 포함), 변론 전체의 취지

2. 청구원인에 관하여

가. 당사자들의 주장 요지

1) 원고들

피고 C가 이 사건 임대차에 대하여 주택임대차보호법 제6조의3 제1항 본문에 따른 계약갱신을 요구하였으나 F는 위 계약갱신을 거절하였는바, 이는 같은 조항 제9호의 '그 밖에 임대차를 계속하기 어려운 중대한 사유가 있는 경우'에 해당하여 정당하므로, 피고들은 이 사건 임대차계약 기간이 종료되는 2021. 4. 14.이 도래하면 원고들에게 이 사건 아파트를 인도할 의무가 있다.

2) 피고들

원고들의 이 사건 임대차 계약갱신요구에 대한 F의 거절은 주택임대차보호법 제6조의3제1항 각 호에 해당하지 아니하여 효력이 없고, 따라서 이 사건 임대차계약은 피고 C의 계약갱신요구에 따라 그 기간이 연장되었으므로, 원고들의 청구는 이유 없다.

나. 판단

1) 주택임대차보호법이 개정되어 제6조의3에서 임차인의 계약갱신요구권을 도입한 취지는 주택

---

[14] 2020. 6. 9. 법률 제17363호로 개정된 법에서는 제1항의 기간이 '6개월 전부터 2개월 전'으로 변경되었으나, 이 사건에 적용되는 법은 위 개정법 시행 전인 위 구 법 규정이다
[15] 2020. 7. 31. 법률 제17470호(현행법)로 신설된 규정이다.

임차인의 원칙적인 임대차 보장기간을 2년에서 4년으로 연장함으로써 안정적인 주거권을 강화하기 위한 것이라 할 수 있다. 그러면서도 법은 다른 한편으로 같은 조 제1항 각 호에서 임대인이 위 계약갱신요구를 정당하게 거절할 수 있는 사유를 규정함으로써 임대인과 임차인 사이의 형평을 도모하고 있는데, 그 중 제8호는 '임대인이 목적 주택에 실제 거주하려는 경우'를 규정하고 있고, 또한 제9호에서는 '그 밖에 임차인이 임차인으로서의 의무를 현저히 위반하거나 임대차를 계속하기 어려운 중대한 사유가 있는 경우'라고 규정함으로써 제1호 내지 제8호의 구체적 열거 규정으로 규율하지 못하는 경우에 대한 보충적 일반조항을 두고 있음은 앞서 본 바와 같다.

2) 원고들은 피고 C가 이 사건 임대차에 대한 계약갱신요구권을 행사할 당시 이 사건 아파트에 관한 소유권이전등기를 마치지 아니하여 자신들이 실제 거주하려는 이유로 위 계약갱신요구를 거절할 수 있는 '임대인'의 지위에 있지 아니하고, F는 이 사건 아파트를 매도한 자로 자신이 이 사건 아파트에 '실제 거주'할 예정이 아니므로, 원고들이나 F는 모두 주택임대차보호법 제6조의3 제1항제8호에 기하여 위 계약갱신요구를 거절할 수는 없다.

그런데 앞서 살펴 본 바와 같이 원고들은 주택임차인의 계약갱신요구권을 도입한 개정 주택임대차보호법이 시행되기 전에 실제 거주 목적으로 이 사건 아파트에 관한 매매계약을 체결하였고, 계약금의 지급도 계좌 송금의 방법으로 지급된 것이 확인되었는바, 원고들로서는 매매계약 당시 이 사건 임대차 계약기간이 종료되면 당연히 자신들이 실제 거주할 수 있다고 믿었을 것으로 보이고, 그러한 믿음에 어떠한 잘못이 있다고 인정할 만한 사정이 존재하지 아니한다.

또한 만약 원고들이 피고 C가 계약갱신요구권을 행사한 2020. 10. 16. 이전에 이 사건 아파트에 관한 소유권이전등기를 마쳤다면 F로부터 임대인 지위를 승계하여 위 조항 제8호에 의하여 적법하게 위 계약갱신요구를 거절할 수 있었을 것인데, 매매계약 체결 당시 그 도입을 알 수 없었던 임차인의 계약갱신요구권이 실행되기 전에 먼저 소유권이전등기를 마치지 않았다는 사정만으로 피고 C의 계약갱신요구를 거절할 수 없다고 한다면 이는 형평에 반하는 것으로 보인다.

사정이 위와 같다면, F가 '계약갱신요구권을 도입한 개정 법률 시행 이전에 실제 거주를 할 예정인 원고들에게 이 사건 아파트를 매도하였다'는 것을 이유로 한 위 계약갱신요구 거절은 주택임대차보호법 제6조의3제1항제9호 중 '그 밖에 임대차를 계속하기 어려운 중대한 사유가 있는 경우'에 해당한다고 봄이 타당하다.

다. 소결

그렇다면, 이 사건 아파트의 임차인 내지 직접점유자인 피고들은 이 사건 임대차 종료일인 2021. 4. 14.이 도래하면 이 사건 아파트의 소유자이자 F로부터 임대인의 지위를 승계한 원고들에게 이 사건 아파트를 인도할 의무가 있고, 피고가 이 사건 임대차의 계약갱신을 주장하며 인도시기를 다투고 있어 위 기한이 도래하더라도 임의의 이행을 기대할 수 없다고 보이므로 '미리 청구할 필요성'도 인정된다.

3. 피고들의 동시이행항변에 관하여

다만 피고들의 이 사건 아파트 인도의무는 원고들의 피고 C에 대한 이 사건 임대차보증금반환의무와 동시이행의 관계에 있으므로, 이를 지적하는 피고들의 항변은 이유 있다.

따라서 피고들은 위 2021. 4. 14.이 도래하면 피고 C이 원고들로부터 위 보증금 50,000,000원을 지급받음과 동시에 원고들에게 이 사건 아파트를 인도할 의무가 있다.

4. 결론

그렇다면 원고들의 피고들에 대한 청구는 위 인정범위 내에서 이유 있어 인용하고, 나머지 청구는 이유 없어 기각하기로 하여 주문과 같이 판결한다

4-2. 개정법 시행 전 매매계약을 한 매수인이 세입자의 갱신요구를 거절할 수 있는지의 여부 (소극)

【사건번호 및 확정 여부】
○ 서울중앙지방법원 2021. 8. 20. 2021나22762 판결 [건물인도]
○ 확정

【판결요지】
○ 개정된 주택임대차보호법은 원칙적으로 임차인의 계약갱신요구권을 인정하면서 예외적으로 임대인의 계약갱신 거절 사유를 한정적으로 열거하고 있다. 관련 규정의 내용과 체계, 부칙 등에 비추어 임대인 측 사정으로 볼 수 있는 '임대인이 임차주택을 매도했고 매수인이 실거주 의사가 있는 경우' 임대차보호법 제6조의3제1항제9호 사유에 해당한다고 보는 것은 예외적으로 열거된 갱신 거절 사유를 해석론을 통해 새로 추가하는 결과가 되므로 받아 들이기 어렵다. 따라서 실거주를 이유로 한 갱신거절 가능 여부는 임차인이 계약갱신을 요구할 당시의 '임대인'만을 기준으로 봄이 상당하다.

【전 문】
【원고】 A, B
【피고】 C

【주 문】
1. 피고는 원고들로부터 510,000,000원을 지급받음과 동시에 원고들에게 별지 목록 기재 건물을 인도하라
2. 소송비용은 피고가 부담한다.
3. 제1항은 가집행할 수 있다.

【청구취지】
주문과 같다.

【이 유】
1. 기초 사실관계
   가. 소외 D는 2019. 2. 17. 자신의 소유인 별지 목록 기재 건물(이하 '이 사건 아파트')을 피고에게 임대차보증금 5억 1,000만 원, 임대차기간 2019. 4. 8.까지로 정하여 임대하였다(이하 '이 사건 임대차계약').
   나. 피고는 위 임대차기간 개시일 무렵 D에게 위 임대차보증금을 지급한 다음 이 사건 아파트를 인도받고 전입신고를 마쳐 주택임대차보호법(이하 '주택임대차법')상의 대항력을 갖췄다.

다. 원고들은 이 사건 임대차계약 기간 중인 2020. 8. 12. D로부터 이 사건 아파트를 대금 14억 원에 매수하는 계약을 체결하였는데 (이하 '이 사건 매매계약'), 피고는 원고들이 위 매매계약에 따른 소유권이전등기를 마치기 전인 2020. 10. 9. D에게 '이 사건 임대차계약 기간 만료 6개월 전인 지금 계약갱신청구권을 행사하고자 한다'는 취지의 문자메시지를 보냈다.

라. 그러자 D는 2020. 10. 12. 피고에게 '요청하신 계약갱신청구권 수용을 거절한다'는 취지의 답신을 보냈고, 이에 다시 피고는 같은 날 '정당한 사유 없이 계약갱신청구권을 거부할 수 없다'고 답변하였다.

마. 원고들은 2020. 10. 29. 이 사건 매매계약에 따른 소유권이전등기를 마친 다음(원고들 지분 각 1/2), 2020. 11. 2. 피고에게 내용증명 우편을 보내 '매매계약 교섭 중 실거주 목적으로 매수하는 것이니 임대차기간 만료일에 목적물을 인도하여 달라고 요청하였고 임차인인 피고도 이에 동의한 바 있으므로, 약속대로 2021. 4. 8. 이 사건 아파트를 인도하여 달라'는 취지로 통보하였다(2020. 11. 3. 도달).

바. 이에 대하여 피고는 '2022. 1. 또는 2022. 2.경이 되어야 이사를 할 수 있다'는 취지로 원고들의 요청을 거절하였고, 원고들 측은 2021. 1. 2. 피고에게 재차 내용증명우편을 보내 '이 사건 임대차계약 기간 만료일에 목적물을 인도하여 달라'고 요청하였다 (2021. 1. 6. 도달).

사. 한편 원고들은 2020. 8. 12.경 이 사건 아파트 인근에 있는 어린이집에 자녀를 입소시키기 위해 대기신청을 하고 나중에 인근유치원에 자녀를 입학시키는 등, 가족이 이 사건 아파트에 실제 거주하기 위하여 이를 매수한 것이었다.

【인정근거】 다툼 없는 사실, 갑 제1, 2, 4 내지 9, 11호증, 을 제3, 6호증의 각 기재, 변론 전체의 취지

2. 쟁점 법률 조항과 당사자의 주장

가. 이 사건 쟁점과 관련한 주택임대차법 조항

「주택임대차보호법」

제3조(대항력 등) ① 임대차는 그 등기가 없는 경우에도 임차인이 주택의 인도와 주민등록을 마친 때에는 그 다음 날부터 제삼자에 대하여 효력이 생긴다. 이 경우 전입신고를 한 때에 주민등록이 된 것으로 본다.

② ~ ③ 생략

④ 임차주택의 양수인(그 밖에 임대할 권리를 승계한 자를 포함한다)은 임대인의 지위를 승계한 것으로 본다

⑤ ~ ⑥ 생략

제6조 (계약의 갱신)[16] ① 임대인이 임대차기간이 끝나기 6개월 전부터 1개월 전까지의 기간에 임차인에게 갱신거절의 통지를 하지 아니하거나 계약조건을 변경하지 아니하면 갱신하지 아니한다는 뜻의 통지를 하지 아니한 경우에는 그 기간이 끝난 때에 전 임대차와 동일한 조건으로 다시 임대차한 것으로 본다. 임차인이 임대차기간이 끝나기 1개월 전까지 통지하지 아니한 경우에도 또한 같다.

② ~ ③ 생략

---

[16] 2020. 6. 9. 법률 제17363호로 개정된 법에서는 제1항의 기간이 '6개월 전부터 2개월 전'으로 변경되었으나, 이 사건에 적용되는 법은 위 개정법 시행 전인 위 구 법 규정이다

제6조의3 (계약갱신 요구 등)[17] ① 제6조에도 불구하고 임대인은 임차인이 제6조 제1항 전단의 기간 이내에 계약갱신을 요구할 경우 정당한 사유 없이 거절하지 못한다. 다만, 다음 각 호의 어느 하나에 해당하는 경우에는 그러하지 아니하다.

    1~7. 생략

    8. 임대인(임대인의 직계존속·직계비속을 포함한다)이 목적 주택에 실제 거주하려는 경우

    9. 생략

② ~ ⑥ 생략

제10조 (강행규정) 이 법에 위반된 약정으로서 임차인에게 불리한 것은 그 효력이 없다.

나. 원고들의 주장 요지

① 피고의 이 사건 임대차계약에 관한 갱신요구에 대하여, 전(前)임대인이자 원고들의 대리인인 D가 2020. 10. 12.(제1의 라.항), 원고들이 2020. 11. 2.(제1의 마.항), 2021. 1. 2.(제1의 바.항)에 각 주택임대차법 제6조의 3 제1항 단서 제8호에 따른 실거주 목적을 이유로 한 갱신거절을 하였으므로 위 임대차계약은 기간 만료일인 2021. 4. 8. 종료되었고,

② 피고가 이 사건 매매계약 체결 전후인 2020. 8.경 D와 원고들에게 위 임대차계약에 관하여 갱신을 요구하지 않고 기간 만료 시 퇴거하겠다는 의사를 밝혔으므로 이후의 갱신요구권 행사는 금반언 원칙에 따라 무효이며,

③ 다른 한편 피고의 갱신요구권 행사는 이미 임대인의 지위를 채권적으로 승계한 원고들을 상대로 이루어졌어야 함에도 전임대인 D를 상대로 하였으므로 무효이다.

결국 어느모로 보나 이 사건 임대차계약은 종료되었으므로, 피고는 그 원상회복으로서 원고들로부터 이 사건 임대차계약상 임대차보증금을 지급받음과 동시에 원고들에게 이 사건 아파트를 인도할 의무가 있다.

다. 피고의 주장 요지

㉮ 피고는 주택임대차법 제6조의3제1항에 규정된 계약갱신요구권을 정당하게 행사하였으므로(제1의 다.항) 같은 조 제3항에 따라 이 사건 임대차계약은 동일한 조건으로 다시 계약된 것으로 간주 되었고(이에 반하여 D의 갱신거절은 '실거주 목적'이 없는 갱신거절로 무효이고, 원고들의 갱신거절은 이미 피고의 갱신요구권이 행사된 이후의 거절로서 무효이다),

㉯ D 또는 원고들에게 피고가 갱신요구권을 행사하지 않기로 약정한 사실이 없을 뿐 아니라 설령 그러한 약정을 하였다고 하더라도 강행법규인 주택임대차법 제10조에 따라 무효이므로, 결국 이 사건 임대차계약은 아직 종료되지 않아 원고들의 청구에 응할 수 없다.

3. 쟁점에 관한 판단

가. 주택임차인의 계약갱신요구권과 주택임대인의 갱신거절권의 성격

    1) 일방적인 법률행위 또는 소송을 통해 자신 또는 타인의 구체적인 법률관계를 직접적으로 변동시키는 힘을 그 내용으로 하는 권리를 일반적으로 형성권(形成權, Gestaltungsrecht)이라 부른다.

여기서 말하는 법률관계의 변동이란 구체적으로 법률관계를 성립시키거나, 변경시키거나, 소멸시키는 것을 가리키는 것인바, 주택임대차법 제6조의 3 제1항 본문이 규정하고 있는 주택임차인의 계약갱신요구권(이하 단순히 '갱신요구권')은 일정한 요건 하에 행사될 경우 같은

---

[17] 2020. 7. 31. 법률 제17470호(현행법)로 신설된 규정이다.

조 제3항에 따라 임대차계약의 체결이 간주되는 것을 내용으로 하므로 형성권이다.
2) 위와 같은 형성권도 소멸하거나 제한될 수 있는데, 그 제한 사유 중 하나로 강학상의 이른바 형성반권(形成反權, Gestaltungsgegenrecht)을 들 수 있다.
형성반권이란 형성상대방으로 하여금 형성권자의 형성을 어렵게 만들거나, 형성력을 저지시키거나, 형성권을 무효화시켜서 결과적으로 형성을 방해할 수 있게 하는 권리를 말하는 것으로, 주택임대차법 제6조의 3 제1항 단서가 규정하고 있는 주택임대인의 갱신거절권(이하 단순히 '갱신거절권')은 형성권인 갱신요구권을 무력화 시킬 수 있다는 점에서 형성반권에 해당한다18).

나. 주택임대차법 제3조 제4항의 임대인 지위 승계
1) 주택임대차법 제3조 제4항은 임차주택의 양수인은 임대인의 지위를 승계한 것으로 본다고 규정하고 있는바, 이는 법률상의 당연승계 규정으로 보아야 하므로 임차주택이 양도된 경우 그 양수인은 주택의 소유권과 결합하여 임대인의 임대차계약상의 권리·의무 일체를 그대로 승계하며, 그 결과 양수인이 임대차보증금반환채무를 면책적으로 인수하고, 양도인은 임대차 관계에서 탈퇴하여 임차인에 대한 임대차보증금반환채무를 면하게 된다(대법원 2013. 1. 17. 선고 2011다49523 전원합의체 판결 취지 참조). 따라서 당해 임대차를 둘러싼 법률문제만 놓고 본다면 상속이나 합병과 마찬가지의 법률 효과가 발생하며(위 전원합의체 판결의 다수의견에 대한 보충의견), 위 임대인 지위의 이전은 그 자체가 실체법상의 '포괄승계'는 아니로되 승계되는 권리·의무의 범위는 임대차관계에 한해서는 '포괄적'이다.
2) 따라서 특별한 사정이 없는 한 종전 임대차의 보증금, 차임 금액, 지급시기, 지급방법, 존속기간, 특약 등이 그대로 승계되고, 다만 이미 발생한 연체차임채권은 따로 채권양도의 요건을 갖추지 않는 한 승계되지 않는다(대법원 2008. 10. 9. 선고 2008다3022 판결).

다. 양수인(임대인 지위 승계인)의 갱신거절권 행사 가능성
1) 위 나.항에서 살펴 본 바와 같이 임차주택이 양도된 경우 그 양수인은 주택의 소유권과 결합하여 임대인의 임대차계약상의 권리·의무 일체를 포괄적으로 승계하는 것이므로, 형성반권인 갱신거절권 또한 양수인에게 승계된다고 보아야 한다.
2) 피고는 갱신요구권이 형성권임을 이유로 위 권리가 행사되면 그 즉시 이에 따른 법률관계가 형성되어 상대방이 갱신거절권을 행사 할 수 없다는 취지로 해석될 수 있는 주장을 하나, 이는 임차인에게 위와 같은 형성권을 부여하면서 한편으로 임대인에게 소정의 형성반권을 부여한 주택임대차법의 명문 규정에 반하는 주장이다.

라. 이 사건에의 적용
1) 위 가.~다.항에서 살펴본 바에 의하면 임대인의 지위를 승계한 원고들은 주택임대차법 제6조의 3 제1항 단서의 요건을 갖춘 경우 갱신거절권을 행사할 수 있고, 이와 달리 볼 법리상 근거가 없다.
2) 피고는 임차주택 양수인의 갱신거절권이 인정되어서는 안 된다는 근거로, 임대인의 실제 거주 사유는 임차인 측에서 예측하기 어려운 임대인의 주관적 사유이고 임차목적물이 매도되어 새로운 임대인이 실제 거주하는 경우는 더욱 그러하다는 점, 위 갱신요구권의 신설이 임차인의 주거권 강화를 목적으로 한 법 개정이라는 점을 들고 있으나, 이는 임대인의 갱신거절권

---

18) 주택임대차법 제6조의 3 제1항 단서와 같은 구조인 상가건물 임대차보호법 제10조 제1항 단서의 갱신거절권이 형성반권에 해당한다는 점은 학설상 이설이 없는 것으로 보인다

을 명시한 법 규정에 반하는 해석이어서 채택하기 어렵다(위와 같은 해석은 임대인의 갱신거절권을 전면 부인하는 논리와 크게 다를 바 없어 보인다).

물론 피고가 지적하는 바와 같이 갱신거절권의 요건을 갖추지 못한 양도인이 갱신거절권의 요건을 갖춘 양수인에게 임차주택을 매도 할 경우 임차인의 입장에서 예기치 않은 불이익을 입을 우려는 있다.

그러나 이는 임차인을 보호하고자 하는 방편으로 임대인 지위를 주택의 소유권과 결합시킨 주택임대차법의 근본 구조상 부득이한 결과로 판단되는바, 위 법이 주로 임차인의 주거생활 안정을 목적으로 한다고 하여 쟁점이 되는 모든 국면에서 법 전체의 체계를 무시하고 임차인에게 유리한 결론만을 도출할 수는 없다고 할 것이다(임차주택의 매도에 의해 임차인에게 일정한 국면에서 불리한 결과가 발생할 가능성이 있는 것은 임대차보증금의 보호와 관련 하여도 마찬가지인바, 예컨대 양수인의 자력이 양도인의 자력에 비하여 열위에 있는 경우 임차인에게 예기치 않은 손해가 발생할 가능성이 있다[19]). 그리고 이는 임차주택의 매매가 없는 경우로서 임대인이 임차인의 갱신요구권 행사 당시 갱신거절권의 요건을 갖추지 못하고 있다가 나중에 그 요건을 갖추어 갱신거절권을 행사하는 것(이 경우 갱신거절권을 부정할 근거가 없다)과 근본적으로 다르지 않다고 할 것이다.

3) 또한 피고는, ⓐ 임차주택 양도인인 D는 주택임대차법 제6조의3제1항 단서 제8호의 요건(이하 단순히 '8호 요건')을 충족시키지 못하므로 갱신요구권을 행사할 수 없고, ⓑ 양수인은 원고들이 이 사건 아파트에 관한 소유권이전등기를 마쳐야 갱신요구권을 행사할 수 있는데 그 전에 이미 임차인인 피고의 갱신요구권이 행사되었기 때문에 결과적으로 위 아파트의 양도인, 양수인 모두 갱신거절권을 행사할 수 없다는 취지로 주장한다.

살피건대 피고의 위 주장 중 ⓐ 부분은 주택임대차법의 해당 규정에 비추어 타당하나, ⓑ 부분은 앞서 다.의 2)항에서 본 바와 같은 이유로 타당하지 않다. 그리고 법이 명문으로 인정한 갱신거절권이 '임대차목적물의 매도'와 '소유권이전등기 전 갱신요구권 행사'라는 사유에 의하여 전·후 소유자 중 어느 누구도 행사할 수 없는 상태로 소멸한다고 볼 근거가 없는바, 만일 이를 인정한다면 임차건물 소유자의 처분권을 갱신요구권 행사 가능 기간 동안 사실상 제한하는 결과가 초래될 수 있다.

4) 다만 이 사건에서 원고들의 갱신거절권이 실체적, 절차적으로 적법하게 행사되었는지는 검토의 필요성이 있다.

우선 제1의 라.항에서 본 D의 갱신거절권 행사는 그가 당시 8호 요건 내지 주택임대차법 제6조의 3 제1항 단서의 다른 요건을 갖추고 있었다고 볼 증거가 없으므로, 피고가 3)항 ⓐ에서 지적한 바와 같이 부적법하다. 원고들은 D가 원고들의 대리인 지위에서 갱신거절권을 행사하였다고 주장하나, 위 대리권의 존재를 뒷받침할 증거가 없고, 무엇보다 당시 원고들은 이 사건 아파트의 소유권을 취득하지 못하여 갱신거절권을 취득하지 못한 상태였다(매수인이라는 채권자의 지위에서 곧바로 갱신거절권을 취득할 수 있다는 원고들 주장 또한 법적 근거가 없는 주장이다). 그러나 원고들은 2020. 10. 29. 이 사건 아파트에 관한 소유권이전등기를 마침으로써 임대인 지위를 승계하였고, 제1의 사.항 인정사실에 의하면 당시 원고들은 8호 요건을 갖추고 있었다고 봄이 상당하므로, 원고들의 2020. 11. 2. 갱신거절권 행사는 적

---

[19] 다만 이 경우 임차인으로서는 상당한 기간 내에 이의를 제기하여 승계되는 임대차관계의 구속으로부터 벗어날 수 있다(대법원 2002. 9. 4. 선고 2001다64615 판결 참조).

법하다.
라. 여론(餘論)
1) 피고의 주장 중 국토교통부의 법령 해석과 관련한 주장이 있으므로 살펴본다.
2) 주택임대차법에 신설된 위 갱신요구권, 갱신거절권과 관련하여 국토교통부가 '임차인의 주거권 강화를 위한 개정 법의 취지와 계약갱신요구권의 법적 성격을 고려할 때, 실거주를 이유로 한 갱신거절 가능 여부는 임차인의 계약갱신요구 당시의 임대인을 기준으로 판단해야 한다'는 취지의 자료를 게시한 사실은 공지의 사실이다.
그러나 행정청의 행정해석이 법원의 법 해석 권한을 기속하지 않음은 명백하고, 위에 제시된 행정해석의 내용을 살펴보아도 앞서의 판단을 뒤집을 만한 법리적 근거가 제시되지 않고 있음을 알 수 있으므로, 이는 따를 것이 못된다.
3) 그리고 입법자의 의사를 탐색함에 있어 개정 법 제안자인 행정청의 행정해석이 하나의 참고자료는 될 수 있다 할 것이나, 삼권분립의 원칙상 행정청의 의사와 입법자의 의사를 동일시할 수는 없는 것이고, 위 법 개정과 관련한 제반 자료들을 살펴보아도 입법과정에서 이 사건 쟁점 부분에 관하여 진지한 논의가 이루어졌다는 내용을 찾아 볼 수 없으므로, 이와 관련한 입법자의 의사가 명확하였다고 볼 수도 없다(또한 법원의 법 해석은 법률에 사용된 문언의 통상적인 의미에 충실하게 해석하는 것이 원칙이고, 입법자의 의사에만 기속되는 것이 아니다).
마. 쟁점에 관한 결론
따라서 원고들의 제2의 나.항 ① 주장을 결과적으로 받아들이고, 피고의 제2의 다. 항 ㉮ 주장은 받아들이지 않는다(나머지 주장에 관한 판단은 생략한다).
그러므로 이 사건 임대차계약은 원고들의 적법한 갱신거절권 행사에 따라 원래의 임대차기간 만기인 2021. 4. 8. 종료되었고, 피고는 임대차계약 종료에 따른 원상회복으로서 원고들로부터 이 사건 임대차계약의 임대차보증금 5억 1,000만 원을 지급받음과 동시에 원고들에게 이 사건 아파트를 인도할 의무가 있다.
4. 결론
그렇다면 원고들의 이 사건 청구는 정당하므로, 이를 인용하기로 한다

제3편 행정소송

제1장 행정소송에서의 조정

제1절 행정소송에서의 조정, 화해의 방식

1. 개요

행정소송에서의 조정. 화해의 방식으로는 다음 네 가지의 경우를 상정할 수 있다. 첫째, 당사자가 법원, 수명법관, 수탁판사(이하 이를 통틀어 '재판 부'라고만 한다) 앞에서 화해에 관한 일치된 진술을 하고 이를 조서에 기재 하는 방식(제1방식), 둘째, 재판부의 화해권고에 의하여 화해조서를 작성하는 방식(제2방식), 셋째, 재판부의 화해권고 결정에 대하여 일정한 기간 내 에 당사자의 이의신청이 없으면 재판상 화해와 같은 효력을 가지게 하는 방 식(제3방식, 개정 민소법 225조 내지 232조 참조), 넷째, 실무관행으로 정착 되고 있는 사실상 조정·화해의 방식(제4방식)이다

2. 사실상 조정·화해 방식의 내용

가장 기본적인 유형은[재판부의 조정권고→피고의 취소변경처분→원고의 소취하]라는 순서를 거치게 된다

가. 일반적인 형태

(1) 영업(면허·자격) 정지처분의 취소를 구하는 사건에서 정지기간의 일부를 단축하는 형태(또는 정지기간의 전부 또는 일부를 과징금으로 대체하기도 함), (2) 영업허가(면허·자격) 취소처분의 취소를 구하는 사건에서 이 를 일정한 기간의 정지처분으로 변경하는 형태, (3) 과징금 부과처분 또는 조세 부과처분의 취소를 구하는 사건에서 그 부과금액을 감축하는 형태, (4) 철거 대집행 계고처분의 취소를 구하는 사건에서 철거 대집행의 기한을 연장하는 형태, (5) 부당해고 구제 재심판정의 취소를 구하는 사건에서 사업주 가 근로자에게 일정한 금원을 지급하는 대신 근로자는 복직을 포기하는 형 태(경우에 따라 해고 대신 사직으로 처리하기도 하고, 해고를 그대로 유지하기도 함), (6) 장해등급 결정처분의 취소를 구하는 사건에서 장해등급을 종 전 처분보다 원고에게 유리하게 조정하는 형태, (7) 절차의 하자가 있는 처분에 대하여 이를 다소 변경하거나 또는 같은 내용으로 재처분절차를 밟기 로 하는 형태 등

이 있다

제2절 사건유형별 조정기법

1. 공통사항

행정사건의 조정을 시도하려고 할 경우에 공통적인 사항은, 재판부가 쌍방에 서면으로 된 조정권고안을 보내는 것이 거의 필수적이라는 점이다.
조정권고안을 제시할 때에는 간략하게 '조정권고의 이유'를 기재하는 것이 바람직하다.
다음은 '조정권고 이유'의 예시이다.

- 예시 1

[처분사유인 유흥주점 형태 영업과 관련하여, 전문적인 접대부를 고용 하여 접대행위를 한 것이 아니라 술과 안주를 나르는 종업원 1명이 잠시 접대행위를 한 것으로서 선처의 여지가 있다고 판단되므로, 조정을 권고합니다.]

- 예시 2

[피고의 벌점 배점행위를 행정처분으로 볼 수 있는지 여부에 관계없이, 사안에 비추어 벌점을 배점하는 것은 부당하다고 판단되므로, 이를 소멸시키고자 조정권고안을 제시하는 바입니다.]

- 예시 3

[기존의 운전면허 정지처분에 따른 정지기간이 이미 지났기는 하였으나, 원고가 행정소송을 뒤늦게 제기하였을 뿐 행정심판을 통하여 주취 운전 부분을 다투어 온 점, 이 사건 실체관계상 원고의 주장을 수긍할 수 있는 점 등을 고려하여, 구체적 타당성이 있는 결론에 이르고자 원고에게 배점된 벌점만을 소멸시키기 위하여 조정권고안을 제시하는 바 입니다.]

2. 조정권고안 예시

조정권고안

사　　건　2023구○○○

원　　고　○○○

피　　고　서울특별시 ○○구청장

　우리 재판부에서 심리중인 위 사건을 심리한 결과, 분쟁의 신속·원만한 해결을 위하여 아래와 같은 조정을 권고하오니 가능한 한 이를 수용하여 주시고, 이견이 있으면 수정안을 제시하여 주시기 바랍니다.

조정권고안

1. 피고는 2023. 8. 1. 원고에 대하여 한 영업허가 취소처분을 4개월의 영업정지처분 및 나머지 2개월의 영업정지처분에 갈음하는 과징금 부과처분으로 변경처분한다(다만, 2023. 8. 2.부터 변경처분일까지의 기간은 위 4개월의 영업정지기간에서 공제함).
2. 원고는 피고가 위 변경처분을 하는 것을 조건으로 이 사건 소를 취하하고, 피고는 이에 동의한다.
3. 소송비용은 각자의 부담으로 한다.

2023. 11. 6.

재판장 판사　○○○

[위 조정권고안의 수락 여부를 Fax (02-3479-○○○○)로 알려 주시기 바랍니다.]
첨부: 조정권고의 이유

제3절 노동사건과 조정기법

　노동사건의 주류는 부당해고를 다투는 경우가 차지하고 있고, 부당해고를 다투는 경우도 사안에 따라 다양한 모습을 보이고 있다.

　대표적인 조정안은 "사용자측은 징계해고를 취소하고, 근로자는 사직하며, 사직일까지의 기간에 대한 임금 중 일정 부분을 사용자가 근로자에게 지급한다."는 방식이다(아래 예시 1 참조)

　첫 기일에 이미, 당사자 사이의 입장이 접근되어 있어 분쟁의 핵심이 '해고의 취소 및 사직의 문제'가 아니라 그와 더불어 지급될 퇴직위로금 등 금원의 '비교적 소액의 차이'에 불과함이 드러나는 수도 있다. 이러한 사건은 재판부가 조정을 적극적으로, 권유하면 마치 소액사건의 조정이 이루어지는 경우처럼 손쉽게 조정에 이르게 된다(아래 예시 2 참조).

1. 조정권고안 예시

• 예시 1(근로자가 원고인 경우)

[1. 피고 보조참가인은 원고에 대한 2023. 10. 1.자 해고를 취소하고, 같은 날짜로 의원면직 처리한다.
2. 피고 보조참가인은 원고에게 퇴직위로금으로 2개월분의 임금(평균임금)을 2024. 9. 2.까지 지급한다. 만약, 피고 보조참가인이 위 기일까지 위 금액을 지급하지 않을 경우에는 그 다음날부터 연 12%의 비율에 의한 지연손해금을 가산하여 지급한다.
3. 원고는 이 사건 소를 취하하고, 피고 보조참가인은 이에 동의한다.
4. 원고와 피고 보조참가인은 이후 이 사건 해고와 관련하여 일체의 민·형사상 이의를 제기하지 아니한다.
5. 소송비용은 각자의 부담으로 한다.]

• 예시 2(근로자가 원고인 경우)

[1. 원고는 피고 보조참가인과의 사이에 근로계약관계가 종료되었음을 인정하고, 이 사건 소를 취하하며, 피고 보조참가인은 이에 동의한다.
2. 피고 보조참가인은 원고에게 재직기간에 대한 퇴직위로금으로 금 500,000원을 2023. 6. 30.까지 지급하며, 위 기일까지 위 금액을 지급하지 않을 경우에는 그 다음날부터 연 12%의 비율에 의한 지연 손해금을 가산하여 지급한다.
3. 원고와 피고 보조참가인은 이후 이 사건과 관련하여 일체의 민·형사상의 이의를 제기하지 아니한다.

• 예시 3(사용자가 원고인 경우)

[1. 피고 보조참가인은 2024. 2. 20.까지 이 사건 부당해고(또는 부당 노동행위) 구제신청을 취하하고, 원고는 위 구제신청 취하가 행해진 진후 이 사건 소를 취하함과 아울러 피고 보조참가인에 대한 2022. 9. 20.자 해고를 취소하고 의원면직 처리한다.
2. 원고는 피고 보조참가인에게 2024. 2. 28.까지 미지급 임금 및 퇴직위로금 등으로 금 2천만원을 지급한다.
3. 원고와 피고 보조참가인은 이후 이 사건과 관련하여 일체의 민·형사상의 이의를 제기하지 아니한다.
4. 소송비용 은 각자의 부담으로 한다.]

제4절 운전면허 정지·취소 사건과 조정기법

운전면허 정지·취소 처분의 취소를 구하는 소송의 경우, 그 처분사유가 대부분 주취운전이고, 이에 대하여는 도로교통법 시행규칙상 혈중 알콜 농도에 따라 처분기준이 정하여져 있는 데다가, 대법원 판례도 처분의 재량 권 일탈·남용을 매우 제한적으로 인정하는 추세이다

• 사례 1

[운전면허 취소사유에 해당하는 음주운전을 적발한 경찰관의 소속경찰서장이 사무착오로 위반자에게 100일간의 운전면허 정지처분을 하고 원고가 교통소양교육을 마치자 80일로 감경하여 주기까지 한 상태에서, 위반자의 주소지 관할 지방경찰청장이 위반자에게 운전면허 취소처분을 함으로써 선행처분에 대한 당사자의 신뢰 및 법적 안정성을 저해한 경우에는 80일 또는 100일간의 운전면허 정지처분으로 감경 하도록 권고한다.]

• 사례 2

[직접 운전을 하지 않은 공범자에 대하여 도로교통법 제78조 제1항 제5호의 규정에 따라 운전면허 취소처분을 한 경우는 이를 취소하거 나 적어도 대폭 감경하도록 권고한다.])

• 조정권고안 예시

1. 피고는 원고가 2023. 12. 29. 23:00경 서울 송파구 둔촌동 4거리에서 주취운전을 하였음을 이유로 원고에게 배점한 100점의 벌점을 삭제 한다.

2. 원고는 피고가 제1항과 같이 벌점삭제 조치를 취하는 즉시 이 사건 소를 취하하고, 피고는 이에 동의한다.
3. 소송비용은 각자 부담한다.

제5절 영업정지 내지 영업허가 취소 등의 사건과 조정기법

영업정지 내지 영업허가 취소 사건은 대체로 식품접객업소에 대한 것이다. 가령, 접대부를 두어 영업을 한 단란주점에 대한 3개월의 영업정지 사건, 미성년자 접대부를 고용하여 영업허가 취소의 처분을 받은 유흥주점, 19세 미만인 자에게 술을 제공한 일반음식점 등이 대표적인 예들이다

- 예시 1

1. 피고는 원고에 대한 2023. 4. 14.자 영업허가 취소처분을 취소하고, 대신 2개월의 영업정지처분을 한다.
2. 원고는 피고가 제1항의 조치를 취하는 즉시 이 사건 소를 취하하고, 피고는 이에 동의한다.
3. 소송비용은 각자 부담한다.

- 예시 2

1. 피고는 이 사건 처분을 과징금 1,500만원의 부과처분으로 변경한다.
2. 원고는 피고가 변경처분을 하는 즉시 이 사건 소를 취하하고, 피고는 이에 동의한다.
3. 소송비용은 각자 부담한다.

- 예시 3

1. 피고는 직권으로 이 사건 처분을 영업정지 3개월 상당의 과징금 부과처분으로 변경한다.
2. 원고는 피고가 변경처분을 하는 즉시 이 사건 소를 취하하고, 피고는 이에 동의한다.
3. 소송비용은 각자 부담한다.

제6절 조세사건과 조정기법

조세사건의 경우에도 조정권고가 가능한 예가 많다. 부과처분의 내용 중 일부가 부당한 경우가 대표적인 예이다

• 예시 1

> 상속세 부과처분을 다투는 사건
> 1. 피고는 2022. 1. 17. 원고들에게 한 상속세 327,575,547원(자진납부 세액 62,800,918원을 공제한 추가고지세액 264,774,620원)의 부과처분을, 상속재산인 별지 부동산의 가액을 을 제2호증 감정평가서상의 평가금액인 1,453,628,180원으로 보아 상속재산 가액을 감액하여 재산정한 117,276,352원(추가고지세액 54,475,430원)으로 감액경정 처분을 한다.
> 2. 원고는 피고가 위 감액경정 처분을 하는 것을 조건으로 이 사건 소를 취하하고, 피고는 이에 동의한다.
> 3. 소송비용은 각자 부담한다.

• 예시 2

> 1. 피고는 원고에 대한 이 사건 처분을, 2023년 2기분 매출누락액을 14,120,000원, 1996년 1기분 매출누락액을 3,000,000원으로 하여 감액경정한다.
> 2. 소송비용은 각자 부담한다

• 예시 3

> [부동산취득자금의 증여추정사건에서, 원고들에게 상당한 고정수입과 재산이 있고, 증여추정된 금액 중 실제로 증여된 금액이 얼마인지 입증하는 것이 쌍방 모두 곤란하여, 입증이 곤란하다고 쌍방이 인정하는 금액만큼을 감액, 세액을 재계산하여 조정권고함]

제7절 토지수용사건과 조정기법

토지수용사건에서 원고의 감정 신청을 받아들여 감정한 결과 증액평가된 금액이 소액인 경우 화해를 시도하는 것이 바람직하다.

• 화해조서 주문례

> 1. 피고 기업자는 원고에게 금 ○○원을 ○년 ○월 ○일까지 지급한다.
> 2. 원고는 피고 중아오지수용위원회에 대한 청구 및 피고 기업자에 대한 나머지 청구를 포기한다.
> 3. 소송비용은 각자 부담한다.

제8절 공유물분할사건의 조정조항

공유물분할소송에서도 조정이 가능하다는 것이 일반적인 견해이고 실무이다.

[작성례]

> ① 현물분할의 경우
>   1. 원고와 피고들은 금일(또는 2024. 10. 1.) 원고와 피고들의 공유인 별지 목록 기재 각 토지에 관하여 공유물분할을 하고 다음과 같이 각자의 단독소유로 한다.
>   가. 원고의 소유 부분: (생략)
>   나. 피고의 소유 부분: (이하 생략)
>   2. 원고와 피고들은 제1항과 같이 분필등기를 한 다음 각각의 소유부분에 관하여 제1항의 공유물분할을 원인으로 한 소유권이전등기절차를 이행한다. 위 등기절차비용은 이를 3분하여 그 1은 원고가 나머지는 피고들이 같은 비율로 각 부담한다.
>   주) 공유물분할등기에서 분필등기 및 지분이전등기가 필요한 경우 그 분필등기 및 지분이전등기는 다른 취득자를 대위하여 단독으로 할 수 있으므로(대법원 1979. 3. 8.자 79마5 결정), "이 사건 토지를 제1항과 같이 분필등기를 한 다음… 소유권이전등기절차를 이행한다."는 표현은 반드시 필요한 것은 아니나 당사자의 임의이행을 강조하는 의미에서 기재하는 것이 바람직하다.
> ② 현물분할과 가격분할의 조합
>   1. 원고와 피고는 금일 원고와 피고의 공유인 별지 목록 기재 토지를 원고의 단독소유로 하는 것으로 하고, 이에 따라 피고가 취득하는 대가를 ○원으로 정한다.
>   2. 원고는 피고에게 2024. 10. 1.까지 제3항의 소유권이전등기를 경료 받음과 동시에 제1항의 금액을 피고에게 지참(또는 송금)하여 지급한다.
>   3. 피고는 원고에게 2024. 10. 1.까지 제2항의 금액을 지급받음과 동시에 제1항 기재 토지에 관하여 제1항의 공유물분할을 원인으로 한 소유권이전등기절차를 이행한다.
> ③ 경매분할의 경우
>   1. 원고와 피고들은 원고와 피고들의 공유인 별지 목록 기재 토지 및 건물을 경매에 부칠것을 합의하고, 2024. 10. 1.까지 공동 또는 단독으로 경매의 신청을 한다.

제9절 작위·부작위를 목적으로 하는 사건의 조정조항

작위·부작위를 목적으로 하는 사건에서는 집행방법을 염두에 두고 조정 조항을 작성하여야 한다. 작위의무를 내용으로 하고 수권결정을 전제로 하는 경우에는 도면이나 사양서 등으로 그 내용에 의문이 생기지 않도록 특정할 필요가 있다. 간접강제에 의한 경우에는 위반한 경우의 금액을 합의해 두는 것이 유효한 경우가 있다.

[작성례①]

1. 피고는 원고에 대하여 2024. 10. 1.까지 피고 소유 별지 목록 기재 제1 건물의 1층 및 2층 북측 창에 별지 도면 및 사양서 기재와 같은 차양을 설치한다. 위 설치비용은 피고가 부담한다.
   주) 설치비용을 공사 후 원고가 지급하기로 한 경우에는 「원고는 피고에게 피고가 위 설치공사를 한 경우에는 위 공사 종료일로부터 7일 안에 위 공사비용을 지급한다」고 기재하면 될 것이다.
2. 원고는 피고에 대하여 제1항의 공사를 하는 데 필요한 한도에서 피고 및 피고가 사용하는 업자가 별지 목록 제2 기재 토지 중 남측 폭 1m 부분에 출입하는 것을 승낙한다.

[작성례②]

1. 피고는 원고에게 2024. 10. 1.까지 별지 도면 표시 …시의 각 점을 차례로 이은 선상에 설치되어 있는 알루미늄제 담장(콘크리트제 기초를 포함한다)을 철거한다. 위 철거비용은 피고가 부담한다.
2. 피고는 원고에 대하여 피고가 제1항의 기한까지 위 공사를 하지 아니할 때에는 원고가 위 공사를 할 수 있음을 확인한다.

[작성례③]

피고는 원고에 대하여 별지 목록 기재 토지 중 별지 도면 표시 …의 각 점을 차례로 이은 선내 (가)부분에 건물 기타 공작물을 축조하지 아니한다.

[작성례④]

피고는 원고에 대하여 피고가 위 기한까지 위 채무를 이행하지 아니 할 때에는 위 기한의 익일부터 위 채무를 이행할 때까지 매일 금 ○원의 비율에 의한 위약금을 지급한다.

제2장   조정분야별 법조문 및 조정위원회

제1절   건설 · 부동산 분야

1. 건설업 및 건설 용역업에 관한 분쟁 (건설분쟁 조정위원회)

[건설산업기본법]

제69조 (건설분쟁 조정위원회의 설치) ① 건설업 및 건설용역업에 관한 분쟁을 조정하기 위하여 국토교통부장관 소속으로 건설분쟁 조정위원회(이하 "위원회"라 한다)를 둔다. <개정 2013. 3. 23., 2013. 8. 6.>
② 삭제 <2013. 8. 6.>
③ 위원회는 당사자의 어느 한쪽 또는 양쪽의 신청을 받아 다음 각 호의 분쟁을 심사·조정한다. <개정 2013. 8. 6.>
  1. 설계, 시공, 감리 등 건설공사에 관계한 자 사이의 책임에 관한 분쟁
  2. 발주자와 수급인 사이의 건설공사에 관한 분쟁. 다만, 「국가를 당사자로 하는 계약에 관한 법률」 및 「지방자치단체를 당사자로 하는 계약에 관한 법률」의 해석과 관련된 분쟁은 제외한다.
  3. 수급인과 하수급인 사이의 건설공사 하도급에 관한 분쟁. 다만, 「하도급거래 공정화에 관한 법률」을 적용받는 사항은 제외한다.
  4. 수급인과 제3자 사이의 시공상 책임 등에 관한 분쟁
  5. 건설공사 도급계약의 당사자와 보증인 사이의 보증책임에 관한 분쟁
  6. 그 밖에 대통령령으로 정하는 사항에 관한 분쟁
④ 위원회의 사무를 처리하기 위하여 위원회에 사무국을 두며, 위원회 위원의 조사업무를 보좌하기 위하여 사무국에 전문위원을 둘 수 있다. <신설 2013. 8. 6.>
[전문개정 2011. 5. 24.]

2. 건설산업기본법상의 분쟁을 제외한 건축 등과 관련된 분쟁 (건축분쟁 조정위원회)

[건축법]

> 제88조 (건축분쟁전문위원회) ① 건축등과 관련된 다음 각 호의 분쟁(「건설산업기본법」 제69조에 따른 조정의 대상이 되는 분쟁은 제외한다. 이하 같다)의 조정(調停) 및 재정(裁定)을 하기 위하여 국토교통부에 건축분쟁전문위원회(이하 "분쟁위원회"라 한다)를 둔다. <개정 2009. 4. 1., 2014. 5. 28.>
> 1. 건축관계자와 해당 건축물의 건축등으로 피해를 입은 인근주민(이하 "인근주민"이라 한다) 간의 분쟁
> 2. 관계전문기술자와 인근주민 간의 분쟁
> 3. 건축관계자와 관계전문기술자 간의 분쟁
> 4. 건축관계자 간의 분쟁
> 5. 인근주민 간의 분쟁
> 6. 관계전문기술자 간의 분쟁
> 7. 그 밖에 대통령령으로 정하는 사항
> ② 삭제 <2014. 5. 28.>
> ③ 삭제 <2014. 5. 28.>
> [제목개정 2009. 4. 1.]

3. 담보 책임 및 하자 보수 관련 분쟁 (하자심사·분쟁 조정위원회)

[공동주택관리법]

> 제39조 (하자심사·분쟁조정위원회의 설치 등) ① 제36조부터 제38조까지에 따른 담보책임 및 하자보수 등과 관련한 제2항의 사무를 관장하기 위하여 국토교통부에 하자심사·분쟁조정위원회(이하 "하자분쟁조정위원회"라 한다)를 둔다. <개정 2020. 12. 8.>
> ② 하자분쟁조정위원회의 사무는 다음 각 호와 같다. <개정 2017. 4. 18., 2020. 12. 8., 2022. 6. 10.>
> 1. 하자 여부 판정
> 2. 하자담보책임 및 하자보수 등에 대한 사업주체·하자보수보증금의 보증서 발급기관(이하 "사업주체등"이라 한다)과 입주자대표회의등·임차인등 간의 분쟁의 조정 및 재정
> 3. 하자의 책임범위 등에 대하여 사업주체등·설계자·감리자 및 「건설산업기본법」 제2조제13호·제14호에 따른 수급인·하수급인 간에 발생하는 분쟁의 조정 및 재정
> 4. 다른 법령에서 하자분쟁조정위원회의 사무로 규정된 사항
> ③ 하자분쟁조정위원회에 하자심사·분쟁조정 또는 분쟁재정(이하 "조정등"이라 한다)을 신청하려는 자는 국토교통부령으로 정하는 바에 따라 신청서를 제출하여야 한다. <개정 2020. 12. 8.>
> ④ 제3항에 따라 신청된 조정등을 위하여 필요한 하자의 조사방법 및 기준, 하자 보수비용의 산정

방법 등이 포함된 하자판정에 관한 기준은 대통령령으로 정한다. <개정 2020. 12. 8.>
[제목개정 2020. 12. 8.]

4. 입주자대표회의의 구성·운영, 층간소음 등 공동주택의 관리 등에 관한 분쟁 (공동주택관리 분쟁조정 위원회)

[공동주택관리법]

제71조 (공동주택관리 분쟁조정위원회의 설치) ① 공동주택관리 분쟁(제36조 및 제37조에 따른 공동주택의 하자담보책임 및 하자보수 등과 관련한 분쟁은 제외한다. 이하 이 장에서 같다)을 조정하기 위하여 국토교통부에 중앙 공동주택관리 분쟁조정위원회(이하 "중앙분쟁조정위원회"라 한다)를 두고, 시·군·구(자치구를 말하며, 이하 같다)에 지방 공동주택관리 분쟁조정위원회(이하 "지방분쟁조정위원회"라 한다)를 둔다. 다만, 공동주택 비율이 낮은 시·군·구로서 국토교통부장관이 인정하는 시·군·구의 경우에는 지방분쟁조정위원회를 두지 아니할 수 있다. <개정 2020. 6. 9.>
② 공동주택관리 분쟁조정위원회는 다음 각 호의 사항을 심의·조정한다.
  1. 입주자대표회의의 구성·운영 및 동별 대표자의 자격·선임·해임·임기에 관한 사항
  2. 공동주택관리기구의 구성·운영 등에 관한 사항
  3. 관리비·사용료 및 장기수선충당금 등의 징수·사용 등에 관한 사항
  4. 공동주택(공용부분만 해당한다)의 유지·보수·개량 등에 관한 사항
  5. 공동주택의 리모델링에 관한 사항
  6. 공동주택의 층간소음에 관한 사항
  7. 혼합주택단지에서의 분쟁에 관한 사항
  8. 다른 법령에서 공동주택관리 분쟁조정위원회가 분쟁을 심의·조정할 수 있도록 한 사항
  9. 그 밖에 공동주택의 관리와 관련하여 분쟁의 심의·조정이 필요하다고 대통령령 또는 시·군·구의 조례(지방분쟁조정위원회에 한정한다)로 정하는 사항

5. 임대사업자와 임차인대표회의 간의 임대주택의 관리 등에 관한 분쟁 (임대주택분쟁 조정위원회)

[민간임대주택에 관한 특별법]

제55조 (임대주택분쟁조정위원회) ① 시장·군수·구청장은 임대주택[민간임대주택 및 공공임대주택을 말한다. 이하 같다]에 관한 학식 및 경험이 풍부한 자 등으로 임대주택분쟁조정위원회(이하 "조정위원회"라 한다)를 구성한다. <개정 2017. 1. 17.>
② 조정위원회는 위원장 1명을 포함하여 10명 이내로 구성하되, 조정위원회의 운영, 절차 등에 필요한 사항은 대통령령으로 정한다. <개정 2018. 8. 14.>
③ 위원장은 해당 지방자치단체의 장이 된다.
④ 위원장을 제외한 위원은 다음 각 호의 어느 하나에 해당하는 사람 중에서 해당 시장·군수·구청장이 성별을 고려하여 임명하거나 위촉하되, 각 호의 사람이 각각 1명 이상 포함되어야 하고,

공무원이 아닌 위원이 6명 이상이 되어야 한다. <신설 2018. 8. 14.>
1. 법학, 경제학이나 부동산학 등 주택 분야와 관련된 학문을 전공한 사람으로서 「고등교육법」 제2조제1호·제2호 또는 제5호에 따른 학교에서 조교수 이상으로 1년 이상 재직한 사람
2. 변호사, 공인회계사, 감정평가사 또는 세무사로서 해당 자격과 관련된 업무에 1년 이상 종사한 사람
3. 「공동주택관리법」 제67조제2항에 따른 주택관리사가 된 후 관련 업무에 3년 이상 근무한 사람
4. 국가 또는 다른 지방자치단체에서 민간임대주택 또는 공공임대주택 사업의 인·허가 등 관련 업무를 수행하는 5급 이상 공무원으로서 해당 기관의 장이 추천한 사람 또는 해당 지방자치단체에서 민간임대주택 또는 공공임대주택 사업의 인·허가 등 관련 업무를 수행하는 5급 이상 공무원
5. 한국토지주택공사 또는 지방공사에서 민간임대주택 또는 공공임대주택 사업 관련 업무에 종사하고 있는 임직원으로서 해당 기관의 장이 추천한 사람
6. 임대주택과 관련된 시민단체 또는 소비자단체가 추천한 사람
⑤ 공무원이 아닌 위원의 임기는 2년으로 하며 두 차례만 연임할 수 있다. <신설 2018. 8. 14.>

6. 주택임대차와 관련된 분쟁 (주택임대차분쟁 조정위원회)

[주택임대차보호법]

제14조 (주택임대차분쟁조정위원회) ① 이 법의 적용을 받는 주택임대차와 관련된 분쟁을 심의·조정하기 위하여 대통령령으로 정하는 바에 따라 「법률구조법」 제8조에 따른 대한법률구조공단(이하 "공단"이라 한다)의 지부, 「한국토지주택공사법」에 따른 한국토지주택공사(이하 "공사"라 한다)의 지사 또는 사무소 및 「한국감정원법」에 따른 한국감정원(이하 "감정원"이라 한다)의 지사 또는 사무소에 주택임대차분쟁조정위원회(이하 "조정위원회"라 한다)를 둔다. 특별시·광역시·특별자치시·도 및 특별자치도(이하 "시·도"라 한다)는 그 지방자치단체의 실정을 고려하여 조정위원회를 둘 수 있다. <개정 2020. 7. 31.>
② 조정위원회는 다음 각 호의 사항을 심의·조정한다.
  1. 차임 또는 보증금의 증감에 관한 분쟁
  2. 임대차 기간에 관한 분쟁
  3. 보증금 또는 임차주택의 반환에 관한 분쟁
  4. 임차주택의 유지·수선 의무에 관한 분쟁
  5. 그 밖에 대통령령으로 정하는 주택임대차에 관한 분쟁
③ 조정위원회의 사무를 처리하기 위하여 조정위원회에 사무국을 두고, 사무국의 조직 및 인력 등에 필요한 사항은 대통령령으로 정한다.
④ 사무국의 조정위원회 업무담당자는 「상가건물 임대차보호법」 제20조에 따른 상가건물임대차분쟁조정위원회 사무국의 업무를 제외하고 다른 직위의 업무를 겸직하여서는 아니 된다. <개정 2018. 10. 16.>
[본조신설 2016. 5. 29.]

7. 상가임대차와 관련된 분쟁 (상가건물임대차분쟁 조정위원회)

[상가건물임대차보호법]

제20조 (상가건물임대차분쟁조정위원회) ① 이 법의 적용을 받는 상가건물 임대차와 관련된 분쟁을 심의·조정하기 위하여 대통령령으로 정하는 바에 따라 「법률구조법」 제8조에 따른 대한법률구조공단의 지부, 「한국토지주택공사법」에 따른 한국토지주택공사의 지사 또는 사무소 및 「한국감정원법」에 따른 한국감정원의 지사 또는 사무소에 상가건물임대차분쟁조정위원회(이하 "조정위원회"라 한다)를 둔다. 특별시·광역시·특별자치시·도 및 특별자치도는 그 지방자치단체의 실정을 고려하여 조정위원회를 둘 수 있다. <개정 2020. 7. 31.>
② 조정위원회는 다음 각 호의 사항을 심의·조정한다.
 1. 차임 또는 보증금의 증감에 관한 분쟁
 2. 임대차 기간에 관한 분쟁
 3. 보증금 또는 임차상가건물의 반환에 관한 분쟁
 4. 임차상가건물의 유지·수선 의무에 관한 분쟁
 5. 권리금에 관한 분쟁
 6. 그 밖에 대통령령으로 정하는 상가건물 임대차에 관한 분쟁
③ 조정위원회의 사무를 처리하기 위하여 조정위원회에 사무국을 두고, 사무국의 조직 및 인력 등에 필요한 사항은 대통령령으로 정한다.
④ 사무국의 조정위원회 업무담당자는 「주택임대차보호법」 제14조에 따른 주택임대차분쟁조정위원회 사무국의 업무를 제외하고 다른 직위의 업무를 겸직하여서는 아니 된다.
[본조신설 2018. 10. 16.]

8. 집합건물의 소유 및 관리에 관한 법률이 적용되는 건물과 관련된 분쟁 (집합건물분쟁 조정위원회)

[집합건물의 소유 및 관리에 관한 법률]

제52조의2 (집합건물분쟁조정위원회) ① 이 법을 적용받는 건물과 관련된 분쟁을 심의·조정하기 위하여 특별시·광역시·특별자치시·도 또는 특별자치도(이하 "시·도"라 한다)에 집합건물분쟁조정위원회(이하 "조정위원회"라 한다)를 둔다.
② 조정위원회는 분쟁 당사자의 신청에 따라 다음 각 호의 분쟁(이하 "집합건물분쟁"이라 한다)을 심의·조정한다. <개정 2015. 8. 11., 2020. 2. 4.>
 1. 이 법을 적용받는 건물의 하자에 관한 분쟁. 다만, 「공동주택관리법」 제36조 및 제37조에 따른 공동주택의 담보책임 및 하자보수 등과 관련된 분쟁은 제외한다.
 2. 관리인·관리위원의 선임·해임 또는 관리단·관리위원회의 구성·운영에 관한 분쟁
 3. 공용부분의 보존·관리 또는 변경에 관한 분쟁
 4. 관리비의 징수·관리 및 사용에 관한 분쟁
 5. 규약의 제정·개정에 관한 분쟁

6. 재건축과 관련된 철거, 비용분담 및 구분소유권 귀속에 관한 분쟁
6의2. 소음·진동·악취 등 공동생활과 관련된 분쟁
7. 그 밖에 이 법을 적용받는 건물과 관련된 분쟁으로서 대통령령으로 정한 분쟁
[본조신설 2012. 12. 18.]

9. 시장정비 사업 등 상권의 활성화 사업과 관련된 이해관계자 간의 분쟁 (시장분쟁 조정위원회)

[전통시장 및 상점가 육성을 위한 특별법]

제58조 (시장분쟁조정위원회) 시장정비사업, 시장과 상점가의 시설현대화사업 등 상권의 활성화사업과 관련된 이해관계자 간의 다음 각 호의 분쟁을 조정하기 위하여 시·도에 시장분쟁조정위원회(이하 "조정위원회"라 한다)를 둘 수 있다.
1. 시장정비사업과 관련된 동의 등에 관한 분쟁
2. 시장정비사업의 입점상인 보호대책과 관련한 점포소유자와 임차상인 간의 분쟁
3. 그 밖에 위원장이 조정위원회의 회의에 부치는 사항
[전문개정 2010. 6. 8.]

10. 정비사업의 시행으로 인하여 발생한 분쟁 (도시분쟁 조정위원회)

[도시 및 주거환경정비법]

제116조 (도시분쟁조정위원회의 구성 등) ① 정비사업의 시행으로 발생한 분쟁을 조정하기 위하여 정비구역이 지정된 특별자치시, 특별자치도, 또는 시·군·구(자치구를 말한다. 이하 이 조에서 같다)에 도시분쟁조정위원회(이하 "조정위원회"라 한다)를 둔다. 다만, 시장·군수등을 당사자로 하여 발생한 정비사업의 시행과 관련된 분쟁 등의 조정을 위하여 필요한 경우에는 시·도에 조정위원회를 둘 수 있다.
② 조정위원회는 부시장·부지사·부구청장 또는 부군수를 위원장으로 한 10명 이내의 위원으로 구성한다.
③ 조정위원회 위원은 정비사업에 대한 학식과 경험이 풍부한 사람으로서 다음 각 호의 어느 하나에 해당하는 사람 중에서 시장·군수등이 임명 또는 위촉한다. 이 경우 제1호, 제3호 및 제4호에 해당하는 사람이 각 2명 이상 포함되어야 한다.
1. 해당 특별자치시, 특별자치도 또는 시·군·구에서 정비사업 관련 업무에 종사하는 5급 이상 공무원
2. 대학이나 연구기관에서 부교수 이상 또는 이에 상당하는 직에 재직하고 있는 사람
3. 판사, 검사 또는 변호사의 직에 5년 이상 재직한 사람
4. 건축사, 감정평가사, 공인회계사로서 5년 이상 종사한 사람
5. 그 밖에 정비사업에 전문적 지식을 갖춘 사람으로서 시·도조례로 정하는 자
④ 조정위원회에는 위원 3명으로 구성된 분과위원회(이하 "분과위원회"라 한다)를 두며, 분과위원회

> 에는 제3항제1호 및 제3호에 해당하는 사람이 각 1명 이상 포함되어야 한다.

제2절 교통 분야

1. 공제금 지급 분쟁 등 공제조합과 자동차 사고 피해자 간 분쟁 (공제분쟁 조정위원회)

[여객자동차운수사업법]

> **제70조 (공제분쟁조정)** 다음 각 호의 조합 및 연합회와 자동차사고 피해자나 그 밖의 이해관계인 사이에 공제계약 및 공제금의 지급 등에 관하여 분쟁이 있으면 분쟁 당사자는 「자동차손해배상 보장법」 제23조의3에 따른 자동차손해배상보장위원회에 조정(調停)을 신청할 수 있다.
>   1. 제60조에 따라 공제사업을 하는 조합 및 연합회
>   2. 공제조합
> [전문개정 2024. 1. 9.]

2. 자동차보험 진료수가에 관한 분쟁 (자동차보험 진료수기 분쟁심의회)

[자동차손해배상보장법]

> **제17조 (자동차보험진료수가분쟁심의회)** ① 보험회사등과 의료기관은 서로 협의하여 자동차보험진료수가와 관련된 분쟁의 예방 및 신속한 해결을 위한 다음 각 호의 업무를 수행하기 위하여 자동차보험진료수가분쟁심의회(이하 "심의회"라 한다)를 구성하여야 한다. <개정 2021. 7. 27.>
>   1. 자동차보험진료수가에 관한 분쟁의 심사·조정
>   2. 자동차보험진료수가기준의 제정·변경 등에 관한 심의
>   3. 제1호 및 제2호의 업무와 관련된 조사·연구
> ② 심의회는 위원장을 포함한 18명의 위원으로 구성한다.
> ③ 위원은 국토교통부장관이 위촉하되, 6명은 보험회사등의 단체가 추천한 자 중에서, 6명은 의료사업자단체가 추천한 자 중에서, 6명은 대통령령으로 정하는 요건을 갖춘 자 중에서 각각 위촉한다. 이 중 대통령령으로 정하는 요건을 갖추어 국토교통부장관이 위촉한 위원은 보험회사등 및 의료기관의 자문위원 등 심의회 업무의 공정성을 해칠 수 있는 직을 겸하여서는 아니 된다. <개정 2012. 2. 22., 2013. 3. 23.>
> ④ 위원장은 위원 중에서 호선한다.
> ⑤ 위원의 임기는 2년으로 하되, 연임할 수 있다. 다만, 보궐위원의 임기는 전임자의 남은 임기로 한다.
> ⑥ 심의회의 구성·운영 등에 필요한 세부사항은 대통령령으로 정한다.

제3절 환경 분야

1. 환경피해, 환경시설의 설치 또는 관리와 관련된 분쟁 (환경분쟁 조정위원회)

[환경분쟁 조정 및 환경피해 구제 등에 관한 법률 (2025. 1. 1.시행)]

> 제4조 (환경분쟁조정피해구제위원회의 설치) ① 제5조에 따른 사무를 관장하기 위하여 환경부와 특별시·광역시·특별자치시·도·특별자치도(이하 "시·도"라 한다)에 각각 환경분쟁조정피해구제위원회를 설치한다. 이 경우 환경부에 두는 환경분쟁조정피해구제위원회는 중앙환경분쟁조정피해구제위원회(이하 "중앙위원회"라 한다)로 하고 시·도에 두는 환경분쟁조정피해구제위원회는 지방환경분쟁조정피해구제위원회(이하 "지방위원회"라 한다)로 한다.
> ② 제1항에 따른 환경분쟁조정피해구제위원회(이하 "위원회"라 한다)는 그 권한에 속하는 업무를 독립적으로 수행한다.

2. 원자력 손해의 배상에 관한 분쟁 (원자력손해배상 심의회)

[원자력손해배상법]

> 제15조 (원자력손해배상심의회) ① 원자력손해의 배상에 관한 분쟁을 조정하기 위하여 원자력안전위원회에 원자력손해배상심의회(이하 "심의회"라 한다)를 둘 수 있다. <개정 2019. 8. 27.>
> ② 심의회는 다음 각 호의 업무를 처리한다.
>   1. 분쟁의 조정
>   2. 제1호의 업무를 하기 위하여 필요한 원자력손해의 조사 및 평가
> ③ 심의회의 조직, 운영, 분쟁의 조정 및 그 처리에 필요한 사항은 대통령령으로 정한다.
> [전문개정 2015. 1. 20.]

제4절 거래·계약 분야

1. 가맹사업에 관한 분쟁 (가맹사업 거래분쟁 조정협의회)

[가맹사업거래의 공정화에 관한 법률]

> 제16조 (가맹사업거래분쟁조정협의회의 설치) ① 가맹사업에 관한 분쟁을 조정하기 위하여 「독점규제 및 공정거래에 관한 법률」 제72조제1항에 따른 한국공정거래조정원(이하 "조정원"이라 한다)에 가맹사업거래분쟁조정협의회(이하 "협의회"라 한다)를 둔다. <개정 2018. 3. 27., 2020. 12. 29.>
> ② 시·도지사는 특별시·광역시·특별자치시·도·특별자치도(이하 "시·도"라 한다)에 협의회를

둘 수 있다. <신설 2018. 3. 27.>
③ 공정거래위원회는 분쟁조정업무의 일관성을 유지하기 위하여 필요한 운영지침을 정하여 고시할 수 있다. <신설 2021. 12. 7.>
[전문개정 2007. 8. 3.]

2. 정부조달계약 과정에서 계약담당공무원 등의 행위에 대한 이의신청의 재심 (국제계약분쟁 조정위원회)

[국가를 당사자로 하는 계약에 관한 법률]

제29조 (국가계약분쟁조정위원회) ① 국가를 당사자로 하는 계약에서 발생하는 분쟁을 심사·조정하게 하기 위하여 기획재정부에 국가계약분쟁조정위원회(이하 "위원회"라 한다)를 둔다. <개정 2017. 12. 19.>
② 위원회는 위원장 1명을 포함하여 15명 이내의 위원으로 구성한다. <개정 2016. 3. 2.>
③ 위원회의 위원장은 기획재정부장관이 지명하는 고위공무원단에 속하는 공무원이 되고, 위원은 대통령령으로 정하는 중앙행정기관 소속 공무원으로서 해당 기관의 장이 지명하는 사람과 다음 각 호의 어느 하나에 해당하는 사람 중 성별을 고려하여 기획재정부장관이 위촉하는 사람이 된다. <신설 2016. 3. 2.>
   1. 「고등교육법」에 따른 대학에서 법학·재정학·무역학 또는 회계학의 부교수 이상의 직에 5년 이상 근무한 경력이 있는 사람
   2. 변호사의 자격을 가진 사람으로서 그 자격과 관련된 업무에 5년 이상 재직 중이거나 재직한 사람
   3. 정부의 회계 및 조달계약 업무에 관한 학식과 경험이 풍부한 사람으로서 제1호 또는 제2호의 기준에 상당하다고 인정되는 사람
④ 제3항 각 호의 위촉위원의 임기는 2년으로 하되, 연임할 수 있다. <신설 2016. 3. 2.>
⑤ 제3항 각 호의 위촉위원의 사임 등으로 인하여 새로 위촉된 위원의 임기는 전임위원 임기의 남은 기간으로 한다. <신설 2016. 3. 2.>
⑥ 제3항 각 호의 위촉위원은 금고 이상의 형의 선고를 받거나 장기간의 심신쇠약으로 직무를 수행할 수 없게 된 때를 제외하고는 임기 중 그 의사에 반하여 해촉되지 아니한다. <신설 2016. 3. 2.>
⑦ 위원회의 위원은 그 위원과 직접 이해관계가 있는 안건의 심사·조정에 참여할 수 없다. <신설 2016. 3. 2.>
⑧ 제2항부터 제7항까지에서 규정한 사항 외에 위원회의 운영 및 심사·조정 절차와 그 밖에 필요한 사항은 대통령령으로 정한다. <신설 2016. 3. 2.>
[전문개정 2012. 12. 18.] [제목개정 2016. 3. 2.]

3. 불공정 거래행위 금지를 위반한 혐의가 있는 행위와 관련된 분쟁 (공정거래분쟁 조정협의회)

[독점규제 및 공정거래에 관한 법률 [시행 2024. 8. 7.] [법률 제20239호, 2024. 2. 6., 일부개정]]

> **제73조 (공정거래분쟁조정협의회의 설치 및 구성)** ① 제45조제1항을 위반한 혐의가 있는 행위와 관련된 분쟁을 조정하기 위하여 조정원에 공정거래분쟁조정협의회(이하 "협의회"라 한다)를 둔다.
> ② 협의회는 협의회 위원장 1명을 포함하여 9명 이내의 협의회 위원으로 구성하며, 위원장은 상임으로 한다. <개정 2023. 8. 8.>
> ③ 협의회 위원장은 위원 중에서 조정원의 장의 제청으로 공정거래위원회 위원장이 위촉한다. <개정 2023. 8. 8.>
> ④ 협의회 위원은 독점규제 및 공정거래 또는 소비자분야에 경험 또는 전문지식이 있는 사람으로서 다음 각 호의 어느 하나에 해당하는 사람 중에서 조정원의 장의 제청으로 공정거래위원회 위원장이 임명하거나 위촉한다. 이 경우 다음 각 호의 어느 하나에 해당하는 사람이 1명 이상 포함되어야 한다. <개정 2023. 8. 8.>
> 1. 대통령령으로 정하는 요건을 갖춘 공무원의 직에 있었던 사람
> 2. 판사·검사 또는 변호사의 직에 대통령령으로 정하는 기간 이상 있었던 사람
> 3. 법률·경제·경영 또는 소비자 관련 분야 학문을 전공하고 대학이나 공인된 연구기관에서 대통령령으로 정하는 기간 이상 근무한 사람으로서 부교수 이상 또는 이에 상당하는 직에 있었던 사람
> 4. 기업경영, 소비자보호활동 및 분쟁조정활동에 대통령령으로 정하는 기간 이상 종사한 경력이 있는 사람
> ⑤ 협의회 위원의 임기는 3년으로 한다.
> ⑥ 협의회 위원 중 결원이 생긴 때에는 제4항에 따라 보궐위원을 위촉하여야 하며, 그 보궐위원의 임기는 전임자의 남은 임기로 한다.
> ⑦ 공정거래위원회 위원장은 협의회 위원이 직무와 관련된 비위사실이 있거나 직무태만, 품위손상 또는 그 밖의 사유로 위원으로 적합하지 아니하다고 인정되는 경우 그 직에서 해임 또는 해촉할 수 있다.
> ⑧ 협의회 위원장은 그 직무 외에 영리를 목적으로 하는 업무에 종사하지 못한다. <신설 2024. 2. 6.>
> ⑨ 제8항에 따른 영리를 목적으로 하는 업무의 범위에 관하여는 「공공기관의 운영에 관한 법률」 제37조제3항을 준용한다. <신설 2024. 2. 6.>
> ⑩ 협의회 위원장은 제9항에 따른 영리를 목적으로 하는 업무에 해당하는지에 대한 공정거래위원회 위원장의 심사를 거쳐 비영리 목적의 업무를 겸할 수 있다. <신설 2024. 2. 6.>

4. 대규모 유통업자와 납품업자 등 사이의 분쟁 (대규모 유통업거래 분쟁조정협의회)

[대규모유통업에서의 거래 공정화에 관한 법률]

> **제20조 (분쟁조정협의회의 설치 및 구성)** ① 대규모유통업자와 납품업자등 사이의 분쟁을 조정하기 위하여 「독점규제 및 공정거래에 관한 법률」 제72조제1항에 따른 한국공정거래조정원(이하 이 조에서 "조정원"이라 한다)에 대규모유통업거래 분쟁조정협의회(이하 "협의회"라 한다)를 둔다. <개정

2020. 12. 29.>
② 협의회는 위원장 1명을 포함한 9명의 위원으로 구성하되, 위원장은 상임으로 한다. <개정 2023. 8. 8.>
③ 위원은 공익을 대표하는 위원, 대규모유통업자의 이익을 대표하는 위원, 납품업자등의 이익을 대표하는 위원으로 구분하되 각각 같은 수로 한다.
④ 위원은 다음 각 호의 어느 하나에 해당하는 사람 중에서 조정원의 장의 제청으로 공정거래위원회 위원장이 임명하거나 위촉한다. <개정 2023. 8. 8.>
  1. 대학에서 법률학·경제학·경영학 또는 유통 관련 분야 학문을 전공한 사람으로서 「고등교육법」 제2조제1호·제2호·제4호 또는 제5호에 따른 학교나 공인된 연구기관에서 부교수 이상의 직 또는 이에 상당하는 직에 있거나 있었던 사람
  2. 판사·검사의 직에 있거나 있었던 사람 또는 변호사 자격이 있는 사람
  3. 독점금지 및 공정거래업무에 관한 경험이 있는 4급 이상 공무원(고위공무원단에 속하는 일반직공무원을 포함한다)의 직에 있거나 있었던 사람
  4. 그 밖에 대규모유통업 분야의 거래 및 분쟁조정에 관한 학식과 경험이 풍부한 사람
⑤ 위원장은 공익을 대표하는 위원 중에서 공정거래위원회 위원장이 위촉한다. <개정 2023. 8. 8.>
⑥ 위원의 임기는 3년으로 하고 연임할 수 있다.
⑦ 위원 중 결원이 생겼을 때에는 보궐위원을 제4항에 따라 임명하거나 위촉하고, 그 보궐위원의 임기는 전임자 임기의 남은 기간으로 한다.
⑧ 위원장은 그 직무 외에 영리를 목적으로 하는 업무에 종사하지 못한다. <신설 2024. 2. 6.>
⑨ 제8항에 따른 영리를 목적으로 하는 업무의 범위에 관하여는 「공공기관의 운영에 관한 법률」 제37조제3항을 준용한다. <신설 2024. 2. 6.>
⑩ 위원장은 제9항에 따른 영리를 목적으로 하는 업무에 해당하는지에 대한 공정거래위원회 위원장의 심사를 거쳐 비영리 목적의 업무를 겸할 수 있다. <신설 2024. 2. 6.>

5. 민간투자사업에 관한 분쟁 (민간투자분쟁 조정위원회)

[사회기반시설에 대한 민간투자법]

제44조의3 (민간투자사업분쟁조정위원회의 설치 등) ① 기획재정부장관은 민간투자사업에 관한 분쟁조정 신청이 있는 경우 지체 없이 민간투자사업분쟁조정위원회(이하 "분쟁조정위원회"라 한다)를 구성·운영하여야 한다. <개정 2023. 7. 18.>
② 분쟁조정위원회는 당사자 어느 한쪽 또는 양쪽의 신청에 의하여 민간투자사업의 시행과 관련된 분쟁을 심사·조정한다. 이 경우 분쟁조정의 당사자는 제44조의2에 따른 이의신청 절차를 거치지 아니한 경우에도 기획재정부장관에게 분쟁조정을 신청할 수 있다. <개정 2012. 12. 18., 2023. 7. 18.>
③ 제2항 또는 제44조의2제4항에 따른 신청을 받은 기획재정부장관은 제1항에 따라 구성된 분쟁조정위원회에 해당 사건을 회부하여야 한다. <신설 2023. 7. 18.>
[본조신설 2011. 8. 4.] [제목개정 2023. 7. 18.]
[제44조의2에서 이동, 종전 제44조의3은 제44조의4로 이동 <2012. 12. 18.>]

6. 소비자, 사업자 간 발생 분쟁 (소비자분쟁 조정위원회)

[소비자기본법]

> 제60조 (소비자분쟁조정위원회의 설치) ① 소비자와 사업자 사이에 발생한 분쟁을 조정하기 위하여 한국소비자원에 소비자분쟁조정위원회(이하 "조정위원회"라 한다)를 둔다.
> ② 조정위원회는 다음 각 호의 사항을 심의·의결한다.
>   1. 소비자분쟁에 대한 조정결정
>   2. 조정위원회의 의사(議事)에 관한 규칙의 제정 및 개정·폐지
>   3. 그 밖에 조정위원회의 위원장이 토의에 부치는 사항
> ③ 조정위원회의 운영 및 조정절차 등에 관하여 필요한 사항은 대통령령으로 정한다.

7. 등록 대규모 점포와 인근 지역 도·소매업자 간 영업 활동에 관한 분쟁 (유통분쟁 조정위원회)

[유통산업 발전법]

> 제36조 (유통분쟁조정위원회) ① 유통에 관한 다음 각 호의 분쟁을 조정하기 위하여 특별시·광역시·특별자치시·도·특별자치도(이하 "시·도"라 한다) 및 시(「제주특별자치도 설치 및 국제자유도시 조성을 위한 특별법」 제10조제2항에 따른 행정시를 포함한다. 이하 같다)·군·구에 각각 유통분쟁조정위원회(이하 "위원회"라 한다)를 둘 수 있다. <개정 2015. 7. 24., 2017. 10. 31.>
>   1. 등록된 대규모점포등과 인근 지역의 도매업자·소매업자 사이의 영업활동에 관한 분쟁. 다만, 「독점규제 및 공정거래에 관한 법률」을 적용받는 사항은 제외한다.
>   2. 등록된 대규모점포등과 중소제조업체 사이의 영업활동에 관한 사항. 다만, 「독점규제 및 공정거래에 관한 법률」을 적용받는 사항은 제외한다.
>   3. 등록된 대규모점포등과 인근 지역의 주민 사이의 생활환경에 관한 분쟁
>   4. 제12조제1항 각 호에 따른 업무 수행과 관련한 분쟁
> ② 위원회는 위원장 1명을 포함하여 11명 이상 15명 이하의 위원으로 구성한다.
> ③ 위원회의 위원장은 위원 중에서 호선(互選)한다.
> ④ 위원회의 위원은 다음 각 호의 사람이 된다.
>   1. 다음 각 목의 어느 하나에 해당하는 사람으로서 해당 지방자치단체의 장이 위촉하는 사람
>   가. 판사·검사 또는 변호사의 자격이 있는 사람
>   나. 대한상공회의소의 임원 또는 직원
>   다. 소비자단체의 대표
>   라. 유통산업 분야에 관한 학식과 경험이 풍부한 사람
>   마. 해당 지방자치단체에 거주하는 소비자
>   2. 해당 지방자치단체의 도매업·소매업에 관한 업무를 담당하는 공무원으로서 그 지방자치단체의 장이 지명하는 사람
> ⑤ 공무원이 아닌 위원의 임기는 2년으로 한다.

⑥ 제1항 각 호에 따른 대규모점포등, 영업활동 및 생활환경의 범위에 대하여는 대통령령으로 정한다.
⑦ 제1항부터 제5항까지에서 규정한 사항 외에 위원회의 조직 및 운영 등에 필요한 사항은 해당 지방자치단체의 조례로 정한다.
[전문개정 2013. 1. 23.]

8. 전자문서 및 전자거래에 관한 분쟁 (전자문서·전자거래분쟁 조정위원회)

[전자문서 및 전자거래 기본법]

제32조 (전자문서·전자거래분쟁조정위원회의 설치 및 구성 등) ① 전자문서 및 전자거래에 관한 분쟁을 조정하기 위하여 전자문서·전자거래분쟁조정위원회(이하 이 장에서 "위원회"라 한다)를 둔다.
② 위원회는 위원장 1명을 포함하여 15명 이상 50명 이하의 위원으로 구성한다.
③ 위원은 다음 각 호의 어느 하나에 해당하는 사람 중에서 과학기술정보통신부장관이 임명하거나 위촉하며, 위원장은 위원 중에서 호선(互選)한다. <개정 2013. 3. 23., 2017. 7. 26.>
　1. 대학이나 공인된 연구기관에서 부교수급 이상 또는 이에 상당하는 직(職)에 있거나 있었던 사람으로서 전자문서 또는 전자거래 관련 분야를 전공한 사람
　2. 4급 이상 공무원(고위공무원단에 속하는 일반직공무원을 포함한다) 또는 이에 상당하는 공공기관의 직에 있거나 있었던 사람으로서 전자문서 또는 전자거래 업무에 관한 경험이 있는 사람
　3. 판사·검사 또는 변호사의 자격이 있는 사람
　4. 「비영리민간단체 지원법」 제2조에 따른 비영리민간단체에서 추천한 사람
　5. 그 밖에 전자문서 또는 전자거래와 분쟁조정에 관한 학식과 경험이 있는 사람
④ 위원은 비상임으로 하고, 위원의 임기는 3년으로 하며, 한차례만 연임할 수 있다.
⑤ 위원은 다음 각 호의 어느 하나에 해당하는 경우를 제외하고는 그의 의사에 반하여 면직되거나 해촉되지 아니한다. <개정 2017. 10. 24.>
　1. 자격정지 이상의 형을 선고받은 경우
　2. 심신장애로 인하여 직무를 수행할 수 없게 된 경우
　3. 직무와 관련된 비위사실이 있는 경우
　4. 직무태만이나 품위손상으로 인하여 위원으로 적합하지 아니하다고 인정되는 경우
　5. 제32조의2제1항 각 호의 어느 하나 또는 같은 조 제2항 전단에 해당하는 데에도 불구하고 회피하지 아니한 경우
⑥ 위원회의 업무를 지원하기 위하여 전담기관에 사무국을 둔다.
⑦ 제1항부터 제6항까지에서 규정한 사항 외에 위원회의 운영 등에 필요한 사항은 대통령령으로 정한다.
[전문개정 2012. 6. 1.]

9. 일정 규모 이상의 입찰에 의한 계약 과정에서의 이의신청에 대한 재심(再審) (건설하도급분쟁 조정협의회)

[지방자치단체를 당사자로 하는 계약에 관한 법률]

제35조 (지방계약심의조정위원회의 설치) 지방자치단체를 당사자로 하는 계약과 관련된 다음 각 호의 심의·심사·조정을 위하여 행정안전부에 지방계약심의조정위원회(이하 "위원회"라 한다)를 둔다.
　　1. 제31조의2제1항 및 제3항에 따른 과징금의 부과 여부와 부과 금액의 적정성에 대한 심의
　　2. 제34조제4항에 따른 재심청구(이하 "재심청구"라 한다)에 대한 심사
　　3. 제34조의2제3항에 따른 조정신청(이하 "조정신청"이라 한다)에 대한 분쟁 조정
　[전문개정 2023. 8. 16.]

10. 원사업자와 수급 사업자 간의 건설 하도급 거래의 분쟁 (제조하도급분쟁 조정위원회)

[하도급거래 공정화에 관한 법률]

제24조 (하도급분쟁조정협의회의 설치 및 구성 등) ① 「독점규제 및 공정거래에 관한 법률」 제72조에 따른 한국공정거래조정원(이하 "조정원"이라 한다)은 하도급분쟁조정협의회(이하 "협의회"라 한다)를 설치하여야 한다. <개정 2011. 3. 29., 2015. 7. 24., 2020. 12. 29.>
② 사업자단체는 공정거래위원회의 승인을 받아 협의회를 설치할 수 있다. <신설 2015. 7. 24.>
③ 조정원에 설치하는 협의회(이하 "조정원 협의회"라 한다)는 위원장 1명을 포함하여 9명 이내의 위원으로 구성하되 공익을 대표하는 위원, 원사업자를 대표하는 위원과 수급사업자를 대표하는 위원이 각각 같은 수가 되도록 하고, 조정원 협의회의 위원장은 상임으로 한다. <개정 2015. 7. 24., 2023. 8. 8.>
④ 사업자단체에 설치하는 협의회의 위원의 수는 공정거래위원회의 승인을 받아 해당 협의회가 정한다. <신설 2023. 8. 8.>
⑤ 조정원 협의회의 위원장은 공익을 대표하는 위원 중에서 공정거래위원회 위원장이 위촉하고, 사업자단체에 설치하는 협의회의 위원장은 위원 중에서 협의회가 선출한다. 협의회의 위원장은 해당 협의회를 대표한다. <개정 2015. 7. 24., 2023. 8. 8.>
⑥ 조정원 협의회의 위원의 임기는 3년으로 하고, 사업자단체에 설치하는 협의회의 위원의 임기는 공정거래위원회의 승인을 받아 해당 협의회가 정한다. <개정 2015. 7. 24., 2023. 8. 8.>
⑦ 조정원 협의회의 위원은 다음 각 호의 어느 하나에 해당하는 사람 중에서 조정원의 장의 제청으로 공정거래위원회 위원장이 임명하거나 위촉한다. <신설 2011. 3. 29., 2015. 7. 24., 2023. 8. 8.>
　　1. 대학에서 법률학·경제학 또는 경영학을 전공한 사람으로서 「고등교육법」 제2조제1호·제2호 또는 제5호에 따른 학교나 공인된 연구기관에서 부교수 이상의 직 또는 이에 상당하는 직에 있거나 있었던 사람
　　2. 판사·검사 직에 있거나 있었던 사람 또는 변호사의 자격이 있는 사람

3. 독점금지 및 공정거래 업무에 관한 경험이 있는 4급 이상 공무원(고위공무원단에 속하는 일반직공무원을 포함한다)의 직에 있거나 있었던 사람
4. 하도급거래 및 분쟁조정에 관한 학식과 경험이 풍부한 사람

⑧ 사업자단체에 설치하는 협의회의 위원은 협의회를 설치한 각 사업자단체의 장이 위촉하되 미리 공정거래위원회에 보고하여야 한다. 다만, 사업자단체가 공동으로 협의회를 설치하려는 경우에는 해당 사업자단체의 장들이 공동으로 위촉한다. <개정 2011. 3. 29., 2015. 7. 24., 2023. 8. 8.>
⑨ 공익을 대표하는 위원은 하도급거래에 관한 학식과 경험이 풍부한 사람 중에서 위촉하되 분쟁조정의 대상이 되는 업종에 속하는 사업을 영위하는 사람이나 해당 업종에 속하는 사업체의 임직원은 공익을 대표하는 위원이 될 수 없다. <개정 2011. 3. 29., 2015. 7. 24., 2023. 8. 8.>
⑩ 공정거래위원회 위원장은 공익을 대표하는 위원으로 위촉받은 자가 분쟁조정의 대상이 되는 업종에 속하는 사업을 영위하는 사람이나 해당 업종에 속하는 사업체의 임직원으로 된 때에는 즉시 해촉하여야 한다. <개정 2011. 3. 29., 2015. 7. 24., 2023. 8. 8.>
⑪ 국가는 협의회의 운영에 필요한 경비의 전부 또는 일부를 예산의 범위에서 보조할 수 있다. <신설 2014. 5. 28., 2015. 7. 24., 2023. 8. 8.>
⑫ 조정원 협의회의 위원장은 그 직무 외에 영리를 목적으로 하는 업무에 종사하지 못한다. <신설 2024. 2. 6.>
⑬ 제12항에 따른 영리를 목적으로 하는 업무의 범위에 관하여는 「공공기관의 운영에 관한 법률」 제37조제3항을 준용한다. <신설 2024. 2. 6.>
⑭ 조정원 협의회의 위원장은 제13항에 따른 영리를 목적으로 하는 업무에 해당하는지에 대한 공정거래위원회 위원장의 심사를 거쳐 비영리 목적의 업무를 겸할 수 있다. <신설 2024. 2. 6.>
[전문개정 2010. 1. 25.] [제목개정 2014. 5. 28.]

11. 금융기관, 금융수요자 기타 이해관계인 간 발생한 금융 관련 분쟁 (금융분쟁 조정위원회)

[금융위원회의 설치 등에 관한 법률] [시행 2023. 9. 14.] [법률 제19700호, 2023. 9. 14., 타법개정]

제51조 삭제 <2020. 3. 24.>

제3조 (금융위원회의 설치 및 지위) ① 금융정책, 외국환업무 취급기관의 건전성 감독 및 금융감독에 관한 업무를 수행하게 하기 위하여 국무총리 소속으로 금융위원회를 둔다.
② 금융위원회는 「정부조직법」 제2조에 따라 설치된 중앙행정기관으로서 그 권한에 속하는 사무를 독립적으로 수행한다.
[전문개정 2012. 3. 21.]

제5절 금융 분야

1. 대부업자 등과 거래 상대방 간의 분쟁 (대부업분쟁 조정위원회)

[대부업 등의 등록 및 금융이용자 보호에 관한 법률]

제18조 (분쟁 조정) ① 시·도지사에게 등록된 대부업자등과 거래상대방 간의 분쟁을 해결하기 위하여 해당 영업소를 관할하는 시·도지사 소속으로 분쟁조정위원회를 둔다. <개정 2015. 7. 24.>
② 시·도지사에게 등록된 대부업자등과 거래상대방은 제1항에 따른 분쟁조정위원회에서 분쟁이 해결되지 아니하는 경우에는 「소비자기본법」 제60조에 따른 소비자분쟁조정위원회에 분쟁 조정을 신청할 수 있다. <개정 2015. 7. 24.>
③ 제1항에 따른 분쟁조정위원회의 구성·운영과 분쟁 조정의 절차·방법 등 분쟁 조정에 관하여 필요한 사항은 대통령령으로 정한다.
④ 금융위원회에 등록된 대부업자등과 거래상대방 간의 분쟁 조정에 관하여는 「금융소비자 보호에 관한 법률」 제33조부터 제43조까지의 규정을 준용한다. <신설 2015. 7. 24., 2020. 3. 24.>
[전문개정 2009. 1. 21.]

2. 우체국보험, 이해관계인 간 발생하는 보험모집 및 보험계약과 관련된 분쟁 (우체국보험분쟁 조정위원회)

[우체국예금·보험에 관한 법률] [시행 2024. 2. 9.] [법률 제19577호, 2023. 8. 8., 일부개정]

제51조 (우체국예금·보험분쟁조정위원회의 설치 및 구성) ① 우체국예금·보험 이해관계인 사이에 발생하는 예금계약, 예금지급, 보험모집, 보험계약 및 보험금지급 등 우체국예금·보험 관련 분쟁으로서 대통령령으로 정하는 분쟁을 조정하기 위하여 과학기술정보통신부장관 소속으로 우체국예금·보험분쟁조정위원회(이하 "분쟁조정위원회"라 한다)를 둔다. <개정 2013. 3. 23., 2015. 12. 1., 2017. 7. 26., 2023. 3. 21.>
② 분쟁조정위원회는 위원장 1명을 포함한 15명 이내의 위원으로 구성한다. <신설 2015. 12. 1., 2023. 3. 21.>
③ 분쟁조정위원회 위원장은 위원 중에서 과학기술정보통신부장관이 지명하며, 위원은 다음 각 호의 어느 하나에 해당하는 사람 중에서 과학기술정보통신부장관이 위촉한다. <신설 2015. 12. 1., 2017. 7. 26., 2023. 3. 21.>
  1. 예금·보험 관련 기관·단체 또는 예금·보험사업체에서 심사·분쟁조정 등의 업무에 10년 이상 근무한 경력이 있는 사람
  2. 변호사 또는 전문의의 자격이 있는 사람
  3. 「소비자기본법」 제28조에 따른 소비자단체 또는 같은 법 제33조에 따라 설립된 한국소비자원의 임원 또는 임원이었던 사람

>   4. 그 밖에 예금·보험 또는 예금·보험 관련 분쟁 조정에 관한 학식과 경험이 풍부한 사람으로서 과학기술정보통신부장관이 인정하는 사람
> ④ 위원의 임기는 2년으로 하되, 연임할 수 있다. <신설 2015. 12. 1.>
> ⑤ 이 법에서 정한 사항 외에 분쟁조정위원회의 구성·운영 및 조정 절차 등에 관하여 필요한 사항은 대통령령으로 정한다. <개정 2015. 12. 1.>
> [전문개정 2009. 4. 22.] [제목개정 2015. 12. 1., 2023. 3. 21.]
> [제48조의2에서 이동, 종전 제51조는 제56조로 이동 <2023. 3. 21.>]

3. 거래소 시장 등에서의 매매 관련 분쟁 (시장감시위원회)

[자본시장과 금융투자업에 관한 법률]

> 제402조 (시장감시위원회) ① 거래소에 다음 각 호의 업무를 수행하기 위하여 시장감시위원회를 둔다. <개정 2013. 5. 28., 2014. 12. 30.>
>   1. 시장감시, 이상거래의 심리 및 회원에 대한 감리(지정거래소가 제78조제3항 및 제4항에 따라 행하는 감시, 이상거래의 심리 또는 거래참가자에 대한 감리를 포함한다)
>   2. 증권시장과 파생상품시장 사이의 연계감시(지정거래소가 제404조제2항 및 제3항에 따라 행하는 거래소시장과 다른 거래소시장 사이 및 거래소시장 다자간매매체결회사 사이의 연계감시를 포함한다)
>   3. 제1호 및 제2호에 따른 이상거래의 심리, 회원에 대한 감리, 연계감시의 결과에 따른 회원 또는 거래참가자에 대한 징계 또는 관련 임직원에 대한 징계요구의 결정
>   4. 불공정거래의 예방 등을 위한 활동
>   5. 제377조제10호에 따른 분쟁의 자율조정에 관한 업무
>   6. 제403조에 따른 시장감시규정 및 제405조제1항에 따른 분쟁조정규정의 제정·변경 및 폐지
>   7. 그 밖에 제1호부터 제6호까지의 업무에 부수하는 업무
> ② 시장감시위원회는 다음 각 호의 위원으로 구성한다. <개정 2008. 2. 29.>
>   1. 시장감시위원회 위원장(이하 이 조에서 "시장감시위원장"이라 한다)
>   2. 삭제 <2008. 2. 29.>
>   3. 금융위원회 위원장이 추천하는 2인
>   4. 협회가 추천하는 2인
> ③ 시장감시위원회 위원의 임기는 3년으로 하며, 정관이 정하는 바에 따라 연임할 수 있다.
> ④ 시장감시위원장은 대통령령으로 정하는 금융에 관한 경험과 지식을 갖추고 거래소의 건전한 경영과 공정한 거래질서를 해할 우려가 없는 자 중에서 시장감시위원회의 추천을 받아 주주총회에서 선임한다.
> ⑤ 금융위원회는 제4항에 따라 선임된 시장감시위원장이 직무수행에 부적합하다고 인정되는 경우로서 대통령령으로 정하는 경우에는 그 선임된 날부터 1개월 이내에 그 사유를 구체적으로 밝혀 해임을 요구할 수 있다. 이 경우 해임 요구된 시장감시위원장의 직무는 정지되며, 거래소는 2개월 이내에 시장감시위원장을 새로 선임하여야 한다. <개정 2008. 2. 29.>
> ⑥ 「금융회사의 지배구조에 관한 법률」 제5조는 시장감시위원회 위원의 자격에 관하여 준용한다. <개정 2015. 7. 31.>

⑦ 시장감시위원회 위원 및 그 직에 있었던 자는 그 직무에 관하여 알게 된 비밀을 누설 또는 이용하여서는 아니 된다.
⑧ 금융위원회는 시장감시위원회의 위원이 다음 각 호의 어느 하나에 해당하는 경우에는 그 위원에 대하여 6개월 이내의 기간을 정하여 업무집행을 정지하거나 해임을 요구할 수 있다. <개정 2008. 2. 29.>
  1. 제7항을 위반하여 비밀을 누설하거나 이용한 경우
  2. 그 밖에 투자자 보호 또는 건전한 시장 질서를 해할 우려가 있는 경우로서 대통령령으로 정하는 경우
⑨ 그 밖에 시장감시위원회의 구성 및 운영에 관하여 필요한 사항은 정관으로 정한다.

4. 반도체 집적회로의 배치 설계권, 전용이용권 및 통상이용권 등에 관한 분쟁 (배치설계 심의조정위원회)

[반도체집적회로의 배치 설계에 관한 법률]

제25조 삭제 <2024. 1. 30.>

(구) 제25조(배치설계심의조정위원회) ① 배치설계권·전용이용권 및 통상이용권에 관한 사항을 심의하고 이 법에 따라 보호되는 권익에 관한 분쟁(이하 "분쟁"이라 한다)을 조정하기 위하여 배치설계심의조정위원회(이하 "위원회"라 한다)를 둔다.
② 위원회는 위원장과 부위원장 각 1명을 포함한 10명 이상 15명 이하의 심의조정위원(이하 "위원"이라 한다)으로 구성한다.
③ 위원은 특허청장이 위촉하며, 위원장과 부위원장은 위원 중에서 호선(互選)한다.
④ 위원의 임기는 3년으로 하되, 연임할 수 있다.
⑤ 위원에 결원이 생겼을 때에는 제3항에 따라 그 보궐위원을 위촉하여야 하며, 그 보궐위원의 임기는 전임자 임기의 남은 기간으로 한다. 다만, 남은 위원의 수가 10명 이상이면 보궐위원을 위촉하지 아니할 수 있다.
⑥ 위원회의 회의는 재적위원 3분의 2 이상의 출석으로 개의하고, 출석위원 과반수의 찬성으로 의결한다. <신설 2015. 2. 3.>
[전문개정 2008. 12. 26.]

제6절 지식재산 분야

1. 산업재산권(특허권, 실용신안권, 디자인권, 상표권)과 관련된 분쟁 (산업재산권분쟁 조정위원회)

[발명진흥법]

> **제41조 (산업재산권분쟁조정위원회)** ① 다음 각 호의 사항과 관련된 분쟁(이하 "분쟁"이라 한다)을 심의·조정하기 위하여 산업재산권분쟁조정위원회(이하 "위원회"라 한다)를 둔다. <개정 2010. 6. 8., 2015. 5. 18., 2020. 2. 4., 2024. 1. 30.>
>   1. 산업재산권(산업재산권 출원을 포함한다)
>   2. 직무발명
>   3. 영업비밀
>   4. 「부정경쟁방지 및 영업비밀보호에 관한 법률」 제2조제1호에 따른 부정경쟁행위(이하 "부정경쟁행위"라 한다)
>   5. 「반도체집적회로의 배치설계에 관한 법률」 제2조제5호에 따른 배치설계권, 같은 법 제11조에 따른 전용이용권 및 같은 법 제12조에 따른 통상이용권
>   6. 다른 법령에서 위원회의 심의를 거치도록 한 사항
> ② 위원회는 위원장 1명을 포함한 15명 이상 100명 이하의 조정위원(이하 "위원"이라 한다)으로 구성한다. <개정 2010. 1. 27., 2010. 6. 8., 2020. 2. 4.>
> ③ 위원회의 위원은 다음 각 호의 어느 하나에 해당하는 자 중에서 특허청장이 위촉하며, 위원장은 특허청장이 위원 중에서 지명한다. <개정 2010. 1. 27., 2010. 6. 8., 2015. 5. 18.>
>   1. 특허청 소속 공무원으로서 3급의 직(職)에 있거나 고위공무원단에 속하는 공무원인 자
>   2. 판사 또는 검사의 직에 있는 자
>   3. 변호사 또는 변리사의 자격이 있는 자
>   4. 대학에서 부교수 이상의 직에 있는 자
>   5. 「비영리민간단체 지원법」 제2조에 따른 비영리 민간단체에서 추천한 자
>   6. 그 밖에 제1항 각 호의 사항에 관한 학식과 경험이 풍부한 자
> ④ 위원의 임기는 3년으로 한다. 다만, 제3항제1호 및 제2호에 해당하는 위원의 임기는 해당 직위에 재임하는 기간으로 한다.
> ⑤ 위원 중 결원이 생기면 제3항에 따라 보궐위원을 위촉하여야 하며, 그 보궐위원의 임기는 전임자의 남은 임기로 한다. 다만, 위원의 수가 15명 이상인 경우에는 보궐위원을 위촉하지 아니할 수 있다.
> ⑥ 위원회의 업무를 지원하기 위하여 제55조의2제1항에 따른 한국지식재산보호원에 사무국을 둔다. <신설 2020. 2. 4.>

2. 산업기술의 유출에 관한 분쟁 (산업기술분쟁 조정위원회)

[산업기술의 유출방지 및 보호에 관한 법률]

제23조 (산업기술분쟁조정위원회) ① 산업기술의 유출에 대한 분쟁을 신속하게 조정하기 위하여 산업통상자원부장관 소속하에 산업기술분쟁조정위원회(이하 "조정위원회"라 한다)를 둔다. <개정 2008. 2. 29., 2013. 3. 23.>
② 조정위원회는 위원장 1인을 포함한 15인 이내의 위원으로 구성한다.
③ 조정위원회의 위원은 다음 각 호의 어느 하나에 해당하는 자 중에서 대통령령이 정하는 바에 따라 산업통상자원부장관이 전문분야와 성별을 고려하여 임명하거나 위촉한다. <개정 2008. 2. 29., 2013. 3. 23., 2015. 1. 28.>
  1. 대학이나 공인된 연구기관에서 부교수 이상 또는 이에 상당하는 직에 있거나 있었던 자로서 기술 또는 정보의 보호 관련 분야를 전공한 자
  2. 4급 또는 4급 상당 이상의 공무원 또는 이에 상당하는 공공기관의 직에 있거나 있었던 자로서 산업기술유출의 방지업무에 관한 경험이 있는 자
  3. 산업기술의 보호사업을 영위하고 있는 기업 또는 산업기술의 보호업무를 수행하는 단체의 임원직에 있는 자
  4. 판사·검사 또는 변호사의 자격이 있는 자
④ 위원의 임기는 3년으로 하되, 연임할 수 있다.
⑤ 위원장은 위원 중에서 산업통상자원부장관이 임명한다. <개정 2008. 2. 29., 2013. 3. 23.>
⑥ 조정위원회의 회의는 재적위원 과반수의 출석으로 개의하고, 출석위원 과반수의 찬성으로 의결한다. <신설 2015. 1. 28.>
⑦ 조정위원회의 업무를 지원하기 위하여 협회에 사무국을 둔다. <신설 2016. 3. 29.>
⑧ 그 밖에 조정위원회의 구성·운영 등에 필요한 사항은 대통령령으로 정한다. <신설 2015. 1. 28., 2016. 3. 29.>

3. 저작권에 관한 분쟁 (한국저작권위원회)

[저작권법]

제112조 (한국저작권위원회의 설립) ① 저작권과 그 밖에 이 법에 따라 보호되는 권리(이하 이 장에서 "저작권"이라 한다)에 관한 사항을 심의하고, 저작권에 관한 분쟁(이하 "분쟁"이라 한다)을 알선·조정하며, 저작권 등록 관련 업무를 수행하고, 권리자의 권익증진 및 저작물등의 공정한 이용에 필요한 사업을 수행하기 위하여 한국저작권위원회(이하 "위원회"라 한다)를 둔다. <개정 2016. 3. 22., 2020. 2. 4.>
② 위원회는 법인으로 한다.
③ 위원회에 관하여 이 법에서 정하지 아니한 사항에 대하여는 「민법」의 재단법인에 관한 규정을 준용한다. 이 경우 위원회의 위원은 이사로 본다.
④ 위원회가 아닌 자는 한국저작권위원회의 명칭을 사용하지 못한다.
[전문개정 2009. 4. 22.]

4. 중소기업 기술의 보호와 관련된 분쟁 (중소기업 기술분쟁조정·중재위원회)

[중소기업기술 보호 지원에 관한 법률]

제23조 (중소기업기술분쟁조정·중재위원회의 설치) ① 중소기업기술의 보호와 관련된 분쟁을 신속하게 조정·중재하기 위하여 중소벤처기업부장관 소속으로 중소기업기술분쟁조정·중재위원회(이하 "위원회"라 한다)를 둔다. <개정 2017. 7. 26.>
② 위원회는 다음 각 호의 사항을 심의·의결한다.
   1. 분쟁의 조정·중재에 관한 사항
   2. 조정부 및 중재부의 구성에 관한 사항
   3. 위원회 규칙의 제정·개정 및 폐지에 관한 사항
   4. 그 밖에 위원회의 위원장이 회의에 부치는 사항
③ 위원회는 위원장 1명을 포함한 50명 이내의 위원으로 구성한다.
④ 위원회의 위원(이하 "위원"이라 한다)은 다음 각 호의 어느 하나에 해당하는 자 중에서 중소벤처기업부장관이 임명 또는 위촉하고, 위원장은 위원 중에서 호선한다. <개정 2017. 7. 26.>
   1. 대학이나 공인된 연구기관에서 부교수 이상 또는 이에 상당하는 직에 재직하고 있거나 재직하였던 자로서 기술 또는 정보 보호 관련 분야를 전공한 자
   2. 4급 또는 4급 상당 이상의 공무원 또는 이에 상당하는 공공기관의 직에 재직하고 있거나 재직하였던 자로서 중소기업기술 보호에 관한 경험이 있는 자
   3. 판사 또는 검사의 직에 있는 자
   4. 변호사, 변리사, 공인회계사 또는 기술사의 자격이 있는 자
   5. 「기술의 이전 및 사업화 촉진에 관한 법률」 제14조에 따른 기술거래사
   6. 그 밖에 중소기업기술 보호에 관한 학식과 경험이 풍부한 자
⑤ 위원의 임기는 3년으로 하되, 연임할 수 있다. 다만, 제4항제3호에 해당하는 재직위원의 임기는 해당 직위에 재임하는 기간으로 한다.
⑥ 위원 중 결원이 생기면 제4항에 따라 보궐위원을 임명 또는 위촉하여야 하며, 그 보궐위원의 임기는 전임자 임기의 남은 기간으로 한다.
⑦ 위원회의 회의는 재적위원 과반수의 출석과 출석위원 과반수의 찬성으로 의결한다.
⑧ 제1항부터 제7항까지 규정한 사항 외에 위원회의 구성 및 운영에 필요한 사항은 대통령령으로 정한다.

5. 콘텐츠 사업자 간, 사업자·이용자 간, 이용자 간 콘텐츠 거래 또는 이용에 관한 분쟁 (콘텐츠분쟁 조정위원회)

[콘텐츠산업 진흥법]

제29조 (분쟁조정위원회의 설치) ① 콘텐츠사업자 간, 콘텐츠사업자와 이용자 간, 이용자와 이용자 간의 콘텐츠 거래 또는 이용에 관한 분쟁을 조정(調停)하기 위하여 콘텐츠분쟁조정위원회(이하 "조정위원회"라 한다)를 둔다. 다만, 저작권과 관련한 분쟁은 「저작권법」에 따르며, 방송통신과 관련된

분쟁 중 「방송법」 제35조의3에 따른 분쟁조정의 대상(같은 법 제2조제27호에 따른 외주제작사가 분쟁의 당사자인 경우는 제외한다)이 되거나 「전기통신사업법」 제45조에 따른 재정의 대상이 되는 분쟁은 각각 해당 법률의 규정에 따른다. <개정 2016. 1. 27.>
② 조정위원회는 위원장 1명을 포함한 10명 이상 30명 이하의 위원으로 구성한다.
③ 조정위원회의 위원은 다음 각 호의 어느 하나에 해당하는 사람 중 문화체육관광부장관이 위촉하는 사람이 된다.
　1. 「고등교육법」 제2조에 따른 학교의 법학 또는 콘텐츠 관련 분야의 학과에서 조교수 이상의 직에 있거나 있었던 사람
　2. 판사·검사 또는 변호사의 자격이 있는 사람
　3. 콘텐츠 및 콘텐츠사업에 대한 학식과 경험이 풍부한 사람
　4. 이용자 보호기관 또는 단체에 소속된 사람
　5. 4급 이상 공무원(고위공무원단에 속하는 일반직공무원을 포함한다) 또는 이에 상당하는 공공기관의 직에 있거나 있었던 사람으로서 콘텐츠 육성 업무 또는 소비자 보호 업무에 관한 경험이 있는 사람
④ 조정위원회의 위원장은 조정위원회 위원 중에서 호선(互選)한다.
⑤ 위원은 비상임으로 하고, 공무원이 아닌 위원의 임기는 3년으로 하되, 1회에 한하여 연임할 수 있다.
⑥ 조정위원회의 업무를 지원하기 위하여 「문화산업진흥 기본법」 제31조에 따른 한국콘텐츠진흥원에 사무국을 둔다.
⑦ 조정위원회는 콘텐츠의 종류에 따른 분과위원회를 설치할 수 있다.
⑧ 조정위원회의 조직 및 운영 등에 필요한 사항은 문화체육관광부령으로 정한다.

제7절　정보·통신 분야

1. 공공기관의 공공 데이터 제공 거부 및 제공 중단에 관한 분쟁 (공공데이터제공 분쟁조정위원회)

[공공데이터의 제공 및 이용활성화에 관한 법률]

제29조 (공공데이터분쟁조정위원회의 설치 및 구성) ① 공공기관의 공공데이터 제공거부 및 제공중단에 관한 분쟁조정과 「데이터기반행정 활성화에 관한 법률」 제13조에 따른 데이터의 제공 거부에 대한 조정을 하게 하기 위하여 전략위원회에 공공데이터분쟁조정위원회(이하 "분쟁조정위원회"라 한다)를 둔다. <개정 2014. 11. 19., 2017. 7. 26., 2023. 5. 16.>
② 분쟁조정위원회는 위원장 1명을 포함하여 공공데이터 및 데이터기반행정 등에 관한 전문지식과 경험을 두루 갖춘 다음 각 호의 사람 중에서 행정안전부장관이 위촉한 25명 이내의 위원으로 구성하며, 그 중 1명은 상임위원으로 한다. <개정 2014. 11. 19., 2017. 7. 26., 2023. 5.

16.>
  1. 공공데이터 및 데이터기반행정 업무를 관장하는 중앙행정기관의 고위공무원단에 속하는 공무원 또는 이에 상당하는 공공부문 및 관련 단체의 직에 재직하고 있거나 재직하였던 사람으로서 공공데이터 및 데이터기반행정 등의 업무 경험이 있는 사람
  2. 판사·검사·변호사 또는 변리사의 직에 5년 이상 근무한 사람
  3. 대학이나 공인된 연구기관에서 부교수 이상 또는 이에 상당하는 직위에 재직하거나 재직하였던 사람
  4. 그 밖에 공공데이터 및 데이터기반행정 등에 대한 학식과 경험이 풍부한 사람으로서 행정안전부장관이 인정하는 사람
③ 위원장은 위원 중에서 공무원이 아닌 사람으로 행정안전부장관이 임명한다. <개정 2014. 11. 19., 2017. 7. 26.>
④ 위원의 임기는 2년으로 하고 1차에 한하여 연임할 수 있다. 다만, 위원의 사임 등으로 새로 위촉된 위원의 임기는 전임 위원의 남은 임기로 한다.
⑤ 위원은 「국가공무원법」 제33조의 결격사유에 해당하지 아니하는 한 본인의 의사에 반하여 면직되지 아니한다.
⑥ 분쟁조정위원회는 효율적인 분쟁조정을 위하여 필요한 경우 5명 이상 7명 이하의 조정부를 구성하여 운영할 수 있다. 이 경우 조정부가 분쟁조정위원회에서 위임받아 의결한 사항은 분쟁조정위원회에서 의결한 것으로 본다.
⑦ 분쟁조정위원회 또는 조정부는 재적위원 과반수의 **출석**으로 개의하고 **출석위원 과반수의 찬성**으로 의결하며, 의결절차는 비공개로 하되, 출석위원의 과반수 찬성이 있는 경우 공개할 수 있다.
⑧ 분쟁조정위원회의 업무를 지원하기 위하여 활용지원센터에 사무국을 둔다.
⑨ 이 법에서 정한 사항 외에 분쟁조정위원회 운영에 필요한 사항은 대통령령으로 정한다.
[제목개정 2023. 5. 16.]

2. 개인정보에 관한 분쟁 (개인정보분쟁 조정위원회)

[개인정보보호법]

제40조 (설치 및 구성) ① 개인정보에 관한 분쟁의 조정(調停)을 위하여 개인정보 분쟁조정위원회(이하 "분쟁조정위원회"라 한다)를 둔다.
② 분쟁조정위원회는 위원장 1명을 포함한 30명 이내의 위원으로 구성하며, 위원은 당연직위원과 위촉위원으로 구성한다. <개정 2015. 7. 24., 2023. 3. 14.>
③ 위촉위원은 다음 각 호의 어느 하나에 해당하는 사람 중에서 보호위원회 위원장이 위촉하고, 대통령령으로 정하는 국가기관 소속 공무원은 당연직위원이 된다. <개정 2013. 3. 23., 2014. 11. 19., 2015. 7. 24.>
  1. 개인정보 보호업무를 관장하는 중앙행정기관의 고위공무원단에 속하는 공무원으로 재직하였던 사람 또는 이에 상당하는 공공부문 및 관련 단체의 직에 재직하고 있거나 재직하였던 사람으로서 개인정보 보호업무의 경험이 있는 사람
  2. 대학이나 공인된 연구기관에서 부교수 이상 또는 이에 상당하는 직에 재직하고 있거나 재직하였던 사람

> 3. 판사・검사 또는 변호사로 재직하고 있거나 재직하였던 사람
> 4. 개인정보 보호와 관련된 시민사회단체 또는 소비자단체로부터 추천을 받은 사람
> 5. 개인정보처리자로 구성된 사업자단체의 임원으로 재직하고 있거나 재직하였던 사람
> ④ 위원장은 위원 중에서 공무원이 아닌 사람으로 보호위원회 위원장이 위촉한다. <개정 2013. 3. 23., 2014. 11. 19., 2015. 7. 24.>
> ⑤ 위원장과 위촉위원의 임기는 2년으로 하되, 1차에 한하여 연임할 수 있다. <개정 2015. 7. 24.>
> ⑥ 분쟁조정위원회는 분쟁조정 업무를 효율적으로 수행하기 위하여 필요하면 대통령령으로 정하는 바에 따라 조정사건의 분야별로 5명 이내의 위원으로 구성되는 조정부를 둘 수 있다. 이 경우 조정부가 분쟁조정위원회에서 위임받아 의결한 사항은 분쟁조정위원회에서 의결한 것으로 본다.
> ⑦ 분쟁조정위원회 또는 조정부는 재적위원 과반수의 출석으로 개의하며 출석위원 과반수의 찬성으로 의결한다.
> ⑧ 보호위원회는 분쟁조정 접수, 사실 확인 등 분쟁조정에 필요한 사무를 처리할 수 있다. <개정 2015. 7. 24.>
> ⑨ 이 법에서 정한 사항 외에 분쟁조정위원회 운영에 필요한 사항은 대통령령으로 정한다.

3. 인터넷 주소의 등록과 사용에 관한 분쟁 (인터넷주소분쟁 조정위원회)

[인터넷주소 지원에 관한 법률]

> 제16조 (인터넷주소분쟁조정위원회의 설치 및 구성) ① 인터넷주소의 등록과 사용에 관한 분쟁(이하 "분쟁"이라 한다)을 조정하기 위하여 인터넷주소분쟁조정위원회(이하 "분쟁조정위원회"라 한다)를 둔다.
> ② 분쟁조정위원회는 위원장 1명을 포함한 30명 이내의 위원으로 구성한다.
> ③ 위원은 다음 각 호의 사람 중에서 과학기술정보통신부장관이 임명하거나 위촉한다. <개정 2013. 3. 23., 2017. 7. 26., 2020. 6. 9.>
> 1. 대학이나 공인된 연구기관에서 부교수 이상 또는 이에 상당하는 직위에 재직하거나 재직하였던 법학 전공자
> 2. 4급 이상 공무원(고위공무원단에 속하는 일반직 공무원을 포함한다) 또는 이에 상당하는 공공기관의 직위에 재직하거나 재직하였던 사람으로서 인터넷주소 또는 지식재산권 업무에 관한 경험이 있는 사람
> 3. 판사・검사・변호사 또는 변리사의 자격이 있는 사람
> 4. 그 밖에 위와 동등한 자격이 있다고 과학기술정보통신부장관이 인정한 사람
> ④ 위원의 임기는 3년으로 한다.
> ⑤ 위원장은 위원 중에서 과학기술정보통신부장관이 임명한다. <개정 2013. 3. 23., 2017. 7. 26.>
> ⑥ 분쟁조정위원회의 업무를 지원하기 위하여 인터넷진흥원에 사무국을 둔다.
> ⑦ 분쟁조정위원회가 아닌 자는 인터넷주소분쟁조정위원회 또는 이와 유사한 명칭을 사용하지 못한다.
> [전문개정 2009. 6. 9.]

4. 전기통신사업자·이용자 간 분쟁 (통신분쟁 조정위원회)

[전기통신사업법]

제45조의2 (통신분쟁조정위원회 설치 및 구성) ① 방송통신위원회는 전기통신사업자와 이용자 사이에 발생한 다음 각 호의 어느 하나에 해당하는 분쟁을 효율적으로 조정하기 위하여 통신분쟁조정위원회(이하 "분쟁조정위원회"라 한다)를 둘 수 있다. <개정 2021. 9. 14.>
  1. 제33조에 따른 손해배상과 관련된 분쟁
  2. 이용약관(제28조제1항 및 제2항에 따라 신고하거나 인가받은 이용약관에 한정되지 아니한다)과 다르게 전기통신서비스를 제공하여 발생한 분쟁
  3. 전기통신서비스 이용계약의 체결, 이용, 해지 과정에서 발생한 분쟁
  4. 전기통신서비스 품질과 관련된 분쟁
  5. 전기통신사업자가 이용자에게 이용요금, 약정 조건, 요금할인 등의 중요한 사항을 설명 또는 고지하지 아니하거나 거짓으로 설명 또는 고지하는 행위와 관련된 분쟁
  6. 앱 마켓에서의 이용요금 결제, 결제 취소 또는 환급에 관한 분쟁
  7. 그 밖에 대통령령으로 정하는 전기통신역무에 관한 분쟁
② 분쟁조정위원회는 방송통신위원회 위원장이 지명하는 위원장 1명을 포함하여 30명 이하의 위원으로 구성하되, 이 중 5명은 상임위원으로 한다. <개정 2023. 1. 3.>
③ 분쟁조정위원회 위원은 다음 각 호의 어느 하나에 해당하는 사람 중에서 방송통신위원회 위원장이 방송통신위원회의 동의를 받아 성별을 고려하여 위촉한다. <개정 2020. 6. 9.>
  1. 대학이나 공인된 연구기관에서 부교수 이상 또는 이에 상당하는 직에 재직하고 있거나 재직하였던 사람
  2. 판사·검사 또는 변호사로 5년 이상 재직한 사람
  3. 공인회계사로 5년 이상 재직한 사람
  4. 4급 이상의 공무원 또는 이에 상당하는 공공기관의 직에 있거나 있었던 사람으로서 전기통신과 관련된 업무에 실무경험이 있는 사람
  5. 그 밖에 전기통신에 관한 지식과 경험이 풍부한 사람
④ 분쟁조정위원회 위원의 임기는 2년으로 하되, 한 차례만 연임할 수 있다.
⑤ 방송통신위원회는 분쟁조정위원회의 업무를 지원하기 위하여 필요한 경우에는 방송통신위원회 소속으로 사무국을 둘 수 있다. <신설 2023. 1. 3.>
⑥ 그 밖에 분쟁조정위원회 및 제5항에 따른 사무국의 구성과 운영 등에 필요한 사항은 대통령령으로 정한다. <개정 2023. 1. 3.>
[본조신설 2018. 12. 11.]

5. 정보보호제품 및 정보보호서비스의 개발·이용 등에 관한 분쟁 (정보보호산업분쟁 조정위원회)

[정보보호산업의 진흥에 관한 법률]

제25조 (분쟁조정위원회의 설치) ① 정보보호제품 및 정보보호서비스의 개발·이용 등에 관한 분쟁을 조정(調停)하기 위하여 정보보호산업 분쟁조정위원회(이하 "조정위원회"라 한다)를 둔다. 다만, 저작권과 관련한 분쟁은 「저작권법」에 따르며, 방송통신과 관련된 분쟁 중 「방송법」 제35조의3에 따른 분쟁조정의 대상이 되거나 「전기통신사업법」 제45조에 따른 재정의 대상, 「개인정보 보호법」 제40조에 따른 조정의 대상이 되는 분쟁은 각각 해당 법률의 규정에 따른다.
② 조정위원회는 위원장 1명을 포함한 10명 이상 30명 이하의 위원으로 구성한다.
③ 조정위원회의 위원은 다음 각 호의 어느 하나에 해당하는 사람 중에서 과학기술정보통신부장관이 임명하거나 위촉한다. <개정 2017. 7. 26.>
  1. 「고등교육법」 제2조에 따른 학교의 법학 또는 정보보호 관련 분야의 학과에서 부교수 이상 직위에 재직하거나 재직하였던 사람
  2. 판사·검사 또는 변호사의 자격이 있는 사람
  3. 정보보호산업에 대한 학식과 경험이 풍부한 사람
  4. 이용자 보호기관 또는 단체에 소속된 사람
  5. 4급 이상 공무원(고위공무원단에 속하는 일반직 공무원을 포함한다) 또는 이에 상당하는 공공기관의 직에 있거나 있었던 사람으로서 정보보호산업 진흥 업무 또는 소비자 보호 업무에 관한 경험이 있는 사람
④ 조정위원회의 위원장은 조정위원회 위원 중에서 호선한다.
⑤ 위원은 비상임으로 하고, 공무원이 아닌 위원의 임기는 3년으로 하되, 1회에 한하여 연임할 수 있다. 다만, 제3항제5호에 따라 임명된 공무원인 위원은 그 직에 재직하는 동안 재임한다.
⑥ 위원은 다음 각 호의 어느 하나에 해당하는 경우를 제외하고는 그의 의사에 반하여 면직되거나 해촉되지 아니한다. <개정 2018. 2. 21.>
  1. 자격정지 이상의 형을 선고받은 경우
  2. 심신장애로 직무를 수행할 수 없게 된 경우
  3. 직무와 관련된 비위사실이 있는 경우
  4. 직무태만이나 품위손상으로 인하여 위원으로 적합하지 아니하다고 인정되는 경우
  5. 제27조제1항 각 호의 어느 하나 또는 같은 조 제2항 전단에 해당함에도 불구하고 회피하지 아니한 경우
⑦ 조정위원회의 업무를 지원하기 위하여 「정보통신망 이용촉진 및 정보보호 등에 관한 법률」 제52조에 따른 한국인터넷진흥원에 사무국을 둔다.

6. 정보통신망 정보 중 사생활 침해, 명예훼손 등 타인 권리 침해 정보 관련 분쟁 (명예훼손 분쟁조정부)

[정보통신망 이용촉진 및 정보보호 등에 관한 법률]

제44조의10 (명예훼손 분쟁조정부) ① 심의위원회는 정보통신망을 통하여 유통되는 정보 중 사생활의 침해 또는 명예훼손 등 타인의 권리를 침해하는 정보와 관련된 분쟁의 조정업무를 효율적으로 수행하기 위하여 5명 이하의 위원으로 구성된 명예훼손 분쟁조정부를 두되, 그중 1명 이상은 변호사의 자격이 있는 사람으로 한다. <개정 2020. 6. 9.>
② 명예훼손 분쟁조정부의 위원은 심의위원회의 위원장이 심의위원회의 동의를 받아 위촉한다.
③ 명예훼손 분쟁조정부의 분쟁조정절차 등에 관하여는 제33조의2제2항, 제35조부터 제39조까지의 규정을 준용한다. 이 경우 "분쟁조정위원회"는 "심의위원회"로, "개인정보와 관련한 분쟁"은 "정보통신망을 통하여 유통되는 정보 중 사생활의 침해 또는 명예훼손 등 타인의 권리를 침해하는 정보와 관련된 분쟁"으로 본다.
④ 명예훼손 분쟁조정부의 설치·운영 및 분쟁조정 등에 관하여 그 밖의 필요한 사항은 대통령령으로 정한다.
[전문개정 2008. 6. 13.]

제8절 언론·방송 분야

1. 방송사업자, 중계 유선방송 사업자 등 상호간에 발생한 방송에 관한 분쟁 (방송분쟁 조정위원회)

[방송법]

제35조의3 (방송분쟁조정위원회 구성 및 운영) ① 방송통신위원회는 다음 각 호에 해당하는 자들 사이에서 발생한 방송에 관한 분쟁을 효율적으로 조정하기 위하여 방송분쟁조정위원회를 둘 수 있다. 다만, 분쟁조정의 주된 대상이 저작권에 관련된 경우에는 「저작권법」에 따른다. <개정 2016. 1. 27.>
  1. 방송사업자
  2. 중계유선방송사업자
  3. 음악유선방송사업자
  4. 전광판방송사업자
  5. 전송망사업자
  6. 「인터넷 멀티미디어 방송사업법」 제2조제5호에 따른 인터넷 멀티미디어 방송사업자(이하 "인터넷 멀티미디어 방송사업자"라 한다)

7. 「전기통신사업법」 제2조제8호에 따른 전기통신사업자
8. 외주제작사
② 방송분쟁조정위원회는 방송통신위원회 위원장이 지명하는 위원장 1명을 포함한 5명 이상 7명 이하의 위원으로 구성한다. <신설 2016. 1. 27.>
③ 방송분쟁조정위원회 위원은 다음 각 호의 어느 하나에 해당하는 사람 중에서 방송통신위원회위원장이 방송통신위원회의 동의를 얻어 위촉한다. 이 경우 문화체육관광부장관이 추천하는 1명이 포함되어야 한다. <개정 2016. 1. 27.>
 1. 판사・검사 또는 변호사로 5년 이상 재직한 사람
 2. 공인회계사로 5년 이상 재직한 사람
 3. 법률・행정・경영・회계・신문방송 관련 학과의 대학 교수로 5년 이상 재직한 사람
 4. 그 밖에 방송에 관한 지식과 경험이 풍부한 사람
④ 방송분쟁조정위원회 위원의 임기는 2년으로 하되, 한 차례만 연임할 수 있다. 다만, 보궐위원의 임기는 전임자 임기의 남은 기간으로 한다. <신설 2016. 1. 27.>
⑤ 방송분쟁조정위원회 위원은 다음 각 호의 어느 하나에 해당하는 경우에는 방송분쟁조정위원회에 신청된 분쟁조정사건(이하 이 조에서 "사건"이라 한다)의 심의・의결에서 제척된다. <신설 2016. 1. 27.>
 1. 방송분쟁조정위원회 위원 또는 그 배우자나 배우자였던 사람이 그 사건의 당사자가 되거나 그 사건에 관하여 공동의 권리자 또는 의무자의 관계에 있는 경우
 2. 방송분쟁조정위원회 위원이 그 사건의 당사자와 친족관계에 있거나 있었던 경우
 3. 방송분쟁조정위원회 위원이 그 사건에 관하여 당사자의 대리인으로서 관여하거나 관여하였던 경우
 4. 방송분쟁조정위원회 위원이 그 사건에 관하여 증언, 감정, 법률자문을 한 경우
⑥ 분쟁당사자는 방송분쟁조정위원회 위원에게 공정한 심의・의결을 기대하기 어려운 사정이 있는 경우에는 방송분쟁조정위원회 위원장에게 기피신청을 할 수 있다. 이 경우 위원장은 기피신청에 대하여 방송분쟁조정위원회의 의결을 거치지 아니하고 결정한다. <신설 2016. 1. 27.>
⑦ 방송분쟁조정위원회 위원이 제5항 또는 제6항의 사유에 해당하는 경우에는 스스로 그 사건의 심의・의결에서 회피할 수 있다. <신설 2016. 1. 27.>
⑧ 외주제작사가 분쟁의 당사자인 경우에는 분쟁 당사자 일방 또는 쌍방의 신청에 따라 제1항에 따른 방송분쟁조정위원회 또는 「콘텐츠산업 진흥법」 제29조제1항 본문에 따른 콘텐츠분쟁조정위원회가 분쟁을 조정할 수 있다. <신설 2016. 1. 27.>
⑨ 그 밖에 방송분쟁조정위원회의 구성과 운영, 분쟁의 조정 등에 관하여 필요한 사항은 대통령령으로 정한다. <개정 2016. 1. 27.>
[본조신설 2006. 10. 27.] [제목개정 2016. 1. 27.]

2. 언론, 인터넷 뉴스, 인터넷 멀티미디어 방송의 보도 또는 매개로 인한 분쟁 (언론중재위원회)

[언론중재 및 피해구제 등에 관한 법률]

제7조 (언론중재위원회의 설치) ① 언론등의 보도 또는 매개(이하 "언론보도등"이라 한다)로 인한 분쟁의 조정·중재 및 침해사항을 심의하기 위하여 언론중재위원회(이하 "중재위원회"라 한다)를 둔다.
② 중재위원회는 다음 각 호의 사항을 심의한다.
　1. 중재부의 구성에 관한 사항
　2. 중재위원회규칙의 제정·개정 및 폐지에 관한 사항
　3. 제11조제2항에 따른 사무총장의 임명 동의
　4. 제32조에 따른 시정권고의 결정 및 그 취소결정
　5. 그 밖에 중재위원회 위원장이 회의에 부치는 사항
③ 중재위원회는 40명 이상 90명 이내의 중재위원으로 구성하며, 중재위원은 다음 각 호의 사람 중에서 문화체육관광부장관이 위촉한다. 이 경우 제1호부터 제3호까지의 위원은 각각 중재위원 정수의 5분의 1 이상이 되어야 한다.
　1. 법관의 자격이 있는 사람 중에서 법원행정처장이 추천한 사람
　2. 변호사의 자격이 있는 사람 중에서 「변호사법」 제78조에 따른 대한변호사협회의 장이 추천한 사람
　3. 언론사의 취재·보도 업무에 10년 이상 종사한 사람
　4. 그 밖에 언론에 관하여 학식과 경험이 풍부한 사람
④ 중재위원회에 위원장 1명과 2명 이내의 부위원장 및 2명 이내의 감사를 두며, 각각 중재위원 중에서 호선(互選)한다.
⑤ 위원장·부위원장·감사 및 중재위원의 임기는 각각 3년으로 하며, 한 차례만 연임할 수 있다.
⑥ 위원장은 중재위원회를 대표하고 중재위원회의 업무를 총괄한다.
⑦ 부위원장은 위원장을 보좌하며, 위원장이 부득이한 사유로 직무를 수행할 수 없을 때에는 중재위원회규칙으로 정하는 바에 따라 그 직무를 대행한다.
⑧ 감사는 중재위원회의 업무 및 회계를 감사한다.
⑨ 중재위원회의 회의는 재적위원 과반수의 출석과 출석위원 과반수의 찬성으로 의결한다.
⑩ 중재위원은 명예직으로 한다. 다만, 대통령령으로 정하는 바에 따라 수당과 실비보상을 받을 수 있다.
⑪ 중재위원회의 구성·조직 및 운영에 필요한 사항은 중재위원회규칙으로 정한다.
[전문개정 2011. 4. 14.]

3. 환지에 따른 민원이나 이해관계자 간 분쟁 (환지심의위원회)

[농어촌정비법]

> **제41조 (환지심의위원회)** ① 농업생산기반 정비사업 시행자는 환지에 따른 민원이나 이해관계자 간의 분쟁을 효과적으로 조정하기 위하여 환지심의위원회를 구성하여 운영하여야 한다.
> ② 환지심의위원회의 구성과 운영에 관한 사항은 대통령령으로 정한다.

제9절 농업·어업 분야

1. 어업에 관한 손실 보상 분쟁 등 (수산조정위원회)

[수산업법]

> **제41조 (어업허가의 우선순위)** ① 제40조제4항제2호 및 제55조제1항제3호에 따른 허가의 정수가 있는 어업은 다음 각 호의 어느 하나에 해당하는 자에게 우선하여 허가하여야 한다.
>   1. 허가의 유효기간이 만료된 어업과 같은 종류의 어업의 허가를 신청하는 자
>   2. 어업의 허가를 받은 어선·어구 또는 시설을 대체하기 위하여 그 어업의 폐업신고와 동시에 같은 종류의 어업의 허가를 신청하는 자
>   3. 제40조제4항제1호에 따른 어업허가의 유예기간이 만료되거나 유예사유가 해소되어 같은 종류의 어업의 허가를 신청하는 자
> ② 제1항에도 불구하고 어업허가의 유효기간에 2회 이상 어업허가가 취소되었던 자는 제1항에 따른 어업허가의 우선순위에서 제외한다.
> ③ 제1항 각 호의 어느 하나에 해당하는 자가 어업허가를 신청하지 아니하거나 제2항에 따라 어업허가의 우선순위에서 제외되어 어업허가의 건수가 허가의 정수에 미달하는 경우에는 다음 각 호의 순위에 따라 어업허가를 할 수 있다.
>   1. 제13조에 따른 수산기술자
>   2. 「수산업·어촌 공익기능 증진을 위한 직접지불제도 운영에 관한 법률」 제7조에 따라 해양수산부장관이 선정하여 고시한 조건불리지역에서 1년 이상 거주한 자
>   3. 신청한 어업을 5년 이상 경영하였거나 이에 종사한 자
>   4. 신청한 어업을 1년 이상 5년 미만 경영하였거나 이에 종사한 자 및 신청한 어업과 다른 종류의 어업을 5년 이상 경영하였거나 이에 종사한 자
> ④ 제3항 각 호의 같은 순위자 사이의 우선순위는 신청자의 어업경영능력, 수산업 발전에 대한 기여 정도, 수산 관계 법령의 준수 여부 및 지역적 여건 등을 고려하여 행정관청이 정한다.
> ⑤ 그 밖에 어업허가의 우선순위에 필요한 사항은 해양수산부령으로 정한다.

2. 품종보호권 침해 분쟁 (농림종자위원회, 수산종자위원회)

[종자산업법]

제48조 (분쟁의 조정) ① 제47조제7항에 따른 보상에 관하여 분쟁당사자는 농림축산식품부장관에게 분쟁조정을 신청할 수 있다. <개정 2013. 3. 23., 2015. 6. 22.>
② 제1항에 따른 분쟁조정에 관한 사항을 심의하기 위하여 농림축산식품부령으로 정하는 기관에 분쟁조정협의회를 둔다. <신설 2016. 12. 27.>
③ 그 밖에 제1항에 따른 분쟁조정 신청 및 조정절차, 제2항에 따른 분쟁조정협의회의 구성 및 운영 등에 필요한 사항은 농림축산식품부령으로 정한다. <개정 2013. 3. 23., 2015. 6. 22., 2016. 12. 27.>

[식물신품종 보호법]

제118조 (종자위원회) ① 다음 각 호의 사항을 수행하기 위하여 농림축산식품부 또는 해양수산부에 농림종자위원회 또는 수산종자위원회(이하 "종자위원회"라 한다)를 둔다. <개정 2013. 3. 23.>
  1. 품종보호권의 보호에 관한 농림축산식품부장관 또는 해양수산부장관의 자문에 대한 조언
  2. 제67조에 따른 통상실시권 설정에 관한 재정의 심의
  3. 품종보호권 침해분쟁의 조정
② 종자위원회는 위원장 1명과 제90조제2항에 따른 심판위원회 상임심판위원 1명을 포함한 10명 이상 15명 이하의 위원(이하 "종자위원"이라 한다)으로 구성한다.
③ 종자위원은 다음 각 호의 어느 하나에 해당하는 사람 중에서 농림축산식품부장관 또는 해양수산부장관이 임명하거나 위촉하며, 위원장은 농림축산식품부장관 또는 해양수산부장관이 종자위원 중에서 임명하거나 위촉한다. <개정 2013. 3. 23.>
  1. 3급 이상 공무원(고위공무원단에 속하는 일반직공무원을 포함한다)의 직위에 있거나 있었던 사람으로서 종자 관련 업무에 경험이 있는 사람
  2. 「고등교육법」에 따른 대학의 부교수 이상으로 재직하고 있거나 재직하였던 사람으로서 종자 관련 분야를 전공한 사람
  3. 변호사 또는 변리사 자격이 있는 사람
  4. 농업단체·임업단체 또는 수산업단체의 임원으로 재직하고 있거나 재직하였던 사람
  5. 종자산업과 관련된 협회의 임원으로 재직하고 있거나 재직하였던 사람
  6. 시민단체(「비영리민간단체지원법」 제2조에 따른 비영리민간단체를 말한다)에서 추천한 사람
④ 종자위원의 임기는 2년으로 하며, 두 차례만 연임할 수 있다.
⑤ 종자위원회의 구성·운영 등에 필요한 사항은 대통령령으로 정한다.

제10절 교육 분야

1. 학교폭력 피해학생, 가해학생 간 분쟁 (학교폭력대책 자치위원회)

[학교폭력예방 및 대책에 관한 법률]

> 제12조 (학교폭력대책심의위원회의 설치·기능) ① 학교폭력의 예방 및 대책에 관련된 사항을 심의하기 위하여 「지방교육자치에 관한 법률」 제34조 및 「제주특별자치도 설치 및 국제자유도시 조성을 위한 특별법」 제80조에 따른 교육지원청(교육지원청이 없는 경우 해당 시·도 조례로 정하는 기관으로 한다. 이하 같다)에 학교폭력대책심의위원회(이하 "심의위원회"라 한다)를 둔다. 다만, 심의위원회 구성에 있어 대통령령으로 정하는 사유가 있는 경우에는 교육감 보고를 거쳐 둘 이상의 교육지원청이 공동으로 심의위원회를 구성할 수 있다. <개정 2012. 1. 26., 2019. 8. 20.>
> ② 심의위원회는 학교폭력의 예방 및 대책 등을 위하여 다음 각 호의 사항을 심의한다. <개정 2012. 1. 26., 2019. 8. 20.>
>   1. 학교폭력의 예방 및 대책
>   2. 피해학생의 보호
>   3. 가해학생에 대한 교육, 선도 및 징계
>   4. 피해학생과 가해학생 간의 분쟁조정
>   5. 그 밖에 대통령령으로 정하는 사항
> ③ 심의위원회는 해당 지역에서 발생한 학교폭력에 대하여 조사할 수 있고 학교장 및 관할 경찰서장에게 관련 자료를 요청할 수 있다. <신설 2012. 3. 21., 2019. 8. 20.>
> ④ 심의위원회의 설치·기능 등에 필요한 사항은 지역 및 교육지원청의 규모 등을 고려하여 대통령령으로 정한다. <개정 2012. 3. 21., 2019. 8. 20.>
> [제목개정 2019. 8. 20.]

제11절 의료 분야

1. 보건의료인의 진단·치료·처방 등으로 인한 생명·신체 등 피해에 관한 의료사고 분쟁 (의료분쟁 조정위원회)

[의료사고 피해구제 및 의료분쟁조정 등에 관한 법률]

> 제4조 (신의성실의 원칙) 제6조에 따른 한국의료분쟁조정중재원은 조정 및 중재 절차가 신속·공정하고 효율적으로 진행되도록 노력하여야 하고, 조정 및 중재 절차에 참여하는 분쟁 당사자는 상호 신

> 뢰와 이해를 바탕으로 성실하게 절차에 임하여야 한다.

제12절 기 타

1. 4·16세월호참사와 관련하여 배상 및 보상 등에 관한 사항 (4·16세월호참사 배상 및 보상심의위원회)

[4·16세월호참사 피해구제 및 지원 등을 위한 특별법]
> 제5조 (4·16세월호참사 배상 및 보상 심의위원회) 국가가 재해를 예방하고 그 위험으로부터 국민을 보호하여야 할 의무에 대하여 확인하고 4·16세월호참사와 관련하여 배상 및 보상 등에 관한 사항을 심의·의결하기 위하여 국무총리 소속으로 4·16세월호참사 배상 및 보상 심의위원회(이하 "심의위원회"라 한다)를 둔다.

2. 관련자와 그 유족에 대한 사실 심사와 그 밖의 보상 등의 심의·결정 (5·18민주화운동 관련자보상심의위원회)

[5·18민주화운동 관련자 보상 등에 관한 법률]
> 제4조 (민주화운동관련자명예회복및보상심의위원회) ① 이 법에 따른 관련자 및 그 유족에 대한 명예회복과 보상금 등을 심의·결정하기 위하여 국무총리 소속으로 민주화운동관련자명예회복및보상심의위원회(이하 "위원회"라 한다)를 둔다.
> ② 위원회의 기능은 다음 각 호와 같다.
>   1. 관련자 또는 그 유족에 해당하는지에 대한 심의·결정
>   2. 관련 상이자의 장해등급 판정
>   3. 관련자 또는 그 유족의 보상금 등의 심의·결정 및 지급
>   4. 관련자 및 그 유족의 명예회복을 위하여 필요한 사항
>   5. 관련자 또는 그 유족의 보상금 등에 관한 재원대책의 마련
>   6. 관련자 추모단체에 대한 지원
>   7. 그 밖에 명예회복과 보상 등과 관련하여 대통령령으로 정하는 사항
> [전문개정 2015. 5. 18.]

3. 공익신고자 보호조치와 손해배상 (국민권익위원회)

[공익신고자 보호법]

> **제24조 (화해의 권고 등)** ① 위원회는 보호조치의 신청을 받은 경우에는 보호조치결정, 기각결정 또는 권고를 하기 전까지 직권으로 또는 관계 당사자의 신청에 따라 보호조치와 손해배상 등에 대하여 화해를 권고하거나 화해안을 제시할 수 있다. 이 경우 화해안에는 이 법의 목적을 위반하는 조건이 들어 있어서는 아니 된다.
> ② 위원회는 화해안을 작성함에 있어 관계 당사자의 의견을 충분히 들어야 한다.
> ③ 관계 당사자가 위원회의 화해안을 수락한 경우에는 화해조서를 작성하여 관계 당사자와 화해에 관여한 위원회 위원 전원이 서명하거나 도장을 찍도록 하여야 한다.
> ④ 제3항에 따라 화해조서가 작성된 경우에는 관계 당사자 간에 화해조서와 동일한 내용의 합의가 성립된 것으로 보며, 화해조서는 「민사소송법」에 따른 재판상 화해와 같은 효력을 갖는다.

4. 인권 침해나 차별 행위 관련 분쟁 (국가인권위원회 조정위원회)

[국가인권위원회법]

> 제41조(조정위원회의 설치와 구성) ① 조정의 신속하고 공정한 처리를 위하여 위원회에 성·장애 등의 분야별로 조정위원회를 둘 수 있다.
> ② 조정위원회의 위원(이하 "조정위원"이라 한다)은 위원회의 위원과 다음 각 호의 어느 하나에 해당하는 사람 중에서 성·장애 등의 분야별로 위원장이 위촉하는 사람이 된다.
>   1. 인권문제에 관하여 전문적인 지식과 경험을 가진 사람으로서 국가기관 또는 민간단체에서 인권과 관련된 분야에 10년 이상 종사한 사람
>   2. 판사·검사·군법무관·변호사로 10년 이상 종사한 사람
>   3. 대학 또는 공인된 연구기관에서 조교수 이상으로 10년 이상 재직한 사람
> ③ 조정위원회의 회의는 다음 각 호의 사람으로 구성한다.
>   1. 위원회의 위원인 조정위원 중 회의마다 위원장이 지명하는 1명
>   2. 제2항에 따른 분야별 조정위원 중 회의마다 위원장이 지명하는 2명
> ④ 조정위원의 위촉 및 임기, 조정위원회의 구성·운영, 조정의 절차 등에 관하여 필요한 사항은 위원회 규칙으로 정한다.
> ⑤ 조정위원회의 조정 절차에 관하여 이 법 및 위원회 규칙에 규정되지 아니한 사항은 「민사조정법」을 준용한다.
> [전문개정 2011. 5. 19.]

5. 기간제·단시간 근로자 대한 차별 처우 (노동위원회)

[기간제 및 단시간 근로자 보호 등에 관한 법률]

> **제11조 (조정·중재)** ① 노동위원회는 제10조의 규정에 따른 심문의 과정에서 관계당사자 쌍방 또는 일방의 신청 또는 직권에 의하여 조정(調停)절차를 개시할 수 있고, 관계당사자가 미리 노동위원회의 중재(仲裁)결정에 따르기로 합의하여 중재를 신청한 경우에는 중재를 할 수 있다.
> ② 제1항의 규정에 따라 조정 또는 중재를 신청하는 경우에는 제9조의 규정에 따른 차별적 처우의

> 시정신청을 한 날부터 14일 이내에 하여야 한다. 다만, 노동위원회의 승낙이 있는 경우에는 14일 후에도 신청할 수 있다.
> ③ 노동위원회는 조정 또는 중재를 하는 경우 관계당사자의 의견을 충분히 들어야 한다. <개정 2020. 5. 26.>
> ④ 노동위원회는 특별한 사유가 없으면 조정절차를 개시하거나 중재신청을 받은 때부터 60일 이내에 조정안을 제시하거나 중재결정을 하여야 한다. <개정 2020. 5. 26.>
> ⑤ 노동위원회는 관계당사자 쌍방이 조정안을 수락한 경우에는 조정조서를 작성하고 중재결정을 한 경우에는 중재결정서를 작성하여야 한다.
> ⑥ 조정조서에는 관계당사자와 조정에 관여한 위원전원이 서명·날인하여야 하고, 중재결정서에는 관여한 위원전원이 서명·날인하여야 한다.
> ⑦ 제5항 및 제6항의 규정에 따른 조정 또는 중재결정은 「민사소송법」의 규정에 따른 재판상 화해와 동일한 효력을 갖는다.
> ⑧ 제1항부터 제7항까지의 규정에 따른 조정·중재의 방법, 조정조서·중재결정서의 작성 등에 관한 사항은 중앙노동위원회가 따로 정한다. <개정 2020. 5. 26.>

6. 전기 사업과 관련된 분쟁 (전기위원회)

[전기사업법]

> 제53조 (전기위원회의 설치 및 구성) ① 전기사업등의 공정한 경쟁환경 조성 및 전기사용자의 권익 보호에 관한 사항의 심의와 전기사업등과 관련된 분쟁의 재정(裁定)을 위하여 산업통상자원부에 전기위원회를 둔다. <개정 2013. 3. 23., 2018. 6. 12.>
> ② 전기위원회는 위원장 1명을 포함한 9명 이내의 위원으로 구성하되, 위원 중 대통령령으로 정하는 수의 위원은 상임으로 한다.
> ③ 전기위원회의 위원장을 포함한 위원은 산업통상자원부장관의 제청으로 대통령이 임명 또는 위촉한다. <개정 2013. 3. 23.>
> ④ 전기위원회의 사무를 처리하기 위하여 전기위원회에 사무기구를 둔다.
> [전문개정 2009. 5. 21.]

7. 하천수 사용에 관한 분쟁 (국가수자원 관리위원회)

[수자원의 조사·계획 및 관리에 관한법률]

> 제29조 (국가수자원관리위원회) ① 국가 수자원정책에 관한 다음 각 호의 사항을 심의하게 하기 위하여 환경부에 국가수자원관리위원회를 둔다. <개정 2018. 6. 8.>
>   1. 수자원계획의 수립·변경에 관한 사항
>   2. 수자원의 조사 및 수자원 관리에 관한 사항으로서 대통령령으로 정하는 사항
>   3. 이 법 또는 다른 법령에 따라 국가수자원관리위원회의 기능으로 되어 있는 사항
> ② 국가수자원관리위원회는 위원장 1명과 부위원장 1명을 포함하여 50명 이내의 위원으로 구성한다.

③ 국가수자원관리위원회의 위원장은 환경부차관이 되고, 부위원장은 환경부 소속 고위공무원단에 속하는 일반직공무원 중 환경부장관이 지명하는 사람이 된다. <개정 2018. 6. 8.>
④ 국가수자원관리위원회의 위원은 관계 행정기관의 공무원 및 다음 각 호의 사람 중에서 환경부장관이 임명하거나 위촉하되, 위촉위원의 경우에는 성별을 고려하여야 한다. <개정 2018. 6. 8.>
   1. 「고등교육법」에 따른 대학에서 하천공학, 환경공학, 수문학, 수리학, 경제학 또는 법학을 가르치는 조교수 이상으로 재직하고 있거나 재직하였던 사람
   2. 판사·검사 또는 변호사의 자격이 있는 사람
   3. 수자원 개발, 하천, 도시, 환경, 사법·입법 또는 경제 분야에서 10년 이상 연구 및 실무 경험이 있는 사람
   4. 제1호부터 제3호까지에 해당하는 사람 중 「비영리민간단체 지원법」 제2조에 따른 비영리민간단체에서 추천한 사람
⑤ 제4항에 따른 위촉위원의 임기는 2년으로 하며, 한 차례만 연임할 수 있다. 다만, 위원의 사임 등으로 새로 위촉된 위원의 임기는 전임위원 임기의 남은 기간으로 한다.
⑥ 국가수자원관리위원회에는 대통령령으로 정하는 바에 따라 분과위원회를 둘 수 있으며, 국가수자원관리위원회가 위임한 사항에 관한 분과위원회의 조정 또는 심의는 국가수자원관리위원회의 조정 또는 심의로 본다.
⑦ 제1항부터 제6항까지에서 규정한 사항 외에 국가수자원관리위원회의 구성·운영에 필요한 사항은 대통령령으로 정한다.

版權
所有

2025년 최신판
민사·행정·조정 작성사례집
〔대여금·주택·상가임대차·명도·저작권·임금·환경〕

2024年 8月 1日 初版 發行
2025年 1月 10日 二版 發行

編 著 : 법률연구회
發行處 : 법률정보센터

주소 　서울 성북구 아리랑로4가길 14
전화 　(02) 953-2112
등록 　1993.7.26. NO.1-1554
www.lawbookcenter.com

* 本書의 無斷 複製를 禁합니다.
ISBN 978-89-6376-566-2 　　　定價 : 30,000원